X.media.press

Springer-Verlag Berlin Heidelberg GmbH

Joachim Böhringer (Jahrgang 1949): Studium der Druck- und Medientechnik sowie Geschichte in Stuttgart und Darmstadt, anschließend Referendariat. Danach Lehrer für Drucktechnik an der Berufsfachschule Druck und Medientechnik in Reutlingen. Mitbegründer und Leiter der Fachschule für Informationsdesign FIND in Reutlingen. Mitgliedschaft und Mitarbeit u.a. in der Lehrplankommission für Mediengestalter und Drucker, in der Zentralen Projektgruppe Multimedia am Landesinstitut für Erziehung und Unterricht in Baden-Württemberg, sowie im Zentral-Fachausschuss für die Druck- und Medienindustrie in der Bundesrepublik Deutschland.

Peter Bühler (Jahrgang 1954): Studium der Druck- und Reproduktionstechnik an der FH für Druck, Stuttgart. Gewerbelehrerstudium für Drucktechnik und Geschichte an der TH Darmstadt. Seit 1984 Lehrer an der Johannes-Gutenberg-Schule, Stuttgart, im Bereich Druckvorstufe und Computertechnik, Leiter der Abt. Mediengestaltung. Mitgliedschaft und Mitarbeit u.a. in den Lehrplankommissionen Mediengestalter für Digital- und Printmedien sowie Bild und Ton, in IHK-Prüfungsausschüssen, der Zentralen Projektgruppe Multimedia am Landesinstitut für Erziehung und Unterricht in Baden-Württemberg und im Zentral-Fachausschuss für die Druck- und Medienindustrie in der Bundesrepublik Deutschland.

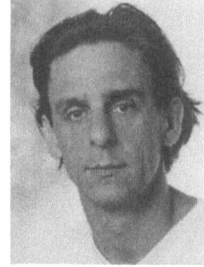
Patrick Schlaich (Jahrgang 1966): Studium der Elektrotechnik an der Universität Karlsruhe; Abschluss 1992 als Diplom-Ingenieur, danach Referendariat an den Gewerblichen Schulen Lahr, zweites Staatsexamen 1995. Seither Tätigkeit als Lehrer im Bereich Informationstechnik und Digitale Medien, Mitarbeit u.a. in den Lehrplankommissionen Mediengestalter und Medienfachwirt, Mitgliedschaft in der Zentralen Projektgruppe Multimedia am Landesinstitut für Erziehung und Unterricht in Baden-Württemberg und im Zentral-Fachausschuss für die Druck- und Medienindustrie in der Bundesrepublik Deutschland.

Hanns-Jürgen Ziegler (Jahrgang 1939): Studium der Elektronik und Kommunikationstechnik. Führende Positionen in Forschung, Entwicklung und Beratung eines namhaften Druck- und Verlagshauses. Studiendirektor, Fachberater am Oberschulamt und Landesinstitut für Erziehung und Unterricht in Baden-Württemberg für Druck- und Medientechnik. Mitarbeit an Bundesrahmen- und Landeslehrplänen für Mediengestalter. Erstellung Profilfach Gestaltungs- und Medientechnik der Technischen Gymnasien. Autor zahlreicher Fachartikel für Druck- und Medientechnik, Fachbuchautor Computertechnik.

J. Böhringer • P. Bühler • P. Schlaich • H.-J. Ziegler

Workshop zur
Mediengestaltung

für Digital- und Printmedien

Springer

Dipl.-Wirt.-Ing.
Joachim Böhringer
Wackersteinstraße 44/5
72793 Pfullingen

Dipl.-Ing.
Peter Bühler
Jahnstraße 10
71563 Affalterbach

Dipl.-Ing.
Patrick Schlaich
Moltkestraße 53
77933 Lahr

Dipl.-Ing.
Hanns-Jürgen Ziegler
St.-Blasien-Straße 18
78628 Rottweil

Additional material to this book can be downloaded from http://extras.springer.com.

ISSN 1439-3107

Die Deutsche Bibliothek – CIP-Einheitsaufnahme
Workshop zur Mediengestaltung für Digital- und Printmedien/von Joachim
Böhringer ... – Berlin; Heidelberg; New York; Barcelona; Hongkong; London;
Mailand; Paris; Singapur; Tokio: Springer, 2001 (X.media.press)

ISBN 978-3-642-64008-7   ISBN 978-3-642-59522-6 (eBook)
DOI 10.1007/978-3-642-59522-6

Dieses Werk ist urheberrechtlich geschützt. Die dadurch begründeten Rechte, insbesondere die der Übersetzung, des Nachdrucks, des Vortrags, der Entnahme von Abbildungen und Tabellen, der Funksendung, der Mikroverfilmung oder der Vervielfältigung auf anderen Wegen und der Speicherung in Datenverarbeitungsanlagen, bleiben, auch bei nur auszugsweiser Verwertung, vorbehalten. Eine Vervielfältigung dieses Werkes oder von Teilen dieses Werkes ist auch im Einzelfall nur in den Grenzen der gesetzlichen Bestimmungen des Urheberrechtsgesetzes der Bundesrepublik Deutschland vom 9. September 1965 in der jeweils geltenden Fassung zulässig. Sie ist grundsätzlich vergütungspflichtig. Zuwiderhandlungen unterliegen den Strafbestimmungen des Urheberrechtsgesetzes.

Der Springer-Verlag ist nicht Urheber der Daten und Programme. Weder der Springer-Verlag noch die Autoren übernehmen Haftung für die CD-ROMs und das Buch, einschließlich ihrer Qualität, Handels- oder Anwendungseignung. In keinem Fall übernehmen der Springer-Verlag oder die Autoren Haftung für direkte, indirekte, zufällige oder Folgeschäden, die sich aus der Nutzung der CD-ROMs oder des Buches ergeben.

© Springer-Verlag Berlin Heidelberg 2001
Softcover reprint of the hardcover 1st edition 2001

Die Wiedergabe von Gebrauchsnamen, Handelsnamen, Warenbezeichnungen usw. in diesem Werk berechtigt auch ohne besondere Kennzeichnung nicht zu der Annahme, daß solche Namen im Sinne der Warenzeichen- und Markenschutzgesetzgebung als frei zu betrachten wären und daher von jedermann benutzt werden dürften.

Umschlaggestaltung: Künkel + Lopka Werbeagentur, Heidelberg
Texterfassung und Layout durch die Autoren

Gedruckt auf säurefreiem Papier   SPIN 10741357   33/3142 ud   5 4 3 2 1 0

Vorwort

Am Anfang des neuen Jahrtausends ist die Wandlung unserer Gesellschaft in eine Medien- und Informationsgesellschaft in vollem Gange. Dieser Wandel führt in der Druck- und Medienindustrie zu interessanten neuen Berufen und Tätigkeitsfeldern. Sie stellen komplexe technische und gestalterische Anforderungen an alle Beteiligten der Medienproduktion.

Das zweibändige Werk »Kompendium der Mediengestaltung« und »Workshop zur Mediengestaltung« beinhaltet das notwendige moderne Grundwissen.

Der vorliegende zweite Band »Workshop zur Mediengestaltung« erleichtert den selbständigen Einstieg in die branchenübliche Software. Neben den Programmen zur Bildverarbeitung, Grafik- und Layouterstellung kommen Multimedia-Standardprogramme zur Anwendung. Videoschnitt, Soundbearbeitung und 3D-Animation gehören ebenso dazu wie Autorensystem und Web-Editor. Die Einführung in die einzelnen Programme erfolgt weitgehend in Form von Schritt-für-Schritt-Anleitungen. Da die Autoren allesamt aus der Unterrichts- und Ausbildungspraxis kommen, sind sämtliche Kapitel mehrfach getestet und von Unstimmigkeiten weitgehend bereinigt.

Im ersten Band »Kompendium der Mediengestaltung« wird der Workflow der modernen Print- und Nonprintproduktion in seiner gesamten Breite beschrieben. Gestalterische und technische Aspekte kommen hierbei ebenso zur Sprache wie betriebswirtschaftliches und rechtliches Know-how. Die Entstehung von Medienprodukten kann von ersten planerischen Überlegungen bis zur Präsentation des Ergebnisses nachvollzogen werden. Neben den benötigten Grundkenntnissen wird dabei das Datenhandling von der Erfassung über die Bearbeitung bis zur Archivierung und Ausgabe der Daten beschrieben. Zur Unterstützung des Lernprozesses dienen zahlreiche Aufgaben in den einzelnen Kapiteln. Durch die Beschäftigung mit den Aufgaben kann der Lernende seinen Wissensstand feststellen, erweitern und sich auf Prüfungen vorbereiten.

Die Bücher sind einheitlich und leicht verständlich strukturiert. Die Texte auf den rechten Buchseiten werden dabei durchgängig durch eine große Anzahl von Bildern und Grafiken auf den linken Seiten ergänzt. Dem Lernenden ermöglicht dies einerseits das kontinuierliche Lesen eines Kapitels als auch ein Vertiefen des Gelernten durch die Visualisierung der Lerninhalte.

In der Marginalienspalte auf den rechten Seiten sind die wesentlichen Informationen nochmals kurz zusammengefasst. Ein detailliertes Stichwortverzeichnis erleichtert das Auffinden der gewünschten Themen. Im »Kompendium der Mediengestaltung« befindet sich das umfangreiche Literaturverzeichnis für beide Bände.

Kennzeichen beider Bände ist die branchentypische Breite der benötigten Kenntnisse. Die dem zweiten Band beigefügten CD-ROMs enthalten neben den für die Übungen erforderlichen Daten zusätzlich noch Demoversionen der beschriebenen Software. Dem Lernenden bietet sich damit die Möglichkeit die Programme kennenzulernen und die Übungen durchzuführen.

Das vorliegende zweibändige Werk wendet sich an alle an der Medienproduktion Interessierten. Es eignet sich zum Selbststudium sowie zum Einsatz in den Berufs-, Fach- und Hochschulen.

Darüber hinaus ist zu hoffen, dass unser Werk eine lehrreiche Lektüre für all diejenigen ist, die sich für die Geheimnisse der spannenden multimedialen Welt interessieren.

Joachim Böhringer	Heidelberg, im Herbst 2000
Peter Bühler	
Patrick Schlaich	
Hanns-Jürgen Ziegler	

Inhaltsverzeichnis

Kapitel 1	**Layout**	1
1.1	Grundlagen QuarkXPress	3
1.2	Entwurf und Planung	7
1.3	Textfelder	11
1.4	Stilvorlagen anlegen	13
1.5	Drucken aus QuarkXPress	17
1.6	Bilder, Grafiken in das Dokument einfügen	21
1.7	Inhaltsverzeichnis und Index	23
1.8	Gestalten des Inhaltsverzeichnisses und des Indexregisters	...27
1.9	Farbe	29
1.10	Überfüllung	35
1.11	Buch anlegen	39
1.12	Schlussbemerkungen	43

Kapitel 2	**Bildverarbeitung**	45
2.1	Grundlagen	47
2.1.1	Einführung	47
2.1.2	Arbeitsoberfläche	47
2.2	Basis-Werkzeuge und -Paletten	49
2.2.1	Ansicht und Navigation	49
2.2.2	Auswahl und Freistellung	49
2.2.3	Zeichnen und Retuschieren	53
2.3	Ebenen	55
2.4	Kanäle	57
2.4.1	Farbkanäle	57
2.4.2	Alphakanäle	57
2.5	Tonwertkorrektur und Gradation	59
2.5.1	Licht und Tiefe	59
2.5.2	Tonwertkorrektur	59
2.5.3	Gradation	60
2.6	Text	63
2.7	Aufgaben	64
2.7.1	Rechtwinklige Freistellung	64

2.7.2	Figürliche Freistellung	65
2.7.3	Mit einem Alphakanal freistellen	66
2.7.4	Umfärben	69
2.7.5	Composing	71
2.7.6	Filter und Effekte	73
2.8	Bilder für das Internet	77
2.8.1	Web-Dateiformate	77
2.8.2	Bildgröße	79
2.8.3	Indizierte Farben	79
2.9	Bilder für den Druck	81
2.9.1	Drucken aus Photoshop	81
2.9.2	Separation	81
2.9.3	ICC-Profile	81

Kapitel 3 Grafik 83

3.1	Grundlagen	84
3.1.1	Programmstruktur und Plattformen	84
3.1.2	Arbeitsoberfläche	84
3.2	Basis-Werkzeuge und -Paletten	88
3.2.1	Formen zeichnen	88
3.2.2	Pfade	90
3.2.3	Pathfinder-, Ausrichten-Palette und verknüpfte Pfade	92
3.2.4	Text	94
3.3	Transformationen	97
3.4	Ebenen	99
3.5	Aufgaben	101
3.5.1	Geometrische Grundformen und Pfadbearbeitung	101
3.5.2	Isometrie	103
3.5.3	Schriftvariationen	105
3.5.4	Bilder platzieren und maskieren	107
3.5.5	Muster	109
3.5.6	Verläufe	111
3.5.7	Diagramme	115
3.6	Speichern, Exportieren und Drucken	117
3.6.1	Speichern	117
3.6.2	Exportieren	117
3.6.3	Drucken	117

Kapitel 4	**Sound**	119
4.1	Einführung	121
4.2	Aufbau der Hardware	123
4.3	Musikaufnahme	127
4.4	Sprachaufnahme	131
4.5	Optimieren des Soundpegels	133
4.6	Schneiden und Faden eines Sounds	135
4.7	Datenreduktion	137
4.7.1	Resampling	137
4.7.2	Kanalkonvertierung	137
4.7.3	Kompression	139
4.8	Loopen eines Sounds	141
4.9	Anwenden von Filtern	145
4.9.1	Grundlegende Funktionen	145
4.9.2	Equalizer	146
4.9.3	Chorus, Reverb, Echo	146
4.9.4	Pitch Bend und Pitch Shift	147
4.9.5	Time Compress/Expand	149
4.9.6	Noise Gate	149
4.10	Mischen von Sounds	151
4.11	Synchronisieren mit Macromedia-Director-Filmen	153
Kapitel 5	**Videoschnitt**	157
5.1	Werkzeuge und Fenster	159
5.2	Videoclip aus Standbildern erstellen	165
5.3	Hochformatigen Videoclip erstellen und vertonen	173
5.4	Digitalvideo schneiden und vertonen	183
Kapitel 6	**Virtuelle Räume**	193
6.1	Werkzeuge und Fenster	195
6.2	Erstellen eines virtuellen Raumes	201
6.3	Hot-Spot-Szene erstellen	203
6.4	Aufgabe Navigationshilfe erstellen	209
6.5	Sounds in QTVR-Movies	212
6.6	Plattformübergreifende Movies	213
6.7	QTVR-Swing in Macromedia Director	215

Kapitel 7	**3D-Animation**	.217
7.1	Einführung	.219
7.1.1	Grundsätzlicher Aufbau	.219
7.1.2	Ansichten-Manager	.221
7.1.3	Voreinstellungen	.223
7.1.4	Arbeitsfluss (Workflow)	.225
7.2	Grundobjekte	.229
7.3	Lageänderung von Objekten	.237
7.4	Boden und Himmel	.239
7.5	Objekt bewegen	.241
7.5.1	Keyframing	.243
7.5.2	Autokeying	.243
7.6	QuickTime-Film erstellen – Rendern	.245
7.7	Beleuchtung – Lichtquellen einsetzen	.247
7.8	Kamera – Animation	.251
7.9	Splines, Spline-Objekte	.257
7.10	Texturen anlegen	.261
7.11	3D-Text-Erstellung	.267
7.12	Bones	.271
7.13	Inverse Kinematik	.276
7.14	Einsatz von Bilddaten	.280
7.15	Sound	.283
7.16	Schlussbemerkungen	.291
Kapitel 8	**Präsentation**	.293
8.1	Powerpoint-Präsentationen	.295
8.1.1	Einführung	.295
8.1.2	Thema des Workshops	.295
8.2	Vorbereiten der Präsentation	.297
8.2.1	Festlegen von Thema und Ziel	.297
8.2.2	Ermittlung der Zielgruppe	.297
8.2.3	Gliederung der Inhalte	.299
8.2.4	Organisatorische Vorbereitung	.301
8.3	Layouten eines Folienmasters	.303
8.4	Erstellen einer Titelfolie	.307
8.5	Erstellen einfacher Folien	.309
8.6	Generieren von Diagrammen	.311

8.7	Entwerfen eigener Grafiken	315
8.8	Ergänzen von Animationen	317
8.8.1	Verwenden voreingestellter Animationen	317
8.8.2	Erstellen von benutzerdefinierten Animationen	317
8.9	Einstellen von Folienübergängen	321
8.10	Abspielen der Präsentation	323
8.10.1	Voreinstellungen für die Präsentation	323
8.10.2	„Packen" der Präsentation	323
8.10.3	Starten einer gepackten Präsentation	325

Kapitel 9 Autorensystem **327**

9.1	Programmkonzeption – Das ganze Leben ist ein Film	329
9.2	Bühne	331
9.2.1	Darsteller	331
9.2.2	Sprites	331
9.3	Besetzung	333
9.4	Drehbuch	335
9.5	Steuerpult – Symbolleiste	337
9.6	Menüs	339
9.7	Darsteller importieren	341
9.8	Darsteller erstellen und bearbeiten	343
9.8.1	Grafik-Darsteller	343
9.8.2	Text-Darsteller	345
9.8.3	Feld-Darsteller	347
9.8.4	Eingebettete Schrift	349
9.9	Lingo	351
9.9.1	Skripttypen	351
9.9.2	Syntax	353
9.9.3	Entscheidungen im Skript treffen – if ... then ... else	356
9.9.4	Eine Aktion wiederholen – repeat	357
9.9.5	Mausinteraktionen – on mouse	357
9.9.6	Tastaturereignisse – the key	358
9.9.7	Übergänge – puppetTransition	359
9.9.8	Geometrie und Position	360
9.9.9	Farbe	362
9.9.10	Soundsteuerung	362
9.9.11	Videosteuerung	364
9.10	Praxis	367

9.10.1	Programmieren	367
9.10.2	Übungen	367
9.11	Aufgaben: Navigationsstrukturen	369
9.11.1	Linear und selbstablaufend	369
9.11.2	Linear und interaktiv	371
9.11.3	Verzweigt	373
9.11.4	Von Film zu Film	375
9.12	Aufgaben: Variablen, Felder, Berechnung	377
9.13	Aufgaben: Animation	381
9.13.1	Einzelbild-Animation und Filmschleife	381
9.13.2	Animation durch puppetTransition	384
9.13.3	Animation durch Lingo	384
9.13.4	Animierte Buttons – wechselnde Cursor	385
9.14	Aufgaben: Eigene Menüs und Dialogfelder	389
9.15	Aufgaben: Farben und Farbeffekte	391
9.16	Aufgaben: Sound und Video	393
9.16.1	Sound abspielen und steuern	393
9.16.2	Video abspielen und steuern	394
9.17	Sichern, Drucken und andere Anwendungen	395
9.17.1	Daten extern speichern	395
9.17.2	Aus Filmen drucken	395
9.17.3	Externe Anwendungen	395
9.17.4	Online	397
9.18	Projektor- und Shockwave-Erstellung	399
Kapitel 10	**Internetseiten**	**401**
10.1	Vorbetrachtungen	402
10.2	Site-Fenster	405
10.3	Bildschirmarbeitsplatz	409
10.4	Seitentitel und Seitenhintergrund	411
10.5	Layoutraster	413
10.6	Einfügen von Bildern	415
10.7	Interne Layout-Vorschau	417
10.8	Externe Vorschau im HTML-Browser	419
10.9	Einfügen eines animierten Gifs	421
10.10	Eine neue Seite erstellen	423
10.11	Gestalten von zwei weiteren Seiten	425
10.12	Grafik direkt an den Browserrand stellen	427

10.13	Einfügen eines Textes	429
10.14	CSS – Cascading Style Sheets	431
10.15	Netscape CSS Fix	433
10.16	Einfügen einer Tabelle	435
10.17	Rollover-Effekt (Bilderwechsel)	437
10.18	Hyperlinks	439

Kapitel 11 Kalkulation **443**

11.1	Grundlagen	445
11.1.1	Einführung	445
11.1.2	Aufbau einer Excel-Tabelle	447
11.2	Eingeben von Zahlen und Text	449
11.3	Einfache Funktionen	451
11.4	Formatieren einer Tabelle	455
11.4.1	Symbolleiste „Format"	455
11.4.2	Formatieren von Zellen	455
11.4.3	Formatieren von Text	457
11.4.4	Formatieren der Seite	461
11.5	Komplexe Funktionen	463
11.6	Generieren von Diagrammen	467
11.7	Bearbeiten einer Datenbank	471
11.7.1	Hinzufügen und Löschen von Datensätzen	471
11.7.2	Sortieren und Filtern der Datensätze	472
11.8	Zugreifen auf Datensätze	475
11.9	Automatisieren mit Reihen	479

Kapitel 12 Anhang **481**

Index 481

1 Layout

Workshop zur Mediengestaltung

Abb. 1.1/1
Werkzeugleiste

Abb. 1.1/2
Maßpaletten

für Textfelder, Bildrahmen und Linien

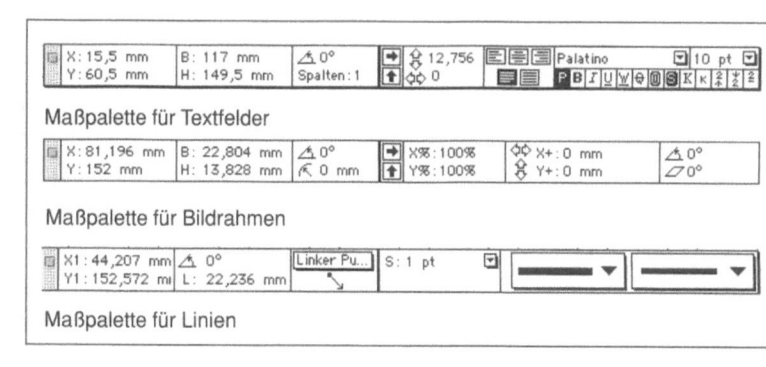

Maßpalette für Textfelder

Maßpalette für Bildrahmen

Maßpalette für Linien

Abb. 1.1/3
Modifizieren

Umschalten der Reiter führt zu den einzelnen Einstellfenstern.

Abb. 1.1/4
Programmvorgaben

Die Reiter können Sie mit der Maus umschalten und dann entsprechende Vorgaben einstellen.

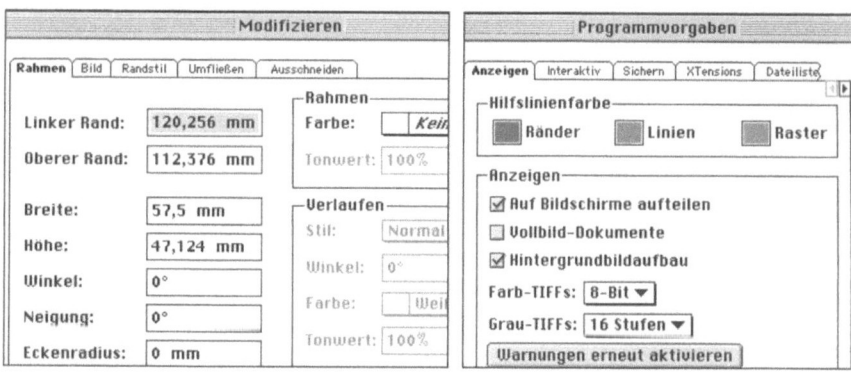

Abb. 1.1/5
Dokumentvorgaben

Die Vorgaben können Sie auch bei ungeöffneten Dokumenten einstellen. Dann gelten die Vorgaben für jedes neu geöffnete Dokument.

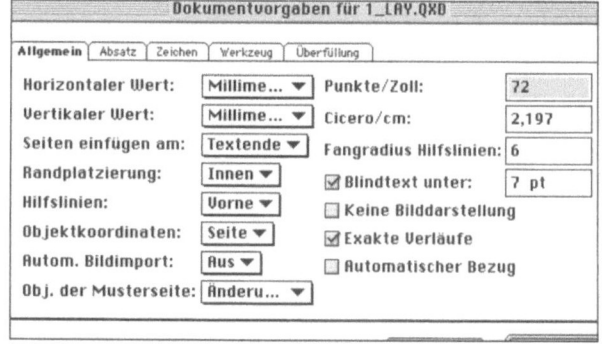

QuarkXPress

1. Layout

1.1 Grundlagen QuarkXPress

QuarkXPress kann man als Layoutsoftware bezeichnen. Es eignet sich insbesondere zur Erstellung kompletter Broschüren, Bücher, Zeitschriften, Illustrierten, Kataloge und vieler weiterer Produkte der Medien- und Drucktechnik. Arbeits- und Aufgabenblätter in der Aus-, Weiter- und Fortbildung lassen sich besonders gut mit dieser Software erstellen. Zur Abfassung gut gestalteter Diplom- und Doktorarbeiten eignet sich QuarkXPress eben so wie zur Erstellung vielfältiger Manuskripte im Hochschul-, Fachhochschul-, Techniker- und Meisterbereich.

QuarkXPress ist eine rahmenorientierte Software. Das heißt: Zur Erfassung von Texten, Grafiken, Rasterbildern, Tonflächen sind zuerst die zu benützenden Flächen durch Rahmen zu markieren. Hierzu dient die Werkzeugleiste (vgl. Abb. 1.1/1). Ein weiteres wichtiges Arbeitsfenster stellt die Maßpalette dar (vgl. Abb. 1.1/2). Die Maßpalette verändert, je nach Rahmenart, ihr Aussehen. Sie sollten sich bereits beim ersten Erstellen der Rahmen angewöhnen, mit der Maßpalette die Einstellungen vorzunehmen. Sie können natürlich die Rahmeneinstellungen auch über *Objekt > Modifizieren* durchführen (vgl. Abb. 1.1/3).

QuarkXPress enthält bereits eingestellte Vorgaben, welche Sie bei Bedarf ändern können. Sehr wichtig ist hier zu wissen, dass die eingestellten Vorgaben bei einem geöffneten Dokument nur für dieses Dokument gültig sind. Das heißt: Sie können allgemeine Einstellungen, welche für Ihre Arbeiten grundsätzlich gültig sind, bei noch ungeöffneten Dokumenten vornehmen, und weitere Voreinstellungen explizit für die entsprechenden Dokumente. Die Voreinstellungen rufen Sie unter *Bearbeiten > Vorgaben > Programm* und *Bearbeiten > Vorgaben > Dokument* auf (vgl. Abb. 1.1/4, 1.1/5). Die Vorgaben für die Überfüllung werden in einem besonderen Kapitel besprochen. Die anderen Vorgaben stellen Sie einfach versuchsweise ein und betrachten die Ergebnisse in einem Dokument. Für den Arbeitsanfang können Sie vorerst alle Vorgaben vom Programmhersteller übernehmen. Wenn Sie eine gewisse Sicherheit im Umgang mit QuarkXPress erlangt haben, können Sie die Voreinstellungen entsprechend Ihrer Wünsche den Dokumenten anpassen.

Eine weitere Vorgabe, S&B, *Silbentrennung und Blocksatz bearbeiten*, sollte noch eingestellt werden. In Abbildung 1.1/6 sehen Sie eine beispielhafte Ein-

---

QuarkXPress eine Layoutsoftware

Die Werkzeugleiste dient zur Auswahl der entsprechenden Rahmen.

Die Maßpalette zeigt die zum angewählten Rahmen entsprechenden Einstellungen.

Vorgaben entweder für das gesamte Programm oder für ein geöffnetes Dokument.

→ **Überfüllung Kapitel 1.10**

Verändern Sie zum ersten Arbeitsbeginn die Vorgaben von QuarkXPress nicht. Benützen Sie die Herstellervorgaben.

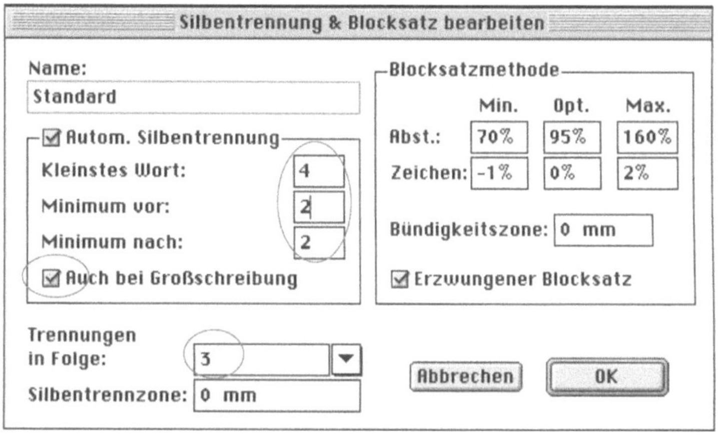

Abb. 1.1/6
Silbentrennung & Blocksatz

stellung. Rufen sie unter *Bearbeiten > S&B* auf und verändern Sie die Werte, wie in Abbildung 1.1/6 gezeigt. Die eingestellten Werte sollten Sie unter *Standard* speichern und außerdem von diesen Einstellungen eine weitere Kopie unter einem anderen Namen anlegen. Der Grund für diese Vorgehensweise ist: QuarkXPress übernimmt beim Kopieren und Einsetzen von Texten in ein anderes Dokument, die Standardeinstellungen des Zieldokumentes. Haben Sie aber im S&B Ihren Einstellungen einen anderen Namen zugewiesen und diesen Namen einer erstellten Stilvorlage zugeordnet, bleiben die Einstellungen auch im Zieldokument (bei Einsatz der entsprechenden Stilvorlage) erhalten.

S&B-Vorgaben werden vom Zieldokument bestimmt.

→ **Kapitel 1.4**

Lernziel
- Wichtige Voreinstellungen für die *Silbentrennung & Blocksatz* kennen lernen.

Aufgaben
- Stellen Sie die Silbentrennung für deutsche Texte optimal ein.
- Tragen Sie die optimale Voreinstellungen für die Blocksatzmethode ein.

1. Layout

Lösung Aufgabe 1

1. Deutsch geschriebene Texte weisen Wörter mit Versalbuchstaben = Großschreibung auf. Aktivieren Sie das Kästchen bei *Großschreibung*, somit werden auch Substantive getrennt.

   Trennung für Großschreibung aktivieren.

2. Die Anzahl der Buchstaben, welche ein zu trennendes Wort noch aufweisen kann, ist ebenfalls zu definieren. Tragen Sie bei *kleinstes Wort 4* und bei *Minimum vor* und *Minimum nach* jeweils 2 ein.

   Zu trennende Wortlänge eintragen

3. Aus gestalterischen und lesetechnischen Gesichtspunkten sollten maximal 3 Trennungen in Folge möglich sein. Tragen Sie bei *Trennungen in Folge* eine 3 ein.

   → **Kompendium der Mediengestaltung, Kapitel 1.3.9.6**

4. Die *Silbentrennzone* verändert das Flattern der Zeilenende im Flattersatz.

Lösung Aufgabe 2

In der deutschen Schreibweise sollte der Wort- und Zeichenabstand immer bei den gleichen Werten liegen. Die Zeichen weisen eigene Breiten und Abstände auf, welche vom Schriftschöpfer optimiert wurden. Um unschöne Trennungen zu vermeiden, kann aber dieser Grundsatz durch Veränderung der Wort- und Buchstabenabstände beeinflusst werden.

→ **Kompendium der Mediengestaltung, Kapitel 1.3.7 und 1.3.9.2**

1. Tragen Sie die von den Autoren vorgeschlagenen Werte ein, sie haben sich als brauchbar erwiesen (vgl. Abb. 1.1/6).

2. Mit der Bündigkeitszone können Sie das Flattern der Ausgangszeilen bei Absatzenden im Blocksatz verringern. Je größer der Wert, desto weiter wird die Zeile ausgetrieben.

3. Ist, wie in Abbildung 1.1/6, Erzwungener Blocksatz angewählt, wird selbst ein einzelnes Wort in einer Zeile auf die gesamte Satzbreite ausgetrieben. In der Regel aktivieren Sie diese Option nicht. Gleichen Sie solche unschönen Zeilen durch andere Mittel aus.

Abb. 1.2/1
Broschur-Entwurf

Zwei nebeneinander
liegende Seiten

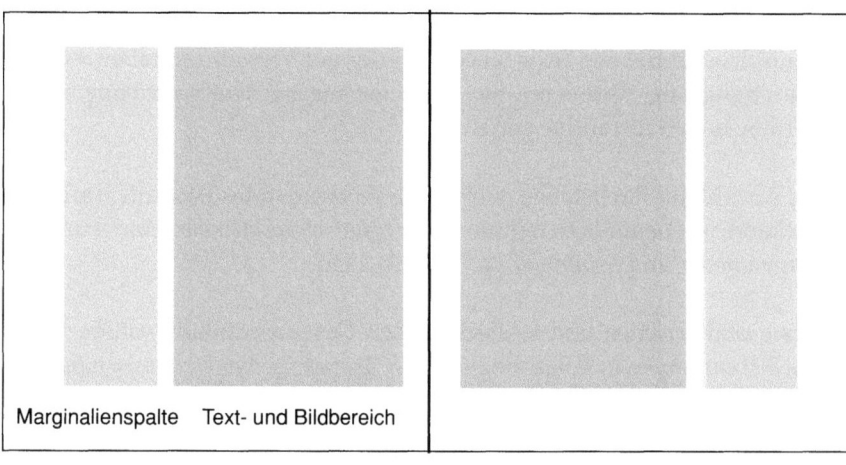

Marginalienspalte   Text- und Bildbereich

Abb. 1.2/2
Formblatt-Muster

Auftrag: Broschur - Muster 4/1-farbig			**Nr.:** 10500 **Kunde:** MUM		
Auflage: 25.000			**Termin:** 12.05.2000		
Seiten: geschätzt 210			**Umschlag:** vier Seiten		
Format beschnitten: 180 mm auf 180 mm			**unbeschnitten:** 190 mm auf 200 mm		
Papier-Innenteil: 80 g/m² Offset mittelfein			**Umschlag:** 150 g/m², Offset glanzgestr.		
Druckweiterverarbeitung: Zusammentragen, Klebebindung					
Seitenrand Bund: 9 mm	**Kopf:** 13,5 mm	**Außen:** 18 mm		**Fuß:** 27 mm	
Schriften Grundtext: Palatino 10 pt **Zeilenabst.:** 4,5 mm	**Haupttitel:** Helvetica 12 pt 3 mal 4,5 mm	**Untertitel:** Helvetica 10 pt nach Absatz 2 mal 4,5 mm nach Titel 1 mal 4,5 mm	**Zwischentitel:** Helvetica 10 pt nach Absatz 2 mal 4,5 mm nach Titel 0 mal 4,5 mm	**Marginalien:** Helvetica 8 pt 3,25 mm	

1.2 Entwurf und Planung

Lernziele
- Planungsunterlagen für ein in QuarkXPress zu gestaltendes Dokument erstellen.
- Hieraus ein Gestaltungsraster in QuarkXPress anlegen.
- Die Erstellung von Musterseiten in QuarkXPress durchführen.

Aufgaben
- Erstellen Sie Planungsunterlagen für ein mögliches Gestaltungsraster.
- Erstellen Sie ein Gestaltungsraster in QuarkXPress.
- Legen Sie die nötigen Musterseiten für das Dokument in QuarkXPress an.

Lösung Aufgabe 1
Abbildung 1.2/2 zeigt ein Formblatt welches Daten zur Erstellung des Auftrags enthält.

Formblatt-Muster

Lösung Aufgabe 2
1. Berechnen der Satzspiegelgröße: im Muster 180 mm minus (Bund + Außenrand), 180 mm minus (Kopf + Fuß).

2. Überprüfen Sie, ob die Satzspiegelhöhe exakt in die Maße der Zeilenabstände passt. Dies kann auch mit einem Mustertext ermittelt werden.
    - Erstellen eines Dokumentes in QuarkXPress wie in 1_mov01.mov gezeigt.
    - Einfügen eines Textfeldes wie in 1_mov02.mov gezeigt.
    - Übernahme des Mustertextes in das Textfeld wie in 1_mov03.mov gezeigt.
    - Zeilenabstand und Schriftgröße einstellen wie in 1_mov04.mov.
    - Satzspiegelhöhe so verändern, dass die letzte Zeile exakt auf der unteren Begrenzungslinie des Textfeldes steht, siehe 1_mov05.mov.
    - Neue Berechnung der Randmaße für den Fuß (im Beispiel ändert sich die Satzspiegelhöhe nicht. Sie wurde im Entwurf schon richtig berechnet).

1_LAYOUT > 1_DOKUM
>1_text01.txt

1_LAYOUT > 1_FILME
1_mov01.mov
1_mov02.mov
1_mov03.mov
1_mov04.mov
1_mov05.mov

Workshop zur Mediengestaltung

Abb. 1.2/3
Sichern unter

Abb. 1.2/4 rechts
Sichern unter

Festlegung des Pfades und Dokumentennamens

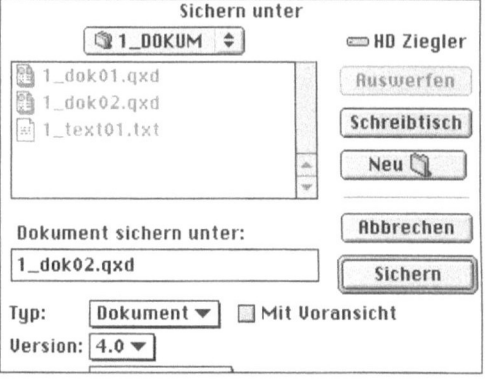

Abb. 1.2/5
Fenster – Seitenlayout

A-Muster A ist die Musterdoppelseite

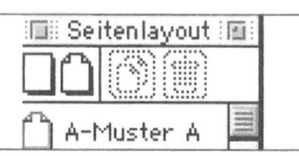

Abb. 1.2/6
Einstellung Grundlinienraster

Abb.1.2/7
Musterseite einrichten

Zum Anlegen der Spaltenhilfslinien

Abb. 1.2/8
Spaltenmaße

Spalten 12,
Spaltenabstand 4 mm,
Randhilfslinien sind
bereits vorgegeben.

8   QuarkXPress

1. Layout

1.3 Textfelder

Lernziel
- Textfelder in das Gestaltungsraster auf den Musterseiten platzieren.

Aufgabe
- Legen Sie die Textfelder gemäß Entwurf in den Musterseiten an.

Lösung

1. In der Regel sollen die Textrahmen keinen sichtbaren Rand aufweisen. Aktivieren Sie *Bearbeiten > Vorgaben > Dokument > Werkzeug > Randstil > Modifizieren* und tragen Sie 0 pt ein.

   1_LAYOUT > 1_FILME
   1_mov12.mov

2. Klicken Sie in der Werkzeugpalette das Textrahmenwerkzeug an und ziehen Sie auf der linken Musterseite mit gedrückter Maustaste ein Textfeld auf.
   - Tragen Sie die Maße für die Lage und Größe des Textfeldes in die Maßpalette ein (vgl. Abb. 1.3/2).

   1_LAYOUT > 1_FILME
   1_mov13.mov

   Anlegen der linken Marginalienspalte

3. Erstellen Sie die Grundtextspalte und die Spalten der rechten Seite in der gleichen Art und Weise.

   Selbstverständlich könnten Sie für den Grundtext zwei oder mehr Spalten anlegen. Dann wäre ein anderes Gestaltungsraster oder eine breitere Marginalienspalte nötig, so dass es zwei identische Spalten ergibt.

   1_LAYOUT > 1_DOKUM >
   1_dok03.qxd

   1_LAYOUT > 1_DOKUM >
   1_dok04.qxd

   Eine weitere Möglichkeit, ein Gestaltungsraster anzulegen, haben Sie mit dem Guide Manager.

4. Wählen Sie unter *Hilfsmittel > Guide Manager* aus. Die möglichen Einstellungen erklären sich aus den Inhalten der geöffneten Fenster (vgl. Abb. 1.3/4 und 1.3/5).

5. Stellen Sie unter *Bearbeiten > Vorgaben > Dokument > Werkzeug > Textrahmenwerkzeug > Modifizieren > Umfließen > keine* ein.

   Texte sollten nur bei besonderen Gestaltungswünschen umfließen.

Workshop zur Mediengestaltung

Abb. 1.4/1
Stilvorlage

Zeichenstilvorlage
Einstellungen für das
Dokument

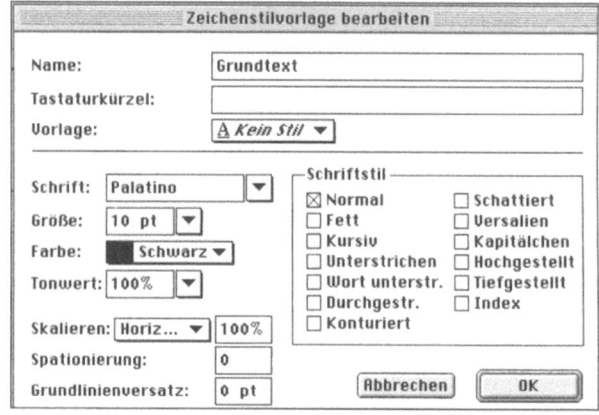

Abb. 1.4/2
Absatzstilvorlage

Einstellungen Allgemein

Abb. 1.4/3
Absatzstilvorlage

Einstellungen Formate

Abb. 1.4/4
Absatzstilvorlage

Einstellungen Tabulatoren

Abb. 1.4/5
Absatzstilvorlage

Einstellungen Linien

QuarkXPress

1. Layout

1.4 Stilvorlagen anlegen

Lernziel
- Anlegen und Benützen von Stilvorlagen.

Bei der Erstellung mehrseitiger Dokumente empfehlen wir Ihnen Texteinstellungen immer mittels Stilvorlagen vorzudefinieren. Ändern Sie eine Stilvorlage, ändern sich alle mit der Stilvorlage erstellten Texte.

Stilvorlagen enthalten alle für den Text relevanten Einstellungen.

Aufgaben
- Legen Sie die Stilvorlagen für den Grundtext,
- die Überschriften,
- die Marginalien des vorbereiteten Dokumentes an.

Hinweis: Benützen Sie die Planungstabelle.

Lösung Aufgabe 1

1. Rufen Sie unter *Bearbeiten > Stilvorlagen* auf. Öffnen Sie unter *Neu > Zeichen*. Tragen Sie wie in Abbildung 1.4/1 gezeigt den Namen der Stilvorlage *Grundtext* und die Schriftdaten ein, bestätigen Sie mit *OK*.

1_LAYOUT > 1_FILME
1_mov14.mov

2. Öffnen Sie unter *Neu > Absatz*, wählen Sie bei *Zeichenattribute Grundtext* aus (vgl. Abb. 1.4/2).
   - Geben Sie der Absatzstilvorlage den Namen *Grundtext 1. Absatz*.

1_LAYOUT > 1_FILME
1_mov15.mov

3. Klicken Sie *Formate* an, stellen Sie den Zeilenabstand auf 4,5 mm ein, die Ausrichtung linksbündig, das Wörterbuch (S&B) auf Standard.

4. Klicken Sie auf *Tabulatoren* und stellen Sie diese auf 4,5 mm, 9 mm, 13 mm, 17,5 mm, 22 mm und so weiter (vgl. Abb. 1.4/4).

1_LAYOUT > 1_FILME
1_mov16.mov

5. Klicken Sie Linien an, informieren Sie sich über die Einstellmöglichkeiten, stellen Sie aber vorerst nichts ein.

6. Mit *Sichern* schließen Sie die Einstellungen ab.

7. Unter *Ansicht > Stilvorlagen zeigen* sehen Sie im Fenster die Stilvorlagen.

QuarkXPress

Workshop zur Mediengestaltung

Abb. 1.4/6
Absatzstilvorlage

1. Zeile mit 4,5 mm Einzug

Abb. 1.4/7
Stilvorlagen

Geöffnetes Fenster

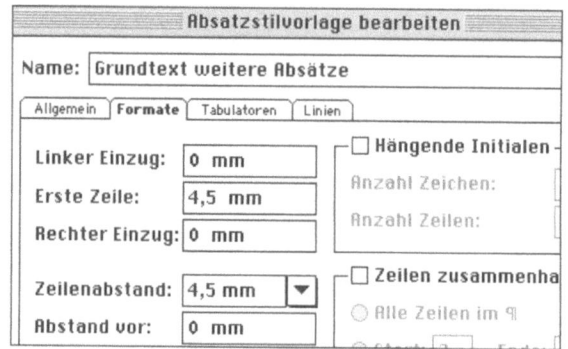
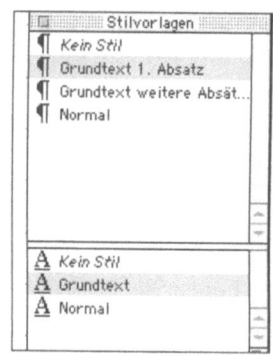

Abb. 1.4/8
Zeichenstilvorlage

Schrifteneinstellung

Abb. 1.4/9
Absatzstilvorlage

Einstellungen Allgemein

Abb. 1.4/10
Absatzstilvorlagen

Zeilenabstände

Abb. 1.4/11
Absatzstilvorlagen

Untertitel Absatz

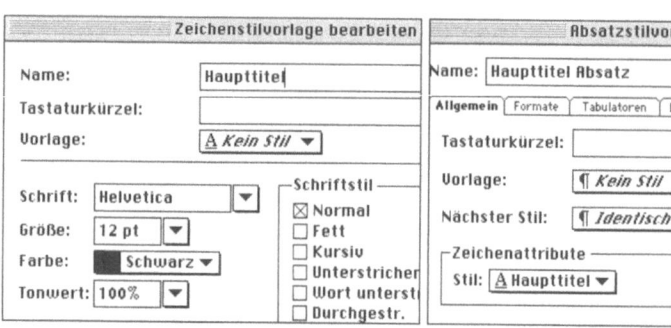

14 QuarkXPress

1. Layout

Beinhaltet das Dokument mehrere Absätze unter einer Überschrift, wollen wir die 1. Zeile im 2. Absatz und in den weiteren Absätzen um 4,5 mm einrücken.

Lösung Aufgabe 2 (vgl. Abb. 1.4/6, 1.4/7)

1. Rufen Sie unter *Bearbeiten > Stilvorlagen > Neu > Absatz* auf. Stellen Sie bei *Zeichenattribute Grundtext* ein und geben Sie der Absatzstilvorlage zum Beispiel den Namen *Grundtext weitere Absätze*.

1_LAYOUT > 1_DOKUM >
1_dok06.qxd

2. Tragen Sie unter *Erster Zeile* 4,5 mm und unter *Zeilenabstand* 4,5 mm ein. Mit *OK* und *sichern* erstellen Sie eine neue Absatzstilvorlage.

3. Damit der Text besser in den Zeilen dargestellt wird, stellen Sie unter *Bearbeiten > S&B* sinnvolle Trennoptionen ein.

1_LAYOUT > 1_DOKUM >
1_dok07.qxd und
1_mov17.mov

Lösung Aufgabe 3

1. Für den Haupttitel erstellen Sie eine Absatz- und eine Zeichenstilvorlage mit den Einstellungen der Abbildungen 1.4/8 bis 1.4/10.
   - Anstelle des *Abstandes nach* von 13,5 mm können Sie auch eine 0 stehen lassen und beim Erstellen des Dokumentes drei Leerzeilen eingeben.

1_LAYOUT > 1_DOKUM >
1_dok08.qxd

2. Für die Untertitel erstellen Sie ebenfalls eine Zeichen- und eine Absatzstilvorlage (vgl. Abb. 1.4/11).
   - Für den *Abstand vor* könnten Sie auch 9 mm eingeben, mit dem Nachteil, dass bei Aufeinanderfolge eines Haupttitels und Untertitels zwei Leerzeilen zu viel zwischen den beiden Titeln stehen. Dies müsste jedesmal korrigiert werden.

1_LAYOUT > 1_DOKUM >
1_dok09.qxd

3. Die Erstellung der Zwischentitel erfolgt selbstverständlich mit den entsprechenden Entwurfsvorgaben.

1_LAYOUT > 1_DOKUM >
1_dok10.qxd

4. Die Erstellung der Marginalien-Stilvorlagen erfolgt in gleicher Art und Weise mit den Entwurfsvorgaben.

1_dok11.qxd

Workshop zur Mediengestaltung

Abb. 1.5/1
Drucker im Mac OS-System aktivieren

HP DeskJet

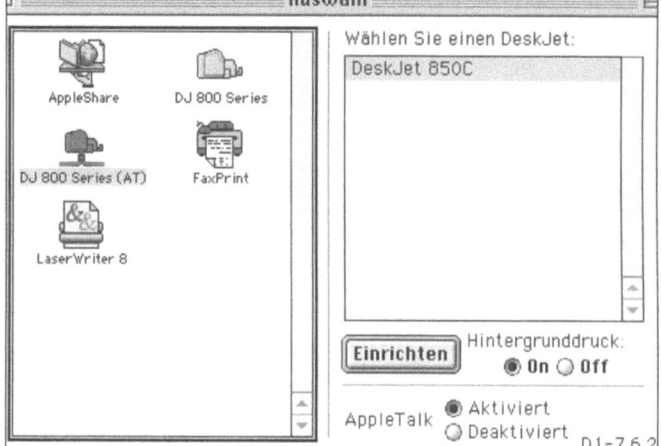

Für die Auswahl eines PostScript-Druckers ist LaserWriter 8 anzuklicken und der entsprechende Drucker im rechten Fensterteil auszuwählen.

Abb. 1.5/2
Pfadfestlegung im PPD-Manager von QuarkXPress

Drucker, Treibername, welche benützt werden, anklicken, so dass ein Häkchen sichtbar ist.

Abb. 1.5/3
Druck-Menü-Fenster

Installieren eines S/W-Laserdruckers

Abb. 1.5/4
Einstellungen Dokument

Anzahl Exemplare, usw.

Abb. 1.5/5
Einstellungen Ausgabe

Seiten von bis, Rastereinstellung

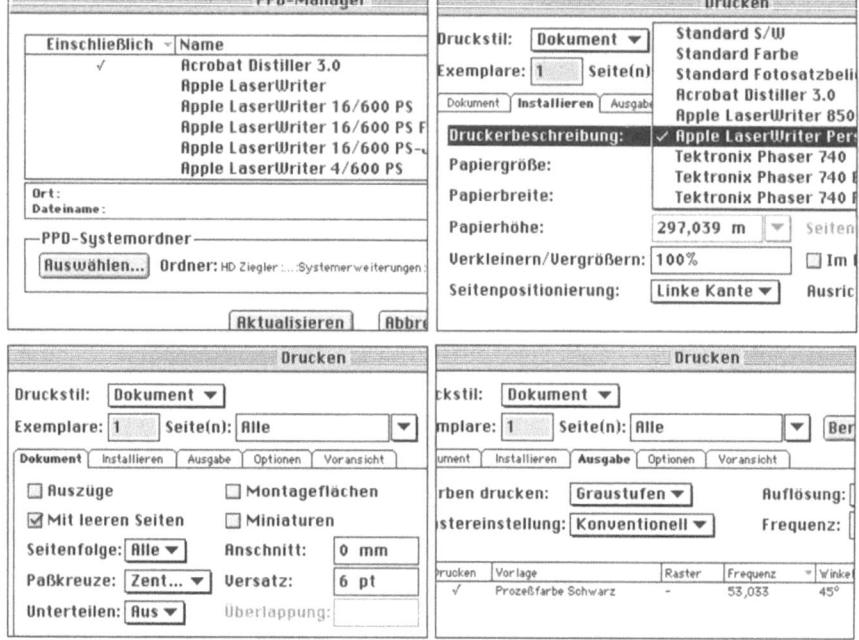

QuarkXPress

1.5 Drucken aus QuarkXPress

Lernziel
- Drucken von Dokumenten auf verschiedenen Ausgabegeräten.

Aufgabe
- Das Dokument soll zur Wiedergabe für verschiedene Ausgabegeräte vorbereitet werden:
  - Tintenstrahldrucker
  - Laserdrucker einfarbig für PostScript
  - Laserdrucker mehrfarbig für PostScript
  - Filmbelichter für PostScript
  - EPS-File

Lösung
Anmerkung: Bei Apple-Rechnern werden mit dem Betriebssystem eine große Anzahl von PostScript-Druckertreibern installiert. Diese finden Sie im *Systemordner > Systemerweiterungen > Druckerbeschreibungen*. Sollte der Treiber Ihres aktuellen PostScript-Ausgabegerätes nicht vorliegen, installieren Sie den Treiber der mitgelieferten Software. Bei der Installation ist zumeist nichts zu beachten, da das Mac-OS-Betriebssystem alles automatisch an die richtigen Stellen speichert. Sollte kein Treiber vorliegen, versuchen Sie es mit dem Standard-Druckertreiber. Bei Windows-Rechnern muss zumeist der Treiber eines PostScript-Ausgabegerätes zuerst richtig installiert werden. Gehen Sie bei der Installation exakt nach der Bedienungsanleitung vor.

Windows-Anwender sollten den Pfad in das Verzeichnis \spool\drivers setzen.

1. Wählen Sie über das System den Treiber für den Tintenstrahldrucker aus (vgl. Abb. 1.5/1 für Mac OS).
   - Weiter siehe 1_mov18.mov.

1_LAYOUT > 1_FILME
1_mov18.mov
1_mov19.mov

2. Wählen Sie für die Laserdruckerausgabe im System den Laserdrucker aus.
   - Weiter siehe 1_mov19.mov.
   - Werden in QuarkXPress keine Treiber aufgelistet, stellen Sie in QuarkXPress die Pfadangabe richtig ein! Öffnen Sie *Hilfsmittel > PPD-Manager > Auswählen* und suchen Sie hier den Treiber aus.

Workshop zur Mediengestaltung

Abb. 1.5/6
Fotosatzbelichter

Abb. 1.5/7
Fotosatzbelichter

Einstellung auf die
Mindestausgabe-Auflösung
von 1270 dpi

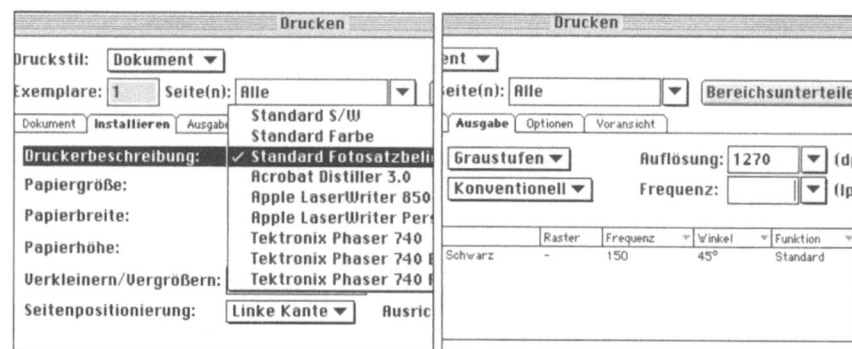

Abb. 1.5/8
**Druck bzw. Belichtung
von Farbauszügen**

Auszüge anklicken

Abb. 1.5/9
**Druck bzw. Belichtung
von Farbauszügen**

Vierfarbauszug konvertieren

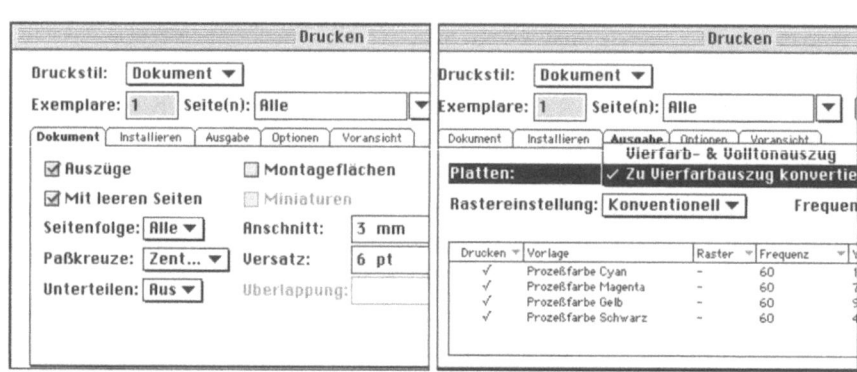

Abb. 1.5/10
Auswahl Farblaserdrucker

Abb. 1.5/11
Druck aller Farben

Auswahl
Zusammengesetzte Farben

 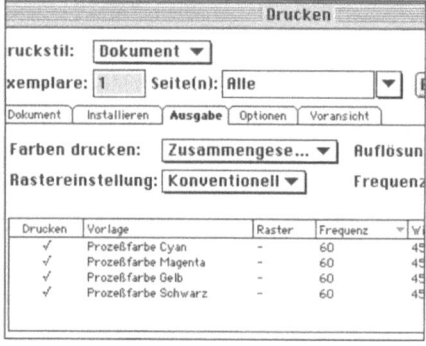

QuarkXPress

1. Layout

- Weiter siehe Abbildung 1.5/3, 1.5/4, 1.5/5.
- Sollte nur eine Seite gedruckt werden, schreiben Sie die Zahl der zu druckenden Seite, zum Beispiel 5, an die Stelle von *Alle*.
- Wollen Sie eine fortlaufende Zahl von Seiten drucken, schreiben Sie die erste zu druckende Seite - die letzte zu druckende Seite, z. B. 7 - 12, an die Stelle von *Alle*.

Zum Drucken mehrerer aufeinander folgender Seiten 1. Seitenzahl - letzte Seitenzahl eingeben.

3. Zum Druck bzw. zur Belichtung von Filmen, rufen Sie den entsprechenden Fotosatzbelichter auf, stellen die Auflösung auf mindestens 1270 dpi. Die Rasterwinkelung für eine Schwarzweiß-Wiedergabe beträgt in der Regel 45°.
   - Bei mehrfarbigen Dokumenten, welche in einem Druckverfahren vervielfältigt werden, sind die Farbauszüge Cyan, Magenta, Gelb und Schwarz getrennt auf Filmmaterial zu belichten. Dies stellen Sie im Fenster des Fotosatzbelichters ein. Die entsprechende Rasterwinkelung gibt der jeweilige Belichter in der Regel vor.

Rasterweite (Frequenz) muss dem Papier angepasst werden. Rasterwinkelung vermeidet Moiré.

4. Beim Druck mittels Farblaserdrucker werden alle Prozessfarben auf das Papier übertragen. Bedenken Sie, dass die Prozessfarben für die Ausgabe immer Cyan, Magenta, Gelb und Schwarz sind. Befindet sich ein farbiges RGB-Bild im QuarkXPress-Dokument, wird die Seite fehlerhaft gedruckt!

5. Befindet sich auf Ihrem Rechner ein Programm zu Erstellung eines EPS-Files, aktivieren Sie diesen Treiber und rufen Sie ihn aus dem Druckermenü von QuarkXPress auf. Beim Mac-OS-System enthält der Laserwriter 8.xx einen EPS-Treiber. Gehen Sie vor wie unter 1_mov20.mov gezeigt. Geben Sie beim Sichern den Ablageort (Pfad) an und klicken Sie zum Schluss im QuarkXPress *Druckerfenster* auf *Drucken*.
   - Wollen Sie den EPS-File einem Belichtungsstudio weitergeben, ist es ratsam, die im Dokument verwendeten Zeichensätze beizufügen. Bei Mac OS siehe 1_mov21.mov.
   - Eine einzelne Seite des Quark-Dokumentes können Sie unter *Ablage > Seite als EPS sichern* speichern und entsprechend weiterverwenden.

1_LAYOUT > 1_FILME
1_mov20.mov

1_LAYOUT > 1_DOKUM >
1_dok11.ps

1_LAYOUT > 1_FILME
1_dok21.mov

1_LAYOUT > 1_DOKUM >
1_dok12.eps

Workshop zur Mediengestaltung

Abb. 1.6/1
Einstellungen Umfließen

Abb. 1.6/2
Pfade für Bilder, Grafiken aktualisieren

Verwendung anklicken

Abb. 1.6/3
Pfade für Bilder, Grafiken aktualisieren

Bild auswählen und Aktualisieren anklicken

Abb. 1.6/4
Pfade für Bilder, Grafiken aktualisieren

Originalbild auf Speichermedium auswählen

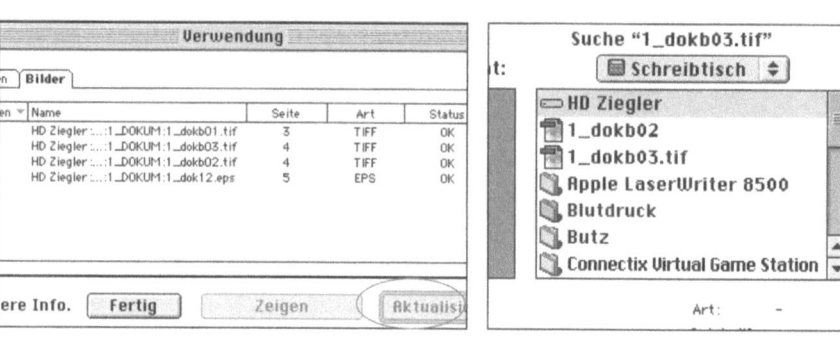

Abb. 1.6/5
Pfade für Bilder, Grafiken aktualisieren

Aufforderung beim Drucken

Abb. 1.6/6
Pfade für Bilder, Grafiken aktualisieren

Wie ab Abbildung 1.6/3

QuarkXPress

1. Layout

1.6 Bilder, Grafiken in das Dokument einfügen

Lernziel
- Bilder und Grafiken in ein QuarkXPress-Dokument einfügen.

Aufgabe
- Fügen Sie die Bilder 1_dokb01.tif, 1_dokb02.tif und 1_dok12.eps und den Text 1_text02.txt in das Dokument 1_dok12.qxd ein

Lösung
1. Siehe 1_mov22.mov, tragen Sie in die Maßpalette für x = 68,75 mm und für y = 40,58 mm ein.

1_LAYOUT > 1_FILME
1_mov22.mov
1_mov23.mov

2. Laden Sie das Bild 1_dokb01.tif in den erstellten Rahmen, siehe 1_mov23.mov.

3. Stellen Sie Umfließen aus *Objekt > Umfließen* ein. Die Maße entnehmen Sie der Abbildung 1.6/1.

4. Laden Sie den Text 1_text02.txt neben das Bild.
   - Sollte der Text auf der einen Seite nicht genügend Platz haben, legen Sie weitere neue Seiten an und verketten die Spalten, siehe 1_mov24.mov.

1_LAYOUT > 1_FILME
1_mov24.mov

5. Fügen Sie die Bilder 1_dokb02.tif und 1_dokb03.tif ein, siehe Beispiel 1_dok13 qxd.

→ 1_dok13.qxd

6. Auf die letzte Seite übertragen Sie 1_dok12.eps, Vorgehensweise wie bei den Bildern.

QuarkXPress speichert die Bilder nicht innerhalb des Dokumentes. Wenn Sie Bilder, Grafiken und Ähnliches in ein Dokument einbinden, merkt sich QuarkXPress nur den aktuellen Pfad. Falls Sie die Bilder an einen anderen Ort, anderes Speichermedium legen, muss zum Drucken der neue Pfad eingestellt werden, siehe Beispiele Abbildung 1.6/2 bis 1.6/6.

Bilder und Grafiken müssen immer aktuell vorliegen.

Workshop zur Mediengestaltung

Abb. 1.7/1
Listen erstellen

Zur Anlage eines
Inhaltsverzeichnisses

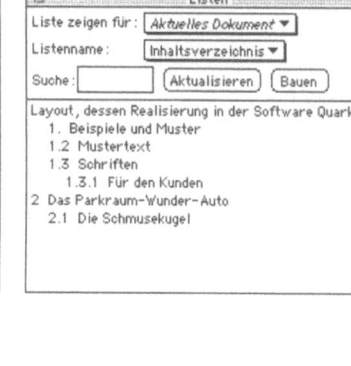

Abb. 1.7/2
Ansicht Liste

Geöffnetes Fenster der
Liste aus dem Menüpunkt
Ansicht

Abb. 1.7/3
Aktuelle Liste Bearbeiten

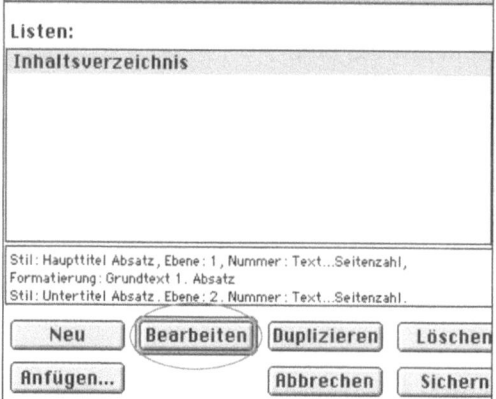

Abb. 1.7/4
**Text ... Seitenzahl
auswählen**

22   QuarkXPress

1.7 Inhaltsverzeichnis und Index

Lernziele
- Erstellen von Listen beispielsweise für ein Inhaltsverzeichnis.
- Erstellen von Indexeinträgen z.B. für ein Indexregister.

Aufgaben
- Erstellen Sie für das Dokument 1_dok13.qxd ein Inhaltsverzeichnis.
- Erstellen Sie für das Dokument 1_dok13.qxd ein Indexregister.

Lösung Aufgabe 1

1. Rufen Sie unter *Bearbeiten > Listen* auf und klicken Sie *Neu* an. Wählen Sie *Haupttitel Absatz* aus der *Stilvorlagenliste* aus, siehe 1_mov25.mov.

   1_LAYOUT > 1_FILME
   1_mov25.mov

2. Geben Sie der Liste den Namen Inhaltsverzeichnis und legen Sie die Ebenenhierarchie fest. Das heißt: die Anzeige der 2. Ebene wird von der ersten etwas eingerückt und entsprechend die dritte Ebene von der 2.

   1_mov26.mov

3. Wählen Sie die Stilvorlage aus, mit welcher das Inhaltsverzeichnis geschrieben werden soll.

   1_mov27.mov

4. Speichern Sie das Dokument unter einem neuen Namen, zum Beispiel 1_dok14.qxd.

5. Fügen Sie eine weitere Seite hinzu und klicken bei aktiviertem Inhaltswerkzeug mit dem Cursor in das Textfeld.

6. Klicken Sie im *Listenfenster* auf *Bauen*. Das Inhaltsverzeichnis steht im ausgewählten Textrahmen.

7. Das Aussehen ist bestimmt nicht optimal. Sie können zum Beispiel die Seitenzahlen hinzufügen. Klicken Sie unter *Bearbeiten* auf *Liste*, im *Fenster* auf *Bearbeiten* und unter *Nummerierung* auf *Text ... Seitenzahl*. Alles sichern und im *Listenfenster* (vgl. Abb. 1.7/1) *Aktualisieren* und *Bauen* anklicken.

   1_LAYOUT > 1_DOKUM >
   1_dok14.qxd

Workshop zur Mediengestaltung

Abb. 1.7/5
Indexfenster

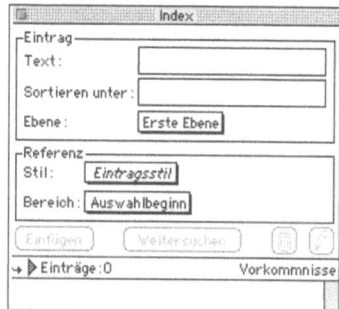

Abb. 1.7/6
Markiertes Wort

Übernahme in das Indexregister durch Anklicken von Einfügen.

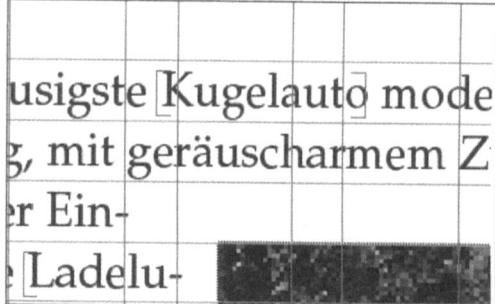

Abb. 1.7/7
Fenster Seitenlayout

Mit neu angelegter B-Musterseite

Abb. 1.7/8 (oben rechts)
B-Musterseite ohne Textrahmenverkettung

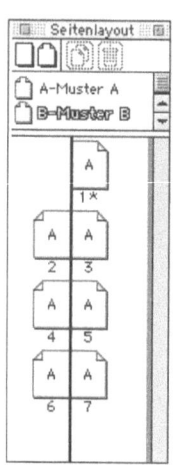

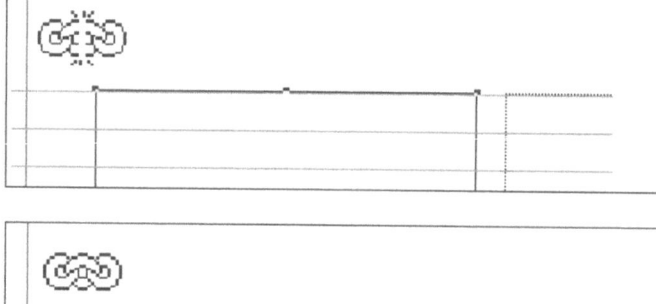

Abb. 1.7/9 (unten rechts)
B-Musterseite mit Textrahmenverkettung

Abb. 1.7/10
Fenster Seitenlayout

Mit einer neuen Seite A und einer neuen Seite B

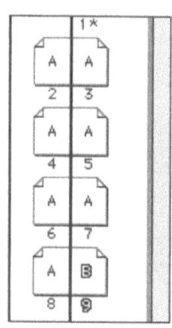

Abb. 1.7/11
Fenster Index bauen

OK anklicken, Text sollte in die Seite B einlaufen.

24   QuarkXPress

1. Layout

Lösung Aufgabe 2

1. Rufen Sie unter *Ansicht > Index zeigen* auf.
   - Markieren Sie das Wort oder den Text, welcher in das Indexverzeichnis übernommen werden soll.
   - Klicken Sie im geöffneten *Indexfenster > Einfügen* an. Das markierte Wort oder Text sollte nach der Übernahme in das Indexregister markiert sein (vgl. Abb. 1.7/6).

2. Um das Indexregister bauen zu können, legen Sie zuerst neue Musterseiten mit Textrahmenverkettungen an (vgl. 1_mov29.mov).
   - Im *Seitenlayoutfenster* aktivieren Sie B-Muster B.
   - Legen Sie drei gleich große Textrahmen auf jeder Seite an (Beispiel: B = 48 mm, H = 139,5 mm, Spaltenabstand = 4 mm).
   - Verketten Sie die Seite und die Textrahmen (vgl. 1_mov30.mov).

3. Ziehen Sie eine A-Seite und eine B-Seite im Fenster Seitenlayout nach unten (vgl. Abb. 1.7/10).
   - Setzen Sie in die erste Spalte der B-Seite den Textcursor.
   - Öffnen Sie unter *Hilfsmittel > Index bauen*. Hinweis: Das Indexfenster muss für diese Operation geöffnet sein.
   - Klicken Sie in OK. Der Indextext sollte in die angelegte Seite B einlaufen.

4. Das Indexregister ist noch sehr unübersichtlich. Fügen Sie alphabetisch geordnet über die Begriffe den Alphabetbuchstaben ein.
   - Öffnen Sie unter *Hilfsmittel > Index bauen*, klicken Sie *Buchstaben hinzufügen* an.

1_LAYOUT > 1_FILME
1_mov28.mov

1_LAYOUT > 1_DOKUM
1_dok16.qxd

1_LAYOUT > 1_FILME
1_mov29.mov

1_mov30.mov

Das Indexregister kann weiter verschachtelt werden. Hierzu ordnen Sie den Begriffen unterschiedliche Ebenen zu. Ebene 1 ist immer die erste, Ebene 2 wird eingerückt zu Ebene 1 erscheinen. Stilvorlagen können ebenfalls gesondert für das Indexregister angelegt werden. In unserem Beispiel haben wir für die erste Übung die bereits angelegte Stilvorlage *Grundtext 1. Absatz* eingesetzt.

Abb. 1.8/1
**Entwurf
Inhaltsverzeichnis**

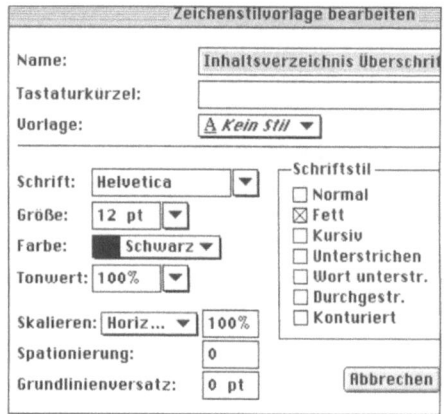

Abb. 1.8/2
**Stilvorlage
Inhaltsverzeichnis**

Überschrift
Zeicheneinstellungen

Abb. 1.8/3
**Stilvorlage
Inhaltsverzeichnis**

Überschrift Absatz mit der Zeichenvorlage Inhaltsverzeichnis Überschrift

Abb. 1.8/4
**Stilvorlage
Inhaltsverzeichnis**

Überschrift Absatz ohne Einstellung von Tabulatoren

1. Layout

1.8 Gestalten des Inhaltsverzeichnisses und des Indexregisters

Lernziel
- Wiederholung und Vertiefung zum Anlegen von Stilvorlagen.

Aufgaben
- Erstellen Sie für das Inhaltsverzeichnis des Dokumentes 1_dok18.qxd eine Stilvorlage, so dass die Gestaltung dem vorgegebenen Entwurf entspricht.
- Erstellen Sie für das Indexregister des Dokumentes 1_dok18.qxd eine Stilvorlage, so dass die Gestaltung dem vorgegebenen Entwurf entspricht.

Entwurf vgl. Abbildung 1.8/1

1_LAYOUT > 1_DOKUM >
1_dok19.qxd

Lösung Aufgabe 1
1. Stilvorlage für die Überschrift Inhaltsverzeichnis anlegen (vgl. Kapitel 1.4). Die Einstellungen können Sie, wie in Abbildung 1.8/2 gezeigt, vornehmen.
    - Erstellen Sie zuerst die Zeichenstilvorlage, danach die Absatzstilvorlage. Bei der Absatzstilvorlage stellen Sie für *Vorlage kein Stil* ein, für *Zeichenattribute* die zuvor erzeugte *Zeichenstilvorlage* (vgl. Abb. 1.8/2 und 1.8/3).
    - Tabulatoren werden keine eingestellt.

2. Einstellungen der Absatzstilvorlage für den Text (vgl. Abb. 1.8/5 und 1.8/6).

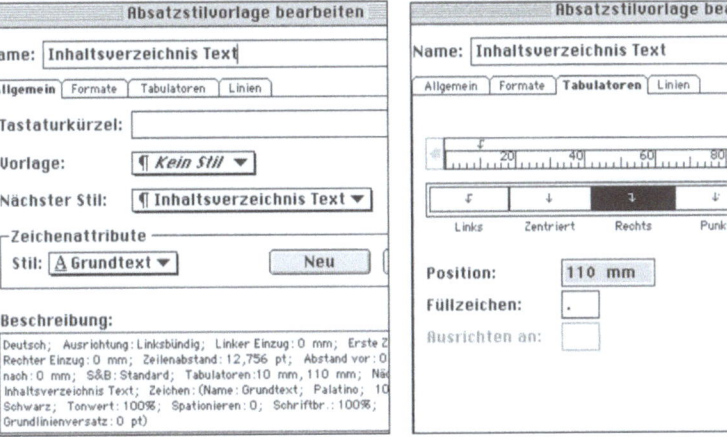

Abb. 1.8/5
Einstellungen Allgemeine

linke Abbildung

Abb. 1.8/6
Einstellungen Tabulatoren

rechte Abbildung:
Der Texttabulator wird linksbündig, der Zahlentabulator rechtsbündig eingestellt.

**Abb. 1.8/7
Absatzstilvorlage für das Indexregister**

Basierend auf der Grundtextstilvorlage

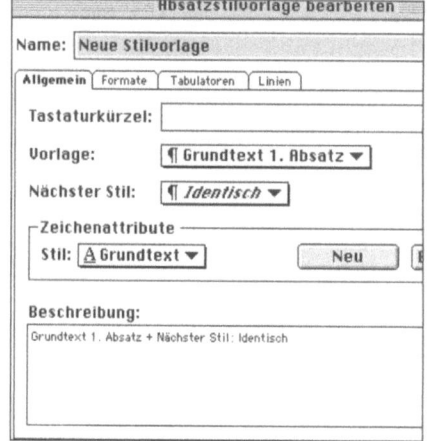
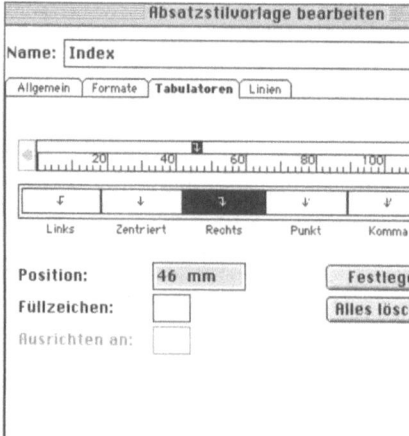

**Abb. 1.8/8
Absatzstilvorlage für das Indexregister**

Einstellung des Zahlentabulators

**Abb. 1.9/1
Farbmanagement**

Aufruf aus dem Vorgaben-Menü

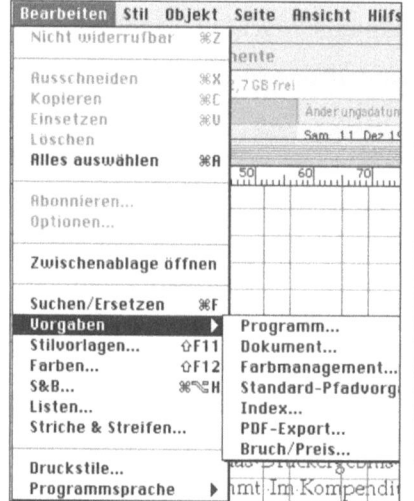

**Abb. 1.9/2
Farbmanagement**

Einstellungen am Rechner des Autors

Lösung Aufgabe 2
Die Stilvorlage für das Indexregister basiert auf der Grundlage der Stilvorlage *Grundtext 1. Absatz*.
- Die Einstellungen entnehmen Sie den Abbildungen 1.8/7 und 1.8/8. Bei der Übernahme der Stilvorlage für das Inhaltsverzeichnis und ebenso beim Indexregister ist der gesamte Text mit der Maus zu markieren und im Fenster *Stilvorlagen* die entsprechende Stilvorlage anzuklicken. Sollte beim ersten Anklicken der Text nicht ordnungsgemäß formatiert werden, klicken Sie zuerst in *kein Stil* und dann die entsprechende Stilvorlage an.
- Die weitere Gestaltung ist entsprechend im Text vorzunehmen.

1_LAYOUT > 1_DOKUM >
1_dok19.qxd

1.9 Farbe

Wollen Sie Farben für Ihre Dokumente einsetzen, müssen Sie wissen, dass QuarkXPress in der Grundvorgabe der Farben nicht exakt drucktauglich ist. Die Farben Blau, Grün, Rot werden für den Druck in CMYK-Farben umgewandelt, wobei das Druckergebnis aber nicht mit den Farben des Bildschirms übereinstimmt. Im Kompendium der Mediengestaltung, Kapitel 4.2 Farbtheorie, wird die Theorie und Praxis der Farbräume genau beschrieben. Wenn Sie mit Farben arbeiten, ist es außerdem sinnvoll, das Colormanagement einzusetzen. QuarkXPress unterstützt zwei Farbmanagementsysteme: ColorSync, der Standard für Macintosh (Apple-Rechner), und das Kodak-Farbmanagementsystem, welches für Macintosh und Windows-Rechner geeignet ist. Allerdings muss Ihr eingesetzter Rechner die Technologie des Farbmanagements im System enthalten (Apple-Rechner beinhalten alle und immer ColorSync im System).

→ **Kompendium der Mediengestaltung, Kapitel 4.2**

Bei der Druckausgabe separiert QuarkXPress 4 die RGB-Farben automatisch in CMYK-Farben. Die Bildschirmfarben Ihres Dokumentes sind in keinem Fall identisch mit den ausgegebenen Druckfarben. Farbige Bilder sollten Sie

Workshop zur Mediengestaltung

Abb. 1.9/3
Farben aus dem Bearbeiten-Menü

QuarkXPress-Vorgaben

Abb. 1.9/4
Farben aus dem Bearbeiten-Menü

RGB-Farben im CMYK-Modus erstellt

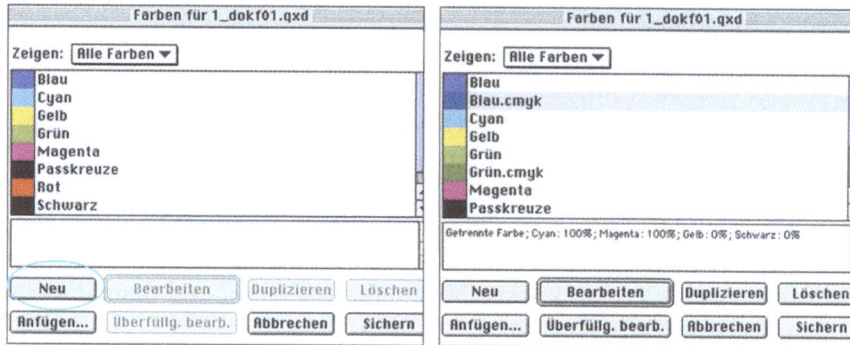

Abb. 1.9/5
Blau als CMYK-Farbe erstellt

Abb. 1.9/6
Farben: Palette aus dem Menü Ansicht

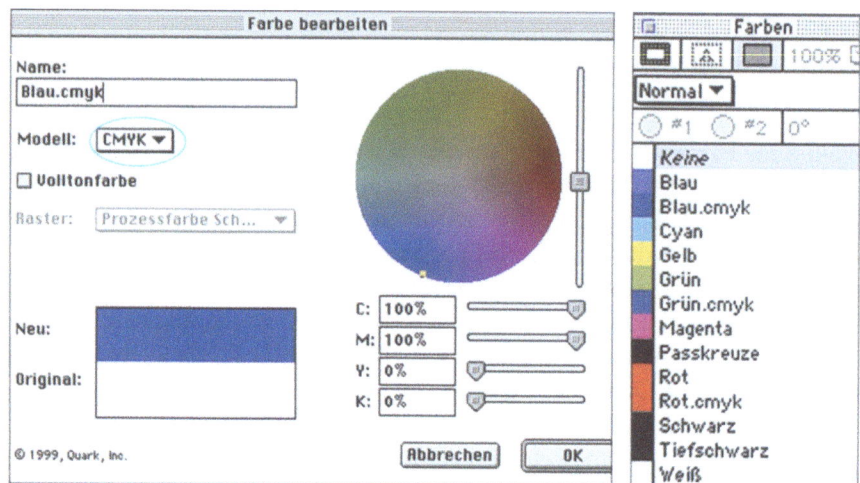

30   QuarkXPress

1. Layout

unbedingt im Photoshop in den CMYK-Farbraum konvertieren, bevor Sie diese in ein Quark-Dokument einbinden. Farben aus QuarkXPress sollten Sie in den CMYK-Farbraum umwandeln und diese entsprechend einsetzen.

Für besondere Gestaltungszwecke ist oftmals ein tiefes Schwarz erforderlich. Das reine Schwarz einer Druckmaschine oder eines Farblaserdruckers ergibt kein Tiefschwarz. Mischt man dem 100% Schwarz noch 40% bis 60% Cyan bei, erhält man ein Tiefschwarz.

Lernziele
- Zu den RGB-Farben des Programms, RGB-Farben aus dem CMYK-Farbmodus erstellen.
- Tiefschwarz im CMYK-Farbraum erstellen.

Aufgaben
- Erstellen Sie im CMYK-Modus die Farben Blau, Rot und Grün.
- Erstellen Sie ein Tiefschwarz bestehend aus 100% Schwarz und 40% Cyan.
- Die Farben sind in die Farbpalette von QuarkXPress bezogen auf das Dokument 1_dokf01.qxd zu übertragen.

Lösung Aufgabe 1 bis 3
1. Rufen Sie das Dokument 1_dokf01.qxd auf. Das Dokument ist für die Änderungen bereits vorbereitet.
   Hinweis: Die Voreinstellungen (Präferenzen) merkt sich QuarkXPress bei geöffnetem Dokument nur für das Dokument. Ist kein Dokument geöffnet, übernimmt QuarkXPress die Voreinstellungen für das Programm, so dass diese für jedes neu erstellte Dokument gültig sind.

2. Rufen Sie unter *Bearbeiten > Farben* auf.
   - Klicken Sie *Neu* an.
   - Tragen Sie unter *Name Blau.cmyk* ein.
   - Wählen Sie unter *Modell CMYK* aus.
   - Ziehen Sie die Farbregler *C* und *M* jeweils auf 100%.
   - Klicken Sie in OK.

1_LAYOUT > 1_DOKUM > 1_dokf01.qxd

Voreinstellungen sind bewusst entweder für ein Dokument oder für das Programm einzustellen.

Workshop zur Mediengestaltung

Abb. 1.9/7
Tiefschwarz

Einstellungen

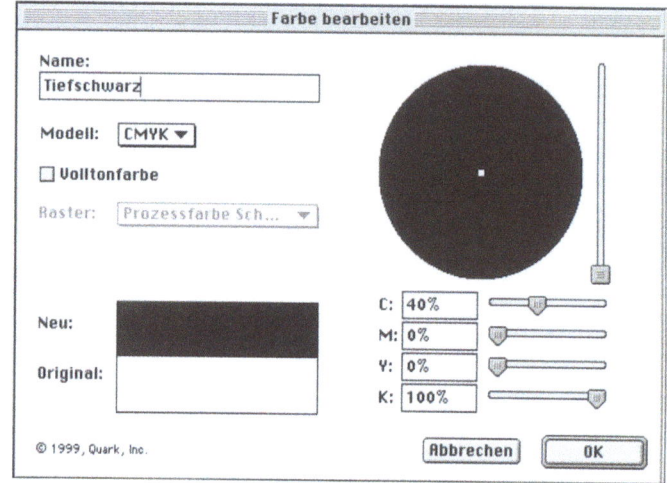

Abb. 1.9/8
Farbvergleich Bildschirm und Ausdruck

Die Farbflächen wurden mit den gleichen Einstellungen in QuarkXPress, obere Reihe, und im Adobe Photoshop, untere Reihe, erstellt.

Bereits am Monitor sehen die Farben unterschiedlich aus, das Druckergebnis sehen Sie hier vorliegen.

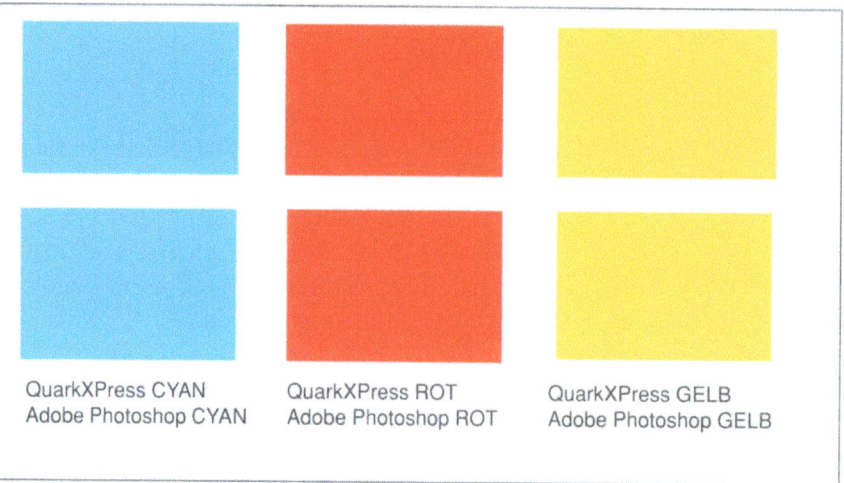

1. Layout

3. Für die Farbe Grün.cmyk gehen Sie wie beschrieben vor, ziehen aber die Farbregler von *C* und *Y* auf 100%, desgleichen für Rot.cmyk, hier ziehen Sie die Farbregler von *M* und *Y* auf 100% auf. *OK* und *Sichern* schließt Ihre Arbeit ab.

- Für Tiefschwarz ziehen Sie *K* und *C*, wie Abbildung 1.9/7 zeigt, auf.

> Grün besteht aus 100% Cyan und 100% Gelb (Yellow).
>
> Rot besteht aus 100% Magenta und 100% Gelb (Yellow).

Sie könnten die Farben Rot, Blau, Grün auch völlig durch die im CMYK-Modus erstellten Farben ersetzen. Benützen Sie die Farben Rot, Blau, Grün in anderen Programmen, z.B. Adobe Photoshop, sollten diese Namen in QuarkXPress nicht umbenannt werden. Quark fügt Rot, Blau, Grün automatisch beim Import einer solchen Datei wieder hinzu.

Grundsätzlich gilt beim Einsatz von Farben, als Schmuckfarben oder in Rasterbildern, dass der Druck zumeist nicht dem Bildschirmaussehen entspricht. Eine Annäherung der Farbwiedergabe von Bildschirmen ist nur bei speziellen, kalibrierfähigen Monitoren möglich. Die Monitore verlieren nach etwa zwei Jahren ihre Kalibrationsfähigkeit, so dass diese, selbst beim Einsatz von Colormanagement, keine Garantie für die Farbechtheit geben.

Der Einsatz verschiedener Software beeinflusst ebenfalls die Farbgebung am Monitor und des Ausdrucks.

Lernziel
- Visuell und messtechnisch ermitteln, dass die Farbwiedergabe unterschiedlicher Software bei ein und derselben Farbe nicht identisch ist.

Aufgaben
- Gleichartige, farbige Flächen in unterschiedlichen Programmen erstellen.
- Visueller Vergleich der Farbwiedergabe am Monitor.
- Visueller und messtechnischer Vergleich der Farbwiedergabe im Druck.

Lösung Aufgabe 1 bis 3
Siehe das Beispiel Abbildung 1.9/8.

Abb. 1.10/2
Überfüllungsvorgaben

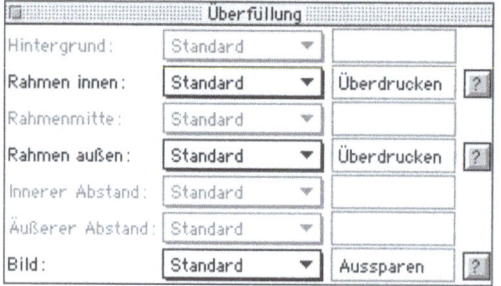

Abb. 1.10/3
Überfüllung

Abb. 1.10/5
Übungsbeispiel

Abb. 1.10/4
Überfüllung bearbeiten

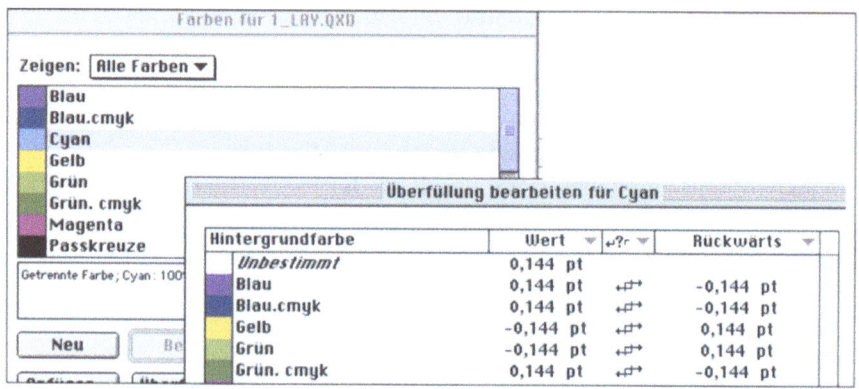

1. Layout

1.10 Überfüllung

Werden zwei Farben in QuarkXPress übereinander gedruckt, so wird die unten liegende Farbe so ausgespart, dass die obere Farbe auf weißes Papier gedruckt wird. Beim Drucken können vielfältige Verschiebungen, Passerdifferenzen, auftreten, so dass die oben liegende Farbe nicht passgenau in der Aussparung liegt. Abbildung 1.10/1 zeigt beispielhaft einen so genannten Blitzer. Um dies zu vermeiden, überfüllt QuarkXPress, wenn Sie nichts verändern, automatisch das Objekt mit der helleren Farbe um den eingestellten Wert (vgl. Abb. 1.10/2). QuarkXPress überfüllt nur im Programm erstellte Objekte. Am Bildschirm und auf Composite-Farbdruckern ist die Überfüllung nicht sichtbar. Die Überfüllung kann an drei Stellen definiert werden:

- An der Überfüllungspalette (vgl. Abb. 1.10/3 und 1_mov31.mov). Die Einstellungen der Überfüllungspalette haben immer die erste Priorität.
- Farbspezifische Überfüllungen (vgl. Abb. 1.10/4). Die Palette rufen Sie unter *Bearbeiten > Farben > Überfüllg.bearb.* auf. Findet QuarkXPress in der Überfüllungspalette keine Vorgaben, benützt es die farbspezifischen Vorgaben.
- Überfüllungsvorgaben der Voreinstellungen (vgl. Abb. 1.10/2). Diese Vorgaben werden als letzte Priorität benützt.

Lernziel
- Überfüllungswerte einstellen und die Reaktionen beim Drucken mittels PostScript-Drucker erfahren.

Aufgaben
- Erstellen Sie zwei unterschiedliche Farbfelder (vgl. Abbildung 1.10/5).
- Definieren Sie unterschiedliche Überfüllungseinstellungen.
- Drucken Sie die Farbfelder mit einem PostScript-Farblaserdrucker aus.

Lösung Aufgabe 1
Erstellen Sie ein zweifarbiges Objekt.
- Unter Randstil stellen Sie für beide Objekte 0 pt ein.
- Rufen Sie unter *Ansicht > Überfüllung zeigen* auf.
- Tragen Sie den Wert *4 pt* ein (vgl. Abb. 1.10/6).

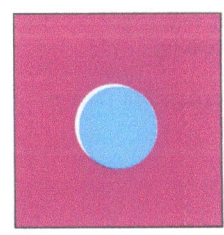

Abb. 1.10/1
Blitzer

kann durch Überfüllung beseitigt werden.
Composite-Drucker sind nicht PostScript-fähige Drucker.

1_LAYOUT > 1_FILME
1_mov31.mov

1_LAYOUT > 1_DOKUM >
1_dokf03.qxd

QuarkXPress

Workshop zur Mediengestaltung

Abb. 1.10/6
Überfüllung

mit eingestellten Werten

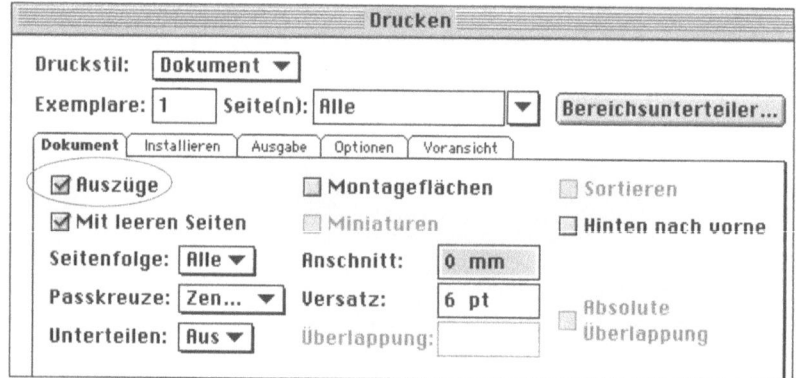

Abb. 1.10/7
Druck-Menü

Auszüge anklicken

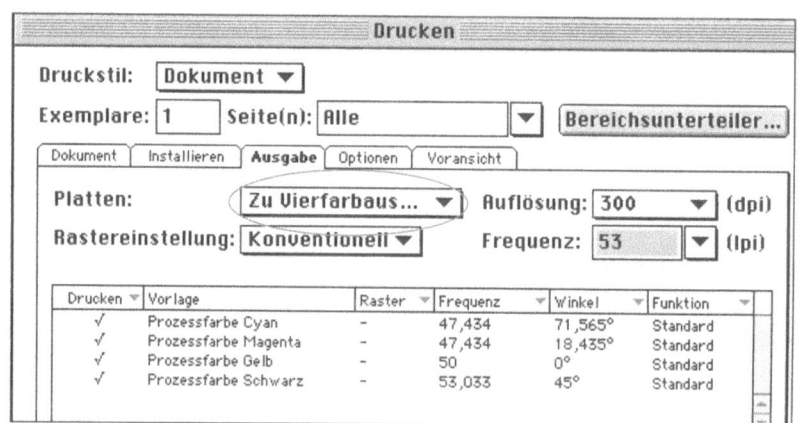

Abb. 1.10/8
Druck-Menü

Zu Vierfarbauszügen konvertieren anwählen und Drucken

Lösung Aufgabe 2
- Stellen Sie das Druck-Menü für einen PostScript-Drucker ein (vgl. Abb. 1.10/7 und 1.10/8).
- *Auszüge* aktivieren, zu *Vierfarbauszügen konvertieren* anwählen, den Druckbefehl erteilen.

Lösung Aufgabe 3
- Den Kreisdurchmesser der weißen Fläche im gedruckten Cyan-Farbauzug messen, desgleichen den Kreis der gelben Auszugsfarbe, die Messergebnisse vergleichen.
- Oder die beiden Ausdrucke übereinanderlegen und durchleuchten.

Selbstverständlich ist eine Überfüllung von 4 pt viel zu groß, jedoch zur messtechnischen Beurteilung möge dies hier akzeptabel sein. Benützen Sie auch die anderen Einstellmöglichkeiten. Der Test kann immer mit dem gleichen Dokument erfolgen.

Das Thema Über- oder Unterfüllung ist allerdings sehr komplex. Hier soll nur auf die Problematik hingewiesen werden. Von überaus großer Bedeutung ist diese Thematik, wenn Sie mit Schriften auf Farbfeldern arbeiten und womöglich die Schriften noch schattieren oder Konturenschriften oder farbig ausgefüllten Schriften verwenden. Das kann zwar die tollsten Ergebnisse hervorbringen, aber nicht die, die Sie eigentlich erreichen wollen. Bei einer guten Gestaltung wird ja nicht mit solch elektronisch verbogenen Schriften gearbeitet, dadurch tritt diese Problematik auch seltener auf.

→ **Kompendium der Mediengestaltung, Kapitel 1.3.9.9**

Workshop zur Mediengestaltung

Abb. 1.11/1
Buch anlegen

Name eintragen und
Anlegen anklicken.

Abb. 1.11/2
Kapitel hinzufügen

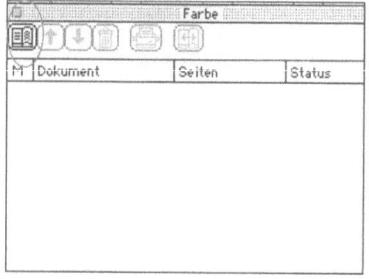
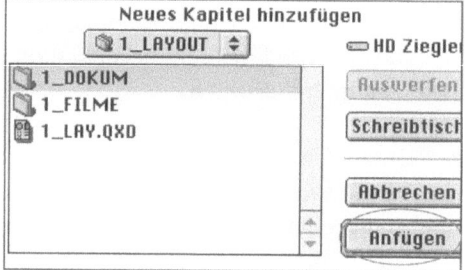

Abb. 1.11/3
Kapitel aussuchen

Abb. 1.11/4
Erstelltes Buch

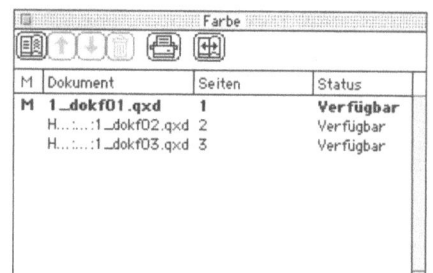
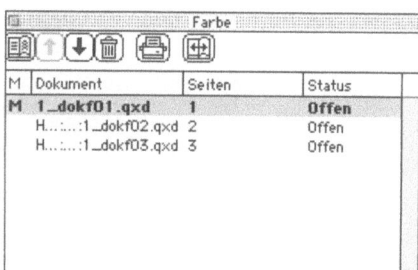

Abb. 1.11/5
Erstelltes Buch

Durch Doppelklicken werden
die Dokumente geöffnet.

QuarkXPress

1.11 Buch anlegen

Eine besondere Stärke und interessante Möglichkeit ist die Erstellung eines Buches aus mehreren Dokumenten. Das Kompendium der Mediengestaltung und der Workshop für das Kompendium der Mediengestaltung wurde von vier Autoren erstellt. Jeder Autor arbeitete alleine und erstellte die entsprechenden Kapitel. Alle Autoren hielten sich bei der Erstellung exakt an ein einheitliches Layout, einheitliche Typografie und einheitliche Bebilderung. Sie benützten QuarkXPress, so dass alle Kapitel, Inhaltsverzeichnis, Indexregister in einem Buch, am Ende der Arbeit zusammengefasst werden konnten.

Lernziel
- Das Zusammenfassen mehrer Dokumente zu einem Buch erarbeiten.

Aufgabe
- Fassen Sie die Dokumente 1_dokf01.qxd bis 1_dokf03.qxd zu einem Buch zusammen.

1_LAYOUT > 1_DOKUM >
1_dokf01.qxd bis
1_dokf03.qxd

Lösung
1. Öffnen Sie unter *Ablage > Neu > Buch*.
   - Geben Sie dem Buch z. B. den Namen „Farbe"(vgl. Abb. 1.11/1).
   - Bestätigen Sie mit *Anlegen* die Erstellung eines neuen Buches.

2. Klicken Sie in Kapitel hinzufügen.
   - Suchen Sie die drei Dokumente auf der CD, wählen das erste Dokument aus und klicken Sie dann auf Anfügen.
   - Wiederholen Sie diese Schritte bis alle drei Dokumente im Buch zu sehen sind (vgl. Abb. 1.11/4).

Im Buch sehen Sie: Die Paginierung von 1_dokf01.qxd hat die Seite 1, 1_dokf02.qxd die Seite 2, 1_dokf03.qxd die Seite 3.

Lernziel
- Automatische Paginierung im Programm kennen und benützen lernen.

Abb. 1.11/7
Änderung der Dokumentenreihenfolge

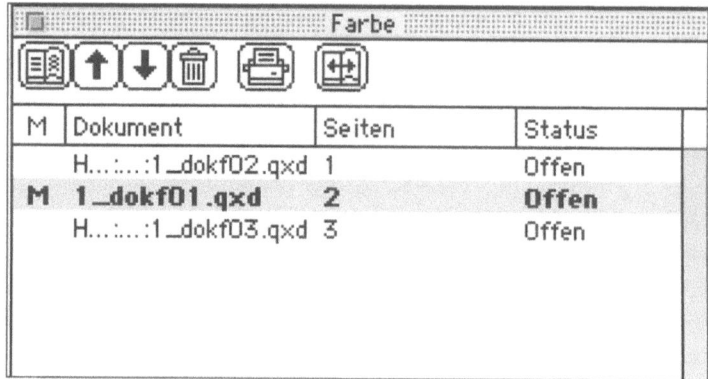

Abb. 1.11/8
Bedeutung der Buchsymbole

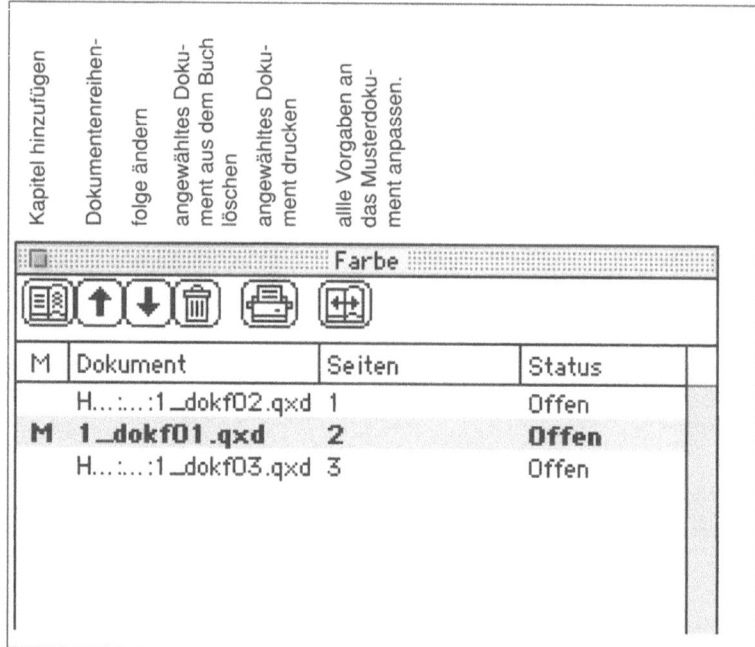

1. Layout

Hinweis: Für die Paginierung muss kein Buch angelegt werden. Dies gelingt auch mit einzelnen Dokumenten. Werden die Dokumente in einem Buch zusammengefasst, paginiert QuarkXPress automatisch neu. Je nach Reihenfolge der Dokumente im Buchfenster, wird die Abfolge der Seitenzahlen festgelegt. Mit dem *Pfeilsymbol* können Sie die Reihenfolge der Dokumente ändern.

Paginierung = Seitenzahlen, lebender oder toter Kolumnentitel
→ **Kompendium der Mediengestaltung, Kapitel 1.2.5**

Aufgaben
- Erstellen Sie die Paginierung für die drei Dokumente.
- Ändern Sie die Reihenfolge der Dokumente.
- Drucken Sie die Dokumente aus.

Lösung Aufgabe 1
1. Klicken Sie das Dokument 1_dokf01.qxd im Buchfenster so an, dass es auf dem Bildschirm im Vordergrund steht.
   - Rufen Sie aus dem *Fenster > Seitenlayout* die Seite *A-Muster A* auf.
   - Legen Sie in den Fuß der mittleren Spalte ein Textfeld an.
   - Wählen Sie aus dem Fenster *Stilvorlagen* die Stilvorlage *Überschrift A* aus.
   - Drücken Sie die Kommandotaste und die Taste 3 miteinander. Das Ergebnis müsste Abbildung 1.11/6 entsprechen.

Abb. 1.11/6
Paginierungszeichen auf der Musterseite

2. Klicken Sie im Seitenlayout die Seite des Dokumentes an. Als Ergebnis müsste die Paginierung „1" zu sehen sein.

3. Diese Schritte wiederholen Sie für alle Dokumente.

Lösung Aufgabe 2
Wählen Sie im Buchfenster das 1. Dokument an und klicken Sie auf den Richtungspfeil. Das Ergebnis sehen Sie sofort.

Lösung Aufgabe 3
Geben Sie den Druckbefehl durch Anklicken des Druckersymbols im Buchfenster. Die Druckereinstellungen haben Sie ja schon kennen gelernt.

Abb. 1.12/1
Bildschirmfoto aus Klondike

1.12 Schlussbemerkungen

Sie haben einen kleinen Einblick in ein mächtiges Programmwerkzeug erhalten. Für gestalterische Arbeiten sind die Möglichkeiten längst nicht alle aufgezeigt. Sie können Rundsatz, Konturensatz und Satz an beliebigen Linienformen gestalten. Sie können Zeichnungen, Verläufe, Rasterhintergründe und noch vieles mehr erstellen.

Für weiteres Einarbeiten empfehlen die Autoren in der Literaturliste des Kompendiums der Medientechnik nachzuschlagen. Dort sind gute Bücher für ein weitergehendes Studium aufgeführt.

Da Sie die wichtigsten Einstellelemente kennen gelernt haben, sollten Sie ab hier durch Versuch und Irrtum weiterarbeiten. Sie werden dadurch sehr viele schöne Ergebnisse erreichen. Das Wichtigste hierbei ist, dass Sie sich nicht von den 1000 und einer Möglichkeit verleiten lassen, Ihre Gestaltungen zu überladen. Verinnerlichen Sie sich hierzu nochmals die Hinweise im Kompendium der Mediengestaltung.

In der Einfachheit liegt die Würze!

2 Bildverarbeitung

Workshop zur Mediengestaltung

Abb. 2.1/1
Arbeitsoberfläche

- Arbeitsfenster,
  in der Titelleiste stehen
  der Dateiname, der Zoomfaktor, d.h. das Verhältnis
  Bildpixel zu Bildschirmpunkten in Prozent, und
  der Farbmodus.
- Paletten
  Menü: *Fenster*

Adobe Photoshop

2. Bildverarbeitung

2.1 Grundlagen

2.1.1 Einführung

Adobe Photoshop ist das Standardbildverarbeitungsprogramm für Mac und PC. Mit ihm können die Aufgaben der klassischen Bildverarbeitung für die Druckvorstufe ebenso erfüllt werden wie auch die Erfordernisse des Grafik-Designs oder des Multimedia-Designs.

Diese Einführung gibt einen strukturierten Einstieg anhand typischer Aufgabenstellungen. Das Programm ist für Mac und PC fast identisch. Somit ist es lässlich, dass nur Mac-Screenshots verwendet werden.

2_PHOTOSHOP
Dort liegen die Bilder zum Üben!

Die Tastaturbefehle gelten sinngemäß:
- Befehlstaste (Mac) = Ctrl bzw. Strg (PC)
- Optionstaste   = Alt-Taste
- ctrl + Mausklick   = Rechte Maustaste
- Return-Taste   = Enter-Taste

Tastaturbefehle

2.1.2 Arbeitsoberfläche

Auf dem Bildschirm stehen neben dem Arbeitsfenster und der Werkzeugleiste noch die eingeblendeten Paletten.

Die Standardeinstellung des Arbeitsfensters zeigt die Menüleiste und die Rollbalken. Sie ermöglicht mehrere überlappende Fenster.

Die Werkzeugpalette (-leiste) umfasst 47 Werkzeuge. Ein Doppelklick auf das jeweilige Werkzeug in der Werkzeugleiste blendet die Palette *Werkzeugoptionen* ein. Die Namen und Positionen der Werkzeuge finden Sie in Abbildung 2.2/1. Ihre Funktion lernen Sie beim Arbeiten kennen.

Alle Paletten werden im Menü *Fenster* ein- bzw. ausgeblendet. Die einzelnen Paletten lassen sich wie Karteikarten zusammenstecken. Viele Paletten können zusätzlich durch die Popup-Menüs modifiziert werden. Die Tab-Taste blendet alle Paletten ein- bzw. aus.

Standardeinstellung

Werkzeuge

Paletten

Workshop zur Mediengestaltung

**Abb. 2.2/1
Werkzeugpalette**

Durch die Werkzeugauswahl verändert sich jeweils die Standardpalette.

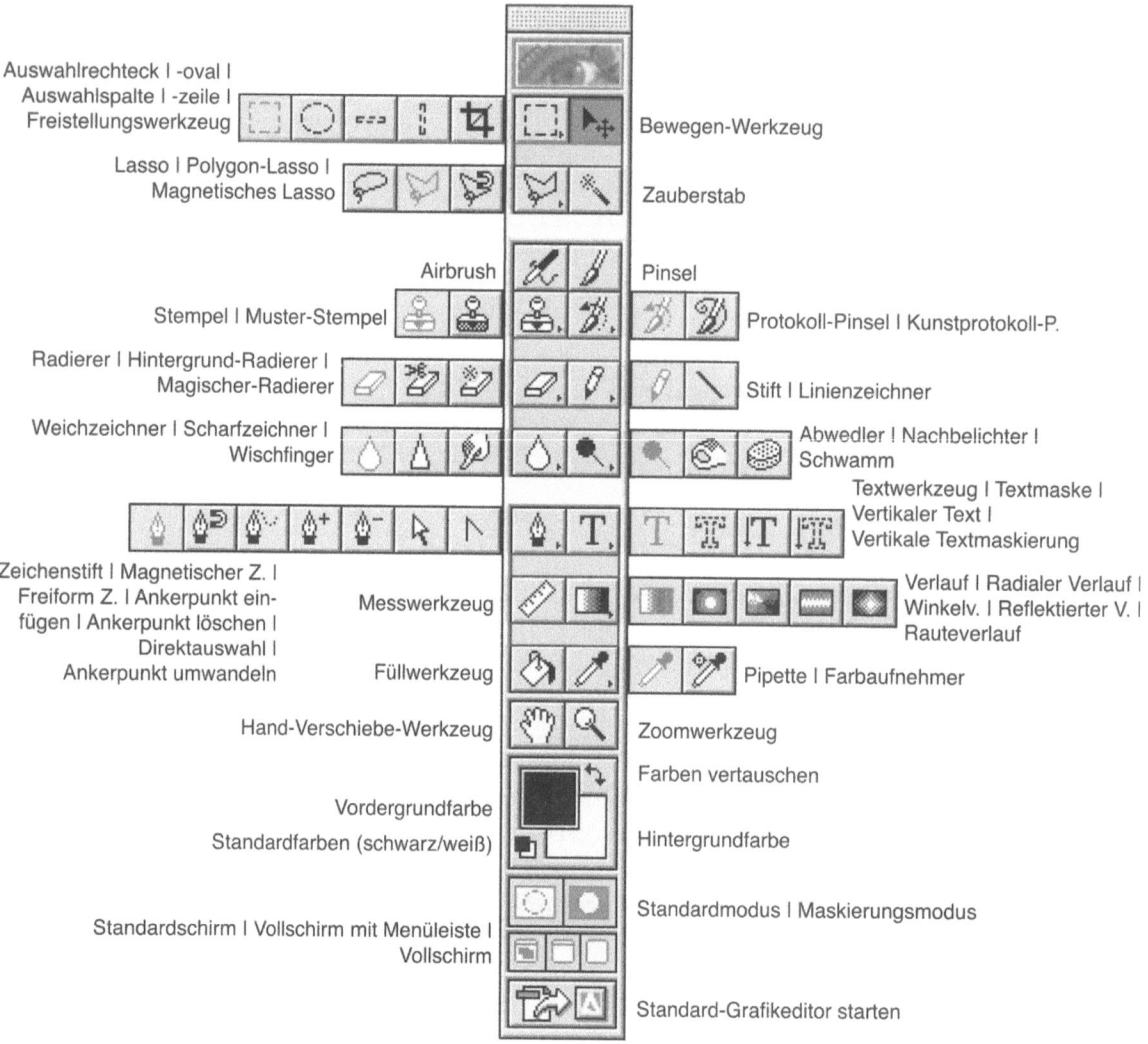

Adobe Photoshop

2.2 Basis-Werkzeuge und -Paletten

2.2.1 Ansicht und Navigation

Hand-Werkzeug
Die Hand schiebt das Bild durch das Fenster. Sie ermöglicht das Scrollen auch im Vollbildschirm.
- Die Leertaste verwandelt jedes Werkzeug in die Hand.

Zoomwerkzeug
Die Lupe vergrößert/verkleinert die Bildschirmansicht. Das Verhältnis Bildpixel zu Bildschirmpunkten wird als Prozentwert im Fenstertitel angezeigt. Für geometrische Auswahl sollte der Prozentwert ein ganzzahliges Vielfaches von 100 Prozent betragen.
- Befehlstaste + Leertaste = Auszoomen
- zusätzlich Wahltaste = Einzoomen
- Doppelklick auf die Lupe in der Werkzeugleiste führt zur 100%-Ansicht.

Navigatorpalette
Der Auswahlrahmen zeigt den Fensterinhalt. Die Bewegung des Rahmens in der Palette scrollt das Fenster. In der Fußleiste kann der Zoomfaktor verändert werden.

2.2.2 Auswahl und Freistellung

Auswahlrechteck und -oval, Lasso, Zauberstab
Eine Auswahl ist immer dann notwendig, wenn nur ein geometrisch beschränkter Bereich des Bildes bearbeitet werden soll. Hierzu stehen mehrere Werkzeuge, die beliebig kombiniert werden können, zur Verfügung.
- Die Shift-Taste ermöglicht zu einer bestehenden Auswahl einen weiteren Bereich hinzuzufügen.
- Die Optionstaste subtrahiert einen neuen Bereich von der bestehenden Auswahl.

Geglättet oder mit weicher Kante freigestellte Bilder zeigen nach der Positionierung auf dem Screen meist eine störende Korona.

Abb. 2.2/2
Farbregler-, Farbfelder-paletten

Im Farbregler kann die Vorder- und die Hintergrundfarbe zugewiesen werden.

Die Farbfelder enthalten vordefinierte Farben.

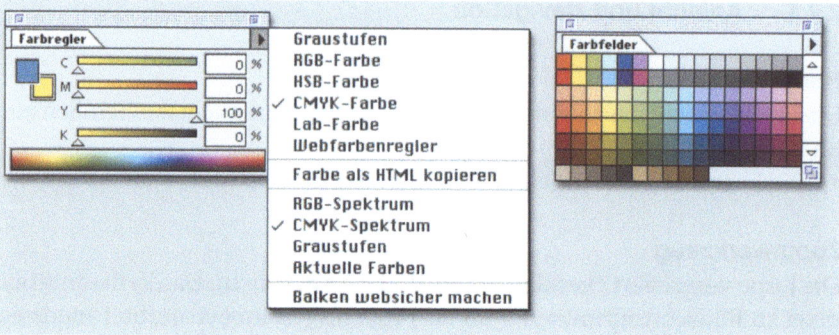

Abb. 2.2/3
Farbwähler, Eigene Farben

Klick auf Vordergrund-/Hintergrundfarbe, z.B. in der Werkzeugleiste, führt zum Farbwähler.

Im Farbwähler kann die Farbe in verschiedenen Modi numerisch bestimmt werden. Das Warnzeichen zeigt an, dass die gewählte Farbe außerhalb des Prozessfarbenraums liegt.

Im Dialogfeld „Eigene Farben" können Farbskalen geladen werden.

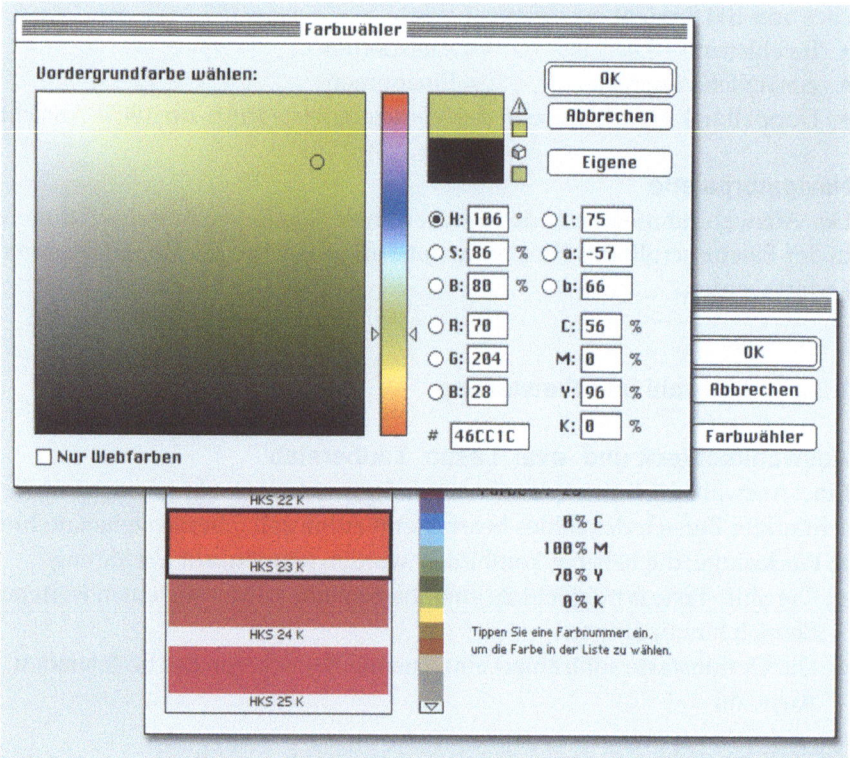

- In der Palette *Werkzeugoptionen* lassen sich z.B. Toleranz, Glätten und die Größe einstellen.
- Die Auswahl kann in Menü *Auswahl* modifiziert oder auch mit > *Auswahl speichern ...* als Alphakanal gespeichert werden.
- Die flimmernde Auswahlbegrenzung kann mit Menü *Ansicht > Begrenzung ausblenden* ausgeblendet werden. Dabei bleibt die Auswahl in ihrer Wirkung erhalten, nur das irritierende Flimmern ist nicht mehr zu sehen.

Menü: *Auswahl > Auswahl speichern ...*

Menü: *Ansicht > Begrenzung ausblenden*

Pfad

Mit dem Pfadwerkzeug wird die Auswahl über Bézierkurven erstellt. Ihre Funktion ist analog den Pfaden in Grafikprogrammen, z.B. in Illustrator.

Pfade werden in den Paletten-Optionen der Pfadpalette gesichert.

Eine Auswahl kann in einen Pfad umgewandelt werden bzw. aus einem Pfad kann eine Auswahl berechnet werden. Die Toleranz gibt dabei die Genauigkeit an, mit der diese Berechnung erfolgt.

Im Gegensatz zur Auswahl ist ein Pfad nicht an die Pixelgeometrie gebunden. Erst bei der Ausgabeberechnung im RIP oder im Drucker wird der Pfad auf die Ausgabematrix mit einstellbarer Näherung umgerechnet.

Ein Pfad kann als Beschneidungspfad definiert werden. Damit werden die Bildbereiche außerhalb der Pfadfläche bei der Ausgabe nicht berücksichtigt. Diese Funktion ist z.B. bei der figürlichen Freistellung und Positionierung in anderen Programmen wichtig.

Beschneidungspfad

Freistellungswerkzeug

Mit dem Freistellungswerkzeug können beim Freistellen gleichzeitig die Bildgröße und -auflösung verändert werden. Der Freistellungsrahmen lässt sich zusätzlich drehen. Ein Klick in das Freistellungswerkzeug in der Werkzeugleiste führt zum Dialogfeld.

Workshop zur Mediengestaltung

Abb. 2.2/4
Stempelwerkzeug

Beispiele verschiedener Optionen.
Der gestrichelte Kreis markiert den kopierten Bereich. Da die Kopierfläche angeschnitten ist, ist auch die Zeichenspitze angeschnitten.

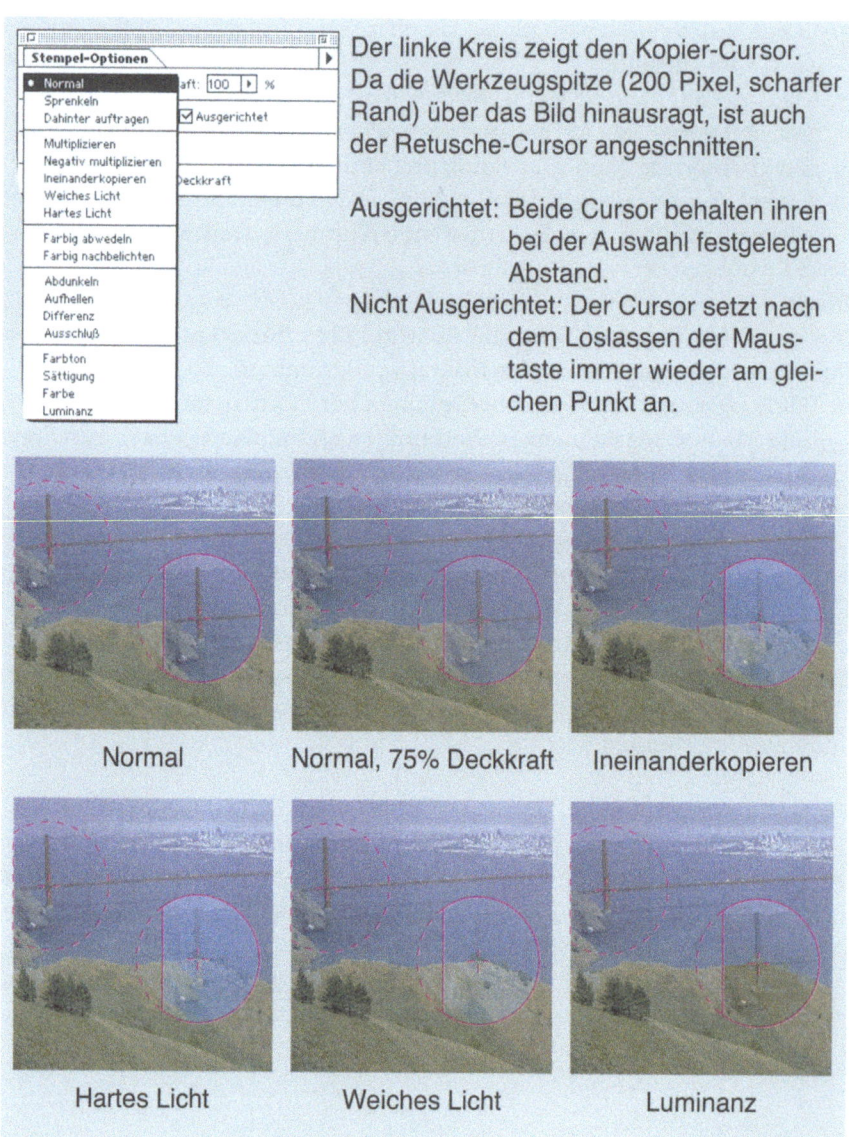

Der linke Kreis zeigt den Kopier-Cursor. Da die Werkzeugspitze (200 Pixel, scharfer Rand) über das Bild hinausragt, ist auch der Retusche-Cursor angeschnitten.

Ausgerichtet: Beide Cursor behalten ihren bei der Auswahl festgelegten Abstand.
Nicht Ausgerichtet: Der Cursor setzt nach dem Loslassen der Maustaste immer wieder am gleichen Punkt an.

52 Adobe Photoshop

2.2.3 Zeichnen und Retuschieren

2_PHOTOSHOP
2_8A.psd

Farbauswahl

Die Farbauswahl kann in verschiedenen Paletten und Dialogfeldern erfolgen. Üblicherweise werden Farben im Prozessfarbraum (Farbmodus) des Bildes gewählt. Im Menü *Datei > Voreinstellungen > Allgemeine ...* kann der verwendete Farbwähler festgelegt werden.

Menü: *Datei > Voreinstellungen > Allgemeine ...*

Die Farbauswahl im Bild erfolgt mit der Pipette.

Werkzeugspitzen

Alle Mal- und Bearbeitungswerkzeuge haben eine Spitze aus der Werkzeugspitzen-Palette. Ein Doppelklick auf eine Werkzeugspitze ermöglicht ihre Modifikation. Besser ist es aber, aus dem Popup-Menü die Option *Neue Werkzeugspitze ...* zu wählen und den Bestand unverändert zu lassen.

Buntstift, Pinsel, Airbrush

Die Funktionalität dieser drei Malwerkzeuge ist ähnlich. Allerdings erzeugen Pinsel und Airbrush grundsätzlich weiche Kanten, der Buntstift zeichnet immer harte Kanten.
- Gerade Linien: Klick am Linienanfang, Klick mit gedrückter Shift-Taste am Linienende.

Stempel

Der Stempel kopiert einen Bereich des Bildes an eine andere Stelle. Der zu kopierende Bildteil wird mit dem Stempel bei gedrückter Optionstaste ausgewählt. Mit erneut gedrückter Maustaste beginnt die Retusche. Beide Cursor haben die Eigenschaft der gewählten Werkzeugspitze. Der Kopier-Cursor folgt dem Arbeits-Cursor im bei der Auswahl festgelegten Abstand. Stempeleigenschaften wie die Deckkraft werden in den Werkzeugoptionen definiert.

Abb. 2.3/1
Ebenen beim Composing

Das Bild setzt sich aus vier Ebenen mit den jeweiligen Bildteilen zusammen. In jeder Ebene ist die gesamte Farbinformation des Bildes enthalten, d.h. die Zahl der Ebenen ist vom Farbmodus und der Zahl der Kanäle unabhängig.

Das Karomuster in der Ebenenpalette zeigt die transparenten Flächen.

2.3 Ebenen

Ebenen sind wie einzelne Filme, die übereinander angeordnet sind. An transparenten Stellen sind die darunter liegenden Ebenen zu sehen. Die unterste Ebene ist die Hintergrundebene. Alle Ebenen in einer Datei haben die gleiche Auflösung, die gleiche Anzahl Farbkanäle und den gleichen Bildmodus, z.B. RGB, CMYK oder Graustufen.

In der Ebenenpalette werden alle Bildebenen angezeigt. Die vorderste Ebene befindet sich ganz oben. Durch Anklicken wird die aktive Abene ausgewählt. Alle Bearbeitungschritte betreffen immer nur die aktive Ebene. Es kann nur eine Ebene aktiv sein.

Die Ebenenanordnung kann durch einfaches Verschieben der Ebene mit der Maus verändert werden.

Eine neue Ebene wird u.a. durch das Klicken auf das Blattsymbol in der Ebenenpalette erzeugt.

Das Kopieren einer bestehenden Ebene geht am einfachsten, indem die Ebene in der Ebenenpalette auf das Blattsymbol gezogen wird.

Ebenen können mit dem Verschiebewerkzeug einfach zwischen Fenstern verschoben werden. Die so kopierte Ebene nimmt die Eigenschaften der Zieldatei an.

Mehrere Ebenen können zur gemeinsamen Transformation in der Ebenenpalette durch Klicken in die zweite Spalte der Ebene verbunden werden. Ein erneutes Klicken löst die Verbindung wieder.

Eine Ebene kann durch Klicken auf das Augesymbol in der ersten Spalte der Ebene in der Ebenenpalette ein- bzw. ausgeblendet werden.

Mit dem Papierkorbsymbol in der Ebenenpalette werden Ebenen gelöscht.

Weitere Modifikationen im *Paletten-Optionen-Menü* oder unter Menü: *Ebene*.

Die Speicherung einer Datei mit mehreren Ebenen ist nur im Photoshop-Dateiformat möglich. Für andere Dateiformate muss die Datei deshalb im *Paletten-Menü > Auf Hintergrundebene reduzieren* modifiziert werden.

2_PHOTOSHOP
2_3A_A.psd
2_3B_A.psd
2_3C_A.psd
Hintergrundebene

Aktive Ebene

Ebenenanordnung

Neue Ebene

Ebene kopieren

Ebene verschieben

Ebenen verbinden

Ebenen ein- /ausblenden

Ebenen löschen

Ebenenmodifikationen

Datei speichern

Workshop zur Mediengestaltung

Abb. 2.4/1
Kanäle und Maskierung

Links:
CMYK-Bild mit Farbkanälen und Alphakanal

Rechts:
- Ausgewählter Alphakanal
- Dialogfeld „Kanal-Optionen"
- Arbeitsfenster mit eingeblendeter Maskierung (Werkzeugpalette: Maskiermodus anklicken) Die Maske kann mit allen Zeichenwerkzeugen bearbeitet werden.

Adobe Photoshop

2.4 Kanäle

2.4.1 Farbkanäle

In den Farbkanälen ist die Farbinformation des Bildes gespeichert. Sie werden beim Öffnen eines neuen Bildes automatisch erzeugt. Der Farbmodus des Bildes bestimmt die Anzahl der erstellten Farbkanäle. In einem CMYK-Bild gibt es beispielsweise vier Standardkanäle: je einen für Cyan, Magenta, Yellow (Gelb) und Key (Schwarz, K wird auch von Black hergeleitet) sowie einen Gesamtkanal für die Bildbearbeitung.

Farbmodus

2.4.2 Alphakanäle

Ein Alphakanal speichert die Auswahl als 8-Bit-Graustufenbild. Die Alphakanäle werden zu den Farbkanälen z.B. durch das Speichern einer Auswahl eines Bildes hinzugefügt. Nach einem Doppelklick auf den Kanal in der Kanalpalette kann im Dialogfeld die Maskenfarbe und der Kanalname festgelegt werden.

8-Bit-Graustufenbild

Kanaleinstellungen

Alle neuen Kanäle haben die gleiche Größe und Pixelanzahl wie das ursprüngliche Bild.

Neuer Kanal

Ein Bild kann bis zu 24 Kanäle (einschließlich aller Farb- und Alphakanäle) haben.

Maximal 24 Bildkanäle

Die Alphakanäle werden nicht von allen Dateiformaten unterstützt. Zum Speichern in einem dieser Formate, z.B. JPEG, müssen die Alphakanäle deshalb vorher gelöscht werden.

Datei speichern

Abb. 2.5/1
Tonwertkorrektur

Optimieren eines schlecht gescannten Bildes:

Beim Scannen wurde Licht und Tiefe nicht richtig definiert. Die Tonwertverteilung zeigt das Histogramm.

1. Licht und Tiefe werden im Farbwähler festgelegt.

2. Mit der Tiefenpipette wird im Bild der Tiefenpunkt bestimmt, mit der Lichterpipette der Lichterpunkt.

Das Histogramm des korrigierten Bildes zeigt die neue Tonwertverteilung.
Die 200 Tonwerte wurden neu zwischen Licht und Tiefe verteilt, fehlende wurden interpoliert. Mit dem Gammaregler kann die Bildcharakteristik verändert werden. Die Mitteltöne werden aufgehellt, wenn der Regler in Richtung Tiefe gezogen wird, in Richtung Lichter wird das Bild dunkler.

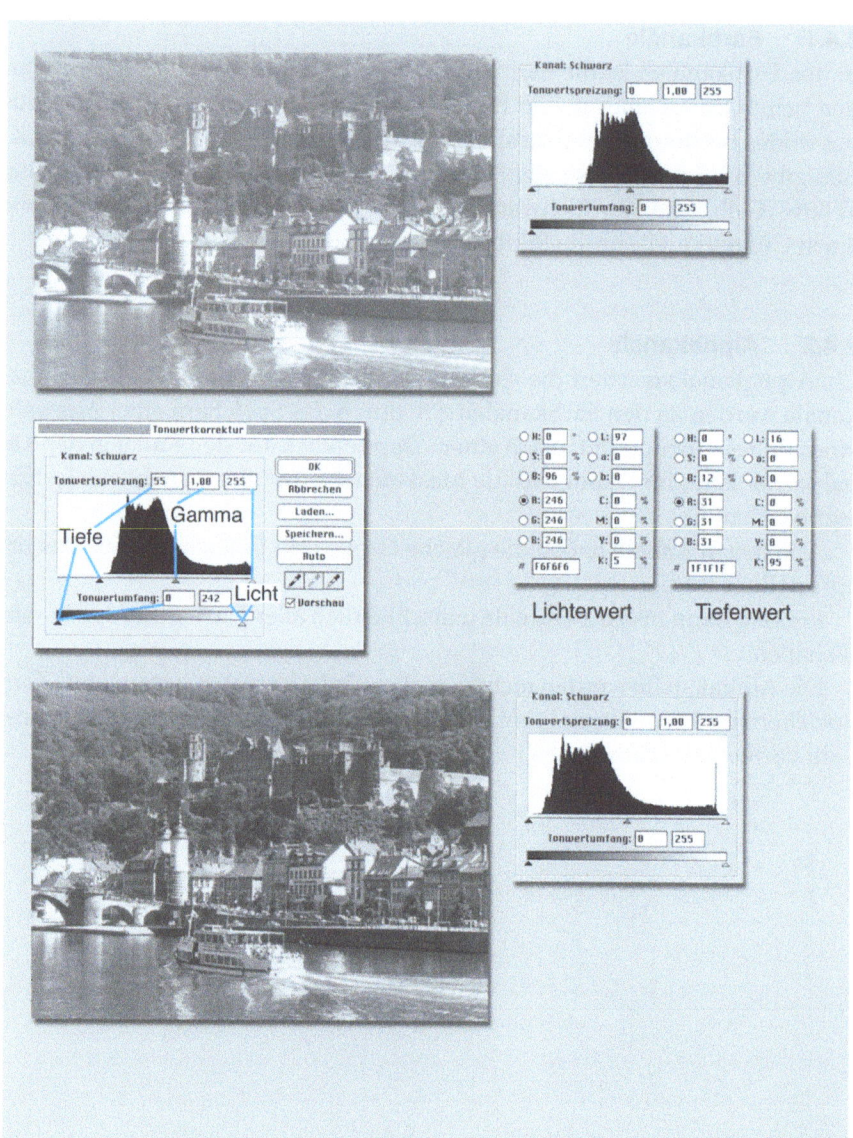

2.5 Tonwertkorrektur und Gradation

2.5.1 Licht und Tiefe

Jedes Bild wird durch das Licht, die hellste Bildstelle, und durch die Tiefe, die dunkelste Bildstelle, charakterisiert.

Licht und Tiefe sind bei Vorlagen, abhängig vom Motiv und Trägermaterial, unterschiedlich. Bei digitalisierten Bildern werden Licht und Tiefe durch die Datentiefe bestimmt. Im Druck wird das Licht durch den Bedruckstoff bzw. den minimalen Farbauftrag, die Tiefe durch den maximalen Farbauftrag generiert. Die Darstellung von Licht und Tiefe auf dem Bildschirm erfolgt durch den jeweiligen Weiß- und Schwarzpunkt.

Licht und Tiefe sind von Vorlage zu Vorlage unterschiedlich, bezogen auf einen bestimmten Ausgabeprozess sind sie konstant. Grundsätzlich ist der Tonwertumfang von Vorlagen höher als der reproduzierter Bilder. Die Anpassung erfolgt bei der Bilddatenerfassung im Scanner oder in der Digitalkamera. In Photoshop ist eine nachträgliche Einstellung von Licht und Tiefe und die Optimierung des Tonwertverlaufs möglich.

2_PHOTOSHOP
2_5_2A.psd

2.5.2 Tonwertkorrektur

Zur Optimierung eingescannter Vorlagen gibt es verschiedene Funktionen. Die Tonwertkorrektur ist sicherlich die komfortabelste. Die Bildschirmdarstellung sollte 100 Prozent sein, damit das Histogramm, die statistische Verteilung der Tonwerte des Bildes, exakt ist.

Neben der Lichter-, Tiefen- und Mitteltoneinstellung, siehe Abbildung 2.5/1, kann mit der Tonwertkorrektur auch ein Farbstich entfernt werden. Die Balance der Farbanteile, RGB oder CMYK, wird dazu auf neutrale Farbwerte eingestellt. Die mittlere Pipette im Dialogfeld führt mit einem Doppelklick zum Farbwähler. Ein neutraler Tonwert wird einfach erreicht, indem in den LAB-Einstellungen a = b = 0 gewählt wird. Der L-Wert bestimmt die Helligkeit. Der gewählte neutrale Ton wird anschließend mit der mittleren Pipette im Bild gesetzt.

Lichter-, Tiefen und Mitteltoneinstellungen
→ **Abbildung 2.5/1**

Farbbalance, Farbstichausgleich

2.5.3 Gradation

Die Gradationskurven erlauben eine differenziertere Korrektur der Tonwerte als die Funktion *Tonwertkorrektur*. Statt die Korrekturen mit nur drei Variablen (Lichter, Tiefen und Mitteltöne) vorzunehmen, kann hier jeder Punkt der von 0 bis 255 bzw. 1% bis 100% reichenden Skala verändert werden. Die Wirkung der Korrektur lässt sich durch Ankerpunkte gezielt auf bestimmte Tonwertbereiche beschränken.

Wie die anderen Einstellungsfunktionen gilt die Gradationskorrektur nur für die aktive Ebene. Alle für die Korrektur relevanten Bildteile müssen deshalb vorher auf einer Ebene zusammengefasst werden.

0 bis 255 oder 1% bis 100%

Korrektur nur in der aktiven Ebene

Ebenenpalette-Option

Abb. 2.5/2
Gradationskurve

- Durch Klicken im Bild werden Pixelwerte und Position entlang der Kurve angezeigt.
- Durch Klicken auf beliebige Punkte entlang der Kurve werden diese fixiert.
- Durch Klicken in den Grauverlauf unter der Kurve kann die Anzeige von Prozent auf Helligkeitsstufen umgestellt werden.

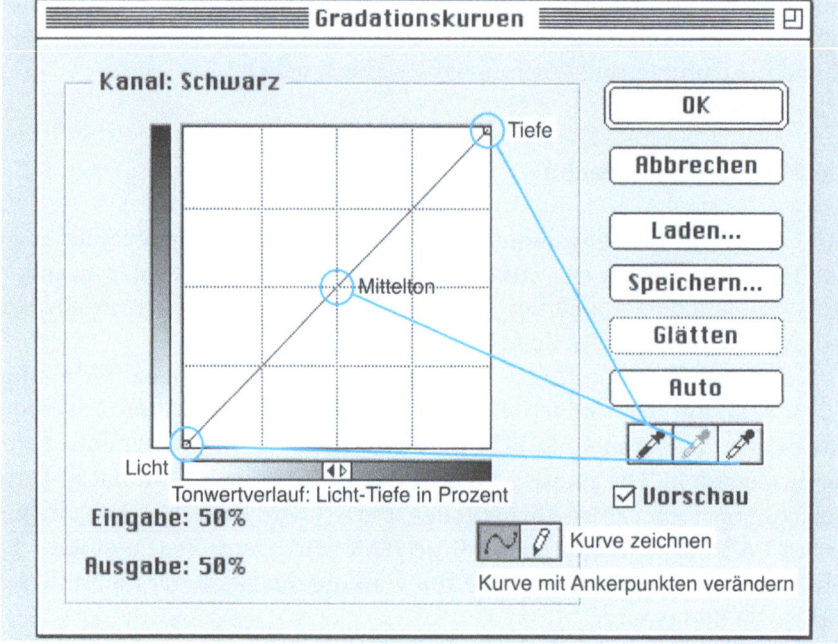

2. Bildverarbeitung

Grundgradationen
- Proportionale Tonwertübertragung: Eingabe = Ausgabe
- Nicht proportionale Tonwertübertragung: Bestimmte Tonwertbereiche verlaufen mit einer steileren Gradation. Da Anfangs- und Endpunkt, d.h. Licht und Tiefe, festliegen, sind die anderen Tonwertbereiche zwangsläufig flacher, also im Kontrast reduziert. Grundsätzlich werden bildwichtige Tonwertbereiche aufgeteilt.

Abb. 2.5/3
Sechs Grundgradationen

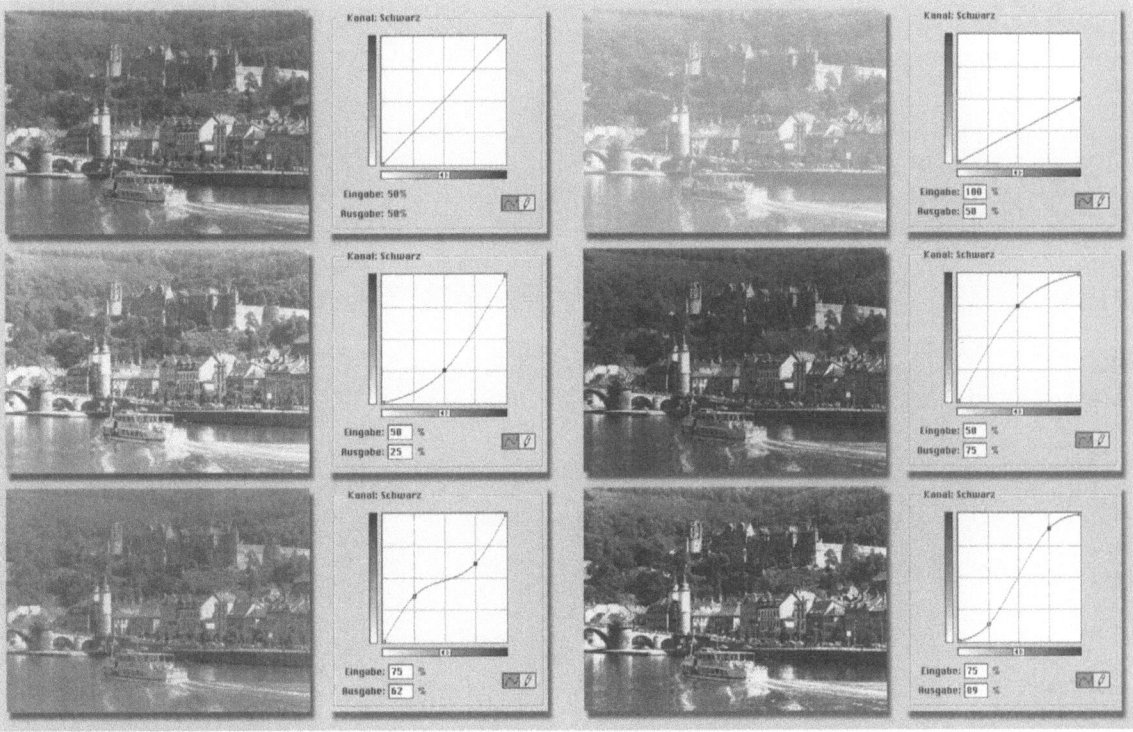

Adobe Photoshop

Workshop zur Mediengestaltung

Abb. 2.6/1
Textwerkzeug-Dialogfeld

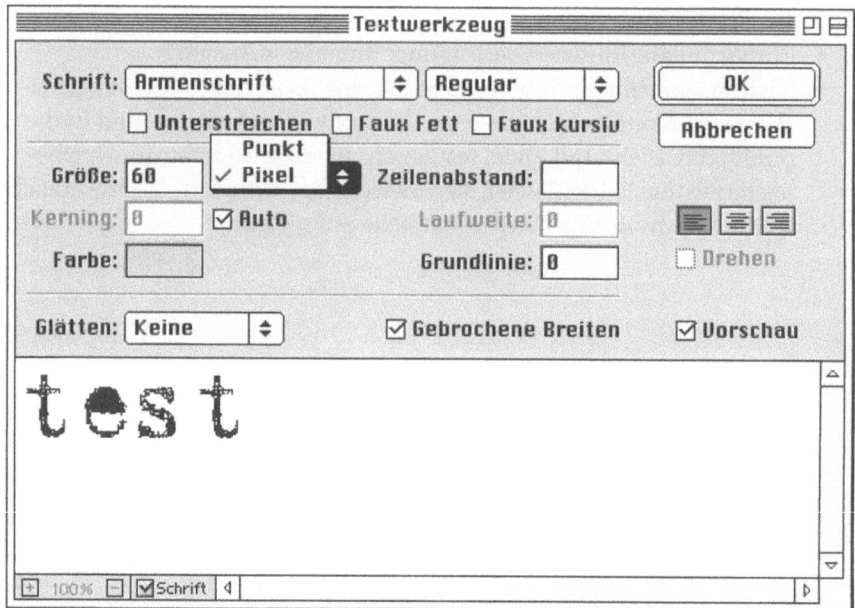

Adobe Photoshop

2.6 Text

Text wird in Photoshop nicht direkt eingegeben. Das Klicken mit dem Textcursor führt zum Dialogfeld „Textwerkzeug". Photoshop fügt den Text nach der Bestätigung mit *OK* als neue Ebene in die Datei ein.

Um den Text wieder zu bearbeiten, genügt ein Doppelklick auf die Textebene.

Um alle Photoshop-Funktionen auf den Text anwenden zu können, muss die Textebene in eine normale Bildebene umgewandelt werden. Der Text ist dann natürlich nicht mehr editierbar.

Textebene umwandeln
- Wählen Sie die Textebene in der Ebenenpalette aus.
- Menü: *Ebene > Text > Ebene rendern*.

Menü: **Ebene > Text > Ebene rendern**

Textmaskierungswerkzeug
- Mit dem Textmaskierungs- und dem vertikalen Textmaskierungswerkzeug werden Auswahlbegrenzungen in Form von Text erstellt. Die Textauswahl erscheint in der aktiven Ebene und kann wie jede andere Auswahl verschoben, kopiert, gefüllt und mit Farbe versehen werden.

Textfarbe
- Der Text hat die beim Setzen ausgewählte Vordergrundfarbe.

Schriftgröße
- Die Schriftgröße kann wahlweise in Punkt oder in Pixel angegeben werden.

Schriftschnitt
- Photoshop gestattet gerechnete Schriftschnitte. Die Einstellung erfolgt im Text-Dialogfeld.

Ausrichtung
- Bezugspunkt ist die Stelle, an der mit dem Textcursor geklickt wurde.

2.7 Aufgaben

2_PHOTOSHOP
2_7_1A.psd
2_7_2A.psd

2.7.1 Rechtwinklige Freistellung

Lernziel
- Bildausschnitt rechtwinklig freistellen.

Aufgaben
- Stellen Sie einen von Ihnen zu bestimmenden Bildausschnitt mit dem Auswahlrechteck frei.
- Stellen Sie einen Bildausschnitt mit dem Freistellungswerkzeug frei. Variieren Sie die Einstellungen in der Werkzeugoptionenpalette.

Lösung Aufgabe 1
1. Wählen Sie das Auswahlrechteck aus der Werkzeugpalette.

Weiche Kante, Glätten

2. Stellen Sie in den Werkzeugoptionen *Weiche Kante* auf 0 Pixel und schalten Sie *Glätten* aus.

3. Ziehen Sie den Auswahlrahmen auf.

Menü: *Bild > Freistellen*

4. Stellen Sie mit Menü *Bild > Freistellen* den gewählten Ausschnitt frei.

Lösung Aufgabe 2
1. Wählen Sie das Freistellungswerkzeug aus der Werkzeugpalette.

2. Stellen Sie die gewünschte Werkzeugoption ein.

3. Ziehen Sie den Auswahlrahmen auf und winkeln Sie den Rahmen, falls notwendig, aus.

4. Stellen Sie mit einem Doppelklick in den Rahmen frei.

Nicht Freistellen

5. Die Option *Nicht Freistellen* erreichen Sie mit einem Klick auf das Freistellungswerkzeug in der Werkzeugpalette.

2. Bildverarbeitung

Abb. 2.7/1
Werkzeugoptionen

- Auswahlrechteck
- Freistellungswerkzeug

2.7.2 Figürliche Freistellung

Lernziel
- Bildausschnitt figürlich freistellen.

Aufgaben
- Erstellen Sie eine figürliche Freistellung mit dem Auswahl-Lasso. Nutzen Sie alle drei Lasso-Werkzeuge.
- Stellen Sie die Figur mit dem Pfadwerkzeug frei. Variieren Sie die Einstellungen und vergleichen Sie Lassoauswahl und Pfadauswahl.

Lösung Aufgabe 1
1. Wählen Sie das Auswahl-Lasso aus der Werkzeugpalette.

2. Stellen Sie die gewünschte Werkzeugoption ein. Die Einstellung „Weiche Kante auf 0 Pixel" und „ohne Glätten" empfiehlt sich bei der anschließenden Positionierung, z.B. in einem Autorensystem, das den Alphakanal nicht unterstützt.

    Weiche Kante, Glätten

3. Klicken Sie jeweils an den Eckpunkten der gewünschten Auswahl, bis die Fläche geschlossen ist.

4. Sichern Sie die Auswahl unter Menü *Auswahl > Auswahl speichern ...*

    Menü: Auswahl > Auswahl speichern ...

Adobe Photoshop

Workshop zur Mediengestaltung

Menü: *Auswahl > Auswahl umkehren ...*

5. Kehren Sie die Auswahl mit Menü *Auswahl > Auswahl umkehren ...* um.

6. Löschen Sie die Auswahl.

Lösung Aufgabe 2

1. Wählen sie das Pfadwerkzeug aus der Werkzeugpalette und zeichnen Sie den Pfad.

Pfad speichern ...

2. Sichern Sie den Arbeitspfad in der Pfadpalette mit Pfad-Optionen: *Pfad speichern ...*

Beschneidungspfad

Als Kurvennäherung geben Sie bei hochaufgelöster Ausgabe einen Wert von 8 bis 10, für eine niedrigauflösende Ausgabe verwenden Sie Werte von 1 bis 3.

3. Erstellen Sie einen Beschneidungspfad unter Pfad-Optionen: *Beschneidungspfad ...*

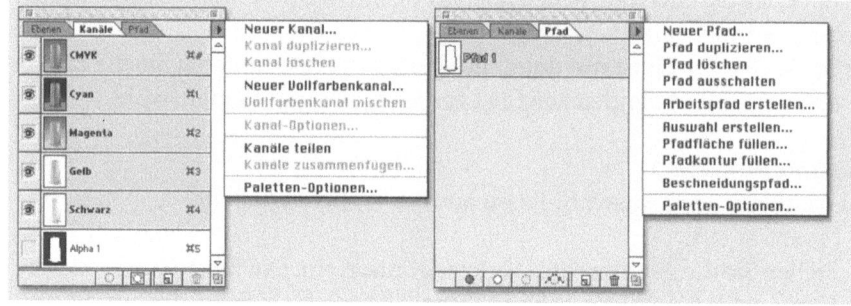

Abb. 2.7/2
Kanal- und Pfadpalette

- Alphakanal
- Pfad

Die Freistellung über einen aus dem Bild erzeugten Alphakanal funktioniert nur bei Bildern mit ausreichendem Kontrast zwischen Motiv und Hintergrund.

2.7.3   Mit einem Alphakanal freistellen

Lernziel
- Bildausschnitt figürlich freistellen.

Aufgabe
- Stellen Sie ein Motiv mit einem aus dem Bild erzeugten Alphakanal frei.

66   Adobe Photoshop

2. Bildverarbeitung

Lösung

1. Kopieren Sie in der Kanalpalette den Kanal mit dem höchsten Kontrast.

2. Modifizieren Sie den Kanal mit den Einstellungswerkzeugen und/oder den diversen Malwerkzeugen, um die Auswahlfläche zu erzeugen.

3. Laden Sie den Alphakanal als Auswahl mit Menü *Auswahl > Auswahl laden ... > Neue Auswahl > Alpha 1* und stellen Sie das Motiv frei.

Menü: *Auswahl > Auswahl laden ... > Neue Auswahl > Alpha 1*

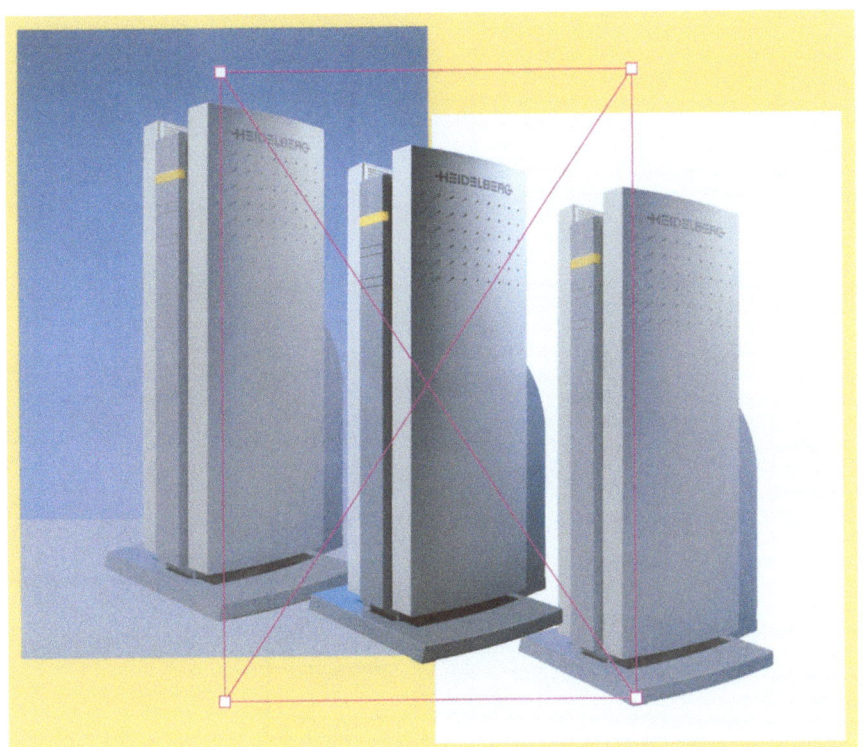

Abb. 2.7/3
Figürliche Freisteller

- Originaldatei
- Mit Beschneidungspfad freigestellt, der Auswahlrahmen zeigt die geometrische Dateigröße.
- Mit dem Auswahlwerkzeug freigestellt. Ohne Alphakanal sind Photoshop-Bilder immer rechtwinklig.

Workshop zur Mediengestaltung

Abb. 2.7/4
Umfärbung mit Farbton/Sättigung ...

- Beispiel
- Ebenen und Kanäle
- Menü: *Bild > Einstellen > Farbton/Sättigung ...*

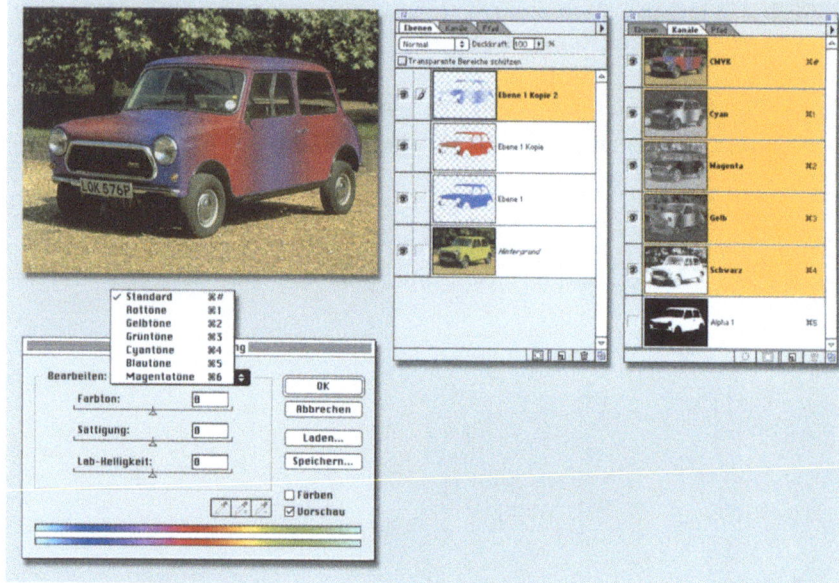

Abb. 2.7/5
Funktionen zur Umfärbung

- Menü: *Bild > Einstellen > Variationen ...*
- Menü: *Bild > Einstellen > Selektive Farbkorrektur ...*

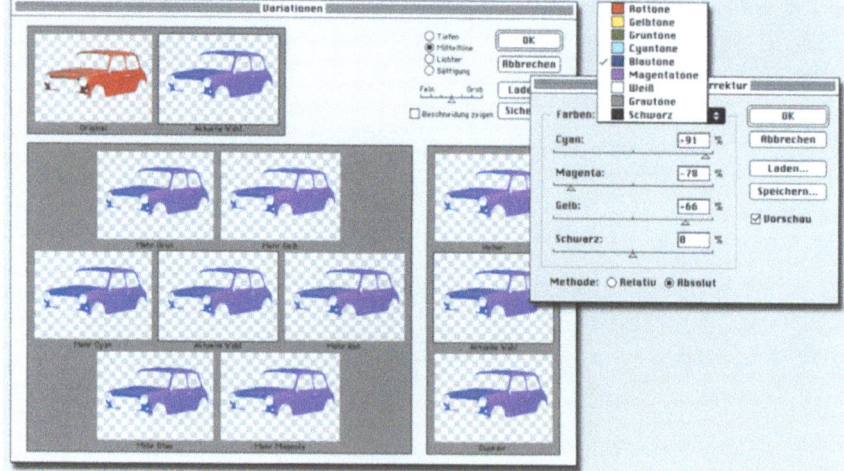

68 Adobe Photoshop

2.7.4 Umfärben

2_PHOTOSHOP
2_7_4A.psd

Lernziel
- Definierten Bereich eines Bildes umfärben.

Aufgaben
- Färben Sie einen Auswahlbereich mit der *Funktion Farbton/Sättigung …* um.
- Führen Sie die Umfärbung mit den *Variationen* und/oder der *Selektiven Farbkorrektur* durch.

Farbton/Sättigung …

Variationen,
Selektive Farbkorrektur

Lösung Aufgabe 1
1. Erstellen Sie eine Auswahl.

2. Duplizieren Sie den ausgewählten Bereich in eine neue Ebene.
   Menü: *Ebene > Neu > Ebene durch Kopieren*

   Menü: *Ebene > Neu > Ebene durch Kopieren*

3. Duplizieren Sie die neue Ebene.
   Der Vorteil dieser Arbeitsebene liegt darin, dass sie bei misslungener Korrektur einfach gelöscht und mit einem neuen Duplikat ein neuer Versuch gestartet werden kann.

4. Rufen Sie unter Menü *Bild > Einstellen > Farbton/Sättigung …* das Dialogfeld auf.

   Menü: *Bild > Einstellen > Farbton/Sättigung …*

5. Der Cursor wird automatisch zur Pipette, wenn Sie ihn übers Bild bewegen. Wählen Sie die Referenzfarbe aus.

6. Regulieren Sie Farbton, Sättigung und Helligkeit, bis das Ergebnis Ihren Vorstellungen entspricht. Kontrollieren Sie die Farbwerte immer wieder in der Info-Palette.

Workshop zur Mediengestaltung

7. Reduzieren Sie die Ebenen auf die Hintergrundebene, da nur das PSD-Format Ebenen unterstützt.

Lösung Aufgabe 2 Teil 1

1. – 3. analog Lösung 1

Menü: *Bild > Einstellen > Variationen ...*

4. Rufen Sie unter Menü *Bild > Einstellen >Variationen* ... das Dialogfeld auf.

5. Es kann keine Referenzfarbe gewählt werden.

6. – 7. analog Lösung 1

Lösung Aufgabe 2 Teil 2

1. – 3. analog Lösung 1

Menü: *Bild > Einstellen > Selektive Farbkorrektur ...*

4. Rufen Sie unter Menü *Bild > Einstellen > Selektive Farbkorrektur* ... das Dialogfeld auf.

5. – 7. analog Lösung 1

2. Bildverarbeitung

2.7.5 Composing

2_PHOTOSHOP
2_7.5A_A.psd
2_7.5B_A.psd

Lernziel
- Einzelne Bilder zu einem neuen Bild kombinieren.

Aufgabe
- Kombinieren Sie Motivteile zweier Bilder zu einem neuen Bild.

Lösung
1. Öffnen Sie alle am Composing beteiligten Bilder.

2. Kontrollieren Sie die Auflösung und den Farbmodus der Bilder. Das Zielbild bestimmt die Einstellungen.

Abb. 2.7/6
Composing

Statt Aussicht auf San Francisco: Blick in einen Park

Adobe Photoshop   71

3. Beachten Sie die Charakteristik der Bilder, z.B. Schärfe, Farben, Licht und Schatten.

4. Ziehen Sie die einzelnen Bilder mit dem Bewegen-Werkzeug auf das Zielbild und benennen Sie die Ebenen.

5. Bringen Sie die Ebenen in die gewünschte Reihenfolge. Kopieren Sie, wenn notwendig, eine Ebene durch Ziehen auf das Seitensymbol in der Ebenenpalette.

6. Führen Sie die Freistellungen aus.

7. Retuschieren Sie die einzelnen Ebenen.
   Wichtig! Bildeinstellungen wirken immer nur in der ausgewählten Ebene.

8. Sichern Sie die Datei im PSD-Format.

9. Reduzieren Sie die Ebenen auf die Hintergrundebene und sichern Sie eine Kopie der Datei in einem Export-Dateiformat.

Zur Beachtung
- Nur das PSD-Format unterstützt Ebenen.
- Das EPS-Format lässt keine Alphakanäle zu.

2. Bildverarbeitung

2.7.6 Filter und Effekte

Lernziel
- Beleuchtungseffekte in einem Bild anwenden.

Aufgabe
- Wenden Sie den Renderingfilter „Beleuchtungseffekte" auf eine Auswahl bzw. eine Ebene an.

Lösung
1. Wählen Sie den zu beleuchtenden Bereich aus.

2. Treffen Sie die entsprechenden Einstellungen im Beleuchtungseffekte-Dialogfeld.
   Menü: *Filter > Renderingfilter > Beleuchtungseffekte*
   (Der Filter funktioniert nicht im CMYK-Modus!)

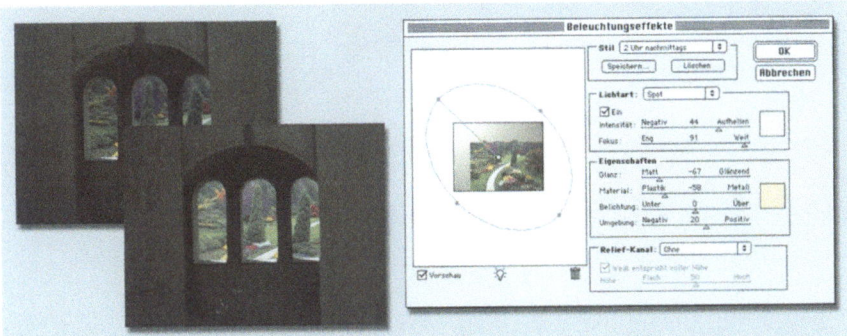

Abb. 2.7/7
Aufhellen einer Ebene oder einer Auswahl

Menü: *Filter > Renderingfilter > Beleuchtungseffekte ...*
Der Filter funktioniert nicht im CMYK-Modus!

Adobe Photoshop

Workshop zur Mediengestaltung

Lernziel
- Bildschärfe verändern.

Aufgabe
- Wenden Sie die Scharf- bzw. Weichzeichnungsfilter auf ein Bild an.

Lösung
1. Wählen Sie den zu bearbeitenden Bereich aus.

2. Treffen Sie die entsprechenden Einstellungen im Filter-Dialogfeld.
   Menü: *Filter*

Abb. 2.7/8
Scharf- und Weichzeichnungsfilter

Menü: *Filter*
Der Selektive Weichzeichnungsfilter funktioniert nicht im CMYK-Modus!

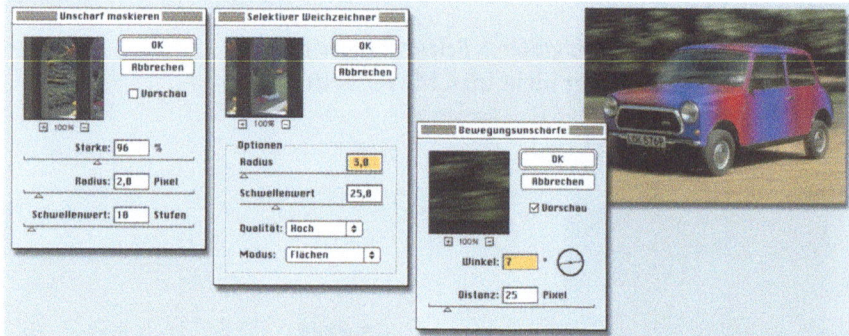

Unscharfmaskierung
- *Schwellenwert* sucht jeweils zwei benachbarte Pixel, die eine Differenz in den Helligkeitswerten aufweisen.
- *Stärke* erhöht ihren Kontrast.
- *Radius* legt den Bereich fest, in dem jeder Pixel verglichen wird.

Selektiver Weichzeichner
- *Radius* legt den Bereich fest, in den abweichende Pixel beim Weichzeichnen einbezogen werden.
- *Schwellenwert* bestimmt, wie verschieden die Pixelwerte sein müssen, damit der Filter darauf angewandt wird.
- *Qualität und Modus* regel die Art der Berechnung.

Adobe Photoshop

2. Bildverarbeitung

Lernziel
- Effekte anwenden.

Aufgabe
- Versehen Sie eine Bildauswahl mit einem Schlagschatten.

Lösung
1. Wählen Sie den Bildbereich aus.

2. Öffnen Sie das Dialogfeld *Schlagschatten* mit Menü: *Ebene > Effekte > Schlagschatten …*

3. Treffen Sie Ihre Einstellungen und bestätigen Sie mit *OK*.

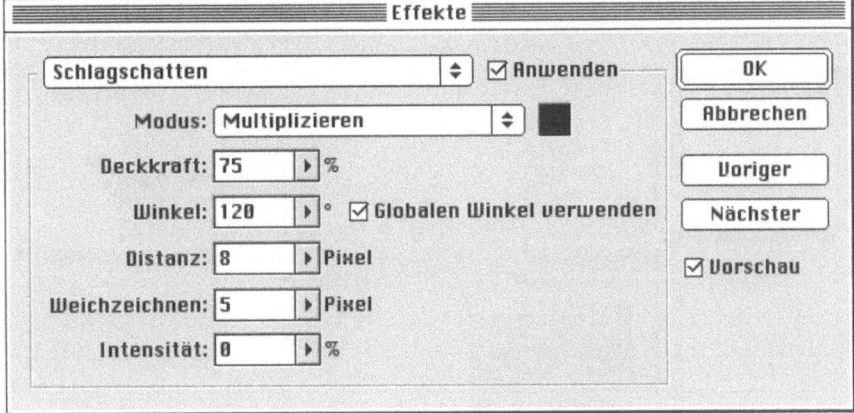

Abb. 2.7/9
Schlagschatten-Dialog

Menü: *Ebene > Effekte > Schlagschatten …*

Adobe Photoshop

Workshop zur Mediengestaltung

Abb. 2.8/1
Indizieren der Farben und GIF-Export

- Mit der Pipette kann die Transparenzfarbe im Bild gewählt werden.
- Eine weitere Möglichkeit ist die Auswahl eines Alphakanals im Popup-Menü „Transparenz aus"

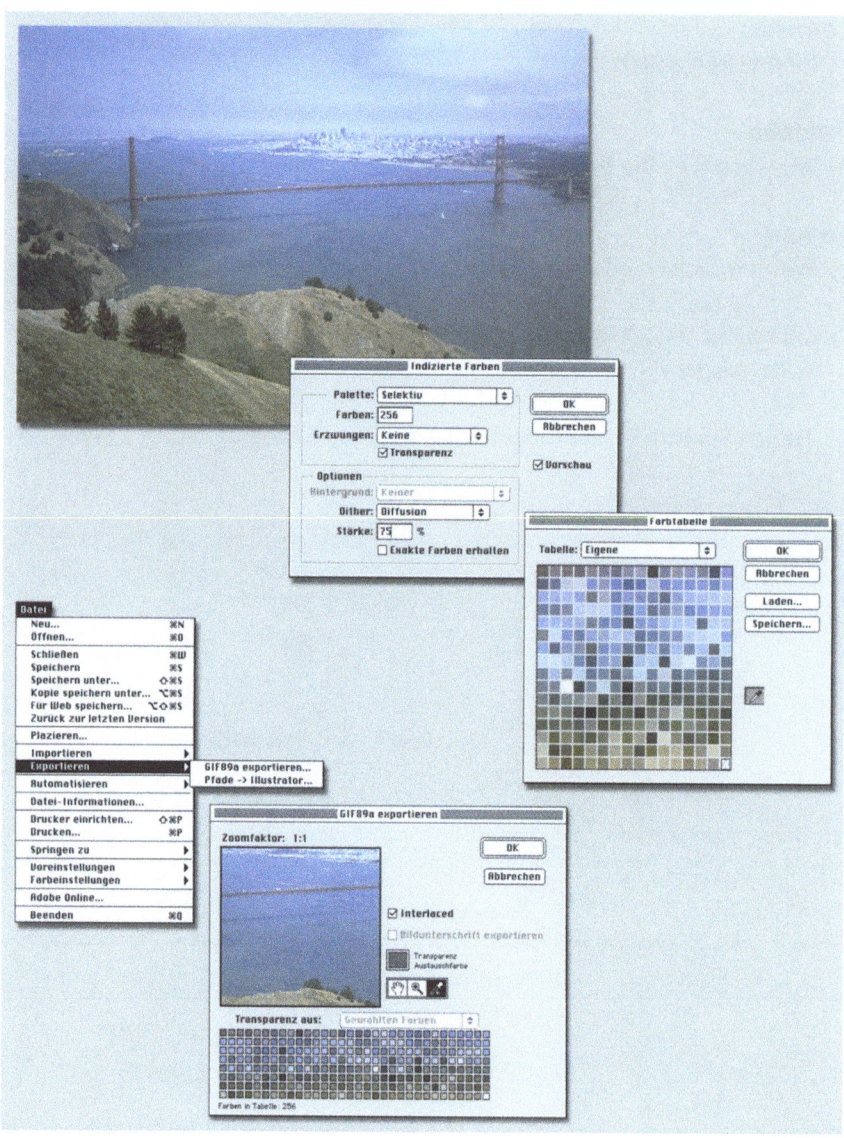

Adobe Photoshop

2. Bildverarbeitung

2.8 Bilder für das Internet

2_PHOTOSHOP
2_8A.psd

2.8.1 Web-Dateiformate

Bilder für die Multimedia-Produktion müssen zwei Hauptanforderungen genügen:
- Geringe Dateigröße, um kurze Ladezeiten zu ermöglichen.
- Optimale Farb- und Detaildarstellung auf allen Plattformen.

Diese beiden Forderungen widersprechen sich. Je nach Priorität der einzelnen Anwendung muss eine individuelle Lösung gefunden werden.

Als Farbmodi sind RGB, indizierte Farben, Graustufen oder Schwarz-Weiß mit jeweils unterschiedlicher Datentiefe möglich. Die Auflösung ist meist auf 72 ppi beschränkt.

Es gibt derzeit drei Bilddateiformate, die in Browsern dargestellt werden können:

ppi = Pixel per Inch
1 Inch = 2,54 cm

- GIF – Graphic Interchange Format
  Maximal 256 Farben, Animationsmöglichkeiten (z.B. mit ImageReady), Komprimierung durch LZW (Lempel-Ziv-Welch, Entwickler dieses verlustfreien auf Mustererkennung bzw. Pixelwiederholung basierenden Verfahrens).
  – Ein Alphakanal wird zur Freistellung unterstützt.
  – Ein GIF-Bild kann gespeichert oder exportiert werden. Die Exportfunktion ermöglicht zusätzlich das Transparentstellen einer wählbaren Farbe.

GIF
(sprich: gif)

- JPEG – Joint Photografic Experts Group Format
  16,7 Mio. Farben, ohne Animation, hohe Kompression durch DCT (Discrete Cosine Transform, verlustbehaftete Gruppenbildung).

JPEG
(sprich: dscheipeg)

- PNG – Portable Network Graphic Format
  16,7 Mio. Farben, 256 Transparenzstufen, erst ab Browserversionen 4.x, wählbares Kompressionsverfahren, ohne Animation.

PNG
(sprich: ping)

Adobe Photoshop

Workshop zur Mediengestaltung

Abb. 2.8/2
PNG-Einstellungen im Speichern-Dialog

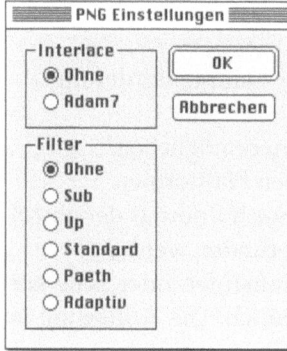

Komprimierungsfilter
- **Ohne** komprimiert das Bild ohne Filter für indizierte Farb- und Bitmap-Bilder.
- **Sub** für Bilder mit horizontaler Struktur.
- **Up** für Bilder mit vertikaler Struktur.
- **Standard** optimiert geringfügige Störungen mittels Durchschnittsberechnung der Farbwerte benachbarter Pixel.
- **Paeth** optimiert geringfügige Störungen, indem es benachbarte Farbwerte neu zuweist.
- **Adaptiv** wendet den für das Bild am besten geeigneten Filter an.

Abb. 2.8/3
JPEG-Einstellungen im Speichern-Dialog

Da das JPEG-Format Daten entfernt, dürfen JPEG-Dateien nur einmal gespeichert werden. Sämtliche Bearbeitungen müssen in einem Format vorgenommen werden, das keine Daten entfernt, z.B. im Photoshop-Format. Das Speichern im JPEG-Format sollte immer als letzter Arbeitsschritt erfolgen.

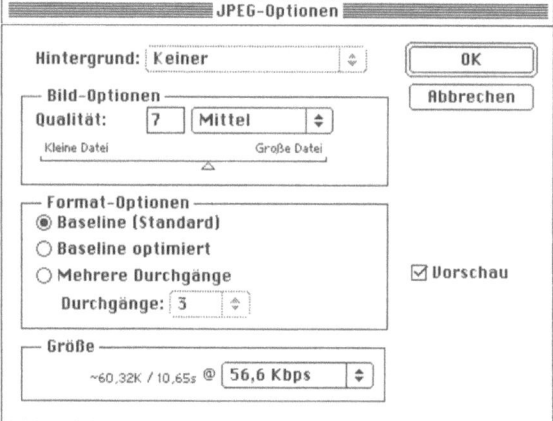

Qualitätseinstellung
im Popup-Menü „Qualität", Werteingabe zwischen 0 und 10 oder Komprimierungseinstellung mit dem Regler.

Baseline (Standard)
Wird von den meisten Web-Browsern erkannt.

Baseline optimiert
erzeugt eine kleinere Datei, bessere Farbqualität, wird aber nicht von allen Browsern unterstützt.

Mehrere Durchgänge
Das Bild wird beim Laden in Browsern in mehreren Durchgängen angezeigt bis das ganze Bild erscheint, für große Dateien, wird nicht von allen Browsern unterstützt.

Beim Speichern einer Datei werden neben dem Dateinamen und dem Dateiformat noch die Bildvorschau und die Dateinamenerweiterung (Suffix) vergeben. Die beiden letzten Einstellungen werden in Menü *Datei > Voreinstellungen > Dateien speichern ...* gemacht (Mac).

Menü: *Datei > Voreinstellungen > Dateien speichern ...*

2.8.2 Bildgröße

Die Bildgröße, die Auflösung und die Methode der Bildberechnung werden im Menü *Bild > Bildgröße ...* festgelegt. Dabei ist zu beachten, dass für die Printproduktion die Methoden bikubisch (Standard) und bilinear besser geeignet sind. Für die Bildberechnung bei der MM-Produktion ist die Methode Pixelwiederholung optimaler, da hierbei keine neuen Farben eingeführt werden.

Die Bildgröße wird in Pixeln angegeben. Dadurch ist die Bilddarstellung, abhängig von der gewählten Bildschirmauflösung, unterschiedlich groß.

Menü: *Bild > Bildgröße ...*

Methoden zur Bildgrößenberechnung
bikubisch, bilinear, Pixelwiederholung

Bildgröße in Pixel

2.8.3 Indizierte Farben

Ein indiziertes Farbbild basiert auf einer Farbtabelle mit maximal 256 Farben. Durch Verwendung einer indizierten Farbtabelle kann die Dateigröße von Bildern bei Erhalt der Qualität reduziert werden. Die Moduswandlung erfolgt in Menü *Bild > Modus > Indizierte Farben ...*

Menü: *Bild > Modus > Indizierte Farben ...*

Optionen der Indizierung
- Systempaletten Mac und Windows sowie die 216er Web-Palette
- *Perzeptiv*: Eigene Tabelle, in der Farben der Vorzug gegeben wird, die vom menschlichen Auge besser wahrgenommen werden.
- *Selektiv:* Ähnliche Farbtabelle wie die von *Perzeptiv*, jedoch mit einem breiteren Farbumfang sowie der Erhaltung von Web-Farben.
- *Adaptiv*: Farbtabelle, in der die am häufigsten im Bild vorkommenden Farben enthalten sind.

Perzeptiv

Selektiv

Adaptiv

Workshop zur Mediengestaltung

Abb. 2.9/1
CMYK einrichten ...

Menü: Datei > Farbeinstellungen > CMYK einrichten ...

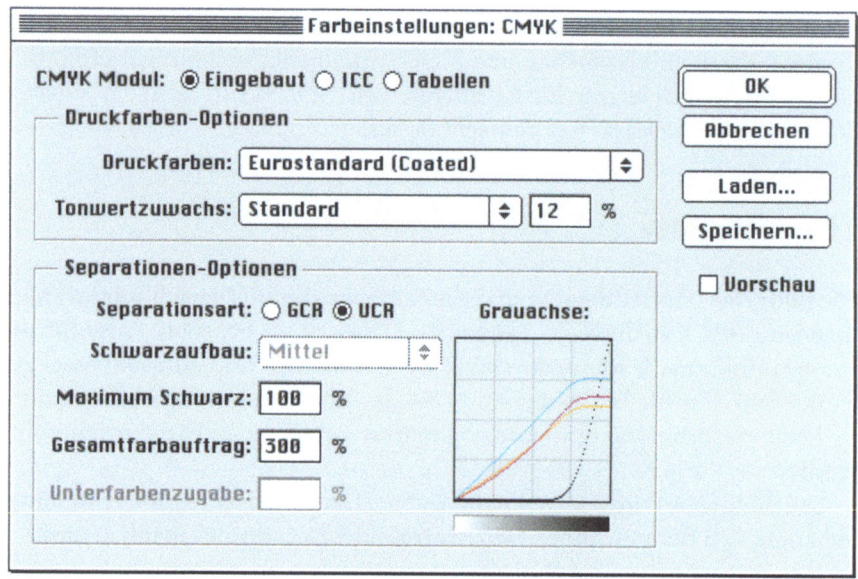

Abb. 2.9/2
Profilkonvertierung

Photoshop empfiehlt Konvertierung beim Öffnen der Datei – Konvertieren Sie nicht! Klicken Sie den „neudeutsch" übersetzten Button „Nicht konvertiert" an. Wenn Sie konvertieren, dann nur mit:
Menü: *Bild > Modus > Profilkonvertierung ...*

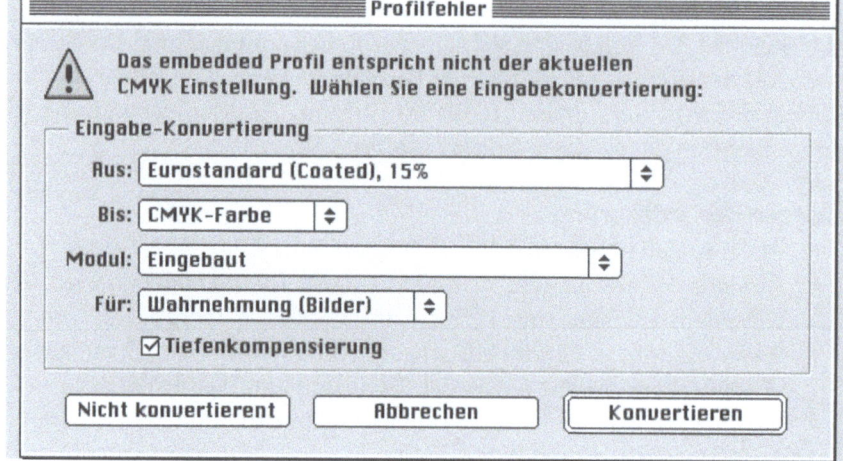

2.9 Bilder für den Druck

2.9.1 Drucken aus Photoshop

Beim Drucken von Dateien aus Photoshop ist zu unterscheiden, ob der Ausdruck auf einem Composite-Drucker, wie z.B. einem Tintenstrahldrucker, erfolgt oder über Farbauszüge in einem konventionellen Druckverfahren.
In der Composite-Ausgabe steuert der Druckertreiber die Farbausgabe.

Menü: *Datei > Drucken ...*

2.9.2 Separation

Bei der Ausgabe über Farbauszüge muss separiert werden. Dabei wird die Farbinformation in die einzelnen Prozessfarben aufgeteilt. Üblicherweise sind das die vier Farben Cyan, Magenta, Gelb und Schwarz (CMYK). Es ist aber auch möglich, Volltonfarben zusätzlich zu oder anstelle der vier Prozessfarben zu erzeugen.
Die Separationseinstellungen erfolgen unter Menü *Datei > Farbeinstellungen > CMYK einrichten ...* Die Spezifikationen der Separationsarten sind ausführlich in Band 1: Kompendium der Mediengestaltung beschrieben.

Menü: *Datei > Farbeinstellungen > CMYK einrichten ...*

2.9.3 ICC-Profile

Bei der Arbeit mit ICC-Profilen im Rahmen eines Colormanagement-Systems muss im *CMYK einrichten ...*-Dialogfeld ICC ausgewählt sein. Die Separation ist Teil des ICC-Profils. Die Profilkonvertierung erfolgt durch Menü *Bild > Modus > Profilkonvertierung ...*

ICC
International Color Consortium

Menü: *Bild > Modus > Profilkonvertierung ...*

Adobe Photoshop

3 Grafik

3.1 Grundlagen

3.1.1 Programmstruktur und Plattformen

Adobe Illustrator ist eines der professionellen Grafikprogramme für Mac und PC.

Die Grafiken werden vektororientiert als Bézierkurven erzeugt. Pixelbilder können importiert, transformiert und mit Filtern bearbeitet werden. Vektorgrafiken können in Pixelbilder mit unterschiedlichen Farbmodi und Auflösungen konvertiert werden.

Das Programm ist für Mac und PC fast identisch. Somit ist es entschuldbar, dass nur Mac-Screenshots verwendet werden.

Tastaturbefehle

Die Tastaturbefehle gelten sinngemäß:
- Befehlstaste (Mac) = Ctrl bzw. Strg (PC)
- Optionstaste = Alt-Taste
- ctrl + Mausklick = Rechte Maustaste
- Return-Taste = Enter-Taste

3.1.2 Arbeitsoberfläche

Arbeitsfenster, Werkzeugleiste, Paletten

Auf dem Bildschirm stehen neben dem Arbeitsfenster und der Werkzeugleiste noch die eingeblendeten Paletten.

Menü: Ansicht > Lineale einblenden

Die Standardeinstellung des Arbeitsfensters zeigt die Menüleiste und die Rollbalken. Die Lineale werden mit Menü *Ansicht > Lineale einblenden* eingeblendet. Der Nullpunkt lässt sich wie allgemein üblich aus der Linealecke herausziehen. Hilfslinien werden aus den Linealen gezogen. Ihre Einstellung erfolgt im Menü *Ansicht*. Menü *Ansicht > Hilfslinien erstellen* ermöglicht die Umwandlung jedes ausgewählten Pfades in eine Hilfslinie.

Menü: Ansicht > Hilfslinien erstellen

Natürlich sind mehrere überlappende Fenster möglich. In der Werkzeugpalette kann die Fensterdarstellung gewählt werden.

3. Grafik

Die Werkzeugpalette (-leiste) umfasst 51 Werkzeuge. Die Namen und Positionen der Werkzeuge finden Sie in Abbildung 3.1/2. Ihre Funktion lernen Sie beim Arbeiten kennen.

Bis auf die Textpaletten werden alle Paletten unter Menü *Fenster* ein- bzw. ausgeblendet. Die Textpaletten finden sich unter Menü *Text*.

Menü: *Fenster*
Menü: *Text*

Einzelne Paletten lassen sich wie Karteikarten zusammenstecken. Viele Paletten können zusätzlich durch die Popup-Menüs modifiziert werden. Die Tab-Taste blendet alle Paletten ein bzw. aus.

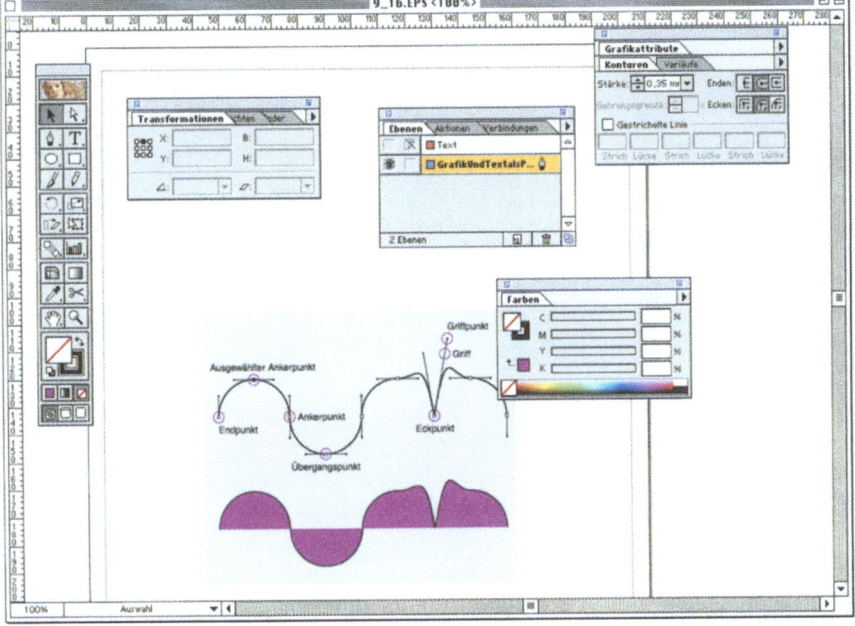

Abb. 3.1/1
Arbeitsoberfläche

Der Rahmen im Fenster bezeichnet das Arbeitsblatt. Die Einstellung erfolgt in Menü: *Datei > Dokumentformat ...*
Die gestrichelte LInie zeigt den Druckbereich des eingestellten Druckers.

Adobe Illustrator   85

Workshop zur Mediengestaltung

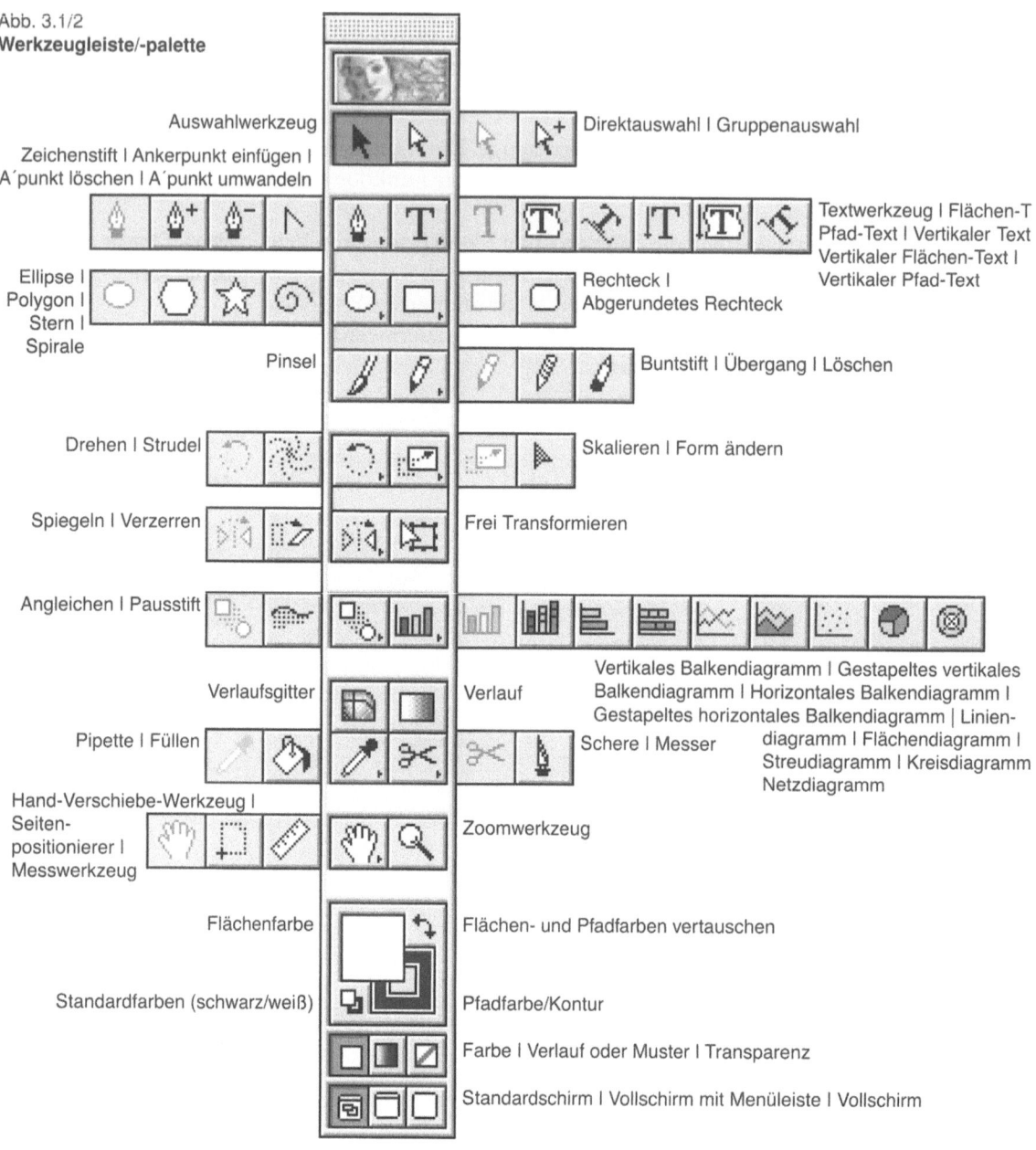

Abb. 3.1/2
Werkzeugleiste/-palette

Adobe Illustrator

3. Grafik

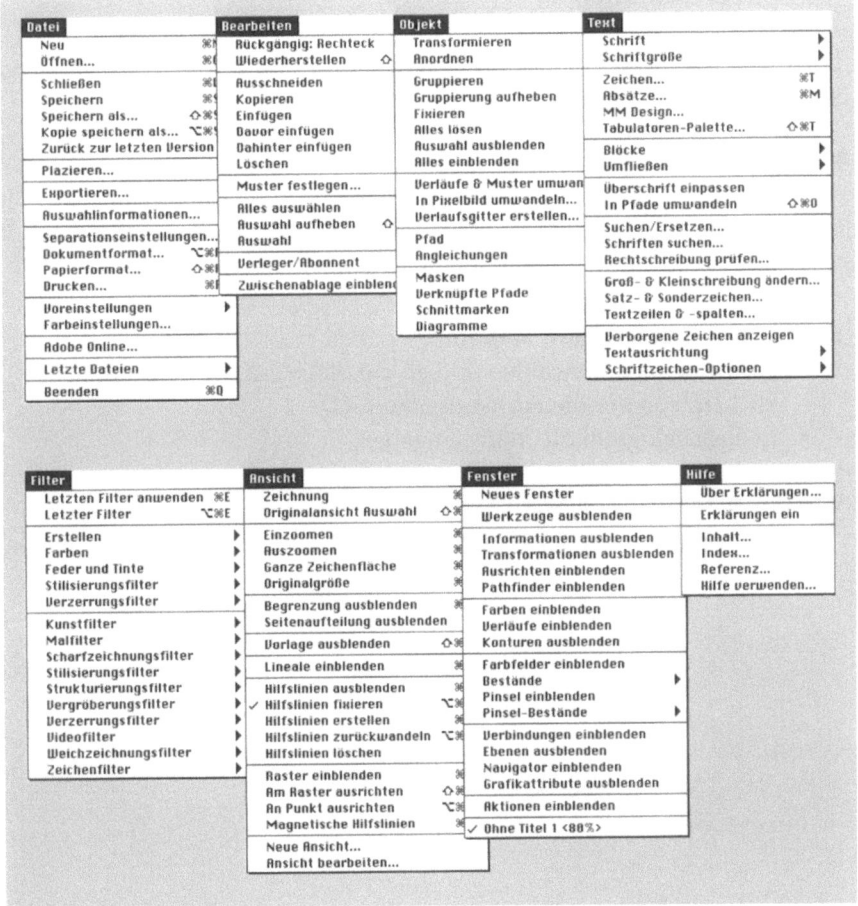

Abb. 3.1/3
Übersicht der Menüs

Adobe Illustrator

Workshop zur Mediengestaltung

3.2 Basis-Werkzeuge und -Paletten

3.2.1 Formen zeichnen

Illustrator hat Werkzeuge zum Zeichnen von Rechtecken, Ellipsen, Polygonen, Spiralen und Sternen.

Zeichnen einer Form

Freies Zeichnen einer Form
- Formzeichner aus der Werkzeugpalette auswählen und aus der Zeichenfläche aufziehen. Die Position und Größe können anschließend in der Transformationenpalette noch verändert werden.

Zeichnen mit definierten Maßen
- Formzeichner auswählen und an der Stelle auf die Zeichenfläche klicken, von der die Form ausgehen soll.
- In das Dialogfeld die Maße eingeben.

Von der Mitte aus Zeichnen
- Beim Klicken mit dem Formwerkzeug die Alt-Taste gedrückt halten.

Abb. 3.2/1
Formen zeichnen

- In der Werkzeugpalette finden sich die einzelnen Formzeichner.
- In der Transformationenpalette können die Position nach X- und Y-Koordinaten und die Größe geändert werden.

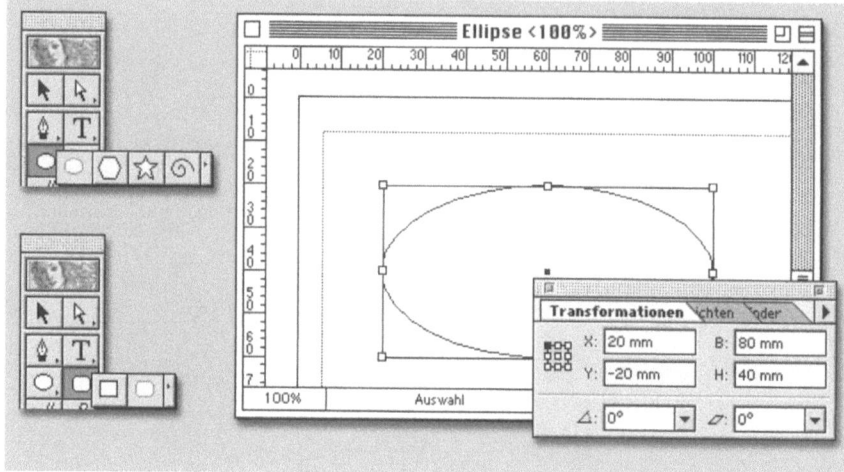

88 Adobe Illustrator

3. Grafik

Rechteck mit abgerundeten Ecken zeichnen
- Der Eckenradius des Rechtecks oder Quadrats wird durch den Wert für den Eckenradius im Dialogfeld „Rechteck" oder im Menü: *Voreinstellungen > Allgemeine* bestimmt.

Objekte auswählen
- Objekt mit dem Auswahlwerkzeug (Schwarzer Pfeil) anklicken.

Objekte einfärben
- Form auswählen.
- Fläche oder Kontur in der Werkzeugpalette anklicken und in der Farbenpalette die Farbe bzw. in der Farbfelderpalette ein Muster oder Verlauf auswählen.

Menü: *Voreinstellungen > Allgemeine*

Radius eines hypothetischen Kreises, der in den Ecken des Rechtecks gezeichnet wird.

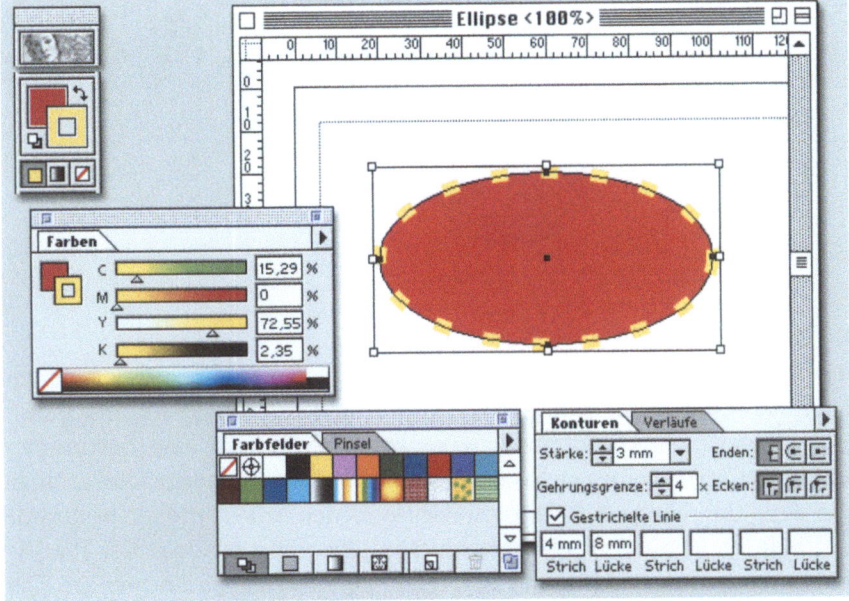

Abb. 3.2/2
Formen einfärben

- In der Werkzeugpalette können die Flächen- bzw. Konturfarbe sowie die Art der Füllung gewählt werden.
- In der Farbenpalette kann die Farbe definiert werden. Der Farbmodus ist in der Paletteneinstellung wählbar.
- In der Farbfelderpalette stehen die vorhandenen Verläufe, Echtfarben oder Muster zur Auswahl.
- In der Konturpalette können Strichstärke, Eckenform und die Art der Strichelung eingestellt werden.

Adobe Illustrator 89

3.2.2 Pfade

Abb. 3.2/3
Pfad

- Pfadelemente
- Offener Pfad mit Flächenfüllung

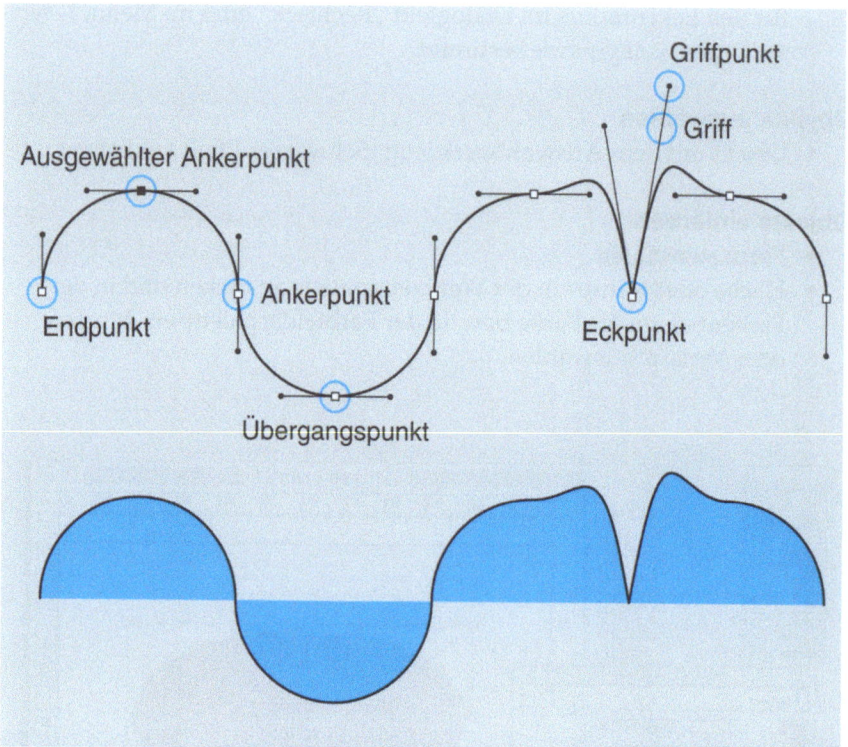

Jede Linie oder Form in Illustrator ist ein Pfad. Ein Pfad besteht aus einem oder mehreren Segmenten. Ankerpunkte, die den Anfangs- und Endpunkt jedes Pfadsegments bestimmen, „verankern" den Pfad an einer bestimmten Stelle. Der Verlauf eines nicht geradlinigen Pfades wird zusätzlich durch die Richtung und Länge der Vektoren (Griffe) in den Ankerpunkten bestimmt.

Offene und geschlossene Pfade

Pfade können offen oder geschlossen sein. Ein geschlossener Pfad ist fortlaufend, ohne Anfang und Ende. Offene Pfade haben Endpunkte. Den ersten und letzten Ankerpunkt eines offenen Pfads nennt man Endpunkt. Beim Zuweisen einer Flächenfarbe zieht Illustrator eine imaginäre Linie zwischen den beiden Endpunkten und füllt den Pfad.

Pfade werden mit den verschiedenen Werkzeugen aus der Werkzeugpalette gezeichnet. Schrift kann unter Menü *Text > In Pfade umwandeln* in verknüpfte Pfade umgewandelt werden.

Menü: *Text > In Pfade umwandeln*

Pfade erstellen

- Objektpfade: Objektwerkzeuge, z.B. Rechteck- oder Kreiszeichner
- Offene Pfade: Zeichenwerkzeuge, z.B. Zeichenstift
  - Gerade Linien: Ankerpunkte durch Klicken setzen
  - Kurven: End- und Übergangspunkte durch Klicken und Ziehen setzen, Kurveneckpunkte werden durch abermaliges Klicken und Ziehen auf den Ankerpunkt mit gedrückter Alt-Taste erstellt.
- Pinselpfade: Pinselwerkzeug

Pfade erstellen

Pfade und Objekte auswählen

- Mit dem Auswahlwerkzeug (Schwarzer Pfeil) können ganze Objekte oder Pfade durch Anklicken ausgewählt werden.
- Mit dem Direktauswahl-Werkzeug (Weißer Pfeil) können einzelne Ankerpunkte oder Segmente eines Pfads ausgewählt und alle Grifflinien für die Bearbeitung sichtbar gemacht werden.

Pfade und Objekte auswählen

Pfade bearbeiten

- Eines oder mehrere Segmente verschieben
- Ankerpunkte verschieben
- Griffpunkte verschieben
- Übergangspunkte in Eckpunkte umwandeln und umgekehrt
- Globale Bearbeitung mit dem Form-ändern-Werkzeug, die Skalierung aller Punkte entlang des Pfads bleibt erhalten
- Ankerpunkte hinzufügen oder löschen
- Offene Pfade mit den Zeichenwerkzeugen ergänzen

Pfade bearbeiten

3.2.3 Pathfinder-, Ausrichten-Palette und verknüpfte Pfade

Pathfinder und verknüpfte Pfade
Die Pathfinder-Optionen in der Pathfinder-Palette können Objekte kombinieren, isolieren oder unterteilen und neue Objekte aus der Schnittmenge bestehender Objekte erstellen.

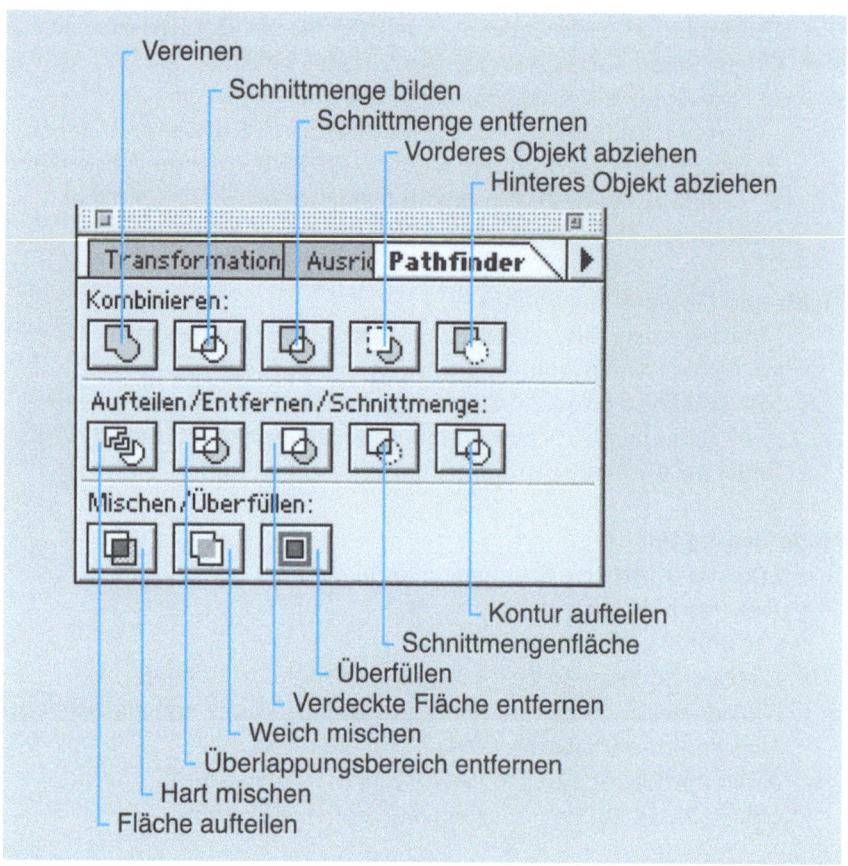

Abb. 3.2/4
Pathfinder-Palette

Die untere Zeile ist über die Paletten-Optionen zuschaltbar.

92 Adobe Illustrator

Die meisten Pathfinder-Befehle erzeugen verknüpfte Pfade. Ein verknüpfter Pfad ist eine Gruppe von mindestens zwei Pfaden, die so gefüllt sind, dass die überlappenden Bereiche transparent erscheinen (z.B. bei Buchstaben wie „a" oder „o").

Außer in der Pathfinder-Palette können verknüpfte Pfade noch mit Menü *Objekt > Verknüpfte Pfade* erstellt werden.

Verknüpfte Pfade verhalten sich wie gruppierte Objekte.

Pathfinder

Menü: *Objekt > Verknüpfte Pfade*

Ausrichten-Palette
Mit der Ausrichten-Palette können ausgewählte Objekte horizontal bzw. vertikal in verschiedener Weise ausgerichtet oder verteilt werden.

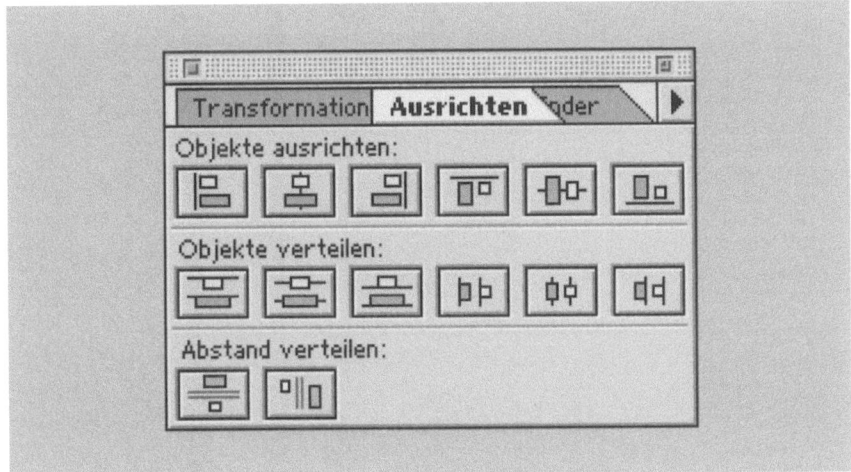

Abb. 3.2/5
Ausrichten-Palette

Die untere Zeile ist über die Paletten-Optionen zuschaltbar.

Adobe Illustrator

Workshop zur Mediengestaltung

3.2.4 Text

Text wird in Illustrator grundsätzlich wie in einem Layout- oder Textverarbeitungsprogramm eingegeben, importiert oder editiert. Die Möglichkeiten der Gestaltung sind allerdings wesentlich vielfältiger.

Abb. 3.2/6
Text-Einstellungen

- Text-Menü
- Text-Optionen
  Menü: *Datei > Voreinstellungen > Schritte per Tastatur > Text-Optionen*
- Textwerkzeuge
- Tabulatorpalette
- Zeichenpalette
- Absätzepalette

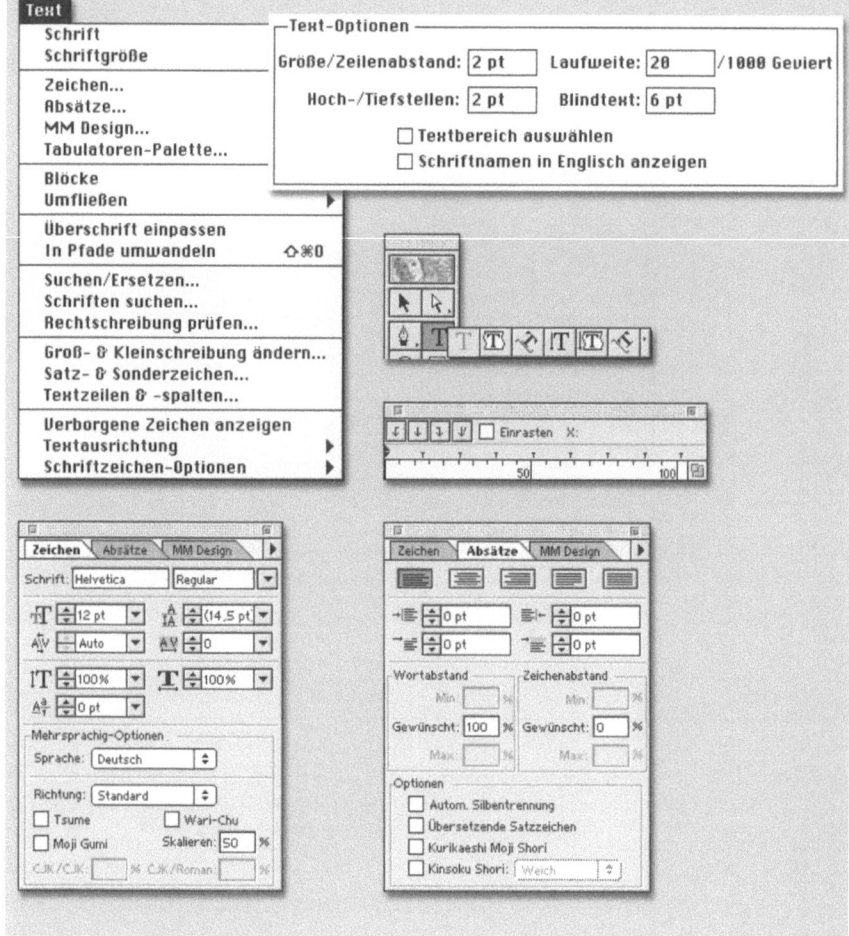

94   Adobe Illustrator

Positionierung und Geometrie

- *Punkttext*: Der geradlinige Textpfad beginnt nach dem Klicken mit dem Textwerkzeug an beliebiger Stelle.
- *Flächentext*: Jeder geschlossene Pfad wird durch Anklicken zum Textfeld. Die Geometrie des Textfeldes kann wie bei anderen Formen und Pfaden verändert werden.
- *Pfadtext*: Jeder offene Pfad wird durch Anklicken mit dem Textwerkzeug zum Textpfad dem der Text folgt. Die Geometrie des Textpfades kann wie bei anderen Pfaden verändert werden.

Textarten

Textpaletten

- Menü: *Text > Zeichen ...*
- Menü: *Text > Absätze ...*
- Menü: *Text > Tabulatoren-Palette ...*

Textpaletten
Menü: Text
> Zeichen ...
> Absätze ...
> Tabulatoren-Palette ...

Schriftstil

- Illustrator verarbeitet nur Original-Schriftstile.

Schriftstil

Verborgene Zeichen anzeigen

- Menü: *Text > Verborgene Zeichen anzeigen*

Menü: Text > Verborgene Zeichen anzeigen

Text in Pfade umwandeln

- Menü: *Text > In Pfade umwandeln*

Menü: Text > In Pfade umwandeln

Text farbig anlegen

- Textfarbe: Flächenfarbe
- Textkontur: Konturfarbe
- Text mit Verläufen oder Muster versehen: Text vorher in Pfade umwandeln

Textfarbe

Workshop zur Mediengestaltung

Abb. 3.3/1
Transformation

Menüs und Dialogfelder

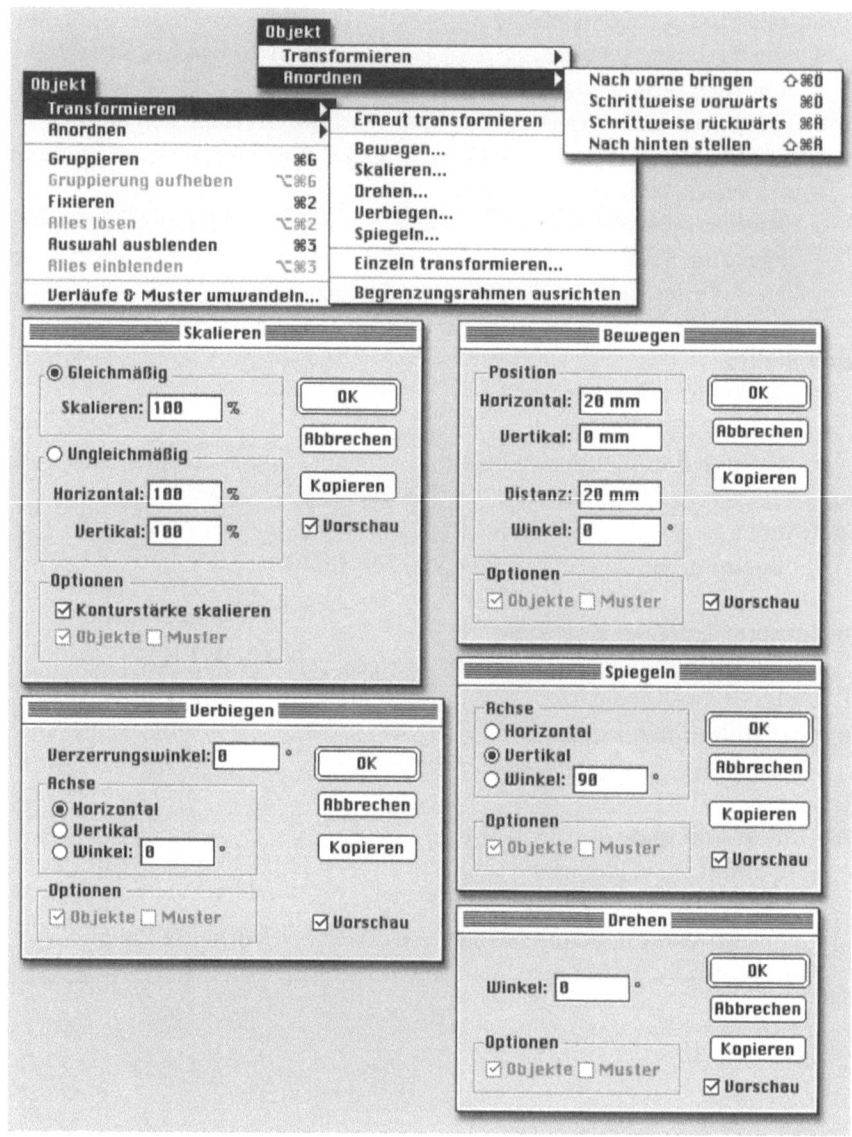

Adobe Illustrator

3.3 Transformationen

Die Transformation eines Objekts ist in Illustrator auf verschiedenen Weise möglich.

Transformieren   *Menü: Objekt > Transformieren*
- Optionen auswählen und die entsprechenden Werte eingeben, Bezugspunkt ist immer der Mittelpunkt der ausgewählten Objekte.
- Der Button „Kopieren" fügt dem Objekt noch eine transformierte Version hinzu.
- *Erneut transformieren* wiederholt die Operation einmal, d.h., für jede weitere Wiederholung muss der Befehl erneut ausgewählt werden.

Transformationswerkzeuge   *Transformationswerkzeug*
- Einfache Auswahl des jeweiligen Werkzeugs und anschließendes Klicken führt zum Bezugspunkt. Die Transformation erfolgt manuell.
- Die beim Klicken gedrückte Alt-Taste führt zum Dialogfeld des jeweiligen Transformationswerkzeugs. Bezugspunkt ist die Stelle, an der mit dem Cursor geklickt wurde.
- Ein Doppelklick auf das Transformationswerkzeug in der Werkzeugpalette führt ebenfalls zum Dialogfeld. Bezugspunkt ist dann immer der Mittelpunkt des Objekts.
- Ein Doppelklick auf das Auswahlwerkzeug (Schwarzer Pfeil) in der Werkzeugpalette führt um Bewegen-Dialog.

Anordnen   *Menü: Objekt > Anordnen*
- Hier kann die Schichtung der einzelnen Elemente innerhalb einer Ebene verändert werden.

Workshop zur Mediengestaltung

Abb. 3.4/1
Ebenenpalette und -Einstellungen

Als Beispiel die Ebenenpalette der Abbildung 3.2/4

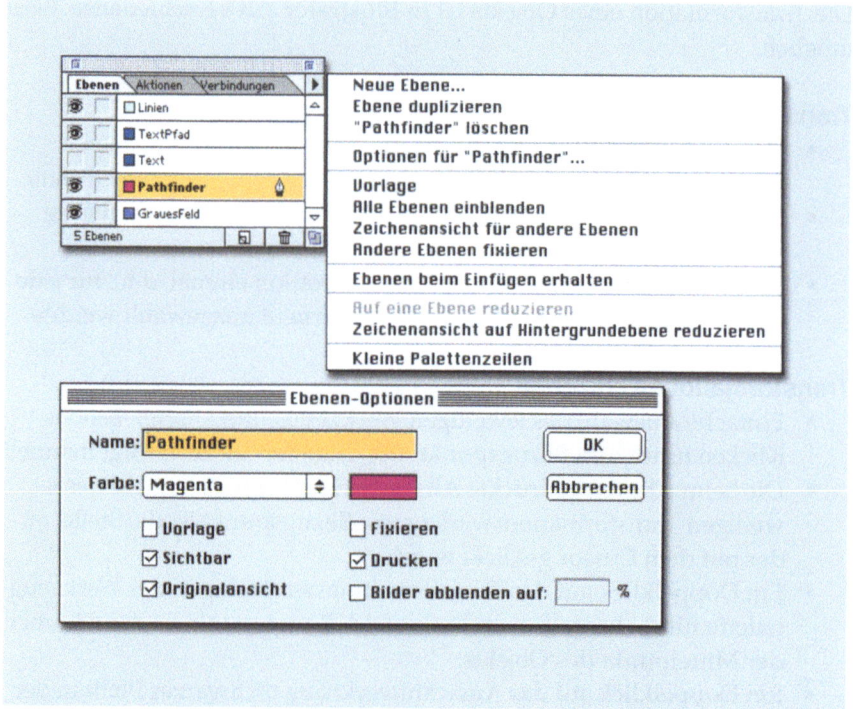

Vorteile der Arbeit mit Ebenen

- Klare Gliederung.
- Einfache Auswahl nahe beieinande rliegender oder gar deckungsgleicher Objekte durch die Fixierung einzelner Ebenen.
- Nicht benötigte Objekte können ausgeblendet oder nur als Pfade dargestellt werden.
- Die Objektlage in der Schichtung kann durch die Verschiebung der Ebene einfach verändert werden.
- Einzelne Objekte können mit ihrer Ebene ausgeblendet werden.
- Einzelne Objekte können mit ihrer Ebene vom Drucken ausgeschlossen werden.
- Einfache Erstellung von Sicherungsebenen durch die Kopie einer Ebene vor der Bearbietung der Objekte bzw. Pfade.

3.4 Ebenen

Ebenen sind wie einzelne Filme bzw. Folien, die übereinander angeordnet sind. An den transparenten Stellen sind die darunter liegenden Ebenen sichtbar.

In der Ebenenpalette werden alle Bildebenen angezeigt. Die vorderste Ebene befindet sich ganz oben. Durch Anklicken wird die aktive Ebene ausgewählt. Es können Objekte und Pfade mehrerer Ebenen aktiv sein. Den einzelnen Ebenen werden unterschiedliche Pfadfarben zugewiesen, um die Objekte und Pfade einfach ihren Ebenen zuordnen zu können.

Ebenenpalette

- Die Ebenenanordnung kann durch einfaches Verschieben der Ebene mit der Maus verändert werden.

Ebenenanordnung

- Eine neue Ebene wird u.a. durch das Klicken auf das Blattsymbol in der Ebenenpalette erzeugt.

Neue Ebene

- Das Kopieren einer bestehenden Ebene geht am einfachsten, indem die Ebene in der Ebenenpalette auf das Blattsymbol gezogen wird.

Ebene kopieren

- Eine Ebene kann durch Klicken auf das Augesymbol in der ersten Spalte der Ebene in der Ebenenpalette ein- bzw. ausgeblendet werden.

Ebene aus-/einblenden

- In der zweiten Schaltfläche kann der Ebeneninhalt durch Anklicken fixiert bzw. gelöst werden.

Ebenen fixieren/lösen

- Ein Doppelklick auf die Ebene in der Ebenenpalette führt zu den Ebenen-Optionen. Dort kann u.a. eingestellt werden, ob die Ebene drucken soll oder nicht.

Ebeneneinstellungen

- Mit dem Papierkorbsymbol in der Ebenenpalette werden Ebenen gelöscht.

Ebene löschen

Die Speicherung einer Datei mit mehreren Ebenen ist im Illustrator-Format und als EPS möglich. Eine Illustrator-EPS-Datei kann nach dem Speichern wieder normal geöffnet und bearbeitet werden.

Mit Ebenen speichern

Workshop zur Mediengestaltung

Abb. 3.5/1
Beispiel 1

Abb. 3.5/2
Beispiel 2

Die Tipps zur Erstellung zeigen nur eine Möglichkeit. Wie meist gibt es immer mehrere Lösungen.

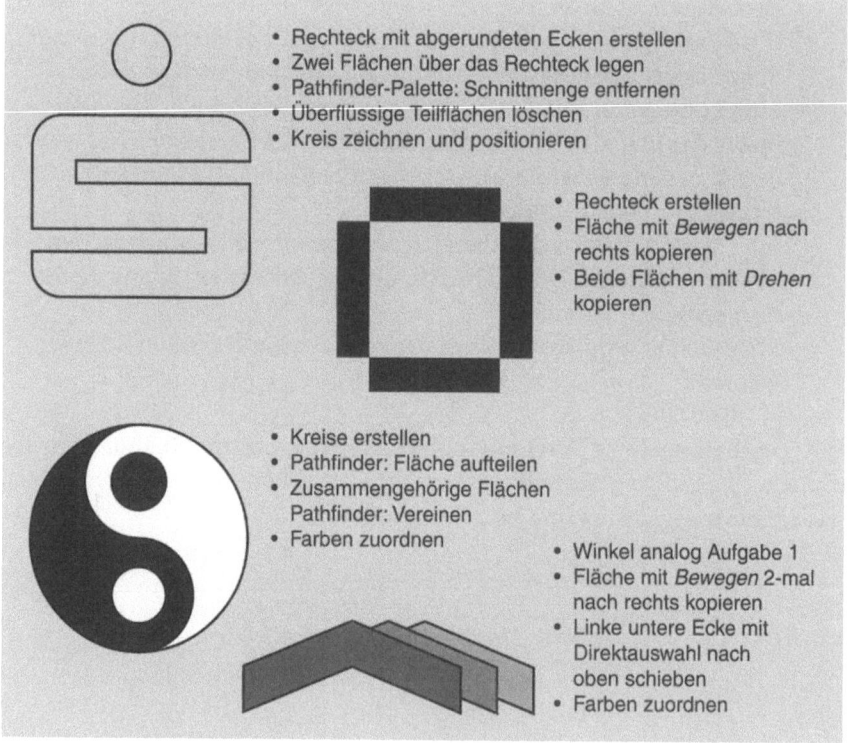

3.5 Aufgaben

3.5.1 Geometrische Grundformen und Pfadbearbeitung

3_ILLUSTRATOR
3_5_1A_L.ai
3_5_1B_L.ai

Lernziele
- Einfache Grafiken aus geometrischen Grundformen erstellen.
- Pfade bearbeiten.

Aufgabe
- Erstellen Sie verschiedene Logos aus geometrischen Grundformen. Nutzen Sie dabei auch die Möglichkeiten der Pfadbearbeitung.

Lösung Beispiel 1

1. Zeichnen Sie ein Rechteck (2 cm x 1 cm) mit schwarzer Fläche und transparenter Kontur.

2. Kopieren Sie das Rechteck in die Zwischenablage.

3. Setzen Sie jetzt zusätzliche Ankerpunkte.

   Menü: Objekt > Pfad > Ankerpunkte hinzufügen

4. Löschen Sie die beiden nicht benötigten Ankerpunkte an den Senkrechten (Ankerpunkt-löschen-Werkzeug aus der Werkzeugpalette).

5. Stellen Sie die Schritte per Tastatur auf die Schrittweite von 1 cm.
   Menü: *Datei > Voreinstellungen > Allgemeine > Schritte per Tastatur …*

   Menü: Datei > Voreinstellungen > Allgemeine > Schritte per Tastatur …

6. Wählen Sie mit der Direktauswahl die beiden mittleren Ankerpunkte der Waagerechten aus und schieben Sie sie durch Anklicken der Pfeiltaste auf der Tastatur um 1 cm nach oben.

7. Fügen Sie das kopierte Rechteck davor ein.

   Menü: Bearbeiten > Davor einfügen

8. Schieben Sie das eingefügte Rechteck mit der Pfeiltaste um 1 cm nach unten.

Workshop zur Mediengestaltung

Abb. 3.5/3
Isometrische Darstellung

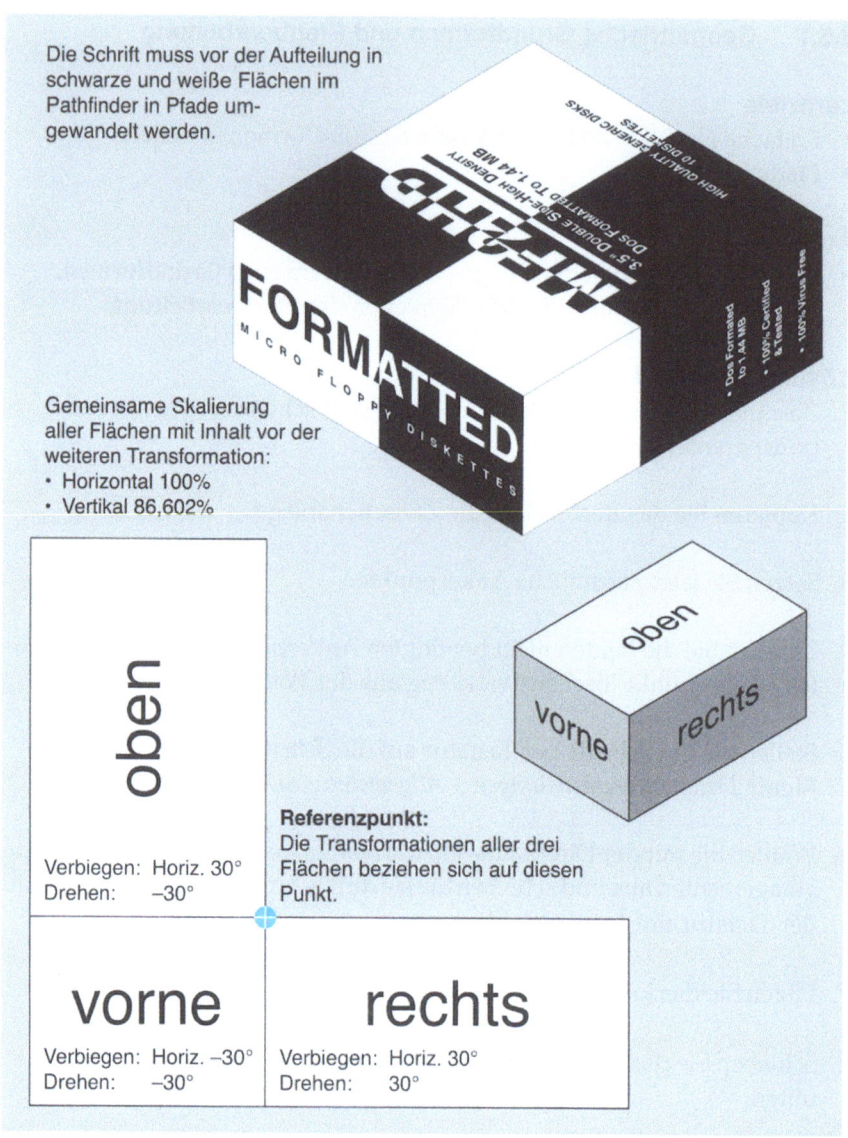

Die Schrift muss vor der Aufteilung in schwarze und weiße Flächen im Pathfinder in Pfade umgewandelt werden.

Gemeinsame Skalierung aller Flächen mit Inhalt vor der weiteren Transformation:
- Horizontal 100%
- Vertikal 86,602%

Referenzpunkt:
Die Transformationen aller drei Flächen beziehen sich auf diesen Punkt.

oben
Verbiegen: Horiz. 30°
Drehen: −30°

vorne
Verbiegen: Horiz. −30°
Drehen: −30°

rechts
Verbiegen: Horiz. 30°
Drehen: 30°

3. Grafik

3.5.2 Isometrie

3_ILLUSTRATOR
3_5_2L.ai

Lernziel
- Isometrische Körper zeichnen.

Aufgaben
- Zeichnen Sie einen einfachen isometrischen Körper.
- Realisieren Sie das Beispiel „Diskettenpackung".
- Suchen Sie eigene Beispiele zur Umsetzung.

Lösung Aufgabe 1
1. Zeichnen und positionieren Sie drei Rechtecke.

2. Erstellen Sie den Flächeninhalt und gruppieren Sie jeweils Inhalt und Fläche.

   Menü: Objekt > Gruppieren

3. Skalieren Sie alle Zeichnungselemente.
   Alles Auswählen > Doppelklick auf das Skalierungswerkzeug > Horizontal 100%, Vertikal 86,602%.

   Skalieren

4. Transformieren Sie die einzelnen Flächen mit allen Flächenelementen jeweils um den gemeinsamen Referenzpunkt.
   Wichtig: Zuerst Verbiegen, dann Drehen. Die gedrückte Alt-Taste führt nach dem Anklicken des Referenzpunktes zum Dialogfeld.

   Transformieren

5. Gruppieren Sie alle Zeichnungselemente.

Workshop zur Mediengestaltung

Abb. 3.5/4
Stempel

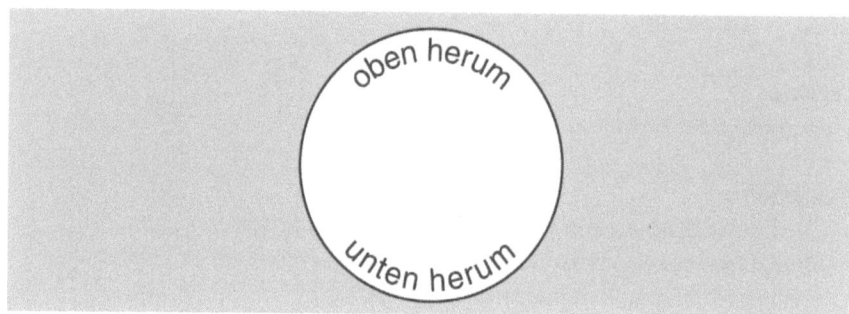

Abb. 3.5/5
Schriftvariationen

Die Tipps zur Erstellung zeigen nur eine Möglichkeit. Wie meist gibt es immer mehrere Lösungen.

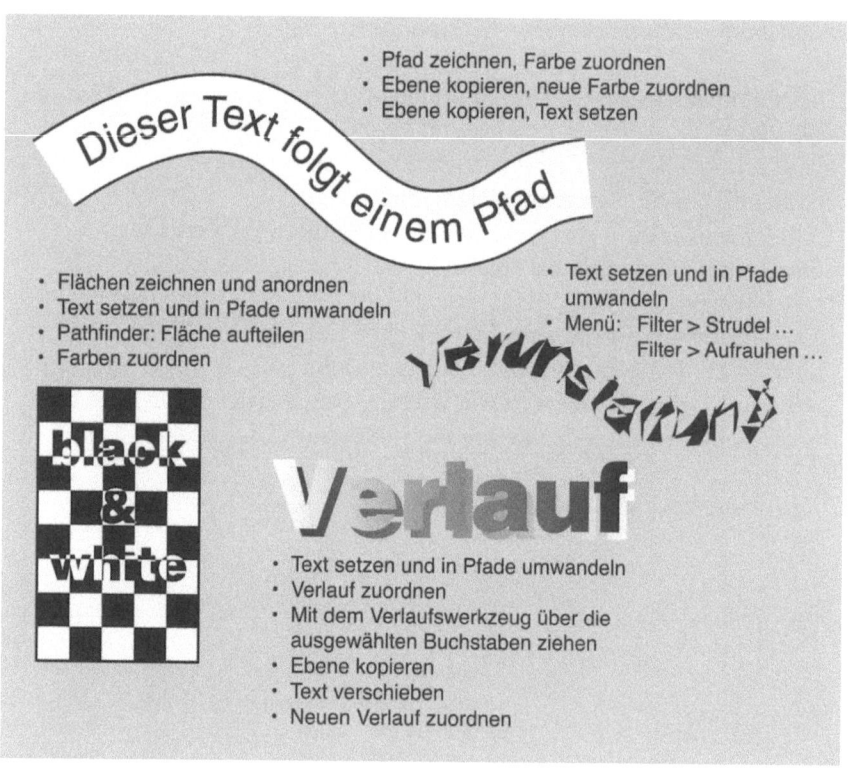

3. Grafik

3.5.3 Schriftvariationen

3_ILLUSTRATOR
3_5_3A_L.ai
3_5_3B_L.ai

Lernziel
- Texte setzen, editieren und gestalten.

Aufgaben
- Erstellen Sie mit dem Pfadtext-Werkzeug einen Stempel.
- Realisieren Sie die weiteren Beispiele und notieren Sie den jeweiligen Arbeitsablauf.

Lösung Aufgabe 1

1. Zeichnen Sie einen Kreis.

2. Kopieren Sie die Ebene.

3. Klicken Sie mit dem Pfadtext-Werkzeug am oberen Ankerpunkt auf den Pfad und setzen Sie den Text.

4. Kopieren Sie die Textebene und benennen Sie die einzelnen Ebenen.

5. Drehen Sie die neue Ebene um 180°.

6. Setzen Sie den neuen Text.

7. Doppelklicken Sie auf den „Textgriff" damit sich die Schrift nach innen stellt.

8. Mit Hoch-/ Tiefstellen aus der Zeichenpalette stellen Sie die Schrift in den richtigen Abstand zur Außenlinie.

9. Kopieren Sie alle Elemente in eine neue Ebene und gruppieren Sie sie dort.

Gruppieren zieht alle beteiligten Zeichnungselemente in die oberste Ebene der Elemente. Dadurch ist der spätere Zugriff z.B. bei Korrekturen erschwert. Es ist deshalb hier sinnvoll alle Elemente in eine neue Ebene zu kopieren und dort zu gruppieren. In den anderen Ebenen wird Drucken und Sichtbar ausgeschaltet. Sie sind nur zur Sicherheit bei evtl. späteren Korrekturen.

Abb. 3.5/6
Maskierung

- Hintergrundbild
- Text
- Kombination von in Pfade umgewandeltem und verknüpftem Text und dem Hintergrundbild
- Maskiertes Hintergrundbild, zusätzlich noch mit einem Schlagschatten versehen
Menü: Filter > Stilisierungsfilter > Schlagschatten ...

3. Grafik

3.5.4 Bilder platzieren und maskieren

Lernziel
- Bilder platzieren und maskieren.

Aufgabe
- Platzieren Sie eine Bilddatei und maskieren Sie diese mit einem Schriftzug.

Lösung
1. Plazieren Sie eine Bilddatei.
   Menü: *Datei > Plazieren ...*

2. Setzen Sie den Text.

3. Positionieren Sie den Text über dem Bild.

4. Wandeln Sie den Text in Pfade.
   Menü: *Text > In Pfade umwandeln*

5. Verknüpfen Sie die Pfade, da sonst immer nur ein Objekt als Maske wirkt.
   Menü: *Objekt > Verknüpfte Pfade > Erstellen*

6. Erstellen Sie eine Maske.
   Menü: *Objekt > Masken > Erstellen*

7. Gruppieren Sie Maske und maskiertes Objekt.
   Menü: *Objekt > Gruppieren*

8. Fügen Sie der Schrift noch einen Schlagschatten hinzu.
   Menü: *Filter > Stilisierungsfilter > Schlagschatten ...*

3_ILLUSTRATOR
3_5_4A_A.tif
3_5_4B_L.ai

Dateien können in die Illustrator-Datei eingebettet, d.h. darin aufgenommen oder mit ihr verbunden werden. Verbundene Dateien sind unabhängig von der Illustrator-Datei. Die Illustrator-Datei ist dadurch kleiner. Allerdings muss bei der Dateiverwaltung darauf geachtet werden, dass die verbundenen Dateien beim Ausdrucken bzw. Ausbelichten auch tatsächlich vorhanden sind.

Menü: *Datei > Plazieren ...*

Menü: *Text > In Pfade umwandeln*

Menü: *Objekt > Verknüpfte Pfade > Erstellen*

Menü: *Objekt > Masken > Erstellen*

Menü: *Objekt > Gruppieren*

Menü: *Filter > Stilisierungsfilter > Schlagschatten ...*

Workshop zur Mediengestaltung

Abb. 3.5/7
Flächen- und Pinselmuster

Rechts:
Pinselpalette
- Spezialpinsel-Optionen,
- Bildpinsel-Optionen
  (o. Abb.), z.B. Pfeil in der
  Palette
- Musterpinsel-Optionen
- Bearbeitung durch Doppelklick in der Pinselpalette.
- Neue Pinselelemente werden einfach in die Palette gezogen.

Links oben:
Ein ausgewähltes Füllmusterelement wird über Menü: *Bearbeiten > Musterfestlegen* definiert.

Links unten:
Ein bestehendes Muster wird zur Bearbeitung einfach aus der Palette auf die Arbeitsfläche gezogen.

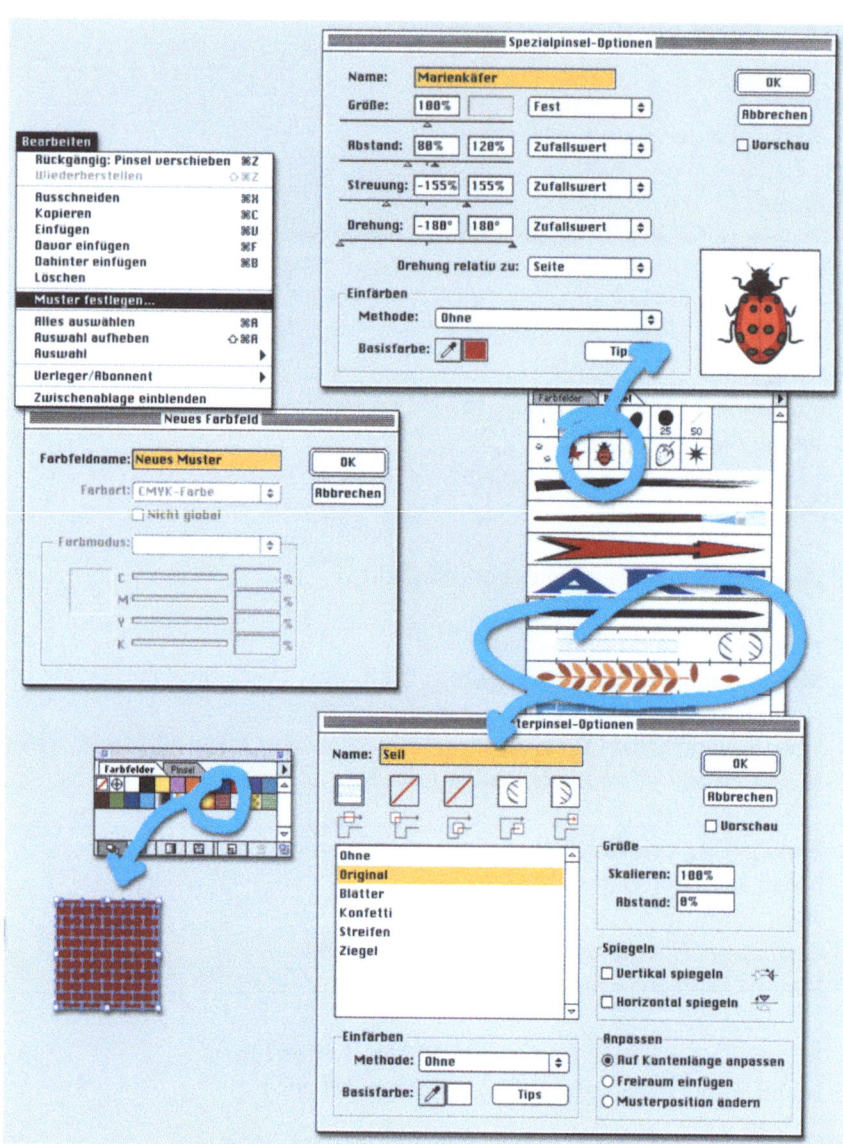

108   Adobe Illustrator

3. Grafik

3.5.5 Muster

3_ILLUSTRATOR
3_5_5L.ai

Muster sind Flächenelemente (Kacheln), die durch nahtloses Aneinanderfügen eine Fläche oder eine Kontur füllen. Die Auswahl erfolgt in der Palette „Farbfelder".

Muster, die zum Füllen von Objekten gedacht sind (Füllmuster), unterscheiden sich in ihrem Aufbau und ihrer Unterteilung von Mustern, mit denen die Konturen von Pfaden gefüllt werden (Pinselmuster).

Füllmuster

Pinselmuster

Musterelemente werden, ausgehend vom Linealnullpunkt, von links nach rechts und von unten nach oben aneinandergelegt. In der Regel bestehen Füllmuster nur aus einem Musterelement, während sich Pinselmuster aus bis zu fünf Musterelementen zusammensetzen können – für Kanten und Ecke (innen und außen) sowie Anfang und Ende eines Pfades. Durch die zusätzlichen Musterelemente für Ecken kann das Pinselmuster gleichmäßig um Ecken verlaufen.

Füllmuster werden rechtwinklig zur x-Achse aneinandergelegt, Pinselmuster hingegen senkrecht zum Pfad.

Lernziel
- Muster für Flächen und Pinsel erstellen.

Aufgaben
- Füllen Sie eine Fläche mit einem Standardmuster aus der Farbfelderpalette.
- Entwickeln Sie eigene Muster.

Lösung Aufgabe 1
1. Erstellen Sie eine Zeichnung, die als Muster dienen soll.

2. Zeichnen Sie als Muster-Begrenzungsrechteck ein ungefülltes, konturloses Rechteck auf der untersten Zeichenebene.

3. Ziehen Sie die Zeichnung zusammen mit dem Begrenzungsrechteck auf die Farbfelderpalette
oder
wählen Sie Menü: *Bearbeiten > Muster festlegen ...*

Als Musterelement nicht erlaubt sind:
- Muster, Verläufe, Angleichungen, Konturen, Verlaufsgitter, Bitmap-Grafiken, Diagramme, platzierte Dateien oder Masken.

Transformation von Mustern
- Die Transformation ist abhängig oder unabhängig vom gefüllten Objekt mit den üblichen Transformationswerkzeugen möglich.

3. Grafik

3.5.6 Verläufe

3_ILLUSTRATOR
3_5_6L.ai

Lernziel
- Verläufe erstellen und modifizieren.

Aufgaben
- Füllen Sie eine Fläche mit einem Standardverlauf aus der Farbfelderpalette.
- Entwickeln Sie eigene Verläufe.

Lösung Aufgabe 1
1. Wählen Sie das zu füllende Objekt aus und stellen Sie in der Werkzeugpalette die Flächenfarbe auf Verlauf.

2. Klicken Sie in der Farbfelderpalette den gewünschten Verlauf an.

Lösung Aufgabe 2

Verlauf modifizieren
1. Wählen Sie in der Verlaufspalette die zu modifizierende Farbe.

2. Klicken Sie mit gedrückter Alt-Taste, um ein Farbfeld aus der Farbfelderpalette auszuwählen,
   oder
   erstellen Sie eine neue Farbe mit Hilfe der Regler oder der Farbskala in der Farbenpalette
   oder
   ziehen Sie eine Farbe aus der Farben- oder der Farbfelderpalette auf das Quadrat unter dem Verlaufsbalken.

Adobe Illustrator

Workshop zur Mediengestaltung

Abb. 3.5/8
Verlaufserstellung und -modifikation

112 Adobe Illustrator

3. Grafik

Verlauf im Objekt ändern
1. Wählen Sie das Verlaufswerkzeug aus der Werkzeugpalette.

2. Ziehen Sie über das ausgewählte Verlaufsobjekt. Sie können damit Winkel, Anfangs- und Endpunkt interaktiv festlegen.

Verlauf über mehrere Objekte anwenden
1. Füllen Sie jedes Objekt mit dem gleichen Verlauf.

2. Wählen Sie alle Objekte aus.

3. Wählen Sie das Verlaufswerkzeug.

4. Ziehen Sie über alle Objekte. Der gewählte Verlauf erstreckt sich durchgehend über alle Objekte.

Verlauf umwandeln
Für bestimmte Effekte, z.B. die Mischung überlagernder Verläufe, oder wenn beim Drucken Probleme auftreten, ist es sinnvoll einen Verlauf in Pfade umzuwandeln. Durch die Umwandlung entsteht eine Folge von farblich abgestuften Flächen.
Menü: *Objekt > Verläufe & Muster umwandeln ...*

Menü: Objekt > Verläufe & Muster umwandeln ...

Adobe Illustrator

Workshop zur Mediengestaltung

Abb. 3.5/9
Diagrammeinstellungen

- Datentabelle
  1. Zeile: Legende
  1. Spalte: Gruppenunterschrift (eine Zeile)

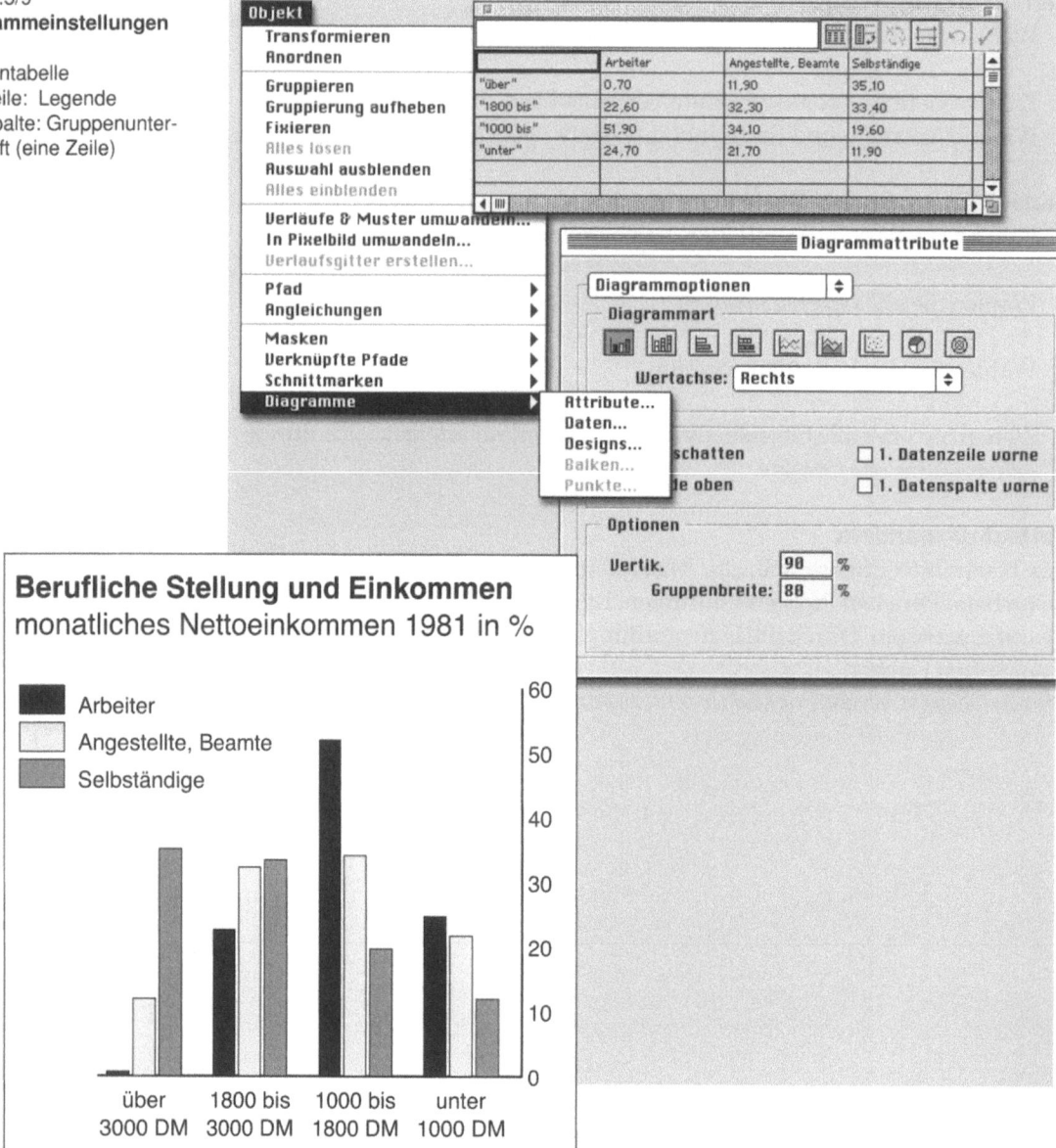

Adobe Illustrator

3. Grafik

3.5.7 Diagramme

3_ILLUSTRATOR
3_5_7L.ai

Lernziel
- Informationsgrafiken und Diagramme erstellen.

Aufgaben
- Erstellen Sie aus gegebenen Daten ein Balkendiagramm.
- Setzen Sie die Daten in andere Diagrammarten um.
- Entwickeln Sie eigene Konzeptionen.

Lösung Aufgabe 1
1. Wählen Sie das Balkendiagramm-Werkzeug in der Werkzeugpalette und klicken Sie auf die Arbeitsfläche.

2. Geben Sie die Diagrammgröße, z.B. 10 cm x 10 cm, in das Dialogfeld ein und bestätigen Sie mit OK. Die Datentabelle erscheint.

3. Dateneingabe: In die Datentabelle werden die Daten wie in einer Tabellenkalkulation eingegeben. Die Einstellungen, z.B. die Größe der Datenzellen, erfolgen im Kopf der Datentabelle.
Bei Punktdiagrammen ist die erste Spalte die Y-Spalte.

4. Bestätigen Sie die Dateneingabe.

Diagrammarten
- Vertikale Balken
- Vertikale Balken, gestapelt
- Horizontale Balken
- Horizontale Balken, gestapelt
- Linien
- Flächen
- Punkte
- Kreis
- Netz

Modifizieren
- Menü: *Objekt > Diagramme*   *> Attribute …*
  > Daten …
  > Designs … (eigene Diagrammelemente)
- Mit der Direktauswahl können Sie einzelne Elemente zur Modifikation auswählen. Die Änderungen sind allerdings nach einer erneuten Datenänderung verloren.
- Gruppierung auflösen koppelt das Diagramm von den Daten ab, vergleichbar mit der Umwandlung von Text in Pfade.

Menü: *Objekt > Diagramme > Attribute …*

Menü: *Objekt > Diagramme > Daten …*

Menü: *Objekt > Diagramme > Designs …*

Workshop zur Mediengestaltung

Abb. 3.6/1
Druck-Dialogfelder

Oben:
Composite-Ausgabe

Unten:
Separationseinstellungen

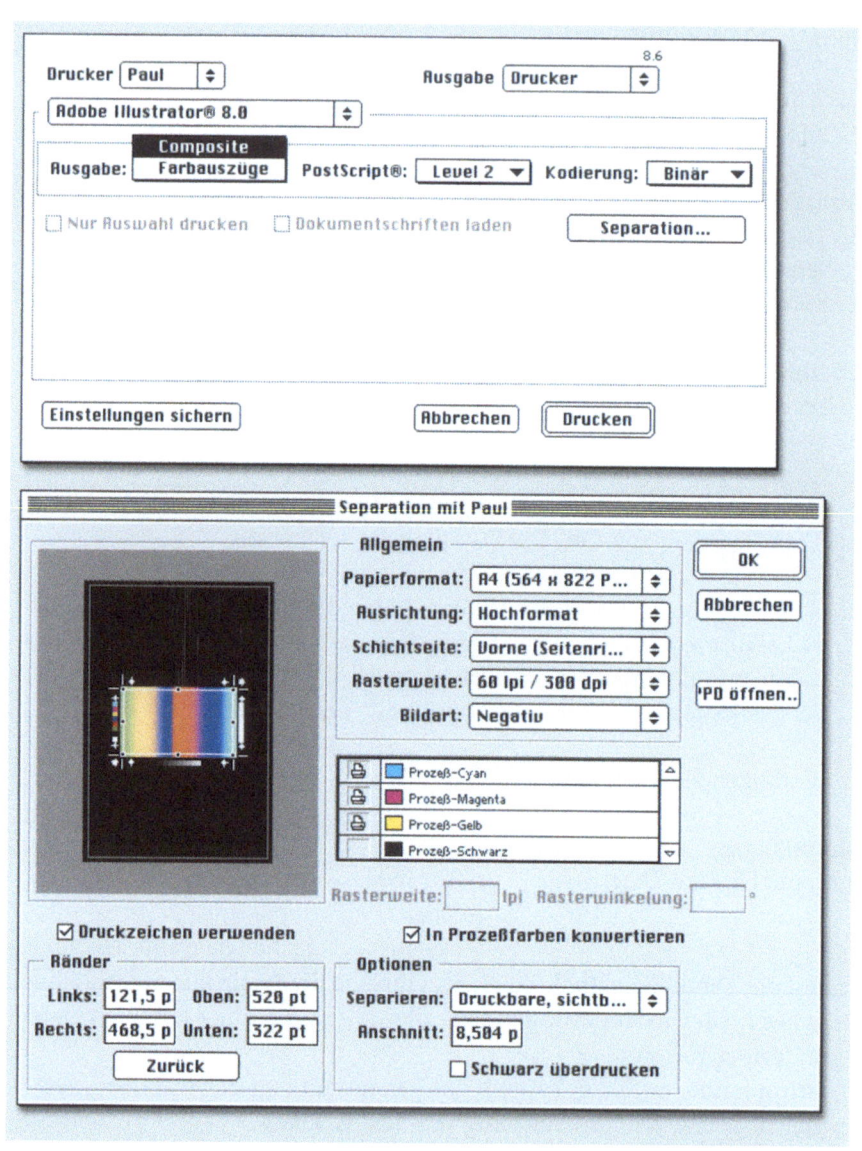

Adobe Illustrator

3.6 Speichern, Exportieren und Drucken

3.6.1 Speichern

Eine Datei wird unter Menü *Datei > Speichern* bzw. *Speichern unter ...* in den Dateiformaten: Illustrator PDF, Illustrator oder Illustrator EPS abgespeichert. EPS ist das Standard-Dateiformat, um Grafiken in anderen Programmen, z.B. QuarkXPress, laden zu können. Bei der Speicherung können platzierte Bilder und die Dokumentenschriften eingebettet werden. Im Gegensatz zu EPS-Dateien anderer Grafikprogramme können Illustrator EPS-Dateien einfach wieder geöffnet und bearbeitet werden.

Menü: *Datei > Speichern*
Menü: *Datei > Speichern unter ...*

3.6.2 Exportieren

Neben Texten oder Pfaden können aus Illustrator auch Grafiken oder gewandelte Pixelbilder im Menü *Datei > Exportieren ...* in eine Reihe Dateiformate exportiert werden.

Menü: *Datei > Exportieren ...*

3.6.3 Drucken

Beim Drucken von Dateien aus Illustrator ist zu unterscheiden, ob der Ausdruck auf einem Composite-Drucker, wie z.B. einem Tintenstrahldrucker, ausgeführt wird oder über Farbauszüge in einem konventionellen Druckverfahren.

Die Composite-Ausgabe erfolgt über Menü *Datei > Drucken ...*, der Druckertreiber steuert die Farbausgabe.

Bei der Ausgabe über Farbauszüge muss separiert werden. Dabei wird die Farbinformation in die einzelnen Prozessfarben aufgeteilt. Üblicherweise sind das die vier Farben Cyan, Magenta, Gelb und Schwarz (CMYK). Es ist aber auch möglich, Volltonfarben zusätzlich zu oder anstelle der vier Prozessfarben zu erzeugen.

Die Separationseinstellungen erfolgen unter Menü *Datei > Separationseinstellungen ...*

Menü: *Datei > Drucken ...*

Farbauszüge
Filme oder Druckformen, auf denen sich die einzelnen Farbanteile befinden.

Menü: *Datei > Separationseinstellungen ...*

4 Sound

Abb. 4.1/1
Hardware-Konfiguration für die Soundbearbeitung

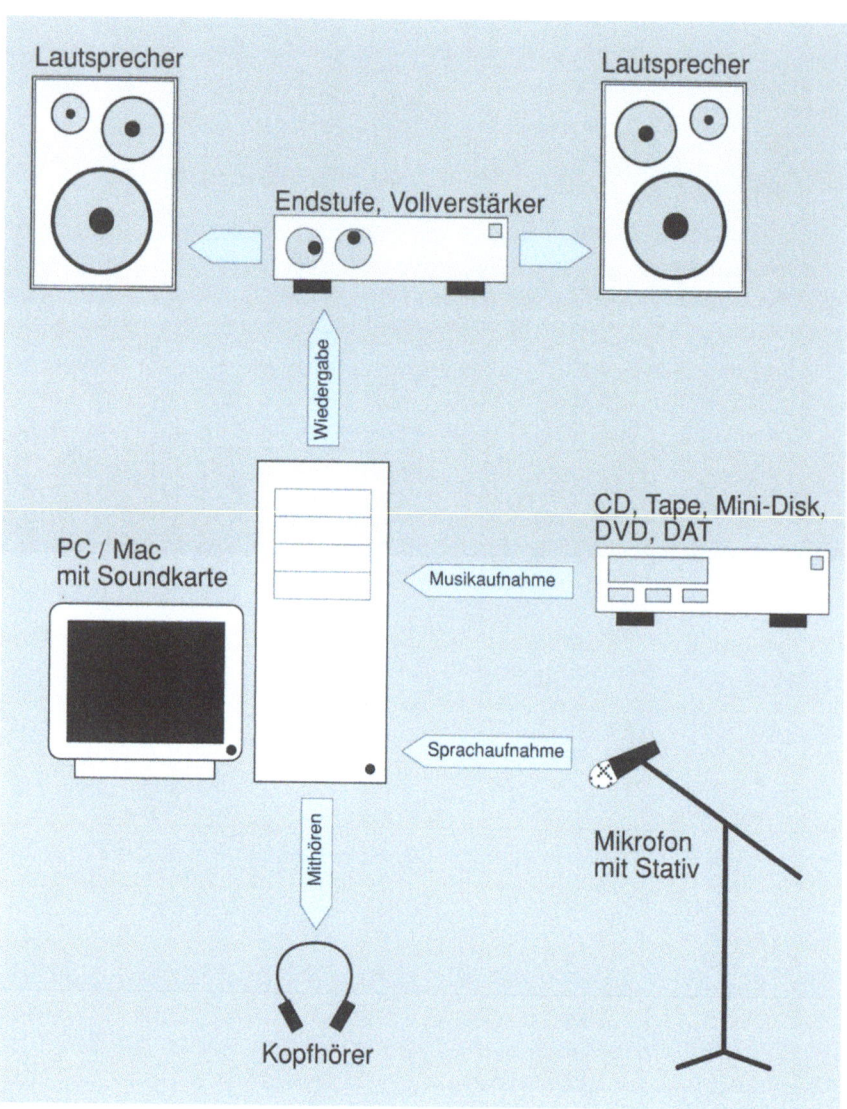

4. Sound

4.1 Einführung

Wer ausschließlich mit Printmedien zu tun hat, der kann ein Kapitel über Soundbearbeitung getrost überspringen. Im Multimedia-Bereich stellt das Medium „Sound" jedoch eine wesentliche Komponente einer Produktion dar. Sowohl bei Präsentationen und Multimedia-CD-ROMs als auch zunehmend im Internet trägt hierbei der „richtige" Sound wesentlich zum Erfolg des Produktes bei.

Die professionelle Aufnahme, Bearbeitung und Wiedergabe eines Sounds ist nur in einem Tonstudio mit entsprechend ausgebildetem Personal möglich. An diesen Personenkreis richtet sich dieses einführende Kapitel sicherlich nicht. Heutige PCs ermöglichen es auch dem Laien, eigene Sounds in relativ hoher Qualität zu produzieren und sie in multimedialen Produkten einzusetzen.

Wer nicht im Besitz eines – wie im Kompendium der Mediengestaltung beschriebenen – Tonstudios ist, benötigt hardwareseitig folgende Mindestausstattung:

- PC mit Pentium-Prozessor ab 100 MHz
- CD-ROM-Laufwerk zum Abspielen von Audio-CDs
- Soundkarte zur Aufnahme und Wiedergabe von Sound
- Mikrofon mit Stativ
- Endstufe und Abhörlautsprecher
  (Verwendung der Stereo-Anlage ist empfehlenswert)
- Kopfhörer

Hardwareseitige Mindestkonfiguration für die Soundbearbeitung

Zur Bearbeitung von Sound gibt es mittlerweile eine Vielzahl von Programmen, die teilweise als Shareware kostengünstig zu erwerben sind. Ein einheitlicher Standard für Mac und PC hat sich leider bislang nicht etabliert.

Sound Forge 4.5
von Sonic Foundry
→ www.sonicfoundry.com

Das vorliegende Kapitel beschreibt die Software Sound Forge aus dem Hause Sonic Foundry, die zu den im Profibereich eingesetzten Programmen zählt. Die Version 4.5 liegt aktuell (Juli 2000) leider nur in englischer Version vor. Die Übersetzung der wichtigsten Fachbegriffe ist deshalb angegeben.

Es sei ausdrücklich betont, dass die nachfolgenden Übungen auch mit einer anderen Soundsoftware durchgeführt werden können. Für Mac-User empfiehlt sich insbesondere die Software Soundedit von Macromedia.

Die grundlegenden Vorgehensweisen zur Aufnahme, Bearbeitung und Wiedergabe von Sounds können auch mit einer anderen Software – am Mac zum Beispiel mit Soundedit – durchgeführt werden!

**Abb. 4.2/1
Prinzip einer Rückkopplung**

Das über die Lautsprecher wiedergegebene Signal wird erneut aufgenommen und verstärkt. Der Vorgang führt schnell zur Übersteuerung. Diese äußert sich als schrilles, lautes Pfeifen.

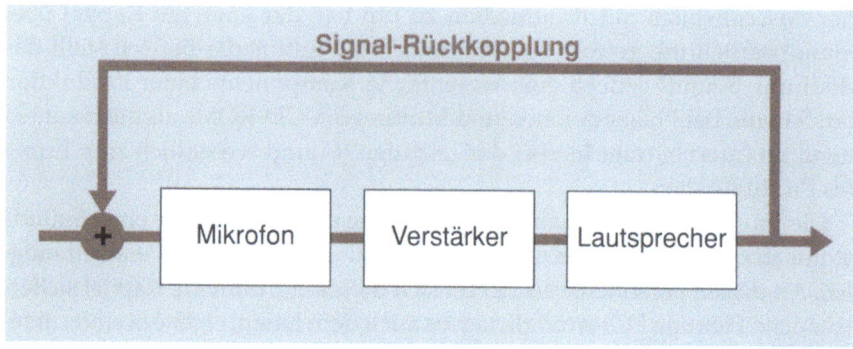

**Abb. 4.2/2
Hardwareaufbau zur Vermeidung von Rückkopplungen**

Das gleichseitige Dreieck symbolisiert die richtige Platzierung der Lautsprecher.
Soll die Person am Mikrofon zu einer Musik sprechen oder singen, dann muss sie ebenfalls einen Kopfhörer erhalten. Ein zweiter Kopfhörerausgang befindet sich oft am Verstärker.

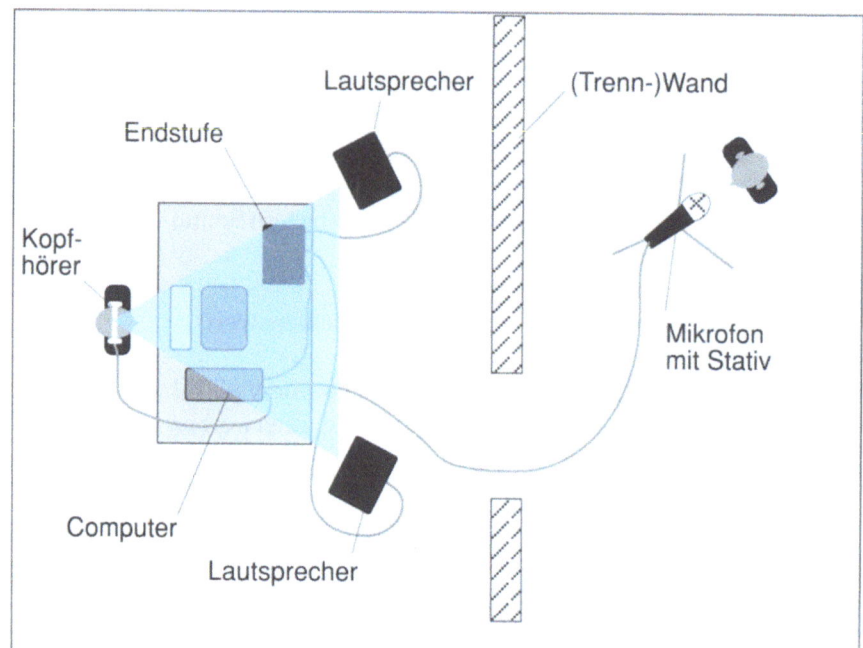

4.2 Aufbau der Hardware

Lernziele
- Die Stereo-Anlage an die Soundkarte anschließen.
- Ein Mikrofon richtig platzieren und anschließen.
- Kopfhörer verwenden.
- Synthesizer oder CD-Player anschließen.

Aufgabe
- Heutige PCs sind in der Regel mit zwei kleinen Multimedia-Lautsprechern ausgestattet. Diese sind jedoch qualitativ so schlecht, dass sie sich für die Soundbearbeitung nicht eignen. Mit relativ geringem Aufwand können Sie an den PC alternativ Ihre Stereoanlage, einen Kopfhörer und – soweit vorhanden – ein Keyboard oder Synthesizer anschließen.

Multimedia-Lautsprecher eignen sich nicht für die Soundbearbeitung!

Lösung
1. Zur Verbindung der Soundkarte mit einem Verstärker benötigen Sie fast immer ein Adapterkabel, das zum Anschluss an die Soundkarte einen 3,5 mm-Stereo-Klinkenstecker und zum Anschluss an den Verstärker zwei Mono-Cinch-Stecker für den rechten und linken Kanal besitzt. Verbinden Sie den Line-Ausgang Ihrer Soundkarte mit dem Line- oder Aux-Eingang Ihres Verstärkers. Letzterer dient auch zum Anschluss eines CD-Players oder Tapedecks. Achten Sie darauf, dass die beiden Mono-Stecker nicht vertauscht werden: Der rechte Kanal besitzt normalerweise einen roten Stecker, der linke Kanal einen weißen oder schwarzen Stecker.

    Verstärker: Line-OUT

2. Platzieren Sie die am Verstärker angeschlossenen Lautsprecher links und rechts Ihres Computer-Monitors. Idealerweise sollte sich zwischen Ihnen und den beiden Lautsprechern in etwa ein gleichseitiges Dreieck ergeben.

3. Vor Lautsprechern platzierte Mikrofone führen zu gefürchteten Rückkopplungen, die sich in Form eines schrillen Pfeiftones äußern und Mikrofon oder Lautsprecher zerstören können:
    - Stellen Sie das Mikrofonstativ so auf, dass es sich keinesfalls *vor* den Lautsprechern befindet.

    Vermeiden Sie Rückkopplungen!

Abb. 4.2/3
Typische Anschlussmöglichkeiten einer Soundkarte

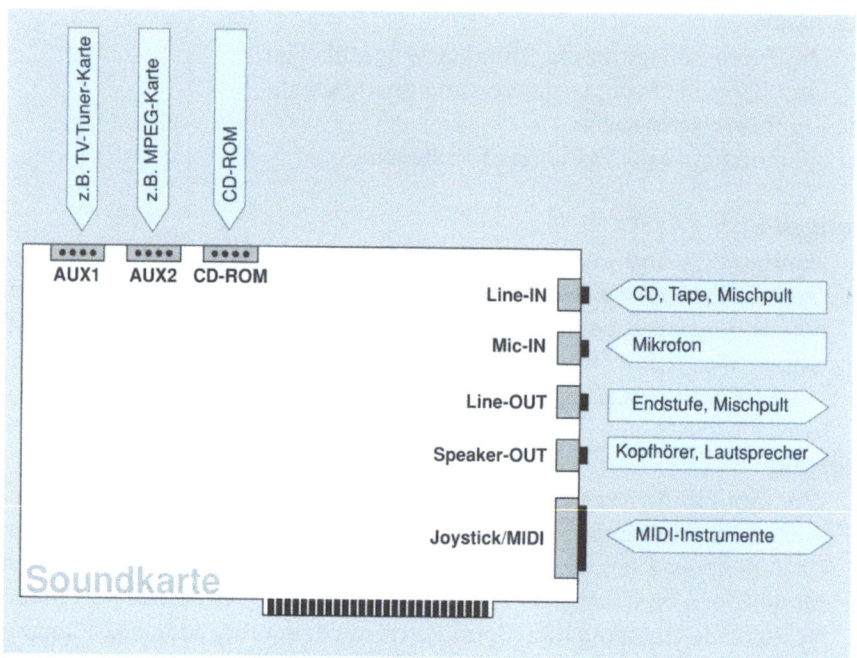

- Achten Sie beim Aufstellen des Mikrofons darauf, dass es sich an einem möglichst ruhigen Ort befindet. Hintergrundgeräusche wie Straßenlärm oder Lüftergeräusche des Computers können später aus der Sprachaufnahme kaum mehr entfernt werden.
- Verbinden Sie das Mikrofonkabel mit dem Mic-Eingang der Soundkarte. In Abhängigkeit vom Mikrofon brauchen Sie hierfür eventuell einen Adapter.   Mikrofon: Mic-IN

4. Schließen Sie den Kopfhörer am Speaker-Ausgang der Soundkarte an. Alternativ kann auch der Kopfhörer-Ausgang des Verstärkers genutzt werden. Der Kopfhörer ermöglicht ein späteres Mithören zum Beispiel während einer Sprachaufnahme.   Kopfhörer: Speaker-OUT

5. Alternativ zur Verwendung des rechnerinternen CD-ROM-Laufwerkes kann ein CD-Player an den Line-Eingang der Soundkarte angeschlossen werden. Letzterer ermöglicht eine wesentlich bessere Soundqualität. Der Eingang eignet sich auch für den Anschluss eines Synthesizers oder Tapedecks. Der benötigte Adapter entspricht dem unter Punkt 1 beschriebenen Kabel.   CD-Player: Line-IN

Hinweis: Auf die Verwendung der MIDI-Schnittstelle der Soundkarte wird in dieser Abhandlung nicht eingegangen.

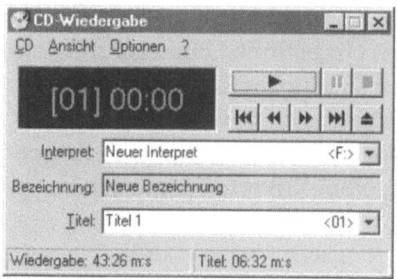

Abb. 4.3/1
CD-Player unter Windows

Abb. 4.3/2
Mischpult unter Windows

Achten Sie darauf, dass der benötigte Kanal ausgewählt ist.

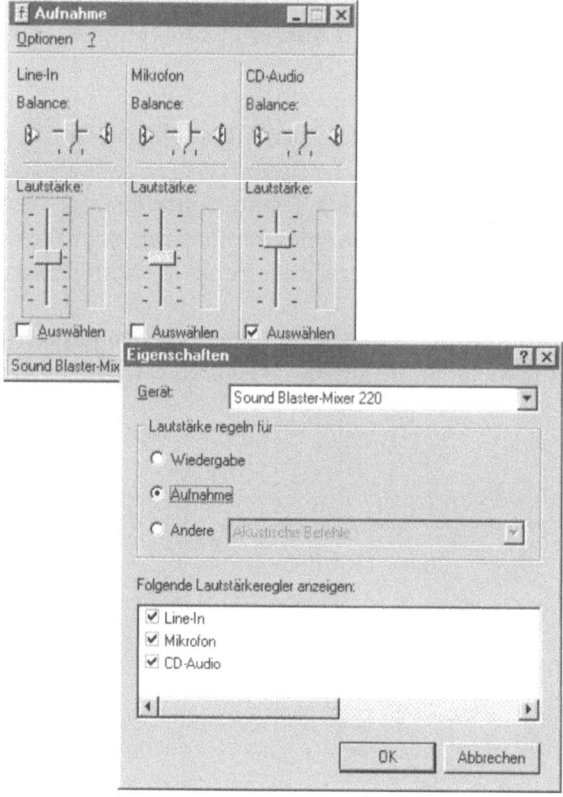

Abb. 4.3/3
Mischpult unter Windows

Im Menü *Optionen > Eigenschaften* können Sie zwischen Aufnahme und Wiedergabe auswählen.

4.3 Musikaufnahme

Lernziel
- Eine Musikaufnahme vorbereiten und durchführen.

Aufgabe
- Erlernen Sie die Aufnahme von Musikstücken mit Hilfe von Audio-CDs. Es sei ausdrücklich darauf hingewiesen, dass die kommerzielle Verwendung von bereits veröffentlichter Musik nicht zulässig ist bzw. durch die GEMA genehmigt werden muss. Die rechtlichen Hintergründe hierzu können Sie im entsprechenden Kapitel des Kompendiums für Mediengestaltung nachlesen. Zu Übungszwecken und privater Nutzung ist die Verwendung von Audio-CDs in jedem Fall unproblematisch.

→ **Kompendium der Mediengestaltung, Kapitel 5.4.5**

Lösung
1. Legen Sie eine Audio-CD Ihrer Wahl in das CD-ROM-Laufwerk Ihres Computers. Starten Sie – falls die Autorun-Funktion deaktiviert ist – das Abspielen der CD gegebenenfalls durch Doppelklick auf das Laufwerksymbol. Falls Sie keinen Sound hören, kann dies folgende Ursachen haben:
   - Das CD-ROM-Laufwerk ist intern nicht mit der Soundkarte verbunden. Zur Kontrolle müssen Sie den Computer öffnen.
   - Der Windows-CD-Player ist nicht installiert worden. Prüfen Sie dies im Start-Menü unter *Einstellungen > Systemsteuerung > Software > Windows-Setup > Multimedia*.
   - Doppelklicken Sie auf das kleine Lautsprechersymbol in der Taskleiste rechts unten und prüfen Sie, ob die entsprechenden Kanäle ein geschaltet sind.
   - Prüfen Sie, ob Ihr Verstärker eingeschaltet ist und auf den richtigen Eingang eingestellt wurde.

2. Suchen Sie mit Hilfe des Windows-CD-Players das gewünschte Musikstück und betätigen Sie die Pause-Taste.

3. Starten Sie Sound Forge und wählen Sie *File > New ...*

Workshop zur Mediengestaltung

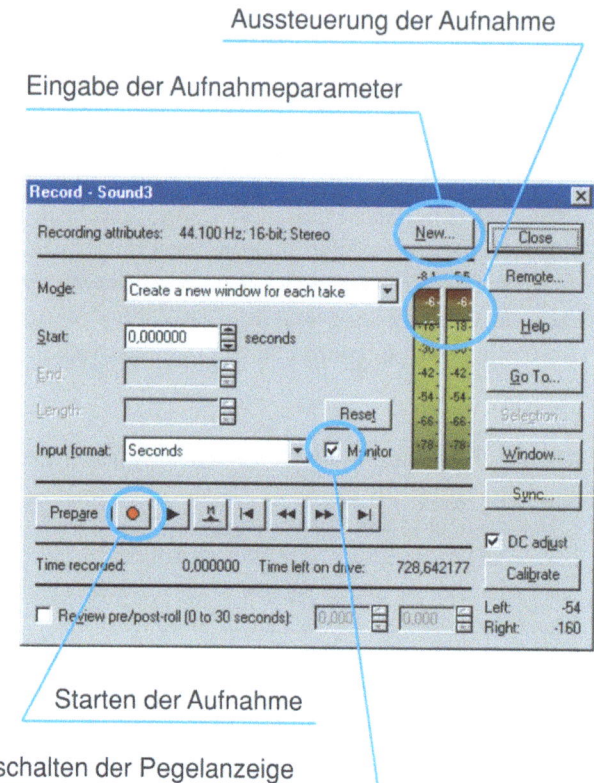

Abb. 4.3/4
Aufnahmefenster von Sound Forge

Aussteuerung der Aufnahme

Eingabe der Aufnahmeparameter

Starten der Aufnahme

Einschalten der Pegelanzeige

Sonic Foundry Sound Forge

4. Die Bedeutung der Aufnahmeparameter wird an dieser Stelle nicht erklärt, da diese ausführlich in Kapitel 6.2.5 des Kompendiums für Mediengestaltung zur Sprache kommen. Geben Sie für Ihre Aufnahme folgende Parameter ein:
   - Abtastrate: 44.100 Hz
   - Auflösung: 16 Bit
   - Kanalzahl: Stereo

   → **Kompendium der Mediengestaltung, Kapitel 6.2.5**

5. Wählen Sie im Menü *Special > Record* oder klicken Sie auf den roten Aufnahmeknopf. Klicken Sie im erscheinenden Fenster auf *Monitor*.

6. Klicken Sie auf den geöffneten CD-Player in der Taskleiste von Windows. Spielen Sie den Sound – noch ohne Aufnahme – ab.

7. Kehren Sie zu Sound Forge zurück und betrachten Sie den Aufnahmepegel. Dieser sollte sich idealerweise im gelben Bereich befinden. Doppelklicken Sie auf das kleine Lautsprechersymbol unten rechts in der Taskleiste des Betriebssystems und verändern Sie mit Hilfe der Maus den Pegel. Wird die Clip-Anzeige sichtbar, dann ist die Aufnahme übersteuert, befindet sich die Pegelanzeige im grünen Bereich ist der Pegel zu gering.

8. Suchen Sie erneut den Anfang Ihres gewünschten Stückes mit Hilfe des CD-Players und betätigen Sie die Pause-Taste.

9. Beginnen Sie die Aufnahme durch Anklicken des roten *Record*-Buttons und starten Sie anschließend den Sound mittels CD-Player.

10. Stoppen Sie Aufnahme und CD-Player nach der gewünschten Zeit.

11. Speichern Sie den Sound im Menü *File > Save as* als PCM-Sound unter dem Namen „MUSIK1.wav" auf Ihre Festplatte ab.

Workshop zur Mediengestaltung

Abb. 4.4/1
Wiedergabefenster von Sound Forge

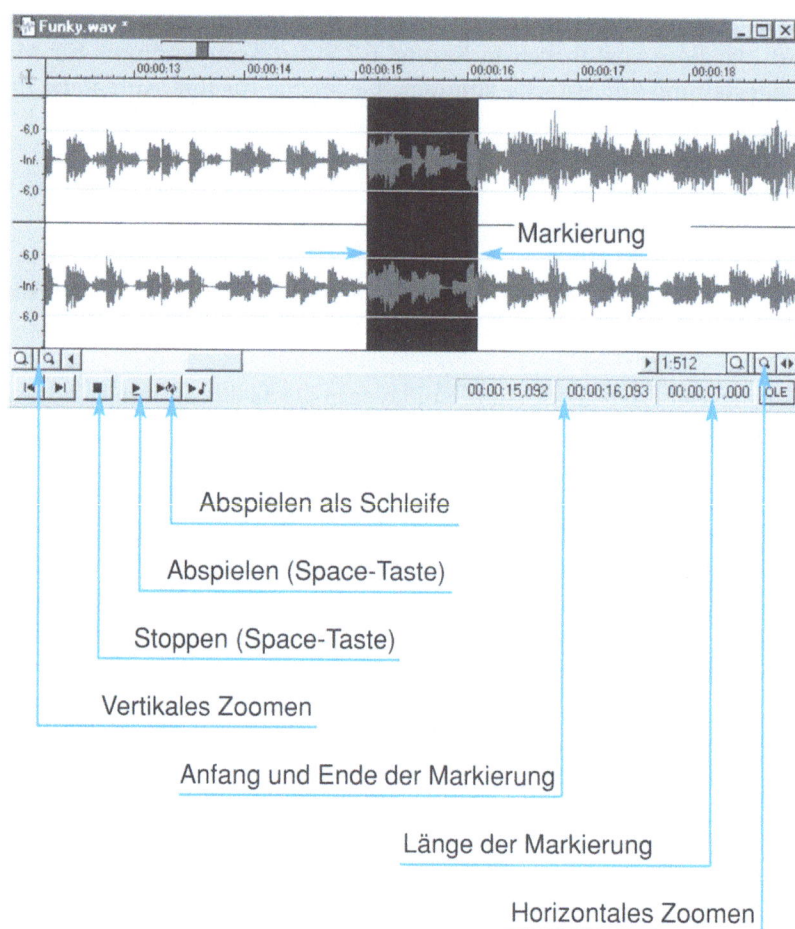

130 Sonic Foundry Sound Forge

4.4 Sprachaufnahme

Lernziel
- Eine Sprachaufnahme vorbereiten und durchführen.

Aufgabe
- Sprachaufnahmen in befriedigender Qualität sind ohne schalldichte Sprecherkabine kaum machbar. Ziel des Kapitels ist es, eine möglichst gute Aufnahmequalität zu erreichen.

Lösung
1. Beachten Sie bei der Vorbereitung der Aufnahme folgende Punkte:
    - Verwenden Sie ein Mikrofonstativ (kein Handmikrofon).
    - Platzieren Sie Mikrofon und Stativ an einem möglichst ruhigen Ort. Idealerweise ist dies ein Raum, in dem sich kein Computer befindet.
    - Wandflächen und Fenster sind akustisch hart und führen zu Reflexionen. Bereits das Aufhängen von Vorhängen oder Auslegen von Teppich führt hier zu deutlichen Verbesserungen. Mit Hilfe von Eierkartons können kostengünstig (Trenn-)Wände hergestellt werden.
    - Falls sich Mikrofon und Computer aus organisatorischen Gründen im selben Raum befinden, muss zum Einpegeln und Mithören der Aufnahme ein Kopfhörer verwendet werden (Gefahr der Rückkopplung!).

2. Das Einstellen des Aufnahmepegels erfolgt wie in Kapitel 4.3 beschrieben. Im Unterschied zu Audio-CDs werden Sie feststellen, dass auch ohne Sprachsignal ein Rauschpegel vorhanden ist. Ziel ist es, diesen Pegel so niedrig wie möglich zu halten. Verändern Sie gegebenenfalls die Position des Mikrofons. Störend auswirken können sich auch vorhandene Netzgeräte oder elektromagnetische Strahlungen. Die Aufnahme wird umso besser, je größer der Pegelabstand zwischen Sprach- und Rauschsignal ist. Die Pegeldifferenz sollte dabei mindestens 50 dB betragen.

    Ziel jeder Aufnahme ist ein möglichst großer Abstand zwischen Signal- und Rauschpegel!

3. Führen Sie eine Sprachaufnahme durch. Gehen Sie hierzu vor, wie in Kapitel 4.3 beschrieben. Speichern Sie die Aufnahme als Datei „SPRACHE.wav" auf Festplatte ab.

Abb. 4.5/1
Normalize-Funktion

Durch Anklicken des Buttons Scan-Level ermittelt Sound Forge den höchsten Peak. Im Beispiel liegt dieser bei –6,2 dB.
Nach Anwendung der Normalize-Funktion wird dieser Peak auf den mittels Schieberegler eingestellten Wert gelegt.

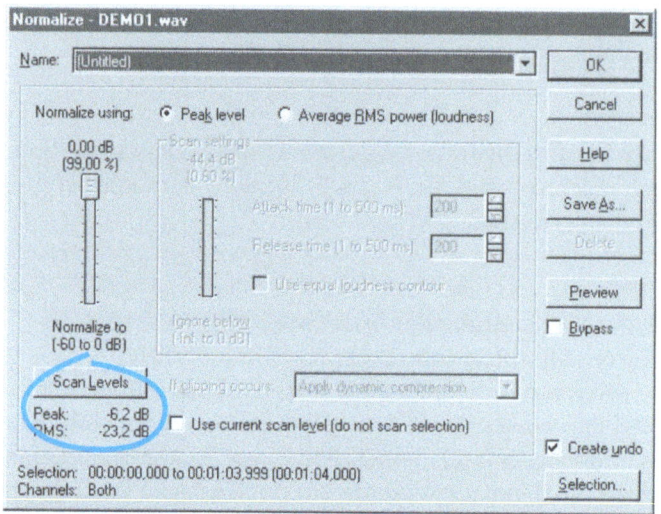

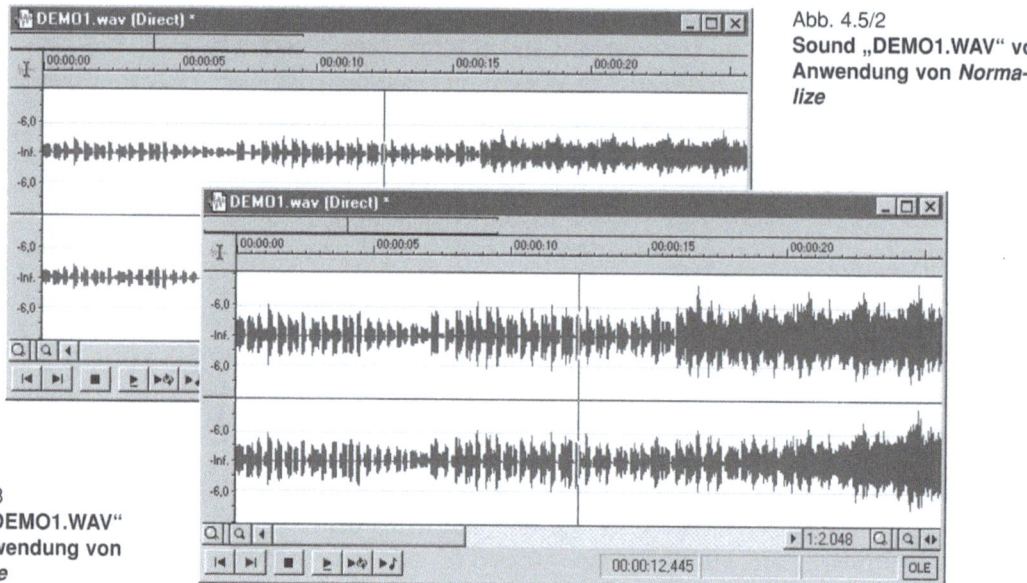

Abb. 4.5/2
Sound „DEMO1.WAV" vor Anwendung von *Normalize*

Abb. 4.5/3
Sound „DEMO1.WAV" nach Anwendung von *Normalize*

132 Sonic Foundry Sound Forge

4.5 Optimieren des Soundpegels

Lernziel
- Den Pegel eines Sounds optimieren.

Aufgabe
- Wenn für eine Multimedia-Produktion mehrere Sounds benötigt werden, dann sollten diese in der Lautstärke aufeinander abgestimmt sein. Optimieren Sie hierzu den Pegel eines Sounds.

Lösung
1. Öffnen Sie im Menü *File > Open* die Datei „4_5A.wav", die sich im Ordner „4_SOUND" auf der CD-ROM befindet.

4_SOUND
4_5A.wav

2. Spielen Sie den Sound ab, indem Sie im Menü *Special > Transport > Play* wählen oder die Leertaste betätigen. Beobachten Sie die Pegelanzeige. (Wählen Sie *View > Play Meters*, falls diese nicht sichtbar ist.) Es zeigt sich, dass der Pegel des Sounds deutlich zu niedrig ist.

3. Wählen Sie *Normalize ...* im Menü *Process*. Zur Pegelanpassung stellt Sound Forge zwei Möglichkeiten zur Verfügung:
   - Bei Anpassung des *Peak-Levels* wird der maximale Samplewert ermittelt und dieser an die 0-dB-Grenze angepasst. Alle anderen Werte werden entsprechend linear verstärkt.
   - Bei der Anpassung gemäß *Average RMS (Root Mean Square) Power* (durchschnittliche Leistung) werden nicht Einzel-Peaks, sondern jeweils Mittelwerte innerhalb von 50 Millisekunden (Voreinstellung) gebildet. Dabei kann über *Normalize to* eingestellt werden, auf welchen oberen Pegel die Anpassung erfolgen soll. Achten Sie jedoch darauf, dass der Sound nicht übersteuert (Clip-Anzeige).
   - Testen Sie die verschiedenen Möglichkeiten der Pegelanpassung, in dem Sie auf *Preview* (Vorhören) klicken. Führen Sie abschließend eine Pegelanpassung durch.

Preview ermöglicht ein Vorhören vor Anwendung der Funktion!

4. Speichern Sie den Sound unter dem Namen „MUSIK2.wav" ab.

Workshop zur Mediengestaltung

Abb. 4.6/1
Schneiden von Sound

Durch horizontales Zoomen ist ein sehr präzises Arbeiten möglich. Die markierte Stelle gibt den Zoomfaktor an.

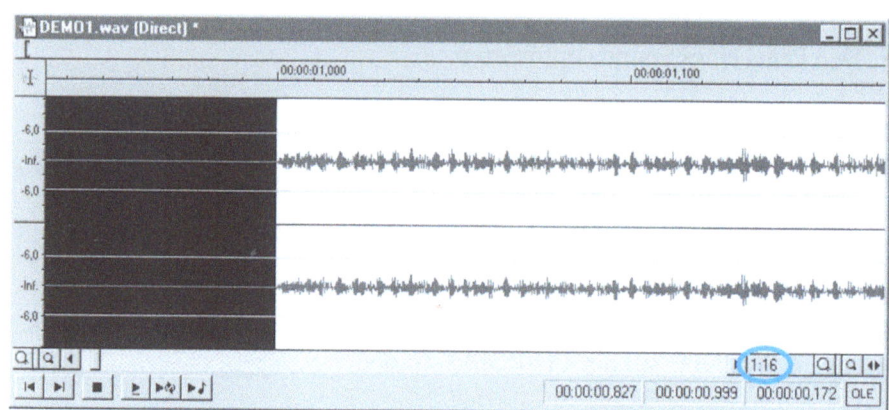

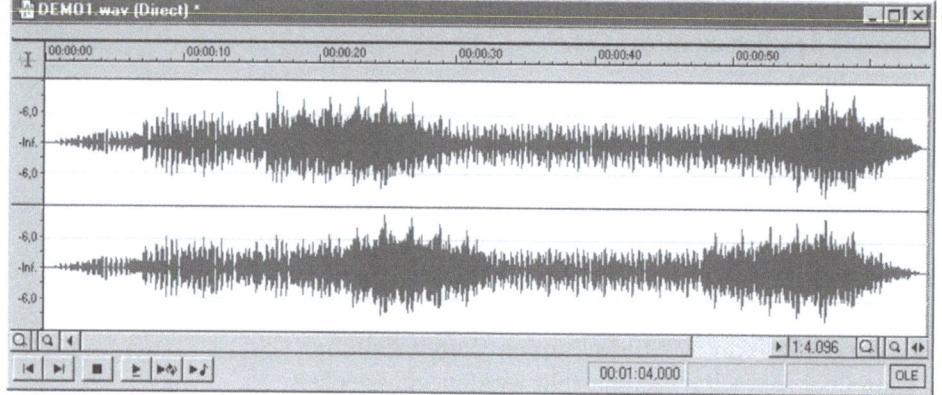

Abb. 4.6/2
Ergebnis der Übung

Im Signalverlauf ist die Ein- und Ausblendung gut zu erkennen.

4.6 Schneiden und Faden eines Sounds

Lernziel
- Einen Sound schneiden sowie ein- und ausblenden.

Aufgabe
- Schneiden Sie einen Sound auf die benötigte Länge zu. Blenden Sie seinen Anfang ein (Fade in) und sein Ende aus (Fade out).

Lösung
1. Öffnen Sie die im vorherigen Kapitel erzeugte Datei „MUSIK2.wav".

2. Spielen Sie den Sound ab: Wie zu hören (und sehen) ist, befindet sich am Anfang des Stückes eine Pause. Um diese Pause zu entfernen, markieren Sie den Pausenbereich zunächst grob mit Hilfe der Maus.

3. Klicken Sie auf das Lupensymbol im Soundfenster rechts unten und vergrößern Sie die Ansicht. Verändern Sie den markierten Bereich mit Hilfe der Maus, so dass er genau zu Beginn des Sounds endet.

4. Wählen Sie im Menü *Edit > Cut*.

5. Blenden Sie den Anfang des Sounds bis zum Einsetzen des Schlagzeuges ein. Markieren Sie dazu diesen Bereich mit Hilfe der Maus. Wählen Sie danach im Menü *Process > Fade > In*.

6. Blenden Sie das Ende des Sounds aus. Markieren Sie hierzu die letzten sechs Sekunden des Sounds. Wählen Sie *Options > Status Format > Seconds*, falls der markierte Bereich nicht in Sekunden angezeigt wird. Das Ausblenden erfolgt im Menü *Process > Fade > Out*.

7. Hören Sie sich das Ergebnis an. Im Menü *Edit > Undo* können Sie die einzelnen Schritte bei Bedarf rückgängig machen.

8. Speichern Sie den Sound unter „MUSIK3.wav" ab.

Workshop zur Mediengestaltung

Abb. 4.7/1
Datei-Informationen im Menü *File > Properties*

Für den Einsatz in Multimedia-Produkten ist die Dateigröße entscheidend.

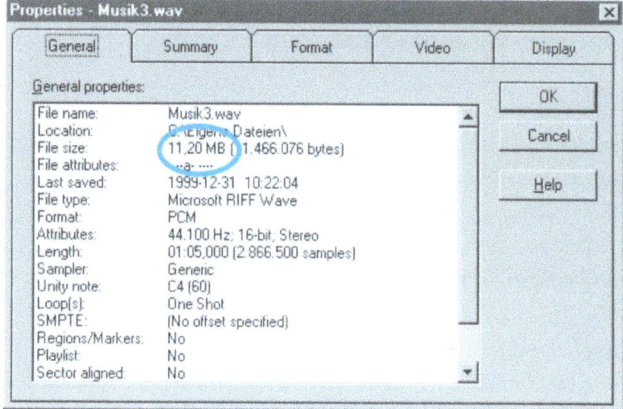

Abb. 4.7/2
Datenreduktion durch Resampling

Beim Resampling sollte ein Antialiasing-Filter angewandt werden, da die geringere Abtastrate einen Aliasingfehler zur Folge hat, der das Klangbild hörbar beeinträchtigt.

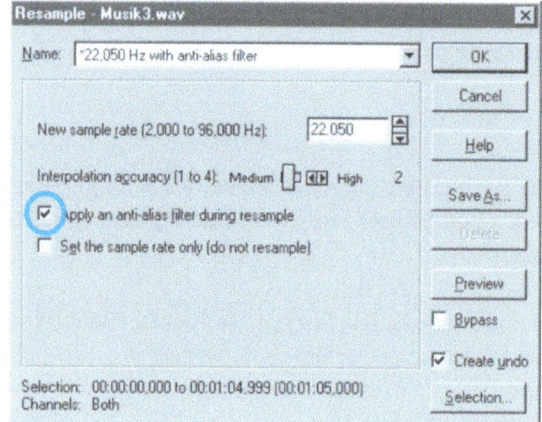

Sonic Foundry Sound Forge

4.7 Datenreduktion

4.7.1 Resampling

Lernziel
- Datenreduktion durch Resampling.

Aufgabe
- Halbieren Sie die Anzahl der Abtastwerte durch so genanntes Resampling. Gemäß Theorie gehen dabei Obertöne verloren, so dass das Klangbild beeinträchtigt wird. Die Qualität des Sounds ist jedoch in vielen Fällen mit 22,05 kHz noch ausreichend.

Lösung
1. Öffnen Sie die im vorherigen Kapitel erzeugte Datei „MUSIK3.wav" und betrachten Sie deren Eigenschaften im Menü *File > Properties > General*. Die Dateigröße (*File size*) von etwa 11 MB ist für den Einsatz in einem Multimedia-Produkt deutlich zu groß.

   Die Dateigröße eines Sounds ist entscheidend für seinen Einsatz in einem Multimedia-Produkt!

2. Wählen Sie im Menü *Process > Resample ...* Geben Sie als neue Samplingrate 22.050 Hz ein. Durch Einstellung der *Interpolation accuracy* können Sie den Rechenaufwand und damit die Genauigkeit der Interpolation festlegen. Laut Handbuch ist Qualität 1 normalerweise ausreichend.

3. Klicken Sie die Option *Apply an anti-alias filter during resample* an. Der Filter reduziert den Klangverlust.

   Resampling führt zum Klangverlust durch den Aliasing-Effekt.

4. Speichern Sie die resampelte Datei unter „MUSIK4.wav" ab.

4.7.2 Kanalkonvertierung

Lernziel
- Datenreduktion durch Konvertierung des Sounds von Stereo zu Mono.

Abb. 4.7/3
Datenreduktion durch Kanalkonvertierung

Durch Anklicken der markierten Option werden jeweils 50% des linken und rechten Stereokanals in das Monosignal eingerechnet.

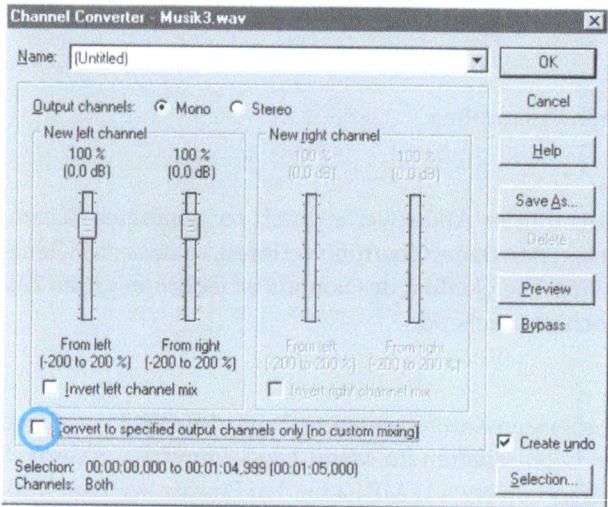

Abb. 4.7/4
Datenreduktion durch IMA ADPCM

Die meisten der alternativ angebotenen Kompressionsverfahren sind nicht anwendbar, weil sich die Sounddateien im Autorensystem Director dann nicht mehr importieren lassen.

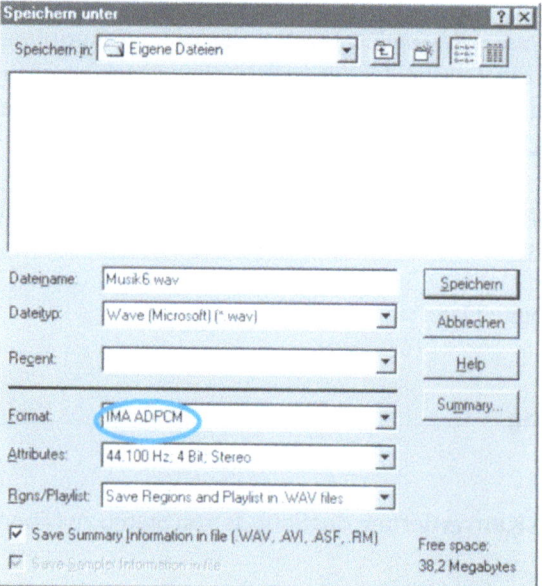

Aufgabe
- Reduzieren Sie zwei Kanäle (Stereo) auf einen Kanal (Mono). Für Multimedia-Anwendungen ist Mono in den meisten Fällen ausreichend.

Durch Reduktion von Stereo auf Mono halbiert sich die Datenmenge.

Lösung
1. Öffnen Sie die Datei „MUSIK4.wav". Wie groß ist die Datei?

2. Wählen Sie *Process > Channel Converter*. Klicken Sie die Option *Mono* an.

3. Da aus den beiden Stereokanälen ein Summensignal gebildet wird, muss dieses in seinem Pegel auf etwa 50% reduziert werden. Andernfalls kommt es zur Übersteuerung und damit zum Abschneiden von Samplingwerten.

4. Speichern Sie den erhaltenen Monosound unter „MUSIK5.wav" ab.

4.7.3 Kompression

Lernziel
- Datenreduktion durch ADPCM-Kompression

Aufgabe
- Reduzieren Sie Ihre Sounddaten mittels ADPCM-Kompression.

Funktionsweise der ADPCM-Kompression
→ **Kompendium der Mediengestaltung, Kapitel 6.2.7**

Lösung
1. Öffnen Sie die Datei „MUSIK5.wav".

2. Wählen Sie im Menü *File > Save as* als Format *IMA ADPCM* und speichern Sie die Datei unter „MUSIK6.wav" ab. Die Größe dieser Datei müsste etwa 0,7 MB betragen – etwa sechs Prozent der ursprünglichen 11 MB!

3. Hören Sie sich vergleichend „MUSIK3.wav" bis „MUSIK6.wav" an.

Workshop zur Mediengestaltung

Abb. 4.8/1
Erzeugen einer Schleife (Loop)

Das Fenster zeigt Anfang, Ende und Länge der Schleife.

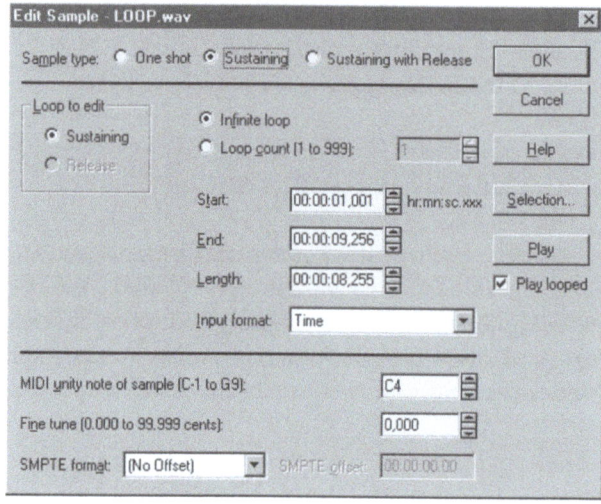

Abb. 4.8/2
Markierung der Schleife

Die Markierungen lassen sich mit Hilfe der Maus verschieben. Anklicken mit der rechten Maustaste ermöglicht das Auswählen (*Select*) der Schleife.

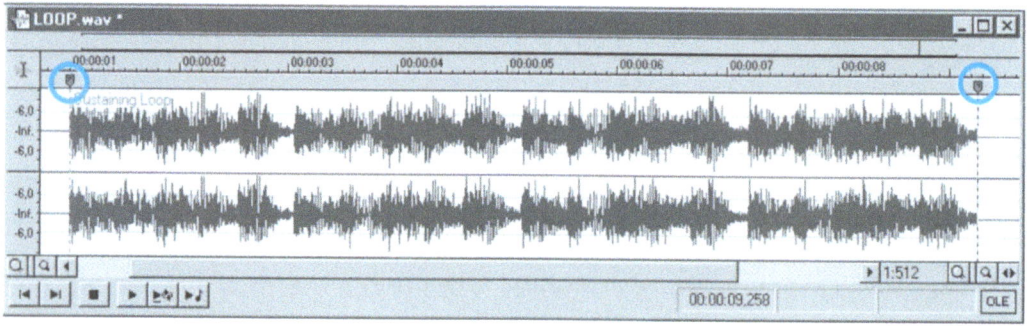

4.8 Loopen eines Sounds

Lernziele
- Soundschleifen für den Einsatz in Multimedia-Produkten erzeugen.

Aufgabe
- Multimediale Produkte sind in der Regel interaktiv. Für die Nachvertonung heißt dies, dass die benötigte Länge eines Sounds nicht vorherbestimmt werden kann, da die Verweildauer auf einem bestimmten Screen vom Benutzer abhängig ist. Um dieses Problem zu umgehen, müssen Anfang und Ende eines Sounds aufeinander abgestimmt werden, so dass der Sound später als Schleife (Loop) abgespielt werden kann.

Sound-Loops bieten sich für den Einsatz in Multimedia-Produkten an.

4_SOUND
4_8A.wav

Lösung
1. Öffnen Sie die Datei „4_8A.wav" von der CD-ROM und hören Sie sich den Sound an.

2. Optimieren Sie den Pegel des Sounds mit Hilfe der *Normalize*-Funktion wie in Kapitel 4.5 beschrieben.

3. Wählen Sie im Menü *Special > Edit Sample ...* und klicken Sie die Option *Sustaining* und *Infinite Loop* an. Bestätigen Sie mit OK. Im Soundfenster sind nun zwei grüne Marken sichtbar, die den vorläufigen Anfang und das Ende der Schleife kennzeichnen.

4. Verschieben Sie die beiden Marken mit Hilfe der Maus, so dass sie sich in etwa zu Beginn bzw. am Ende des Sounds befinden.

5. Das „Tuning" der Schleife ist nicht einfach und erfordert sowohl Übung als auch ein gewisses musikalisches Gehör.
   - Wählen Sie im Menü *View > Loop Tuner* und spielen Sie die Schleife durch Anklicken des entsprechenden Symbols ab.
   - Nehmen Sie Korrekturen vor, indem Sie die angezeigten Zahlenleisten des Schleifenendes (links) oder des Schleifenanfangs (rechts) mit Hilfe

Workshop zur Mediengestaltung

Abb. 4.8/3
Fine-Tuning der Schleife

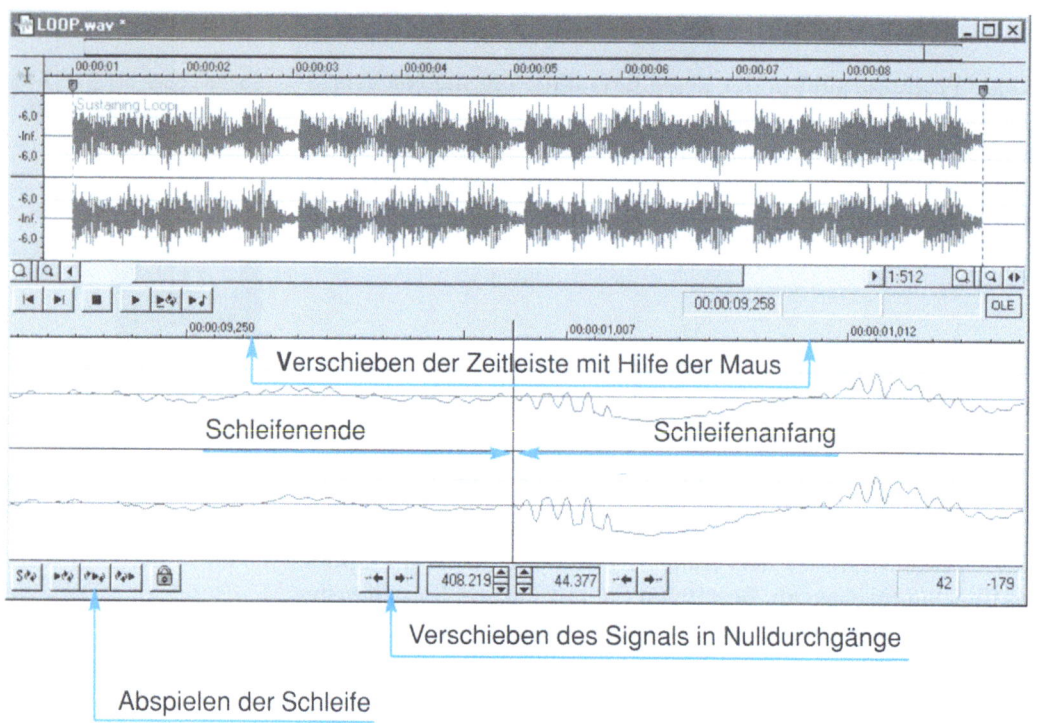

Sonic Foundry Sound Forge

der Maus verschieben. Der Übergang vom Ende zum Anfang muss nahtlos aneinander passen und darf nicht hörbar sein.
- Gewährleisten Sie durch Anklicken der entsprechenden Buttons, dass der Übergang vom Ende zum Anfang des Sounds in einem Nulldurchgang (*Zero crossing*) erfolgt. Andernfalls ist eventuell ein Knacksen hörbar.

6. Beenden Sie den *Loop Tuner* im Menü *View*.

7. Klicken Sie eine der beiden Loop-Markierungen mit der *rechten* Maustaste an. Wählen Sie danach *Select*, um die Schleife zu markieren.

8. Schneiden Sie den Bereich vor und nach der Schleife ab, indem Sie im Menü *Edit > Trim/Crop* wählen.

9. Hören Sie sich Ihr Ergebnis – am besten mit geschlossenen Augen – an: Klicken Sie dazu auf den *Play Looped*-Button. Der Übergang vom Ende zum Anfang darf nicht mehr hörbar sein.

10. Speichern Sie den Sound unter „LOOP.wav" auf Festplatte ab.

Workshop zur Mediengestaltung

Abb. 4.9/1
Grundfunktionen der Filter am Beispiel des Paragraphic Equalizers

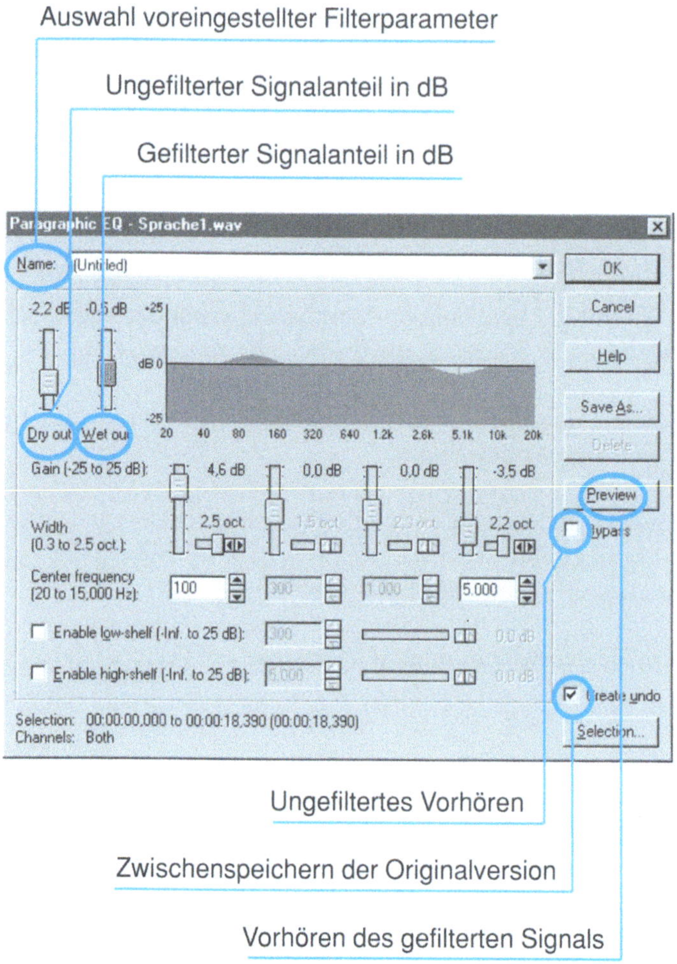

Auswahl voreingestellter Filterparameter
Ungefilterter Signalanteil in dB
Gefilterter Signalanteil in dB

Ungefiltertes Vorhören
Zwischenspeichern der Originalversion
Vorhören des gefilterten Signals

Sonic Foundry Sound Forge

4.9 Anwenden von Filtern

4.9.1 Grundlegende Funktionen

Lernziel
- Digitale Filter zur Soundbearbeitung einsetzen.

Aufgabe
- Aus dem Bildbereich bekannt, gibt es auch zur Soundbearbeitung zahlreiche digitale Filter. Experimentieren Sie mit den nachfolgend beschriebenen Filtern. Die prinzipielle Vorgehensweise ist bei allen Filtern gleich.

Lösung
1. Zum Experimentieren mit Filtern eignet sich am besten eine Sprachaufnahme. Öffnen Sie dazu Ihre Datei „SPRACHE.wav" aus Kapitel 4.4.

2. Alle Filter besitzen eine *Preview*-Funktion zum Vorhören des Effekts. Durch Anklicken der Option *Bypass* kann das gefilterte Signal mit dem Original verglichen werden.

3. Die meisten Filter besitzen zwei Schieberegler: *Dry out* gibt den Anteil des Signals in dB und Prozent an, der ungefiltert auf den Ausgang gegeben wird. *Wet out* ist der Signalanteil in dB oder Prozent, der gefiltert wird.

4. Die Option *Create Undo* sollte immer angeklickt werden. Ein auf ein Signal angewandter Filter kann nur dann im Menü *Edit > Undo* rückgängig gemacht werden, wenn diese Option aktiviert wurde. Die Rechenzeit steigt allerdings durch diese Funktion an.

5. Das Anwenden von Filtern in Echtzeit – also während des Abspielens des Sounds – ist nur möglich, wenn der entsprechende Filter als Plug-in installiert und über die Programmschnittstelle DirectX von Microsoft aufgerufen wird. Die Plug-ins gehören nicht zum Standard-Lieferumfang von Sound Forge.

Filteranwendung in Echtzeit ist nur über die Programmschnittstelle **DirectX** möglich.

4.9.2 Equalizer

Mit Hilfe eines Equalizers lassen sich gezielte Frequenzveränderungen vornehmen. So können beispielsweise tiefe Frequenzen (Bässe) verstärkt und hohe Frequenzen (Höhen) abgesenkt werden. Alternativ lassen sich auch gezielt Störfrequenzen wie zum Beispiel ein Pfeifton aus dem Gesamtsignal entfernen. Sound Forge stellt im Menü *Process > EQ* drei unterschiedliche Equalizer zur Verfügung:

Equalizer:
- Graphics EQ
- Paragraphics EQ
- Parametric EQ

1. *Graphics EQ* ist ein Equalizer mit Schiebereglern, wie diese auch als Geräte erhältlich sind. Unter *Name* kann nach Wunsch eine Voreinstellung ausgewählt werden.

2. *Paragraphic EQ* stellt das Frequenzspektrum grafisch dar und ermöglicht ein Anheben oder Absenken bestimmter Frequenz*bereiche*.

3. *Parametric EQ* bietet die Möglichkeit der direkten Eingabe der Filterparameter, was für Laien vermutlich eine Überforderung darstellt.

4.9.3 Chorus, Reverb und Echo

Chorus und Reverb sind vermutlich die am häufigsten angewandten Filter, wenn es um die Verbesserung einer Sprach- oder Gesangsaufnahme geht. Da diese Aufnahmen „trocken", also in einer schalldichten und -absorbierenden Umgebung gemacht werden, klingen diese im Original nüchtern und steril.

Chorus

Der Filter *Chorus* befindet sich im Menü *Effects*. Er fügt dem Original ein in der Tonhöhe leicht modifiziertes Signal zeitverzögert hinzu. Dies bewirkt, dass die Stimme (klang-)voller klingt. Parameter des Filters sind die Verzögerungszeit (*Chorus Out Delay*), die Modulationsrate (*Modulation rate*) und die Modulationsstärke (*Modulation depth*).

Sound Forge bietet im Fenster *Name* eine ganze Reihe voreingestellter Filterparameter an, die zum Experimentieren einladen.

Reverb (Hall) simuliert die Schallreflexionen innerhalb eines Raumes. Der Filter befindet sich im Menü *Effects > Reverb* und bietet eine Vielzahl von typischen Raumklängen von großer Halle (*Rich Hall*) bis zum Metalltank (*Metall Tank*) an. Mit Hilfe des Reglers *Decay time* (Abklingzeit) wird eingestellt, wie lange Hall und Nachhall dauern sollen. Über die Optionen *Attenuate bass frequencies below* bzw. *Attenuate high frequencies above* können Bässe bzw. Höhen vom Filter ausgenommen werden.

Reverb (Hall)

Mit dem sich ebenfalls im Menü *Effects* befindenden Filter *Delay/Echo* lassen sich verzögerte Wiederholung(en) des Originalsignals erzielen. Während sich bei *Simple* ... nur Verzögerungszeit (*Delay time*) und Abklingzeit (*Decay time*) einstellen lassen, bietet der Filter *Multi-Tap* eine Vielzahl von Einstellmöglichkeiten, auf die hier jedoch nicht eingegangen werden kann.

Delay/Echo:
• Simple
• Multi-Tap

4.9.4 Pitch Bend und Pitch Shift

Wer schon einmal auf einem Synthesizer gespielt hat, kennt den dort in der Regel vorhandenen Pitch-Bend-Regler zur manuellen Tonhöhenänderung. Auch elektrische Gitarren besitzen oft einen Pitch-Hebel, um das „Ziehen" von Akkorden nach unten oder oben zu ermöglichen.

Sound Forge stellt den Filter *Pitch Bend* im Menü *Effects* zur Verfügung. Im erscheinenden Fenster lässt sich eine Hüllkurve vorgeben, nach der die Tonhöhenänderung berechnet wird. Dabei lassen sich lustige Klänge erzeugen, deren Sinn eher fraglich ist ...

Pitch:
• Bend
• Shift

Die zweite Möglichkeit, der Filter *Pitch Shift*, stellt hingegen eine interessante und brauchbare Anwendung dar. Die gewünschte Tonhöhenänderung lässt sich hier in Halbtonschritten (*Semitones to shift pitch*) eingeben und wirkt sich auf den gesamten Sound bzw. auf den markierten Bereich aus. Eine wichtige Option ist *Preserve duration*: Ist diese ausgewählt, bleibt die Länge des Sounds erhalten, andernfalls wird sie an die neue Tonhöhe angepasst. Eine Tonerhöhung bedeutet dann eine Verkürzung, eine Tonsenkung eine Ver-

**Abb. 4.9/2
Pitch Shift**

Das Signal wird im Beispiel um zwei Halbtöne abgesenkt. Die Länge des Sounds bleibt erhalten, wenn die Option *Preserve duration* ausgewählt wurde.

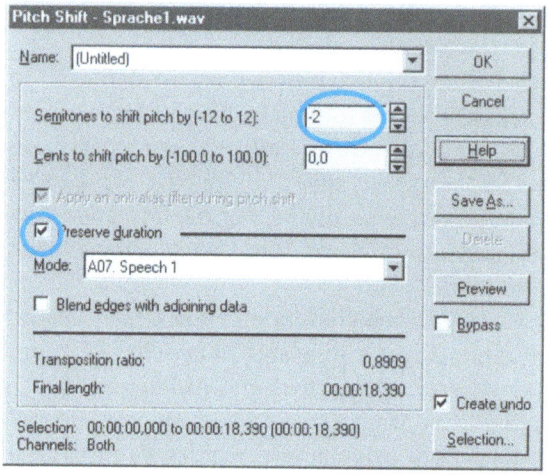

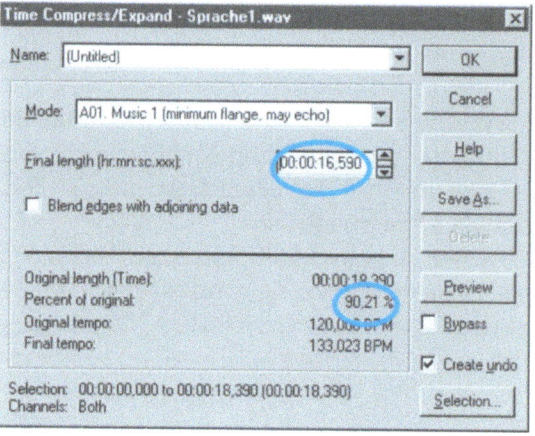

**Abb. 4.9/3
Time Compress/Expand**

Im Beispiel wird die Länge des Sounds auf etwa 90 % reduziert, ohne dass es dabei zu einer Veränderung der Tonhöhe kommt.

längerung des Originalsignals. *Pitch Shift* kann beispielsweise genutzt werden, um eine Stimme tiefer und damit männlicher klingen zu lassen. Weiterhin ist es möglich, unterschiedliche Tonhöhen von Sounds aneinander anzupassen. Die Funktion entspricht dem Stimmen von Instrumenten.

4.9.5 Time Compress/Expand

Oft kommt es vor, dass zur Nachvertonung eines Multimedia-Filmes oder Videos die Länge des Sounds nicht mit der Filmdauer übereinstimmt. Sound Forge bietet mit dem Filter *Time Compress/Expand* im Menü *Process* Abhilfe. Nach Eingabe der gewünschten Länge berechnet Sound Forge das Signal neu, indem es die Pausen zwischen einzelnen Abtastwerten verlängert oder verkürzt. Wichtig dabei ist, dass die Tonhöhe in diesem Fall erhalten bleibt. Eine Verkürzung des Sounds führt also nicht zur bekannten „Micky-Maus-Stimme", eine Verlängerung nicht zur „Roboter-Stimme".

Time Compress/Expand

4.9.6 Noise Gate

Bei Sprachaufnahmen ist es trotz großer Sorgfalt nicht immer vermeidbar, dass ein Rauschen (Noise) mit aufgenommen wird. Zur Reduktion dieses Rauschens bietet Sound Forge den Filter *Noise Gate* an. Dabei wird der Signalanteil unterhalb einer eingestellten Schwelle (*Threshold Level*) ausgefiltert. Wenn Sie beispielsweise ein Rauschsignal haben, das bei –45 dB liegt, dann stellen Sie die Schwelle knapp oberhalb dieses Wertes ein.

Noise Gate

Abb. 4.10/1
Mischen zweier Sounds

Im Beispiel wird der Inhalt der Zwischenablage (*Clipboard*) in den Sound „MUSIK3.WAV" gemischt. Zuvor muss der Cursor an die gewünschte Stelle in „MUSIK3.WAV" platziert werden.

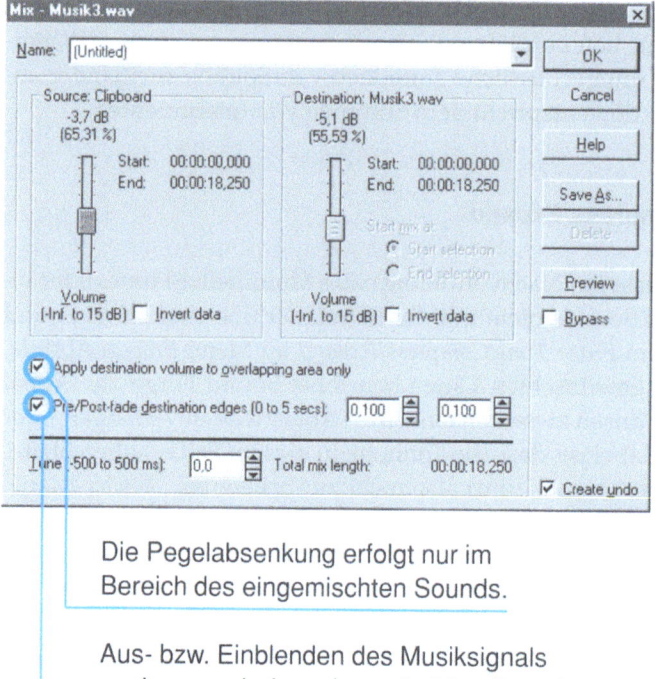

Die Pegelabsenkung erfolgt nur im Bereich des eingemischten Sounds.

Aus- bzw. Einblenden des Musiksignals vor bzw. nach dem eingemischten Sound.

4.10 Mischen von Sounds

Lernziel
- Eine Sprach- mit einer Musikaufnahme mischen.

Aufgabe
- Sound Forge ist *keine* Sequenzer-Software, die das Abmischen mehrerer Sounds zu einem Summensignal ermöglicht. Für diesen Bereich der Soundproduktion stehen zahlreiche andere Programme zur Verfügung, allen voran die Software Cubase VST der Firma Steinberg. Mit Sound Forge können Sie immerhin *zwei* Sounds zu einem neuen Sound mischen.

Zum Abmischen mehrerer Sounds wird eine Sequenzer-Software benötigt!

Cubase VST von Steinberg

Lösung
1. Öffnen Sie Ihre Dateien „SPRACHE.wav" und „MUSIK3.wav". In beiden Fällen handelt es sich um Stereosound mit 16 Bit und 44,1 kHz.

2. Markieren Sie die Sprachaufnahme und kopieren Sie diese in die Zwischenablage (Menü *Edit > Copy*).

3. Markieren Sie in der Musikaufnahme die Stelle, ab der Sie die Sprachaufnahme einfügen wollen.

4. Wählen Sie im Menü *Edit > Paste Special > Mix ...* :
   - Stimmen Sie die Lautstärke von Musik- und Sprachaufnahme mit Hilfe der Schieberegler sowie der *Preview*-Funktion aufeinander ab.
   - Wählen Sie die Option *Apply destination volume to overlapping area only*. Damit ist gewährleistet, dass das Musiksignal vor bzw. nach der einmischten Sprachaufnahme seine ursprüngliche Lautstärke beibehält.
   - Geben Sie als Zeit zum Aus- bzw. erneuten Einblenden der Musik 0,5 Sekunden ein.

5. Wiederholen Sie nach Betätigen von *Undo* Punkt 4, falls der neue Sound übersteuert ist (Clip-Anzeige).

6. Speichern Sie den gemischten Sound unter „MIX.wav" ab.

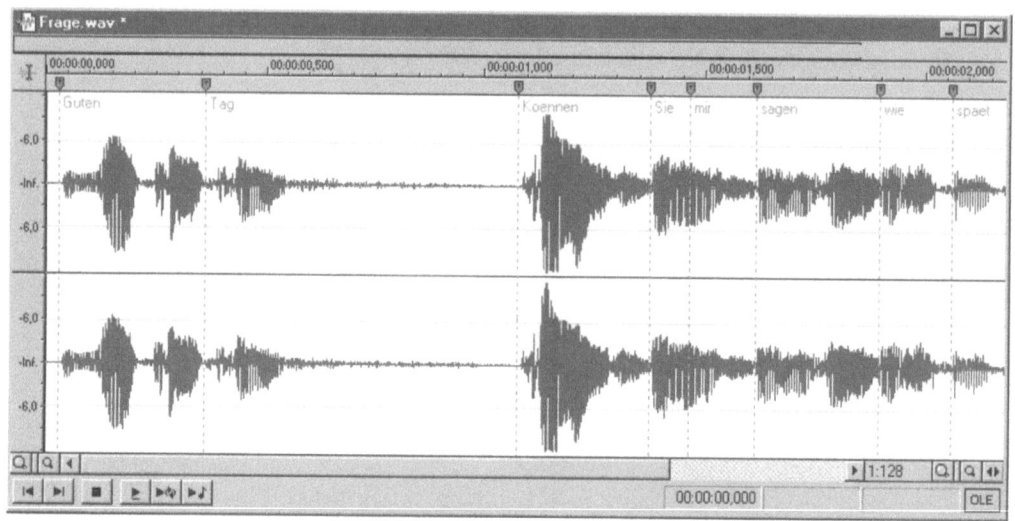

Abb. 4.11/1
Anbringen von Markierungen

Durch Anklicken mit der rechten Maustaste kann die Markierung bearbeitet werden.

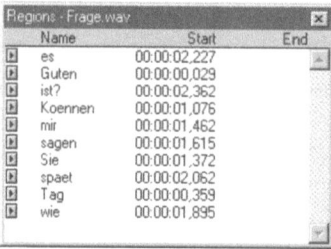

Abb. 4.11/2
Liste der Markierungen

Im Menü *View > Regions List* lässt sich eine Liste aller Markierungen einblenden. Durch Anklicken des kleinen Pfeiles vor dem Namen wird der Sound ab der Markierung abgespielt.

4.11 Synchronisieren mit Macromedia-Director-Filmen

Lernziel
- Einen Sound mit einem Macromedia-Director-Film synchronisieren.

Aufgabe
- Bei der Nachvertonung eines Macromedia-Director-Filmes besteht das Problem der Synchronisation von Ton und Bild. Da dieses Zusammenspiel zusätzlich von der eingesetzten Hardware abhängig ist, kann ein perfekt synchronisierter Film auf einem anderen Computer völlig unsynchron abgespielt werden. Als Abhilfe bietet Ihnen Sound Forge die Möglichkeit, innerhalb eines Sounds Markierungen (Marker) zu platzieren, die im Drehbuchfenster von Director zur Synchronisation herangezogen werden können.

Lösung
1. Starten Sie Director und öffnen Sie die Datei „4_11L.dir" von der CD-ROM. Der Film zeigt das Ergebnis der nachfolgenden Übung.

    4_SOUND
    4_11L.dir

2. Starten Sie Sound Forge und öffnen Sie die Datei „4_11_A.wav" von der CD-ROM.

    4_11A.wav

3. Platzieren Sie vor jedem Wort des Satzes eine Markierung, indem Sie an der entsprechenden Stelle die Taste *M* betätigen oder im Menü *Special > Drop Marker* wählen.

4. Im Menü *View > Regions List* lässt sich eine Liste aller Markierungen einblenden. Durch Anklicken des kleinen Pfeiles links neben den Namen kann der Sound von der jeweiligen Markierung abgespielt werden.
    - Klicken Sie mit der *rechten* Maustaste auf die Markierung, wählen Sie *Edit ...* und benennen Sie die Markierung mit dem nachfolgenden Wort, also „Guten", „Tag", ...

**Abb. 4.11/3
Besetzung des Films „SYNCHRO.DIR"**

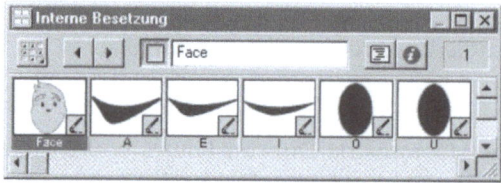

**Abb. 4.11/4
Fertiges Drehbuch des Films „SYNCHRO.DIR"**

Die Platzierung der Vokal-Darsteller entspricht der Reihenfolge der Silben im Satz: Guten (U) – Tag (A) – Können (O) – Sie (I) ...

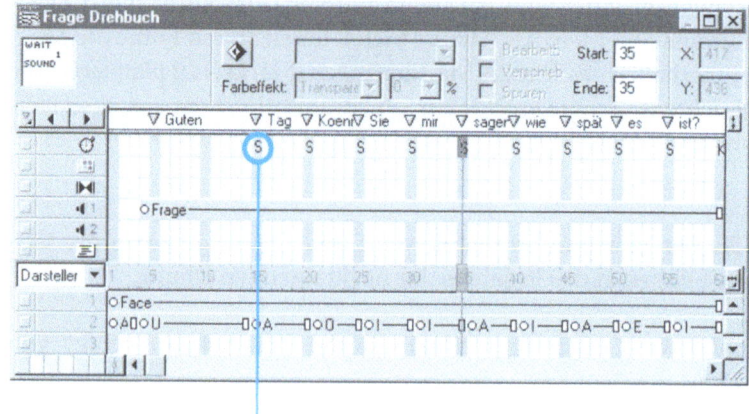

**Abb. 4.11/5
Auswahl einer Markierung**

Beim Abspielen des Filmes verweilt Director auf dem Bild, bis die Soundmarkierung erreicht ist.

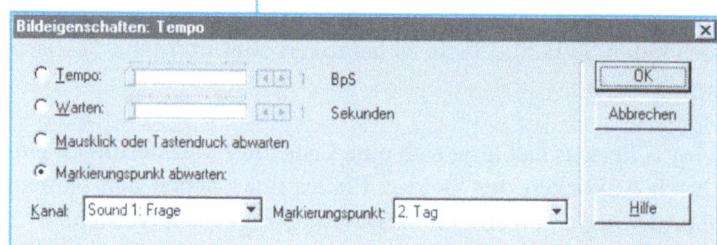

5. Speichern Sie die Datei unter „STIMME.wav" auf Ihrer Festplatte ab. Achten Sie darauf, dass die Option *Save Regions and Playlists in .wav* im Fenster *Save as ...* ausgewählt ist.

6. Öffnen Sie in Director den Film „4_11A.dir" von der CD-ROM. Im Besetzungsfenster befinden sich ein Gesicht ohne Mund sowie fünf Darsteller für die Mundpositionen bei den Vokalen A, E, I, O und U.

4_SOUND
4_11A.dir

7. Platzieren Sie das Gesicht in das Drehbuch.

8. Platzieren Sie die Vokal-Darsteller nacheinander im Drehbuch unter Beachtung der Reihenfolge der Vokale im Satz. Beispiel: „Guten Tag" erfordert ein U und danach ein A.

9. Importieren Sie die Datei „STIMME.wav" ins Besetzungsfenster und platzieren Sie den Sound im Soundkanal 1 des Drehbuchs.

10. Gehen Sie zum Abwarten einer Markierung folgendermaßen vor:
    - Doppelklicken Sie auf die entsprechende Zelle des Tempokanals.
    - Klicken Sie auf die Option *Markierungspunkt abwarten*.
    - Wählen Sie die gewünschte Markierung aus der Liste aus.

    Hinweis: Beachten Sie, dass Sie die Markierungen in Sound Forge *vor* dem jeweiligen Wort angebracht haben, in Director aber das Erreichen der nächsten Markierung abgewartet werden muss. Dies bedeutet, dass Sie die Markierung „Tag" auf dem U-Darsteller (von „Guten") anbringen, die Markierung „Koennen" auf dem A-Darsteller (von „Tag") usw. Dies klingt recht kompliziert, lässt sich aber in der Praxis schnell einsehen.

11. Synchronisieren Sie als vertiefende Übung ihre eigene Sprachaufnahme.

5 Videoschnitt
Adobe Premiere

Workshop zur Mediengestaltung

**Abb. 5.1/1
Neue Projekteinstellungen**

Nach dem Programmstart erscheint dieses Fenster zur neuen Projekteinstellung. Hier wird die Qualität und die Größe des neuen Videofilmes festgelegt. Achten Sie darauf, dass die Framegröße für die erste Aufgabe tatsächlich 320 x 240 Pixel beträgt. Ist dies nicht voreingestellt, ändern Sie diesen Wert in den Videoeinstellungen.

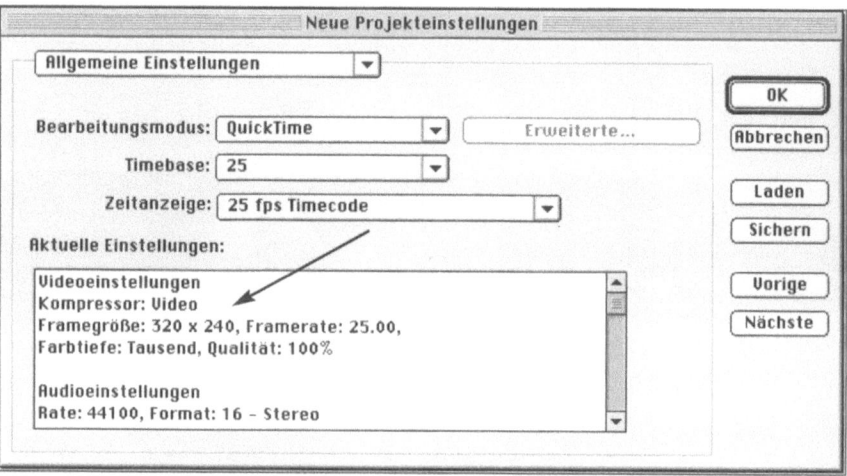

**Abb. 5.1/2
Bildgröße**

Für die erste Aufgabe ist die spätere Größe (= Breite x Höhe) des Digitalvideos durch die Titelbilder für den Vorspann festgelegt. Das Bild „Titel_3" zeigt eines der Vorspannbilder und die dazugehörige Bildgrößenangabe im Programm Adobe Photoshop.

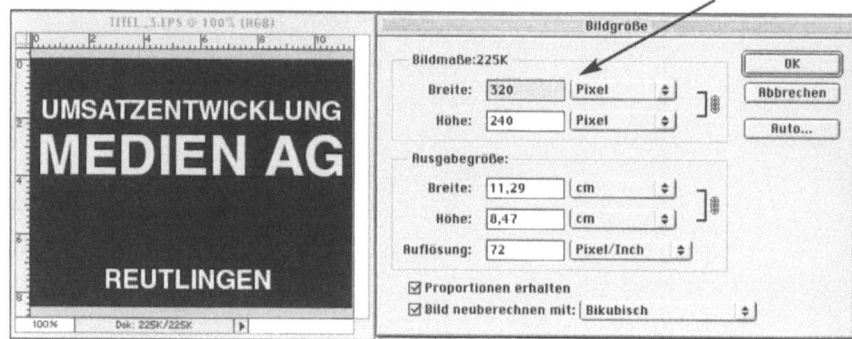

5. Videoschnitt

5.1 Werkzeuge und Fenster

Lernziele
- Die wichtigsten Werkzeuge und Fenster kennen lernen.
- Die Grundfunktionen anwenden.
- Erstellen eines Projektes zum ersten Videoschnitt mit Standbildern.

Starten Sie das Programm Adobe Premiere. Kurz nach dem Programmstart sehen Sie das in Abbildung 5.1/1 gezeigte Fenster für die Einstellungen des neuen Projektes. Dieses Fenster erscheint immer zum Programmstart und Sie müssen hier Ihre Einstellungen für den geplanten Videoschnitt vornehmen.

Viele zu erstellenden Videoclips werden in der Größe 320 x 240 Pixel erstellt, da hier Videoqualität und zu erwartende Dateigröße in einem vernünftigen Verhältnis stehen. Vor allem nicht ganz so leistungsfähige Rechner können Videos in dieser Größe gut abspielen.

Das Startfenster von Premiere ist links in Abbildung 5.1/1 dargestellt. Steht die Framegröße nicht auf 320 x 240 Pixel, gehen Sie auf die Taste > *Nächste* und stellen im dann sichtbaren Fenster > *Videoeinstellung* die > *Framegröße* auf den angegebenen Wert. Alle anderen Grundeinstellungen lassen Sie vorerst unverändert.

Projekteinstellungen für die erste Aufgabe: Videoeinstellungen siehe Abbildung 5.1/1, alle anderen Einstellungen bleiben wie vom Programm vorgegeben.

Die Arbeitsoberfläche
Die Standardeinstellung zeigt immer die gleiche Werkzeug-Grundeinstellung. Über das Menü > *Fenster* > *Monitoreinstellung* können die Werkzeuge an Ihre vorhandene Monitorgröße angepasst werden. Alle notwendigen Werkzeuge stehen sofort zur Verfügung.

Auffällig ist zuerst das *Monitorfenster* mit den *zwei Einzelfenstern*. Das *linke Fenster* ist für die Darstellung der Originalclips und das *rechte* für die Darstellung des Programms. Rechts kann sich der Cutter sein Schneideergebnis betrachten, bevor der neue Clip berechnet wird. Dies entspricht der Monitor-Anordnung an herkömmlichen analogen Schneidetischen. In der Abbildung 5.1/3 ist im linken Fenster ein hochformatiger Film zu erkennen, im rechten Fenster wird der gerade aktive Videoschnitt eines Filmes im Format 320 x 240 Pixel gezeigt. Das *Monitorfenster* passt sich automatisch den jeweils gewählten Formaten an. Das Abspielen der Clips erfolgt wie bei einem Vi-

Linkes Fenster =
Originalclip

Rechtes Fenster =
Programmclip = Clip im Schnittfenster, an dem gerade gearbeitet wird.

Workshop zur Mediengestaltung

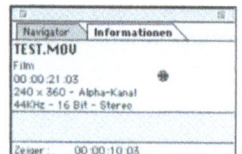

**Abb. 5.1/3
Arbeitsplatz**

Adobe Premiere und die
verschiedenen Werkzeug-
fenster.

160　Adobe Premiere

deorecorder: Der Abspielknopf mit Spitze nach rechts startet den gewählten bzw. geschnittenen Videoclip, der rote Stoppknopf hält den Clip an, Vorlauf und Rücklauf funktionieren. Probieren Sie die Funktionen aus – es wird schnell klar wie`s geht.

Als nächstes dominiert das *Schnittfenster* die Bildschirmoberfläche. Hier finden sich von oben nach unten die *Videospur 2* für *Überlagerungen* von Filmen der darunter liegenden *Videospur 1*. Die *Videospur 1* unterteilt sich in aufgeklapptem Zustand in die *Spur 1 A*, *Überblendspur* und *Spur 1 B*. Wird der Pfeil vor der Spur 1 A senkrecht gestellt (wie bei Video 2), dann sind die Spuren 1 B und Überblendung nicht sichtbar. Die Videospur 1 ermöglicht im aufgeklappten Zustand einen A/B-Rollenschnitt. Das bedeutet, dass im Prinzip der Schnitt von zwei Filmrollen A und B und einem Überblendregler simuliert wird. Zu den vorhanden Spuren können nach Bedarf weitere Spuren hinzugefügt werden. Dazu wählen Sie im Schnittfenster-Menü den Befehl > *Schnittfenster-Option* > *Spuroption* und fügen die gewünschte Spuranzahl hinzu.

Videospuren 1 und 2 im Schnittfenster

Unter den Videospuren befinden sich die *Audiospuren 1 bis 3*. Die Audiospur 1 ist geöffnet und gibt den Blick frei auf eine *linke* und *rechte* Tonspur. Diese stehen für Stereotonanordnungen und für Eingriffe in den jeweiligen Tonkanal zur Verfügung. Über den *Stereotonkanälen* ist die *Audiodatei-Anzeige* mit Musiktitel- bzw. Dateinamen-Anzeige.

Audiospuren 1, 2 und 3 im Schnittfenster

Im Schnittfenster links oben ist die *Werkzeugpalette* angeordnet, rechts daneben ist die *Zeitleiste* des Schnittfensters und darüber der *Arbeitsbereichsbalken*. Dieser Balken zeigt die derzeit aktiven Bereiche eines Filmes an. Diese aktiven Bereiche werden in der Regel berechnet. Im abgebildeten Beispiel wären dies sechs Sekunden mit zwei Überblendungen. Die senkrechte Linie bei der Zeiteinheit 0:00:03:00 zeigt die Position des *Abspielkopfes* an. Sie erkennen, dass die Abspielkopfposition und die Darstellung des Videoclips im rechten Monitorfenster identisch sind.

Werkzeugpalette, Zeitleiste und Arbeitsbereich

Im *Projektfenster* links oben werden alle für einen Videoclip erforderlichen Dateien gesammelt. Im Beispielbild ist von oben nach unten erkennbar:

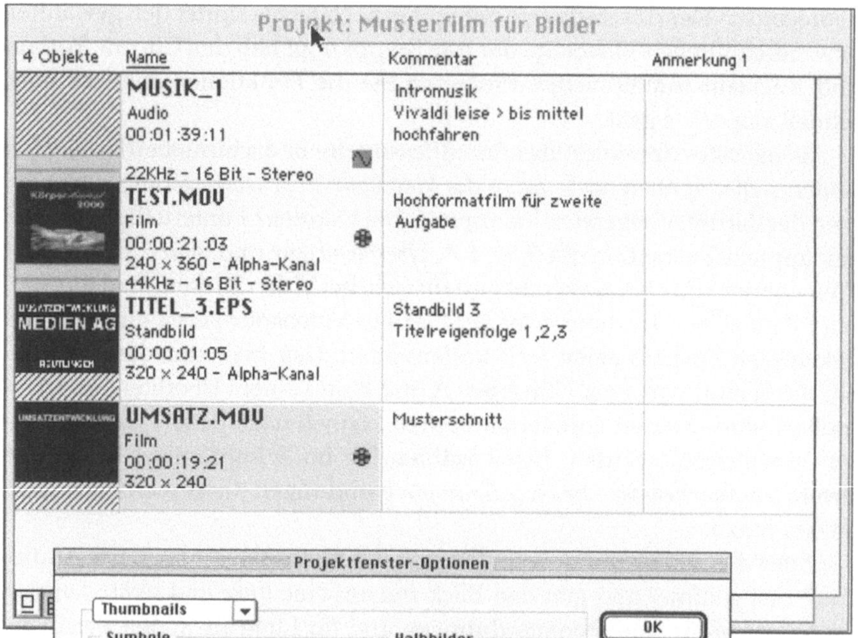

**Abb. 5.1/4
Projektfenster**

Hier werden zu Beginn einer Schneideaufgabe alle Daten gesammelt. Als Merkhilfe oder als Arbeitsvorbereitung können in die Kommentarspalte bzw. Anmerkungsspalte Texte eingegeben werden.

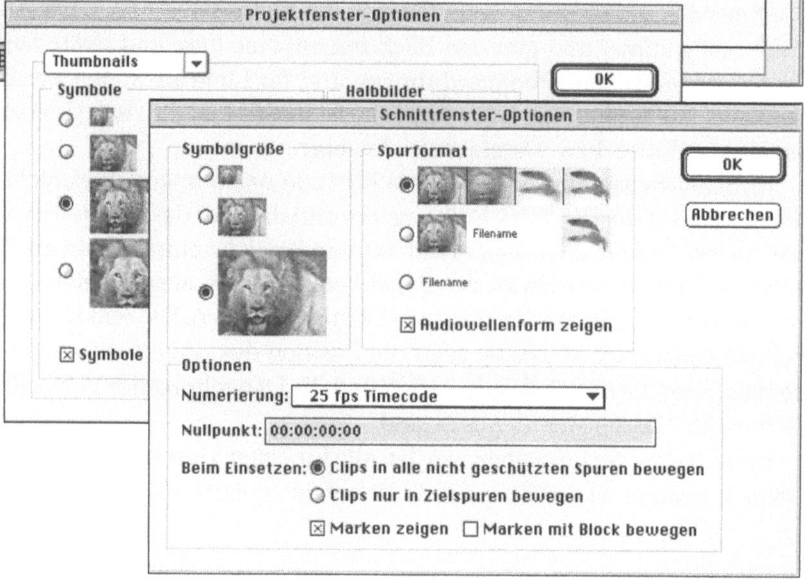

**Abb. 5.1/5
Fenster-Optionen**

Die Darstellung der Schnittelemente ist einstellbar. Dazu wird z.B. das Schnittfenster aktiviert. Im Menü *Fenster* kann die *Schnittfenster-Option* aufgerufen werden, in der sich Symbolgröße, Spurformat, Audiodarstellung und einige Optionen einstellen lassen. Diese Einstellungen sind für alle Fenster möglich. Zu Beachten ist, dass sich im Schnittfenster bei einer Vollbilddarstellung das Monitorbild bei einer Spurverschiebung langsamer aufbauen kann, da alle Bilder neu berechnet werden.

5. Videoschnitt

Eine Audiodatei mit der Länge 1:39, 22 KHz, -16 Bit-Stereoton, ein Videoclip in der Größe 240 x 360 Pixel und integriertem Stereoton, ein Standbild in der Größe 320 x 240 Pixel und ein Videoclip in der Größe 320 x 240 Pixel ohne Ton.

In Abbildung 5.1/3 unten sind zwei kleine Fenster erkennbar: *Navigation* und *Information* können über die Kartenreiter ausgetauscht werden – es ist immer nur eines der beiden Fenster sichtbar. Das *Informationsfenster* zeigt die technischen Informationen zu der Datei TEST.MOV an. Diese Informationen können jederzeit aufgerufen werden, auch aus dem Schnittfenster heraus. Das *Navigationsfenster* ist dem aus dem Programm Photoshop sehr ähnlich. Man kann mit dessen Hilfe sehr schnell und sicher durch einen Videoclip im Schnittfenster navigieren, indem man sich im Fenster einfach mit Hilfe des Kastens nach links oder rechts bewegt.

Navigation und Information

Die *Darstellung* der beschriebenen Fenster kann jederzeit geändert werden. Dazu ist im Menü > *Fenster* > *Projektfenster-Option* oder *Schnittfenster-Option* usw. aufzurufen und die gewünschte Einstellung vorzunehmen. Näheres ist in der Abbildung 5.1/5 zu sehen.

Fensterdarstellung

Die *Werkzeuganordnung* im *Schnittfenster* von links oben nach rechts unten ist wie folgt: Auswahl/Standardcursor, Bereichsauswahl, Rollen über eine oder mehrere Spuren, Rasierklinge (eine oder mehrere Schneidewerkzeuge) oder Blendenschere, Verschiebehand, Lupe bzw. Zoomwerkzeug, weiche Überblendungen oder Verbindungen, In/Out-Point. Hinter den Werkzeugen, welche einen kleinen Pfeil unten rechts im Werkzeugfenster haben, befinden sich weitere gleichartige Werkzeuge versteckt. In der Regel beziehen sich die Werkzeuge in ihrer Funktionalität entweder auf eine Spur oder auf gleichzeitig mehrere Spuren.

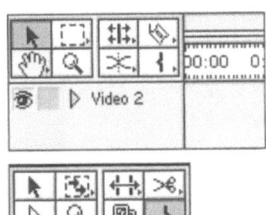

Abb. 5.1/6
Werkzeuge im Schnittfemster

In Abbildung 5.1/6 oben ist zwischen dem *Auge* und dem *Pfeil* der *Video2-Spur* eine kaum wahrnehmbare *Schaltfläche*. Klicken Sie auf diese Fläche, so erscheint ein kleines durchgestrichenes Bleistiftsymbol. Wenn dies zu sehen ist, wird die Video- oder Audiospur geschützt. Eine geschützte Spur ist nicht mehr veränderbar, es kann kein Clip hinzugefügt oder entfernt werden. Fährt man mit dem Cursor über eine geschützte Spur, so erscheint ein kleines Schloss und verdeutlicht den nicht möglichen Spurzugriff.

Bei allen Werkzeugen mit Pfeil rechts unten sind mehrer Werkzeuge aktivierbar. Zwischen der Abbildung des Auges und dem Pfeil ist die Schaltfläche zum Schützen einer Spur.

Adobe Premiere

Workshop zur Mediengestaltung

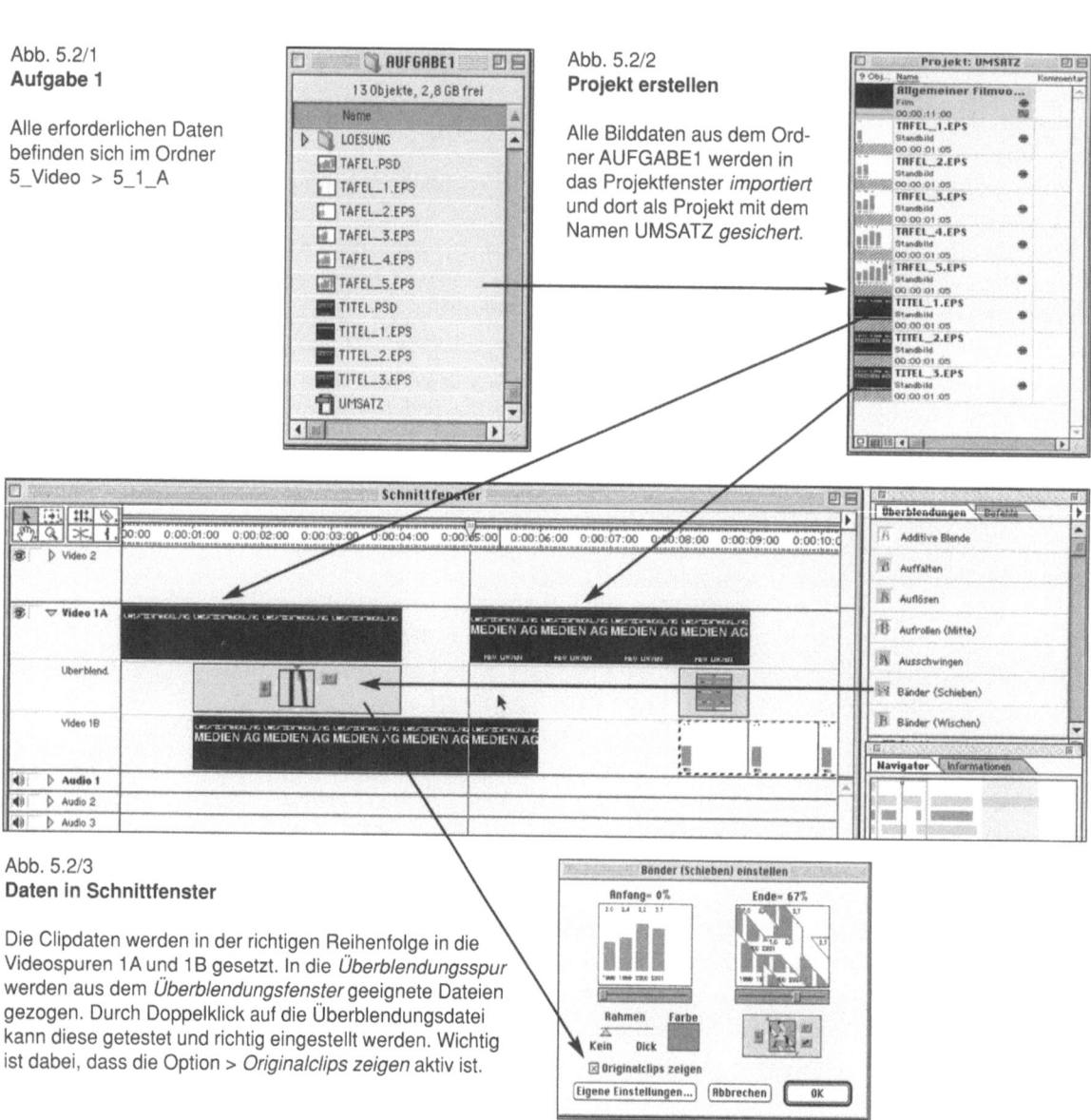

Abb. 5.2/1
Aufgabe 1

Alle erforderlichen Daten befinden sich im Ordner 5_Video > 5_1_A

Abb. 5.2/2
Projekt erstellen

Alle Bilddaten aus dem Ordner AUFGABE1 werden in das Projektfenster *importiert* und dort als Projekt mit dem Namen UMSATZ *gesichert*.

Abb. 5.2/3
Daten in Schnittfenster

Die Clipdaten werden in der richtigen Reihenfolge in die Videospuren 1A und 1B gesetzt. In die *Überblendungsspur* werden aus dem *Überblendungsfenster* geeignete Dateien gezogen. Durch Doppelklick auf die Überblendungsdatei kann diese getestet und richtig eingestellt werden. Wichtig ist dabei, dass die Option > *Originalclips zeigen* aktiv ist.

Adobe Premiere

5.2 Videoclip aus Standbildern erstellen

Lernziele
- Vorbereiten und Erstellen eines Videoclips aus Standbildern.
- Handhabung der wichtigsten Werkzeuge und Fenster.
- Die Funktion der Überblendungen anwenden.
- Entwickeln eines Zeitgefühls für die Dauer einzelner Szenen.
- Exportieren eines Videoclips im richtigen Dateiformat für die Einbindung in ein Präsentationssystem.

Aufgabe
- Aus den vorgegebenen Daten auf der CD-ROM sollen Sie einen Videoclip erstellen, der in das Programm Macromedia Director eingebunden werden kann und dort als Animation abläuft.
Die Daten enthalten Titelbilder und die Schaubilder zur Umsatzentwicklung der Firma Medien AG in Reutlingen. Die im Programm Photoshop erstellten Bilder sollen zu einem Videoclip zusammengestellt werden, der den Titel mit Firmennamen und die Geschäftsentwicklung mit Hilfe der sich aufbauenden Säulengrafik verdeutlicht. Die Dauer für die Darstellung der einzelnen Säulengrafiken sollte dem Leser ein Betrachten ermöglichen, wichtig ist aber nicht die einzelne Säule, sondern die Entwicklung der Geschäftstätigkeit. Die Länge des Clips sollte maximal 25 Sekunden betragen.

5_PREMIERE
5_1_A
5_1_L

→ Abbildung 5.2/3

Lösung
1. Kopieren Sie die Übungsdateien auf Ihren Rechner und starten Sie das Programm.

2. Mit Hilfe der Importabfolge Menü *Datei > Importieren > Ordner* laden Sie den Ordner 5_1_A in das Projektfenster. Nach einem Doppelklick auf den Ordner stehen Ihnen alle Arbeitsdateien zur Verfügung.

3. Durch Drag and Drop ziehen Sie die Datei TITEL_1.EPS vom *Projektfenster* in die Spur *Video 1A* und setzen sie diese an den *Punkt 00:00*.

→ Abbildung 5.2/3

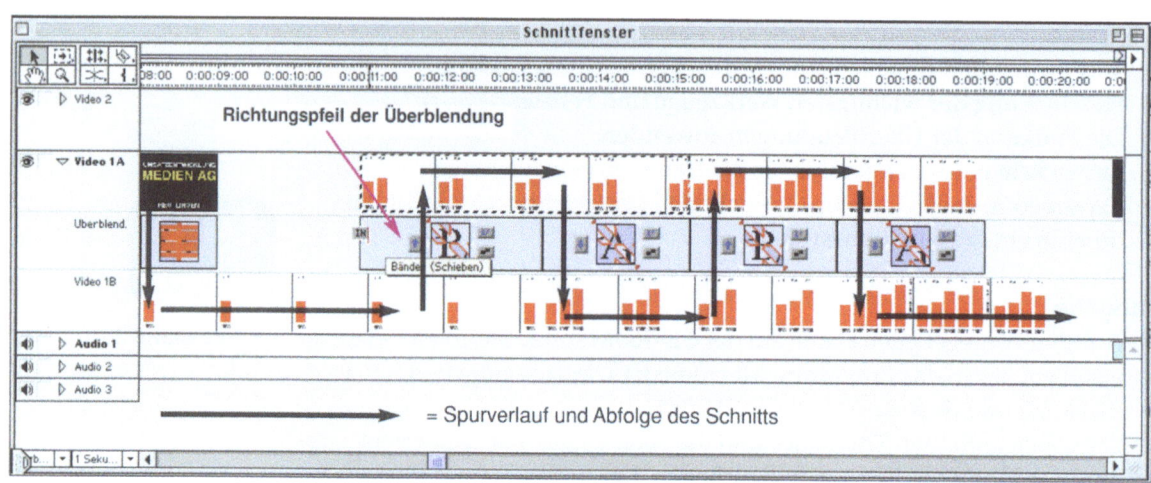

Abb. 5.2/4
Daten in Schnittfenster (Fortsetzung)

Nach dem Titel werden die Säulen der Tafeln 1 bis 5 abwechselnd in die Videospur 1A und 1B gesetzt. Nach dem Ende der Tafel 1 wechselt die Spur zu Tafel 2. Dazwischen wird eine Überblendung aus dem Überblendungsmenü eingesetzt. Dabei ist darauf zu achten, dass der Richtungspfeil der Überblendung richtig gesetzt ist. Im Bild läuft das Video von Spur 1B in die Spur 1A, also vom Bild mit einer Säule zum Bild mit zwei Säulen. Die zweite Säule soll durch einen Überblendungseffekt ins Bild kommen. Also muss die Überblendung von 1B nach 1A berechnet werden. Beim nächsten Bild muss dann der Pfeil nach unten zur Spur 1B zeigen, in der das Bild mit drei Säulen zu sehen ist. Die folgenden Frames werden entsprechend den genannten Beispielen eingestellt.

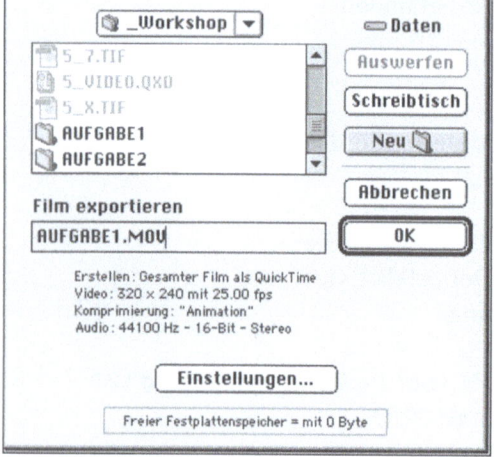

Abb. 5.2/5
Einstellungen zum Filmexport

Vor der Filmberechnung über das Export-Menü wird die aktuelle Einstellung angezeigt. Diese abgebildete Einstellung können Sie verwenden. Gibt Ihr Rechner eine andere Komprimierung an, verwenden Sie diese, da das Programm hier einen verfügbaren Codec anzeigt.

4. Im Schnittfenster ist die Datei als eine quadratische Abbildung zu sehen. Da sich die Darstellung im Schnittfenster auf die Zeiteinheit 1 Sekunde bezieht und Sie mit einer Grundeinstellung von 25 Frames pro Sekunde arbeiten, liegen hinter der Darstellung des einen Bildes in Wirklichkeit 25 Einzelbilder. Diese 25 Einzelbilder werden in einer Sekunde abgespielt, um eine flüssige Filmdarstellung zu erhalten.
Ziehen Sie das Bild, indem Sie es am rechten Rand anfassen, auf die Länge von vier Sekunden.

→ **Abbildung 5.2/3** zeigt die Position der einzelnen Bildtafeln im Schnittfenster.

5. Setzen Sie Datei TITEL2_EPS an die Schnittfensterposition 0:00:01:00 und ziehen Sie diese Datei bis zur Position 0:00:06:00 in der Video1B-Spur.

6. Die beiden Spuren überlappen sich, in der Mitte ist die *Überblendspur* noch frei. Aus dem *Überblendungsmenü* ziehen Sie jetzt einen Effekt an die Überlappungsstelle zwischen die Spur 1A und 1B. Ziehen Sie den Effekt wie in Abbildung 5.2/3 dargestellt auf. Durch einen *Doppelklick* auf das *Überblendungsmenü* öffnet sich das *Einstellungsfenster*. Klicken Sie zuerst die Option *Originalclips zeigen* an, um die späteren Einstellungen zu sehen.
Hinweis: Testen Sie mehrere Einstellungen, indem Sie eine gewählte Überblendung aus der Spur herauslöschen (Anklicken und Löschtaste!) und eine andere aussuchen. Sie werden herrliche Effekte kennen lernen. Suchen Sie irgendwann einen Effekt für Ihren Clip aus!

Überblendungen testen

7. Setzen Sie die Datei TITEL3_EPS an die Position 0:00:05:00 in Spur 1A und ziehen Sie die Datei bis zur Position 0:00:09:00 auf.

8. *Sichern* Sie den bis jetzt erstellten Film und betätigen Sie nach dem *Sichern* die *Return-Taste*, um eine so genannte *Vorschau* aufzurufen. Ein Vorschau film wird Ihnen jetzt im rechten Monitorfenster gezeigt. Sie sehen jetzt also Ihren ersten selbst geschnittenen Film – zumindest ein Stück davon! Diese Vorschaufunktion geht nur, wenn das Filmprojekt gesichert ist.

Projekt muss vor dem Abspielen einer Vorschau gesichert werden.

Workshop zur Mediengestaltung

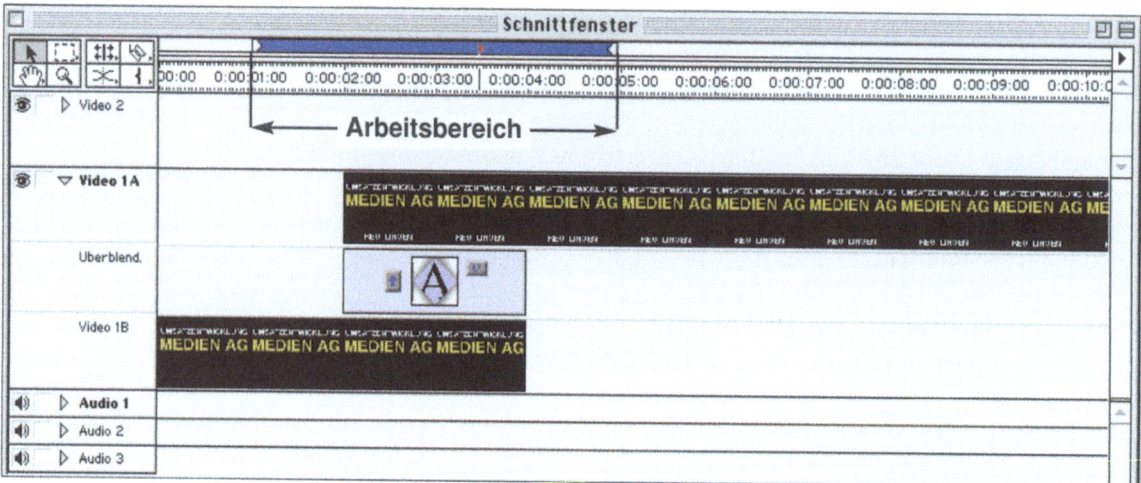

Abb. 5.2/6
Arbeitsbereich auswählen

Eine der wichtigsten Einstellungen ist die Funktion des Arbeitsbereiches. Dieser ist blau dargestellt und wird rechts und links durch zwei nach innen zeigende, verschiebbare Pfeile begrenzt.

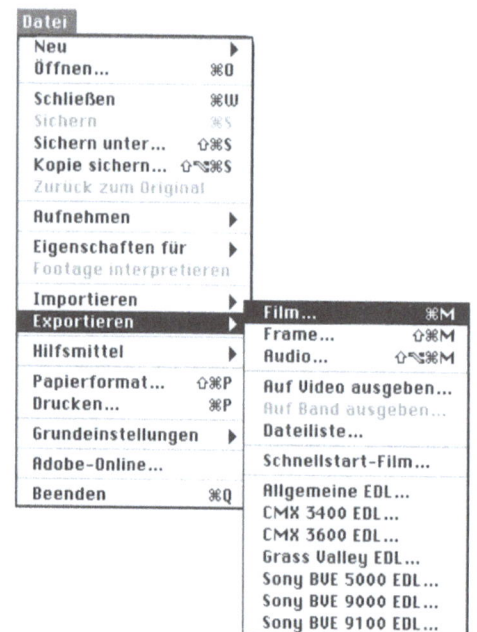

Abb. 5.2/7
Filmexport

Unter dem gezeigten Dateimenü befindet sich der Befehl zum Exportieren eines Filmes. Mit diesem Befehl wird das Berechnen eines fertig geschnittenen Videos eingeleitet.

5. Videoschnitt

9. Stellen Sie jetzt die weiteren Bilddateien in der vorgegebenen Reihenfolge TAFEL_1.EPS bis TAFEL_5.EPS in die Videospuren mit jeweils passender Überblendung. Orientieren Sie sich dabei an der Abbildung 5.2/4.

    → **Abbildung 5.2/4 Daten in Schnittfenster**

10. Betrachten Sie Ihre Schneideergebnisse immer wieder mit Hilfe der Vorschaufunktion. Sie werden dabei eventuell feststellen, dass nicht Ihre Schneideergebnisse dargestellt werden, sondern andere Ausschnitte aus Ihrem Film. Dies kann daran liegen, dass Ihr Arbeitsbereich nicht an der richtigen Stelle aktiv ist. Der Arbeitsbereich ist im Schnittfenster oben als blauer Balken erkennbar. In der Abbildung 5.2/6 wurde dieser blaue Balken verstärkt dargestellt – in der Ansicht Ihres Programms ist die Farbdarstellung dezenter. Sie können den Arbeitsbereich mit Hilfe der kleinen Pfeile, welche den Arbeitsbereich links und rechts begrenzen, vergrößern oder verkleinern. Ihre Vorschau und später auch der fertige Film werden nur innerhalb des Arbeitsbereiches berechnet. Sie müssen also die Länge des Arbeitsbereiches immer der gewünschten Vorschau anpassen. Dadurch ist es möglich, sich z.B. einen Übergang, eine Szene oder einen erfolgten Schnitt genau zu betrachten, ohne dass der gesamte Videoclip berechnet werden muss.

    → **Abbildung 5.2/6 Arbeitsbereich**

    Bei der Berechnung des fertigen Digitalvideos muss der Arbeitsbereich genau auf die Frames des zu berechnenden Videos ausgerichtet werden. Nur wenn dies geschieht, wird das Video die richtige Längeneinstellung haben. Sollte dies nicht korrekt funktionieren, müssen in den Grundeinstellungen des Programms die Voreinstellungen geändert werden.

    → **Abbildungen 5.2/8 und 5.2/9** Änderung der Grundeinstellung für die Videoberechnung

11. Das Exportieren des geschnittenen Digitalvideos erfolgt, nachdem die Vorschau des Arbeitsbereiches ein zufriedenstellendes Schneideergebnis anzeigt. Da die Befehlsreihenfolge für das Erstellen eines Digitalvideos immer die gleiche ist, wurde sie hier in den Abbildungen 5.2/7 bis 5.2/9 dargestellt. Bei dieser Aufgabe zur Umsatzentwicklung müssen Sie hier keine Änderung an den Einstellungen vornehmen, da Ihr erstellter Film mit diesen Vorgaben gut berechnet werden kann.

    → **Abbildung 5.2/7**
    → **Abbildung 5.2/8**
    → **Abbildung 5.2/9**

Adobe Premiere

**Abb. 5.2/8
Film exportieren**

Menü nach dem Aufruf zum Filmexport. Hier können die genauen Exporteinstellungen überprüft werden. Im abgebildeten Beispiel wird das Video aus dem Arbeitsbereich heraus als QuickTime-Video erstellt. Weiter ist angegeben die Framegröße, die Komprimierungsart und die Audioqualität. Die Einstellungen können geändert werden.

**Abb. 5.2/9
Einstellungen Filmexport**

Hier wird die Ausgabeoption Arbeitsbereich für ein Projekt eingestellt, ebenso der Dateityp. Es kann die Möglichkeit gewählt werden, ob ein Movie mit oder ohne Ton exportiert wird. Die bestehenden Audioeinstellungen, die zu Projektbeginn gewählt wurden, werden übernommen.

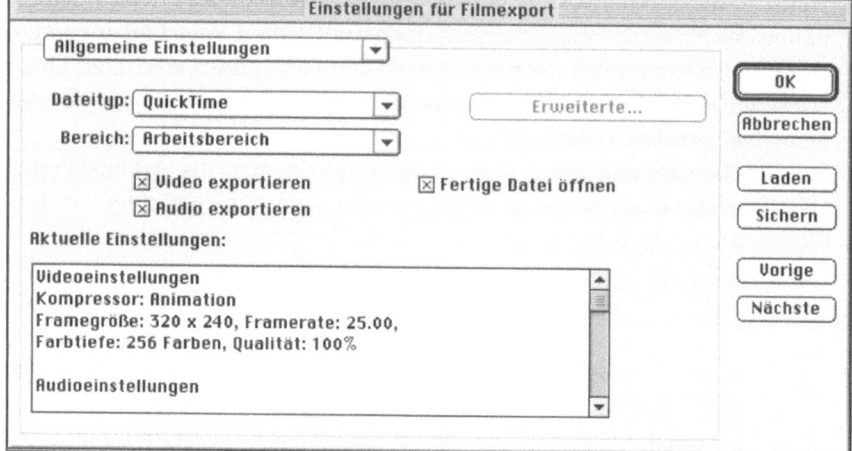

170 Adobe Premiere

12. Nachdem Sie Ihrer erstellten Arbeit im *Export-Menü* einen *Dateinamen* gegeben haben, können sie durch *Drücken* des *OK-Buttons* das *Berechnen des Videos* starten. Sie merken davon wenig. Je nach Rechnertyp wird diese Arbeit innerhalb einer Minute fertig berechnet sein und Sie können sich Ihren ersten selbstgeschnittenen Videoclip betrachten. Während des Rechenvorganges wird das rechts abgebildete Fenster angezeigt, aus dem Sie die vom Programm geschätzte Rechenzeit ersehen können. Bei unserem kleinen Clip ist diese Rechenzeit gering, bei gößeren Projekten kann die Rechenzeit gut zu einer Pause von der Bildschirmtätigkeit genutzt werden. Nach dem Berechnen des Clips erscheint dieser geöffnet auf Ihrem Monitor und man kann ihn sofort betrachten. Der fertige Film ist sofort in andere Programme importierbar. Wenn Sie bereits etwas Übung in dem Programm Macromedia Director besitzen, können sie diesen QuickTime-Film sofort in dieses Programm importieren und dort abspielen lassen.

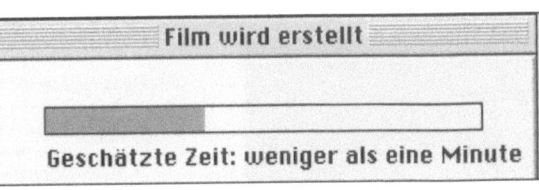

→ Kapitel 9 Autorensystem

Vorschaudateien
Während des Arbeitens mit Premiere wird Ihnen auffallen, dass Ihr Rechner automatisch einen neuen Ordner mit dem Namen „Vorschaudateien" erstellt. Dies sind die Daten, die während des Erstellens einer Vorschau berechnet werden und von denen aus das Programm die Vorschau auf Ihrem Monitor darstellt. Je öfter Sie eine Vorschau erstellen lassen, desto mehr Dateien werden in diesen Ordner hineingerechnet und lassen im Laufe der Schneidearbeit eine stattliche Datenmenge entstehen. Sie können diesen Ordner nach dem Ende Ihres Projekts, wenn Ihr Film erstellt ist, einfach in den Papierkorb bewegen und löschen.

Workshop zur Mediengestaltung

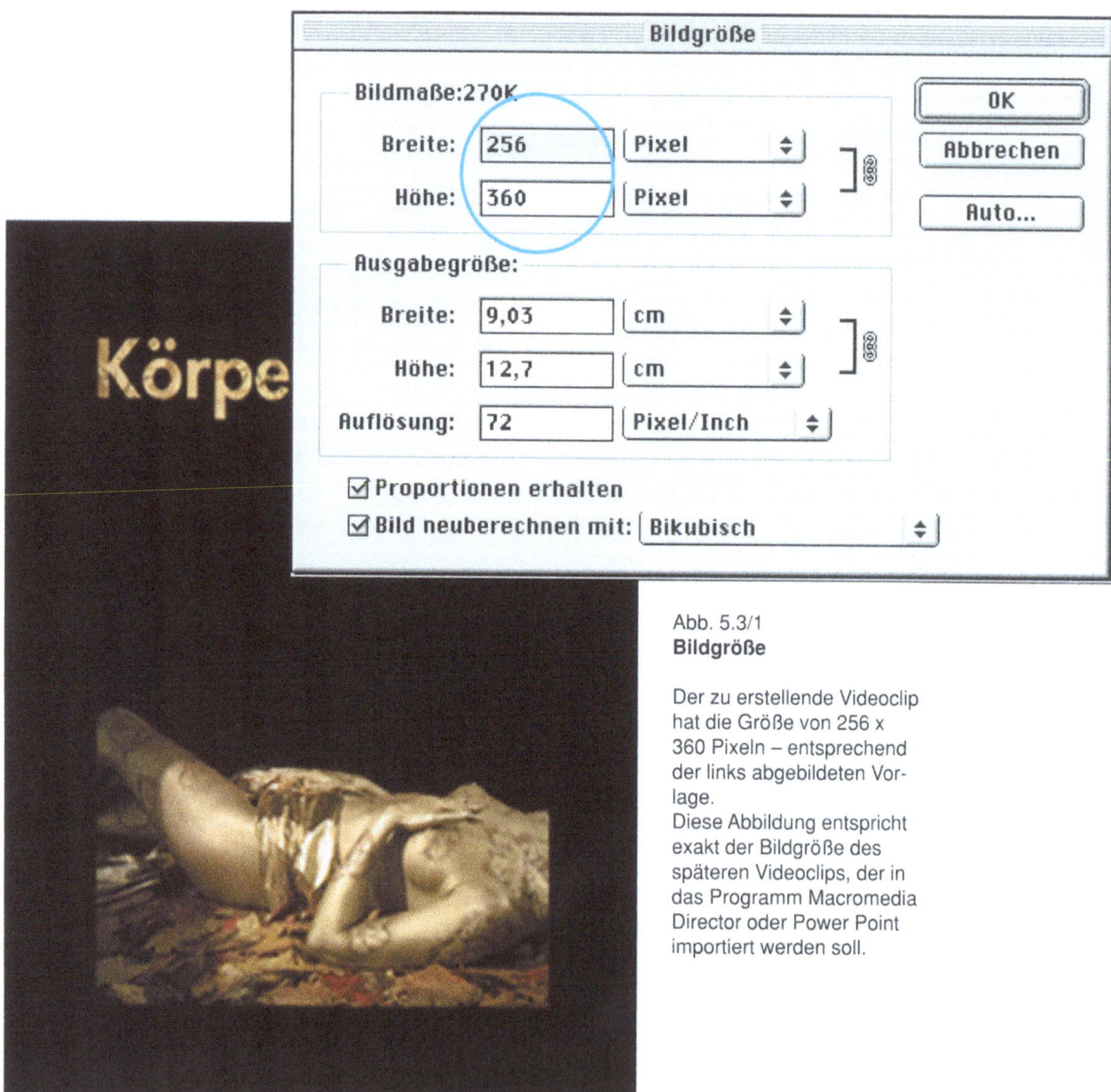

Abb. 5.3/1
Bildgröße

Der zu erstellende Videoclip hat die Größe von 256 x 360 Pixeln – entsprechend der links abgebildeten Vorlage.
Diese Abbildung entspricht exakt der Bildgröße des späteren Videoclips, der in das Programm Macromedia Director oder Power Point importiert werden soll.

5. Videoschnitt

5.3 Hochformatigen Videoclip erstellen und vertonen

Lernziele
- Vorbereiten und Erstellen eines hochformatigen Videoclips aus Standbildern.
- Funktion der Videospur 2 für Überlagerungen anwenden.
- Einbinden von Sounddateien.
- Entwickeln eines Zeitgefühls für die Dauer einzelner Szenen.
- Exportieren des Videoclips im richtigen Dateiformat für die Einbindung in ein Präsentationssystem.

5_PREMIERE
5_2_A

Aufgabe
- Aus den vorgegebenen Daten auf der CD-ROM sollen Sie einen Videoclip erstellen, der in das Programm Macromedia Director eingebunden werden kann und dort als Animation mit Sounduntermalung abläuft.
Als Aufmacher soll das Bild mit dem Schriftzug „Körperkunst 2000" dienen. Nach einer frei gewählten Überblendung erscheint das erste Bild der Sammlung, danach eine Überblendung usw. bis zum letzten verfügbaren Bild. Als letztes Bild soll eine Texttafel mit folgendem Text zu sehen sein: Bodypainting – Ausstellung in der Kunsthalle Reutlingen – Täglich von 10 bis 18 Uhr geöffnet. Diese Texttafel muss von Ihnen noch erstellt werden. Sie können den Ausstellungsort selbstverständlich in Ihrer Heimatstadt ansiedeln!
Die Dateinamen der Bilder entsprechen Ihren Titeln. Diese Titel sollen in das Bild eingeblendet und wieder ausgeblendet werden. Die Dateien für diese Einblendungen müssen von Ihnen ebenfalls erstellt werden. Einige Muster befinden sich aber bereits auf der CD-ROM. Da die Bilder im Hochformat von der Künstlerin gepaintet wurden, muss ein hochformatiges Video erstellt werden. Daher müssen Sie das normale Videoformat mit dem festgelegten Seitenverhältnis 4 : 3 verlassen und ein eigenes Format in den Ausgabeoptionen festlegen. Die Größe für das hochformatige Video ergibt sich aus den Abmessungen des Titelbildes, das in Abbildung 5.3/1 dargestellt ist.

Workshop zur Mediengestaltung

Abb. 5.3/2
Neue Projekteinstellungen

Für den zu erstellenden hochformatigen Videoclip muss die Einstellung für die Framegröße verändert werden. Das Titelbild für den Clip weist die Größe 256 x 360 Pixel auf. Diese Größe ist in das entsprechende Feld einzutragen. Vor dem Eintragen muss die Vorgabe 4 : 3 Seitenverhältnis deaktiviert werden.

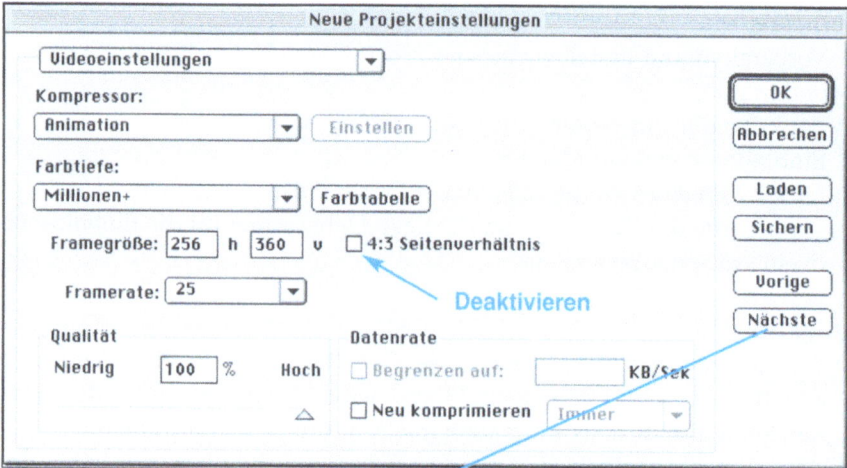

Die nächste Änderung betrifft die Audioeinstellungen. Um diese Änderung korrekt einzustellen, müssen Sie vorher die Audiodatei auf ihre technischen Eigenschaften überprüfen. Die Vorgaben der Audiodatei sind hier zu übernehmen. In unserem Übungsbeispiel sind dies folgende Werte: Rate 22 KHz, Format 8-Bit-Mono. Es macht keinen Sinn, hier z.B. 16-Bit-Stereo einzustellen, da aus einem vorhandenen 8-Bit-Mono-Ton kein funktionierender 16-Bit-Stereoton errechnet werden kann.

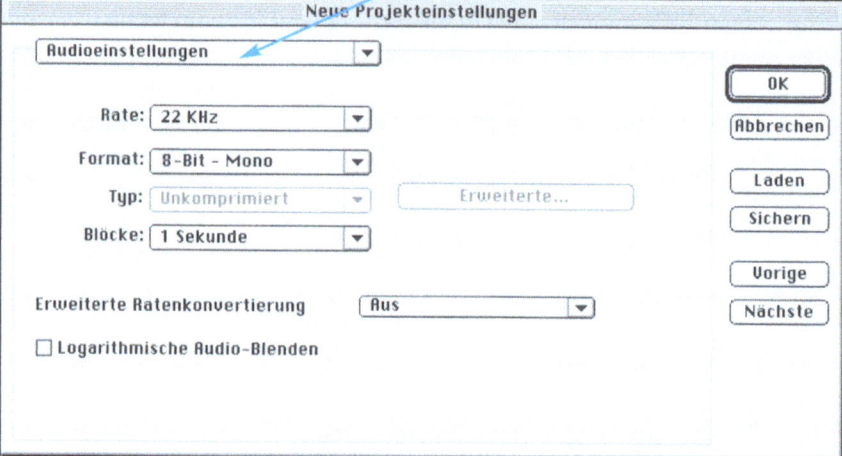

Lösung

1. Kopieren Sie die Übungsdateien auf Ihren Rechner und starten Sie das Programm.

5_PREMIERE
5_2_A

2. Nach dem Programmstart erscheint die Abfrage nach den Projektvorgaben. Da sich Ihr Video von dem querformatigen auf ein hochformatiges Bildformat ändern soll, müssen Sie die *Projekteinstellungen* ändern. Die korrekten Einstellungen dazu sind aus der Abbildung 5.3/2 zu entnehmen. Sie müssen die *Videoeinstellungen* und die *Audioeinstellungen* an den neuen Auftrag anpassen.

3. Mit Hilfe der Importabfolge Menü *Datei > Importieren > Ordner* laden Sie den Ordner 5_2_A in das Projektfenster. Nach einem Doppelklick auf den Ordner stehen Ihnen alle Arbeitsdateien zur Verfügung.

4. Durch Drag and Drop ziehen Sie die Datei TITEL.TIF vom *Projektfenster* in die Spur *Video 1A* und setzen Sie diese an den *Punkt 00:00*.

5. Hören Sie sich die Audiodatei MUSIK.AIF an. Durch *Doppelklick > Datei MUSIK.AIF* erscheint diese im *Monitorfenster*. Mit Hilfe des Abspielknopfes können Sie die Musikdatei anhören.

6. Der Beginn des Videoschnitts geschieht wie in der Aufgabe zur Umsatzentwicklung und ist aus der Abbildung 5.3/4 ersichtlich. Dazu ein Hinweis zum Darstellungsformat: Ihr Videoclip wird hochformatig wie in den Projekteinstellungen festgelegt erstellt. Das Schnittfenster ist allerdings nicht in der Lage, dies korrekt darzustellen. Sie werden bei der ersten Vorschauberechnung im Monitorfenster sehen, dass die Hochformateinstellung übernommen und der Clip entsprechend berechnet wird.

7. Nachdem Sie das Titelbild, die erste Überblendung und das Bild ANZUG.TIF in die Videospur 1A und 1B positioniert haben, wird die Datei ANZUG_TI.TIF in die Videospur 2 gesetzt.

Workshop zur Mediengestaltung

Abb. 5.3/3
Audiodatei anhören

Nach dem Import der benötigten Arbeitsdateien in das Projektfenster aktivieren Sie die Datei MUSIK.AIF, um sich den Sound anzuhören. Im Monitorfenster erscheint jetzt das Soundsymbol und die dazugehörige Datei kann mit Hilfe des Abspielknopfes aktiviert werden. Die Abbildung rechts zeigt Ihnen, wie Ihr Fenster auszusehen hat.

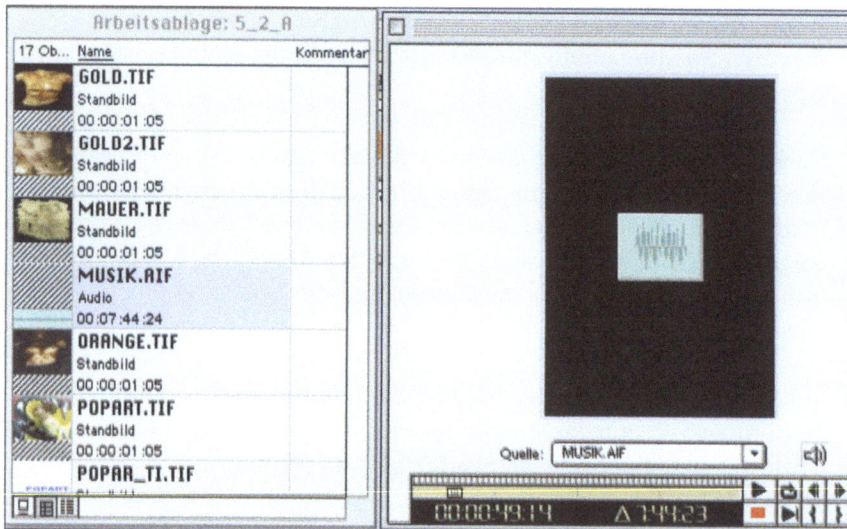

Abb. 5.3/4
Beginn Videoschnitt

Wie aus der Aufgabe zur Umsatzentwicklung bereits bekannt, werden jetzt die Dateien „TITEL.TIF", ANZUG.TIF usw. in die Videospur 1A und 1B gesetzt. Dazischen werden geeignete Überblendungen mit den korrekten Richtungseinstellungen platziert. Über die Datei ANZUG.TIF wird die Datei ANZUG_TI. TIF in die Videospur 2 gesetzt. Klappen Sie die Videospur 2 wie in der Abbildung dargestellt auf. Ziehen Sie die Deckkraft in der Steuerungsleiste nach unten (= 0%). in der Mitte steht die Deckkraft auf etwa 90 %.

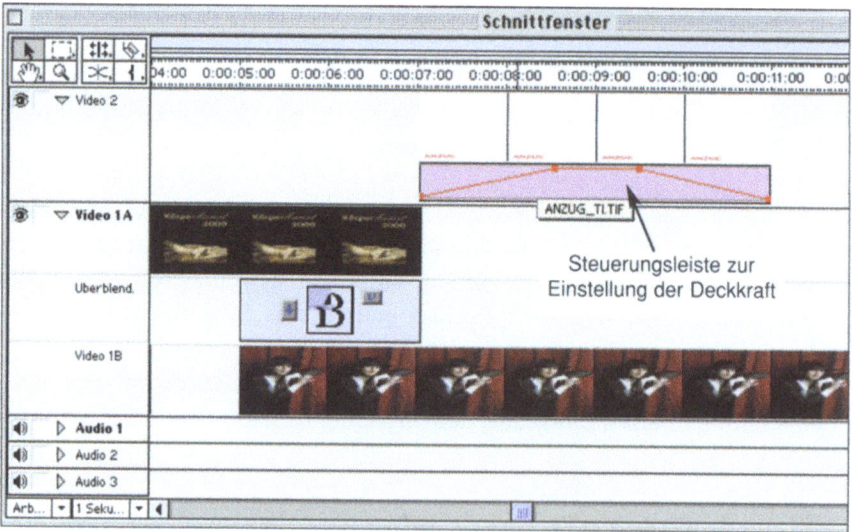

Adobe Premiere

5. Videoschnitt

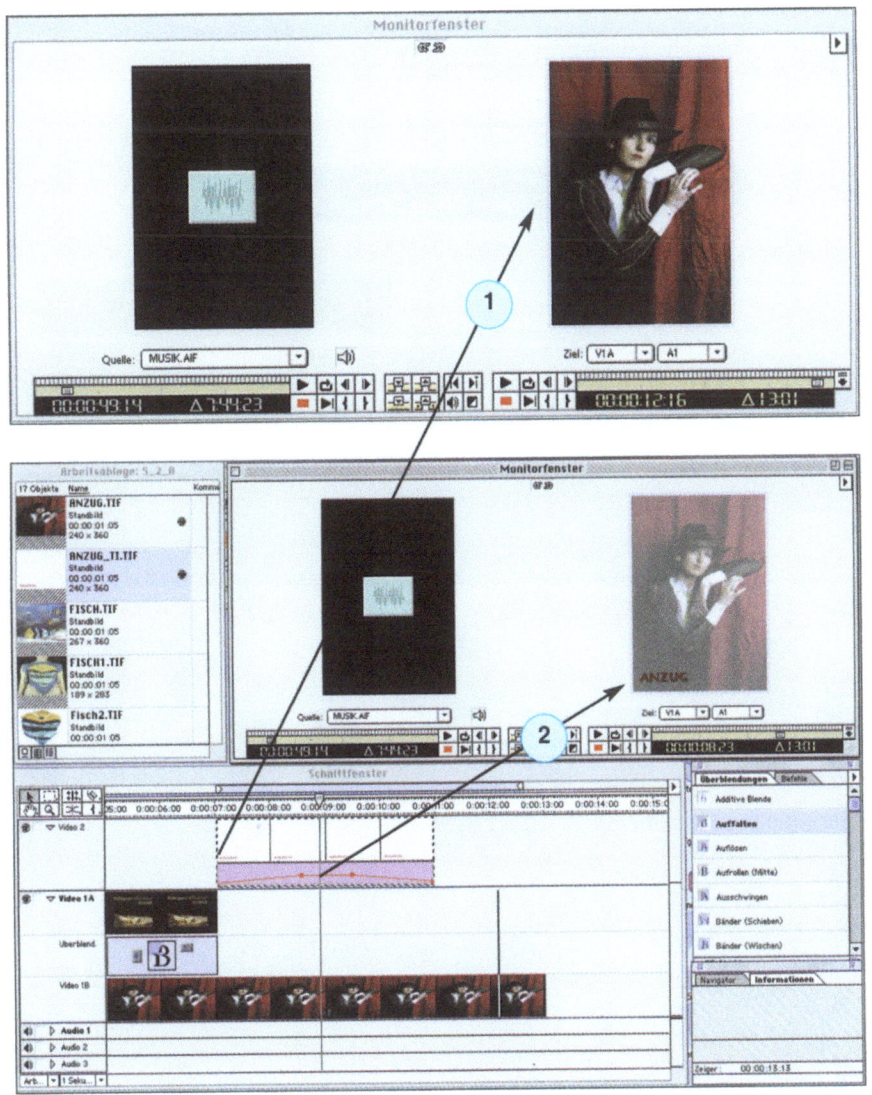

Abb. 5.3/5
Überlagerungsspur

Die Datei ANZUG_TI.TIF sollte sich wie dargestellt in der Überlagerungsspur befinden. Die Steuerungsleiste zur Deckkrafteinstellung sollte von Ihnen nach der Abbildung unten eingestellt werden.

Pfeil 1 zeigt die Einstellung zu Beginn der Überlagerung mit einer Deckkraft von 0%. Das Frame mit der Abbildung ist normal zu erkennen.

Pfeil 2 zeigt die Einstellung von etwa 50%. Das bedeutet, dass die Texttafel mit dem Namen des Bildmotivs eingeblendet und das darunter liegende Frame abgeschwächt dargestellt wird. Ist die Deckkrafteinstellung auf 100% gesetzt, wird das darunter liegende Frame vollständig ausgeblendet. Testen Sie mehrere Einstellungen und Überlagerungen nicht nur mit Texttafeln, sondern auch mit Bildern. Sie werden sehen, dass erstaunliche Effekte damit möglich sind.

Adobe Premiere

**Abb. 5.3/6
Soundeinbindung**

Die Datei MUSIK.AIF wird wie rechts abgebildet in die Audio-Spur-1 gezogen und bei 0:00:00:00 positioniert.

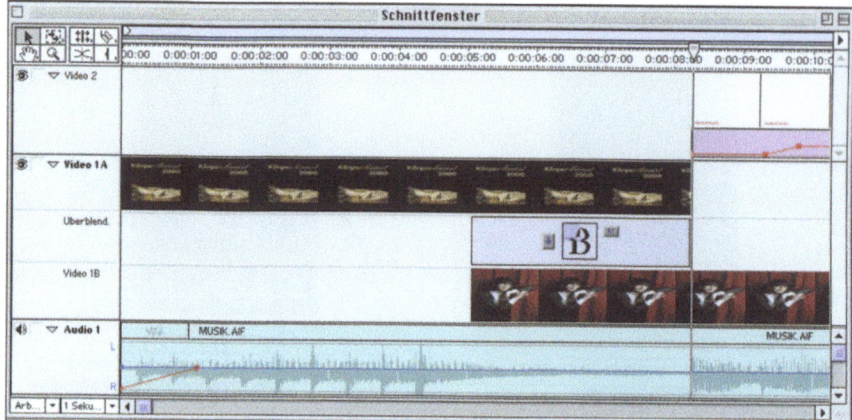

**Abb. 5.3/7
Soundbearbeitung**

Die gut erkennbare rote Linie dient der Steuerung der Lautstärke. In der sichtbaren Einstellung wird der Sound beim Starten des Videoclips langsam bis zu einer mittleren Lautstärke eingeblendet. Die blaue Linie dient der Lautsprecheransteuerung. Dabei bedeutet die Mittellage, dass beide Lautsprecher gleichmäßig angesteuert werden, Die Steuerung nach oben gilt dem linken, die Steuerung nach unten dem rechten Lautsprecher. Diese Ansteuerung des linken oder rechten Lautsprechers ist auch mit Monosound möglich.

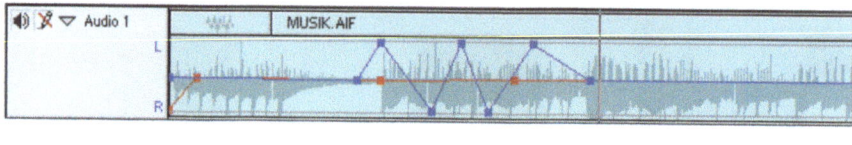

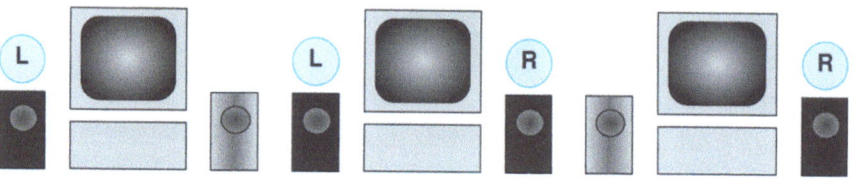

Tastaturkombination zum Setzen der Steuerungspunkte auf der blauen Linie:
Alt + Maus (Windows)
Wahl + Maus (Mac)

Klappen Sie danach die Videospur 2 wie in Abbildung 5.3/4 dargestellt auf. Sie erkennen im oberen Teil der Spur die Texttafel mit der Titelschrift „Anzug". Dieses Wort soll mit dem Bild in der Videospur 1B überlagert werden. Im unteren Teil befindet sich die Steuerungsleiste zur Einstellung der Deckkraft. Dazu dient die dunkelrote Linie. Befindet sich die Linie am unteren Rand der Steuerungsleiste, bedeutet dies eine Deckkraft von 0%. Am oberen Rand ist die Deckkraft 100%. Wenn Sie einen Punkt in die Linie setzen und diesen Punkt mit der Maus nach oben oder unten ziehen, verändert sich der prozentuale Deckkraftwert.

→ **Abbildung 5.3/5**

Sie können diesen Wert darstellen, indem Sie während des Ziehens mit der Maus die Umschalttaste gedrückt halten. Der aktuelle Prozentwert wird dann rechts von der Maus angezeigt. Die Wirkung der Überlagerungsspur wird in der Abbildung 5.3/5 dargestellt. Stellen Sie den Überlagerungswert auf etwa 50% ein und betrachten Sie dann das Ergebnis.

Wenn Sie mit der Einstellung zufrieden sind, gehen Sie zum nächsten Bild und bearbeiten Sie dieses nach der gleichen Art und Weise.

8. Sie sollten die folgenden Bilder nach der in Punkt 7 beschriebenen Vorgehensweise in die Videospuren 1A, 1B und Video 2 positionieren. Sie haben eine ausreichende Anzahl von Bildern zur Verfügung. Ihr Videoclip sollte aber die Dauer von 1 Minute nicht überschreiten. Als Schlussbild sollen bei dem Videoclip die Öffnungszeiten der Kunsthalle erscheinen. Dieses Bild müssen Sie mit Hilfe des Programms Photoshop noch erstellen und dann als Schlussbild in Ihren Clip einsetzen.

9. Schützen Sie Ihre Videospuren, indem Sie die Schaltfläche zwischen dem Auge und dem Pfeil aktivieren.

Abb. 5.3/8
Schaltfläche

Zum Schützen einer Videospur

10. Die Datei MUSIK.AIF wird wie in Abbildung 5.3/6 gezeigt in die Audiospur 1 gezogen und bei 0:00:00:00 positioniert. Klappen Sie die Audiospur auf und bearbeiten Sie den Sound wie in Abbildung 5.3/7 beschrieben.

Workshop zur Mediengestaltung

Abb. 5.3/9
Filmexport

Die Einstellungen, die zu Beginn für das Projekt festgelegt wurden, sind für den Filmexport nochmals festzulegen, damit der Clip korrekt berechnet werden kann.

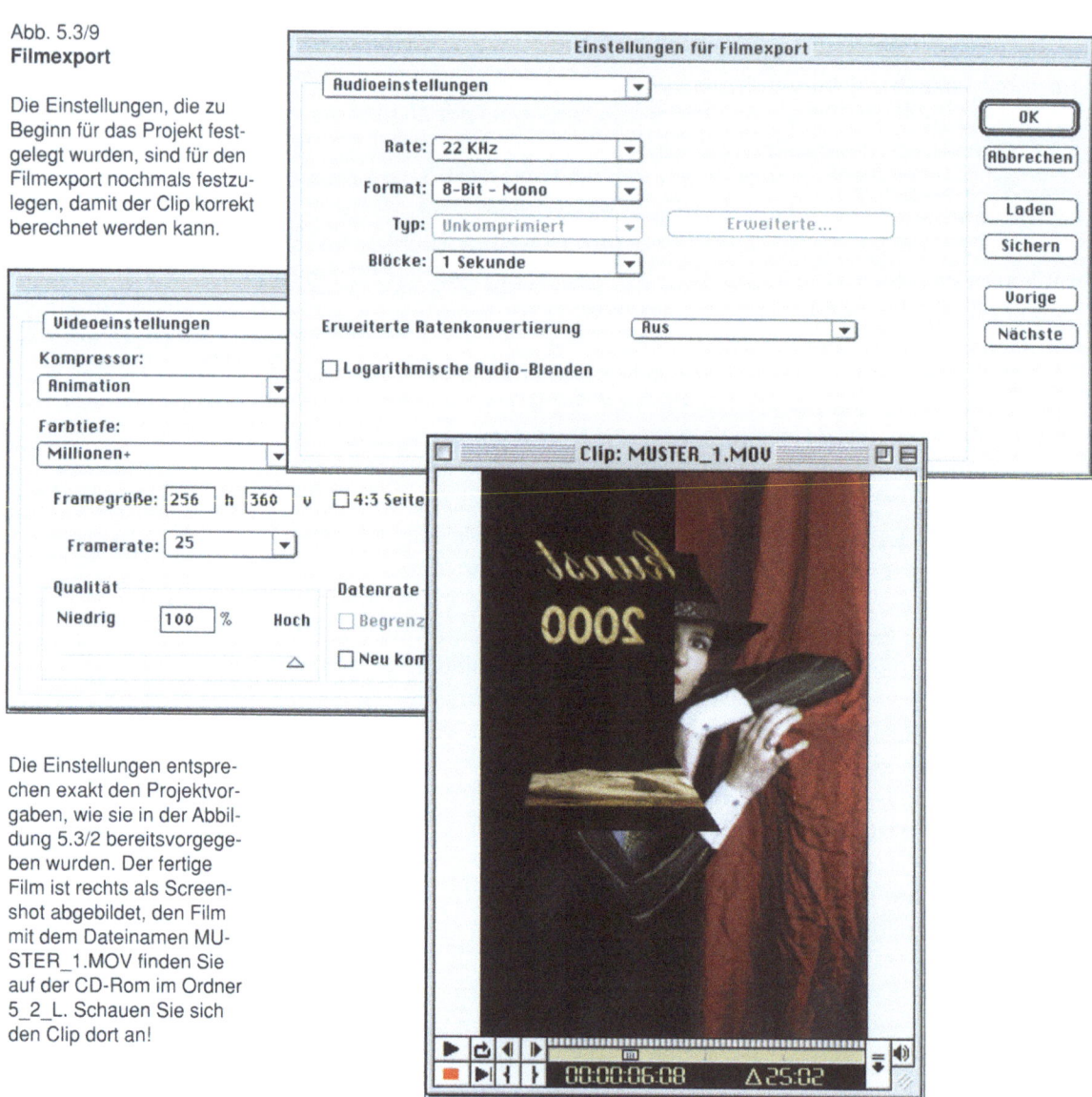

Die Einstellungen entsprechen exakt den Projektvorgaben, wie sie in der Abbildung 5.3/2 bereits vorgegeben wurden. Der fertige Film ist rechts als Screenshot abgebildet, den Film mit dem Dateinamen MUSTER_1.MOV finden Sie auf der CD-Rom im Ordner 5_2_L. Schauen Sie sich den Clip dort an!

Adobe Premiere

11. In der Darstellung der Audiospur erkennen Sie oben die Tondatei und darunter die Darstellung der Wellenform. Die Ausschläge nach oben und unten geben die Lautstärke des jeweiligen Sounds an. Sie können an der Darstellung erkennen, dass der vorliegende Sound einen so genannten Introsound enthält, der eine Länge von etwa 0:00:08:00 Sekunden hat und am Ende sehr leise ist. Danach beginnt relativ laut ein neuer Sound. Als Vorgabe für den Schnitt gilt folgende Anweisung: Das Titelbild muss mit dem Ende des Introsounds zum ersten Bild wechseln. Der Übergang kann während der Intromusik erfolgen. → **Abbildung 5.3/6**
Die danach folgende Hintergrundmusik endet mit dem Schlussbild nach etwa einer Minute und wird ausgeblendet. Nicht benötigte Musik wird mit dem Schneidewerkzeug geschnitten und aus der Spur gelöscht.

12. Exportieren und Berechnen des Videoclips erfolgt wie bei der Aufgabe zur Umsatzentwicklung. Allerdings ist zu beachten, dass vor dem Berechnen des Films die *Einstellungen* für den *Export* auf das Hochformat des Videoclips umgestellt werden müssen. Wird dies nicht beachtet, wird der Film im Querformat ausgegeben! Aus der Abbildung 5.3/9 können Sie die richtigen Einstellungen für den Filmexport übernehmen.

13. Das Berechnen des Videoclips dauert jetzt etwas länger wie bei der ersten Übung. Es müssen jetzt mehrere Übergänge, Überlagerungen und Audioelemente erstellt werden. Aber wenn Sie es bis hierher geschafft haben, haben Sie sich die jetzt folgende Pause verdient.

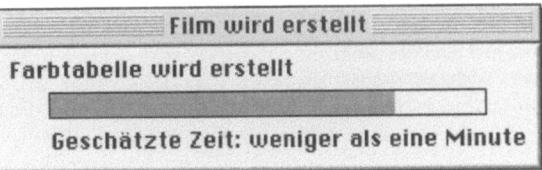

Abb. 5.4/1
Projekteinstellungen Videoclip

Verwenden Sie die dargestellten Projekteinstellungen für den zu erstellenden Digitalvideoclip Sportwagen.

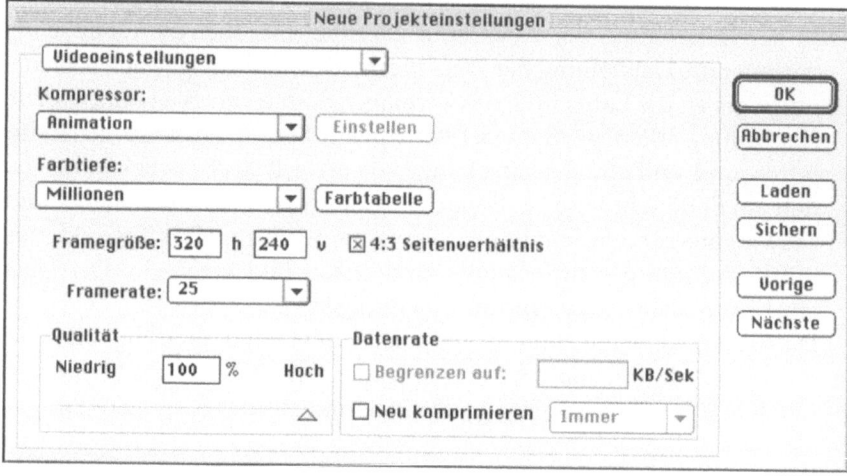

Abb. 5.4/2
Aufrufen des Titelbildgenerators

Nach dem Programmstart rufen Sie den Titelbildgenerator auf und erstellen in diesem kleinen Grafikprogramm das erste Titelbild für den Videoclip Porsche mit dem folgenden Text: Eine Liebesgeschichte.

Abb. 5.4/3
Titelbildgenerators

Der Titelbildgenerator ist ein kleines Grafikprogramm. Verwenden Sie die abgebildeten Einstellungen für das erste zu erstellende Bild und sichern Sie dieses ab.

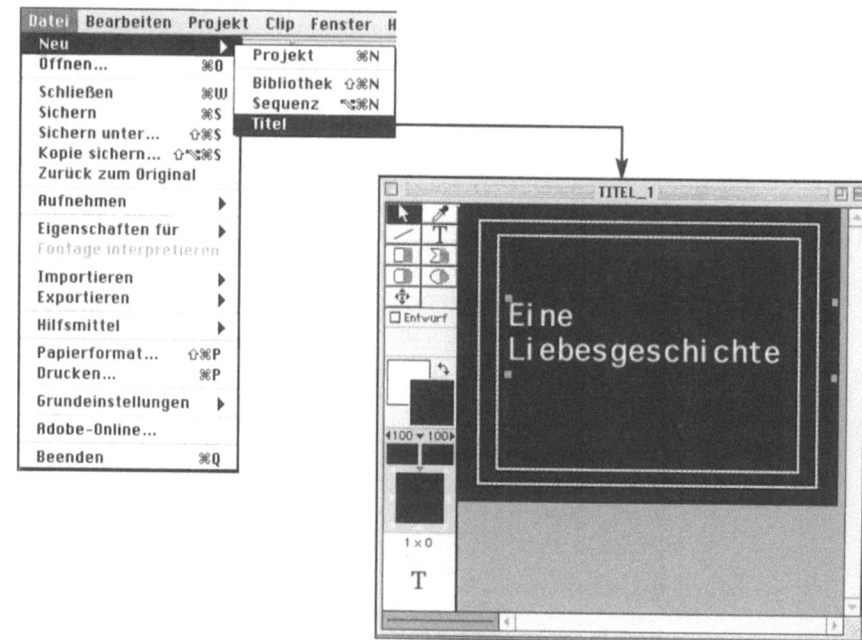

5.4 Digitalvideo schneiden und vertonen

Lernziele
- Bearbeiten eines Digitalvideos.
- Anwenden des Titelbildgenerators.
- Funktion verschiedener Schneidewerkzeuge kennen lernen.
- Trimmen eines geschnittenen Videos.
- Anpassen von Sound- und Videodateien.
- Exportieren des Videoclips im richtigen Dateiformat für die Einbindung in ein Präsentationssystem.

5_PREMIERE
5_3_A

Aufgabe
- Aus den vorgegebenen Videodaten auf der CD-ROM sollen Sie einen Videoclip zusammenstellen, der in das Programm Macromedia Director eingebunden und dort als Aufmacherclip für eine Automobil-CD-ROM dient. Der Videoclip muss mit dem mitgelieferten 44-KHz-Sound unterlegt werden. Beachten Sie bitte die dazugehörige Schnittanweisung für diesen Videoclip auf der folgenden Seite.

Lösung
1. Erstellen Sie vor dem eigentlichen Arbeitsbeginn einen Projektordner auf Ihrem Schreibtisch. In diesen Ordner werden alle Dateien gelegt, die für diese Aufgabe benötigt und erstellt werden. In diesen Ordner kopieren Sie die Videodaten von der CD-ROM aus dem Ordner 5_3-A > Ordner > Filmclips. Wenn Sie die notwendigen Titel für diesen Film herstellen, werden diese ebenfalls in diesen Ordner kopiert.

2. Öffnen eines neuen Projektes mit den Angaben der Abbildung 5.4/1.

3. Stellen Sie das erste Titelbild mit Hilfe des Titelbildgenerators her. In der Abbildung 5.3/2 ist der Aufruf des Titelbildgenerators dargestellt. Rufen Sie dieses kleine Grafikprogramm nach dem Einrichten des Projektes auf und erstellen Sie das erste Titelbild „Eine Liebesgeschichte" für das Projekt. Die Werkzeuge des Titelbildgenerators sind Ihnen wahrscheinlich aus den verschiedenen Grafikprogrammen bekannt. Daher ist die Her-

Abb. 5.4/4
Werkzeuge Titelbildgenerator

von links nach rechts:

Cursor/Pipette
Linie/Text
Rechteck/Freiform
Rechteck/Kreis
Text bewegen
Entwurfdarstellung

Vorder-/Hintergrundfarbe
Farbwähler

Adobe Premiere

Schnittanweisung Produktion: *Clip Porsche – Eine Liebesgeschichte – Dauer ca. 4 Minuten*

Zeit/Szene	Summe	Film/Inhalt/Bild/Titel	
00:00:00	00:00:00	**Eine Liebesgeschichte**	Opener-Clip zum Einstimmen auf das Thema Sportwagen → Tafel „Eine Liebesgeschichte" herstellen (1)
00:05:00	00:05:00	**CLIP_1.MOV**	Alle Autos der USA Beginnt mit Motiv Wolken Vom Oldtimer zum modernen Auto. Sportwagengeschichte. Endet mit Texttafel <u>Dann ...</u> → Text schneiden → Tafel „Dann ..." herstellen (2)
00:58:00	01:02:00	**CLIP_2.MOV**	Das Auto in der modernen Gesellschaft. Film endet Schwarz im Tunnel. → Schwarz schneiden → Tunnel stehen lassen (3) → Tafel „?" herstellen Vom alten Porsche zum Boxter. → Beginn Schwarz mit ?
00:44:00	01:46:00	**CLIP_3.MOV**	→ Endet mit Porsche Logo
02:56:00	04:02:00	**CLIP_4.MOV**	Film Porsche Logo

Teil *01* von *01*	Seite *01*
Sprache / Anweisungen	Effekte/Überblendungen
Titel „Eine Liebesgeschichte" vergrößern. Film mit beliebigem Schnitt an neuen Titel anhängen. Vorgabe: Zeit neuer Titel = Zeit alter Titel. **Anweisung für alle Titelszenen:** Alle Titel sind mit größerer und gleicher Schrift wie „Eine Liebesgeschichte" zu erstellen. **Anweisung für Filmschnitt:** Film ist an Sound anzupassen. Möglichst wenig Schnitte. Der Sound ist Leitdatei für den Filmschnitt. Sound 0:04:02:01 – Komplette Sprach- und Musikunterlegung für Projekt Porsche. Sprache muss vollständig verwendet werden.	Überblendung frei. Harter Schnitt möglich zwischen Titel + Clip Überblendungen und Schnitte nach eigenem Ermessen. Anpassung an Szenen obligatorisch.

Abb. 5.4/5
Import Titelbild

Die erstellten Titelbilder werden in den gleichen Ordner abgelegt, in dem sich die zu schneidenden Videoclips befinden. Damit stehen nach den ersten Bearbeitungsschritten alle für den Schnitt benötigten Materialien in einem Ordner zur Verfügung.

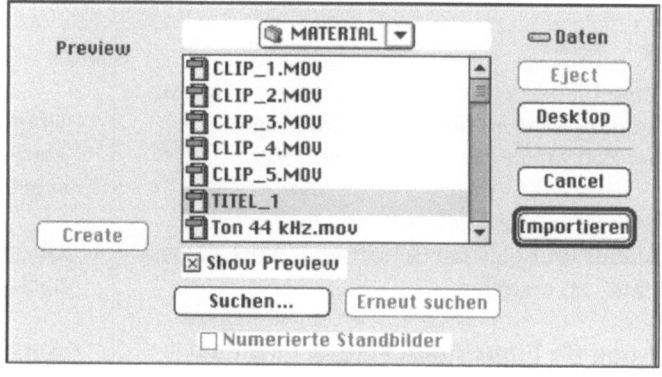

Abb. 5.4/6
Projekt sammeln

Alle für ein Schnittprojekt benötigten Dateien werden in einen Ordner gelegt und dann in das Projektfenster geladen. Die Abbildung zeigt die verschiedenen Dateitypen für das Projekt Porsche an: CLIP_1.MOV bis CLIP_5.MOV sind Filmdateien, die Datei TITEL_1 ist eine in Premiere hergestellte Titeldatei und die Datei TON 44 kHz.mov ist eine Filmdatei, die nur aus einer Tonspur besteht.

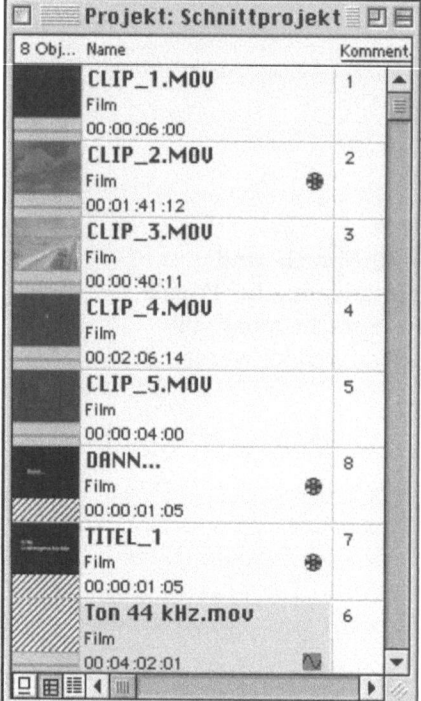

stellung des Titels in aller Regel kein Problem. Nachdem Sie die schwarze Hintergrundfläche mit dem rechten, dunkel unterlegten Rechteckwerkzeug aufgezogen haben, wechseln Sie zum Textwerkzeug und schreiben den Titeltext in die schwarze Fläche. Vermutlich sehen Sie Ihren Text nicht, da Sie diesen in der Farbe Schwarz geschrieben haben. Aktivieren Sie daher Ihren Text noch einmal und wechseln Sie die Vorder- und Hintergrundfarbe wie in Abbildung 5.4/3 dargestellt.

Ist das Titelbild fertig, muss es als eigene Datei gesichert werden. Danach ist der Import in das Projektfenster notwendig, damit die Datei für den Schnitt zur Verfügung steht. Dies ist in den Abbildungen 5.4/5 und 5.4/6 dargestellt. Erstellen Sie die weiteren Titel nach dem gleichen Schema vor oder während der Schnittproduktion.

4. Beginn des Schnitts: Legen Sie die Sounddatei Ton-44-KHz in die Audio-Spur 1. Diese Datei weist eine Spieldauer von 0:04:02:01 auf. Diese Spur ist nicht veränderbar und gibt damit die Gesamtspielzeit des Videoclips vor. Schützen Sie diese Spur durch die Aktivierung der Schaltfläche Schützen. Sie müssen nun diese Sounddatei als Leitdatei für Ihren Videoschnitt benutzen. Dies bedeutet, dass die Spieldauer des Sounds gleich der Spieldauer des Clips ist. Sämtliche Videodateien müssen in ihrer Gesamtheit passend auf diese Sounddatei geschnitten werden.

→ Abbildung 5.3/8

5. Nachdem die Sounddatei positioniert und geschützt ist, kann der Zusammenschnitt der einzelnen Clipdateien mit den Titeldateien durchgeführt werden. Dies ist in der Abbildung 5.4/6 ff. dargestellt. Setzen Sie die Titelbilddatei in die Videospur 1B, die Datei Clip_1.MOV in die Spur 1A. Dabei müssen Sie beachten, ob ein so genannter „Harter Schnitt" entstehen soll oder ob Sie eine Überblendung für den Spurwechsel einbauen wollen. Um die Ausrichtung der einzelnen Spuren zueinander zu gewährleisten, müssen Sie die in Abbildung 5.3/8 dargestellte Trimmen-Optionen aufrufen und entsprechend einstellen.

Rufen Sie die Hilfe-Funktion in Adobe Premiere auf und informieren Sie sich über die Trimmenfunktion. Diese Funktion ist dort ausgezeichnet beschrieben und kann von Ihnen zur Anwendung ausgedruckt werden.

Abb. 5.4/7
Beginn des Schnitts

Nach dem Start des Programms und dem ersten Erstellen eines Titelbildes können die Arbeitsdateien in das Projektfenster geladen und das Projekt gesichert werden. Anschließend werden die ersten Arbeitsdateien geladen. Leitdatei ist die Sounddatei „Ton 44 kHz.mov". Diese nicht veränderbare Datei bestimmt die Länge des Videoclips. Schützen Sie diese Spur gleich zu Beginn Ihrer Schneidearbeit, so dass keine Veränderung mehr möglich ist.

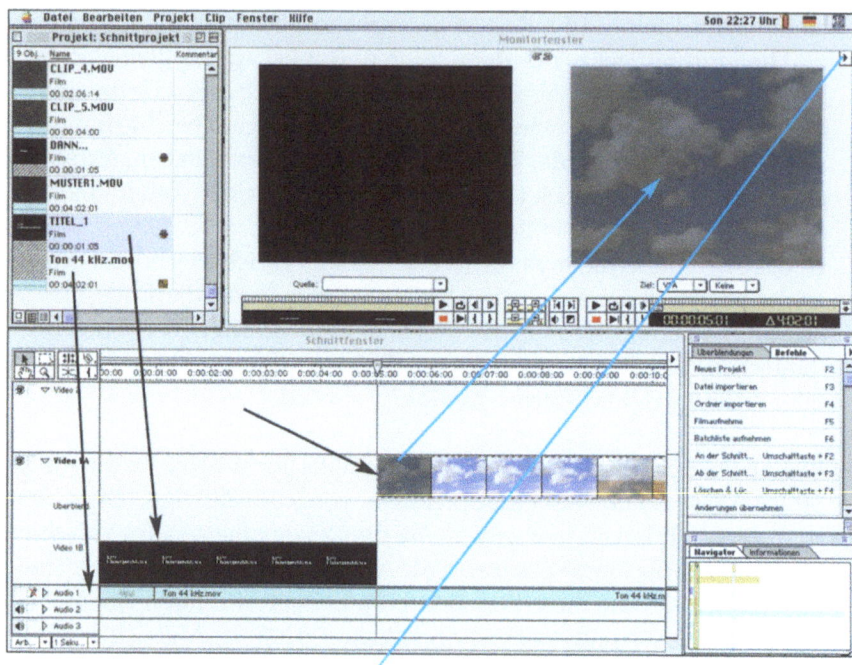

Abb. 5.4/8
Trimmen

Im rechten oberen Eck des Monitorfensters kann die Trimmen-Funktion aufgerufen werden. Hier kann die jeweilige Zuordnung und Ausrichtung der einzelnen Filmelemente zueinander vorgewählt werden. Wählen Sie hier die gezeigte Einstellung zum Ausrichten und Zusammenschieben der einzelnen Spuren. Informieren Sie sich über die Trimmen-Funktion genauer in der Premiere-Hilfe.

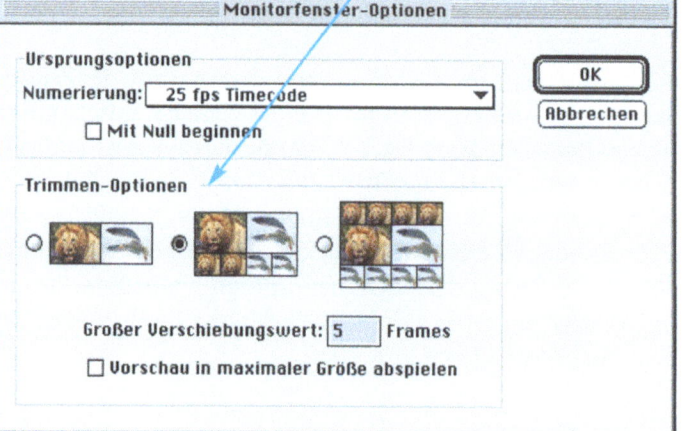

5. Videoschnitt

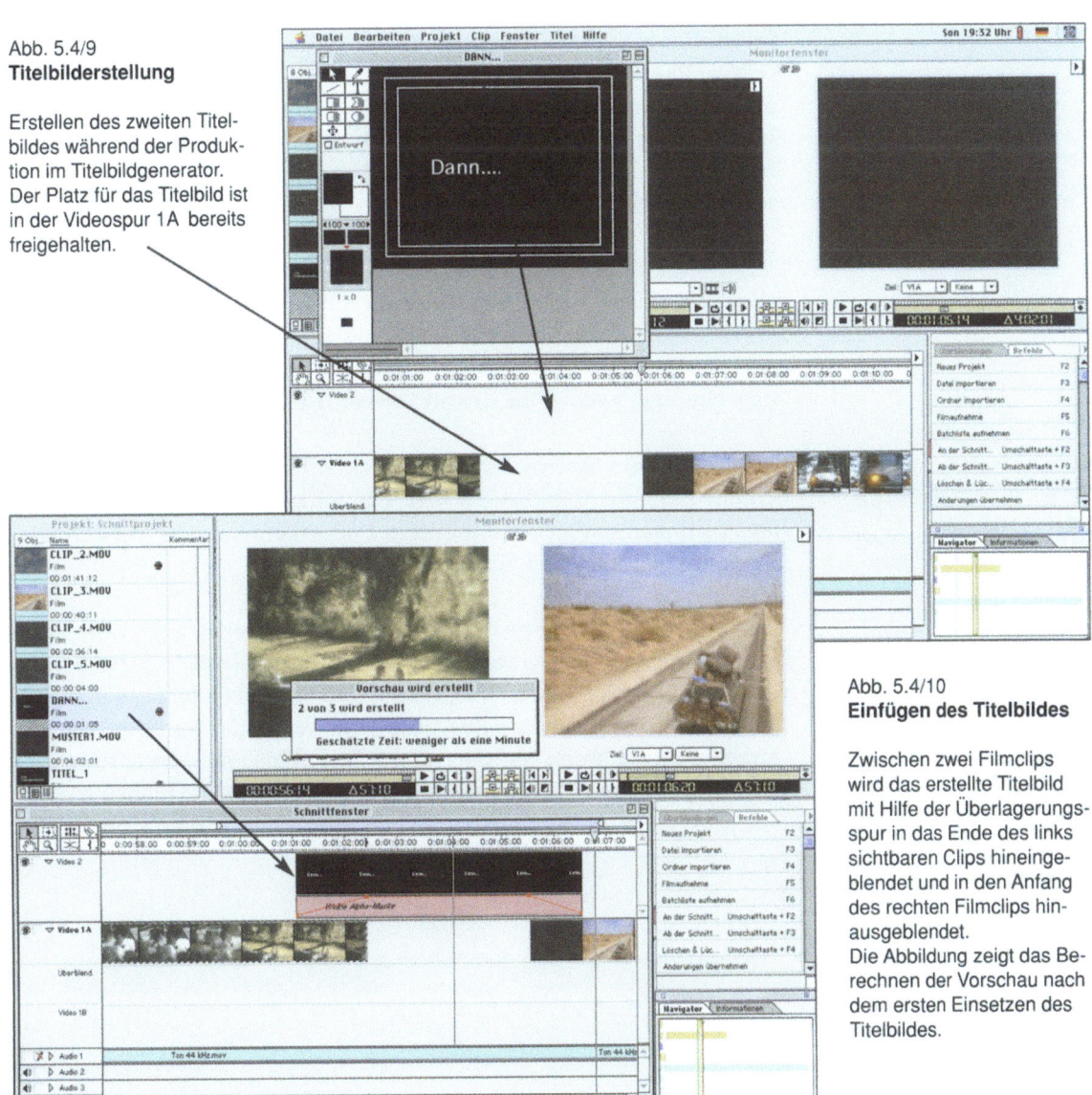

Abb. 5.4/9
Titelbilderstellung

Erstellen des zweiten Titelbildes während der Produktion im Titelbildgenerator. Der Platz für das Titelbild ist in der Videospur 1A bereits freigehalten.

Abb. 5.4/10
Einfügen des Titelbildes

Zwischen zwei Filmclips wird das erstellte Titelbild mit Hilfe der Überlagerungsspur in das Ende des links sichtbaren Clips hineingeblendet und in den Anfang des rechten Filmclips hinausgeblendet.
Die Abbildung zeigt das Berechnen der Vorschau nach dem ersten Einsetzen des Titelbildes.

Adobe Premiere **189**

Workshop zur Mediengestaltung

6. Überprüfen Sie Ihre Schneideergebnisse dadurch, dass Sie den Arbeitsbereich an Ihre Schneidearbeit anpassen und die jeweils neu geschnittene Clipsequenz berechnen lassen. Diese Datei wird nicht gesichert und dient ausschließlich zur korrekten Darstellung und Überprüfung Ihres Schnitts. Die Veränderung des Arbeitsbereiches können Sie in der Abbildung 5.2/6 nochmals nachschlagen.

7. Der weitere Fortgang des Schnitts erfolgt jetzt immer im Wechsel zwischen den Videospuren 1A und 1B oder mit der Überlagerungsspur. Dies ist in der Abbildung 5.3/10 für eine Überlagerung dargestellt. Mit Hilfe der Überlagerungsspur kann ein Texttitel mit einer weichen Überlagerung ein- und wieder ausgeblendet werden.

8. Den Wechsel der Spuren und den im Prinzip sehr einfachen Aufbau des Schnitts zeigt die Abbildung 5.3/11. Die einzubauenden Texttafeln und ihre Positionen sind durch die Ziffern 1 – 3 erkennbar. Die verwendeten Clips sind mit den Dateinamen gekennzeichnet.

9. Am Ende des Videoclips ist eine Fehlstelle erkennbar. Dies kann Ihnen beim Schnitt ebenfalls so passieren. Dies ist unproblematisch zu korrigieren. Da die Titeldateien mit den Ziffern 1 – 3 verkürzt oder verlängert werden können, ist die Korrektur über eine Verlängerung einzelner Titel durchzuführen. Wenn Sie den ersten Titel „Eine Liebesgeschichte" verlängern, müssen Sie das gesamte Projekt so nach hinten schieben, dass ein

Abb. 5.4/11
Projekt Sportwagen

Die Abbildung zeigt das Gesamtprojekt mit einer Spieldauer von ca. 4 Minuten. Die einzelnen Elemente, aus denen sich der Clip zusammensetzt, sind gekennzeichnet und erleichtern die Orientierung bei der Herstellung des Gesamtclips. Beachten Sie bitte die angezeigte Fehlstelle und deren Beheben im Text.

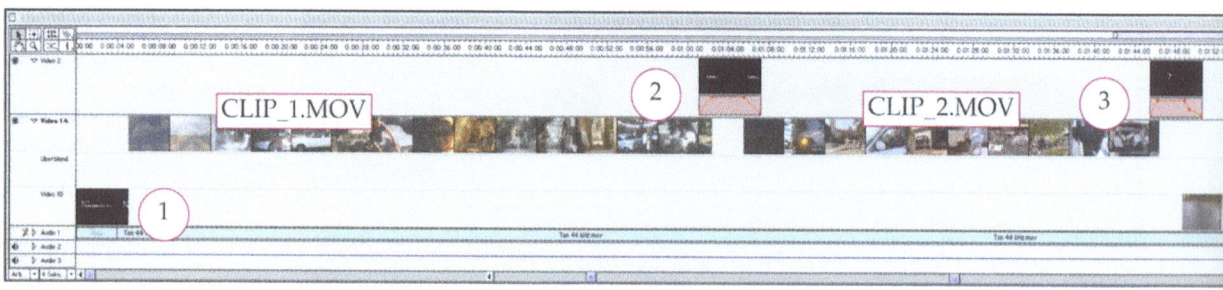

harter Schnitt zum CLIP_4.MOV entsteht. Der Übergang zum Porsche-Logo ist damit direkt gewährleistet. Haben Sie diese Korrektur durchgeführt, sollten Sie den Film auf die folgenden Punkte hin überprüfen:
- Ist die Ton- und Bildführung korrekt und synchron gelungen?
- Entspricht die Clipgröße tatsächlich den gewünschten Vorgaben? (Mit Clipgröße ist die Breite und Höhe des Clips gemeint).
- Entspricht die Tonqualität den Vorgaben?
- Sind Farb- und Schärfeunterschiede im Videoclip erkennbar und eventuell mit Hilfe der Filterfunktionen nachzuarbeiten?

Können Sie alle Fragen positiv beantworten, steht der Berechnung Ihres Clips nichts mehr im Weg. Mit der bereits bekannten Exportfunktion können Sie den Clip korrekt für den Export einstellen und berechnen lassen. Bei einem Clip in der Länge von vier Minuten dauert dies einige Zeit.

10. Wenn der Clip fertig berechnet ist, sollten Sie ihn in das Programm Macromedia Director importieren und dort testen, ob er problemlos eingebaut und abgespielt werden kann. Diesen Test sollten Sie jeweils auf einem PC und einem Macintosh durchführen, um Ihren Film plattformunabhängig einsetzen zu können. Näheres dazu finden Sie im „Kompendium der Mediengestaltung" in Kapitel 6.3.

Abb. 5.4/12
Verschiebewerkzeug

Das Verschiebewerkzeug mit den zwei nach rechts zeigenden Pfeilen ermöglicht das Verschieben eines gesamten Projektes ab einer beliebig gewählten Position im Schnittfenster ohne Veränderungen des Schnitts im Schiebebereich.

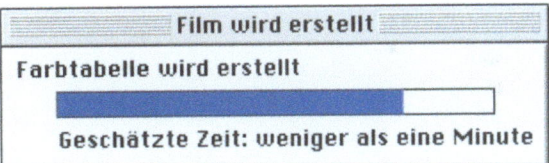

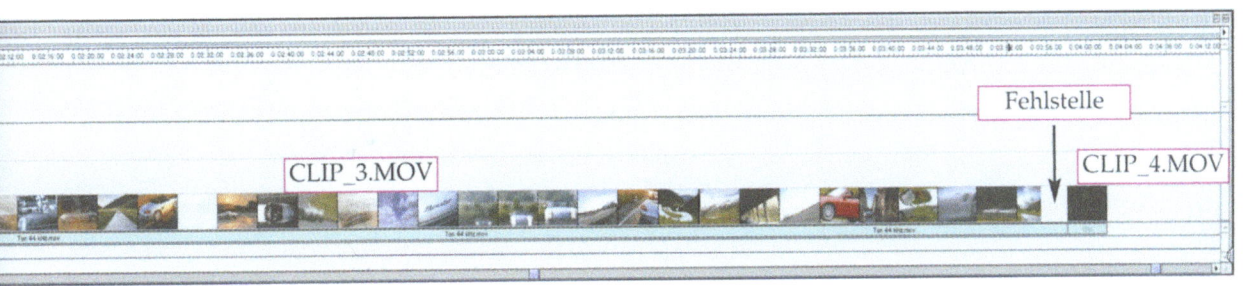

6 Virtuelle Räume
QuickTime VR

Workshop zur Mediengestaltung

Abb. 6.1/1
Panorama Stitcher

Die Einzelbilder werden durch *Add Images ...* in den Panorama Stitcher geladen und mit Hilfe der *Rotate-Pfeile* in die richtige Position gedreht. Durch den Befehl *Stitch Pano* wird die Panorama-Berechnung gestartet.

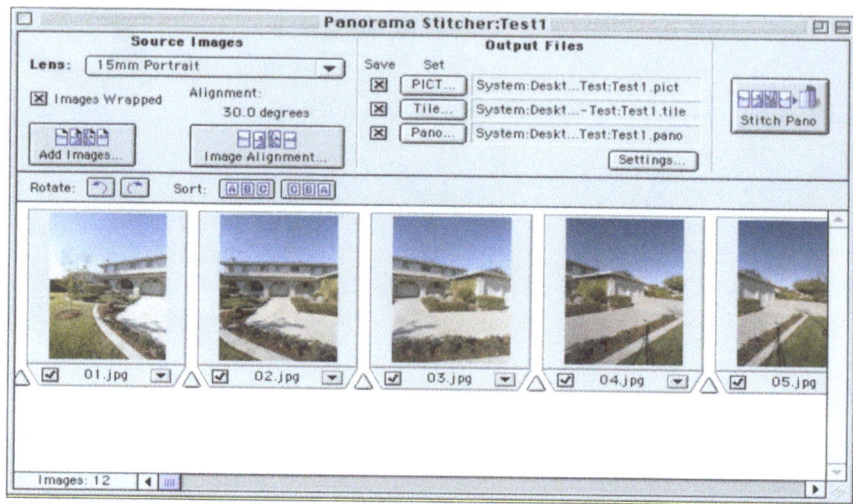

Abb. 6.1/2
Panoramaberechnung

Die Berechnung eines Bildpanoramas durchläuft mehrer Rechenoperationen, die am Bildschirm angezeigt werden. Dazu gehören Prozese wie Überlappungen berechnen, Bildschärfen und das Schreiben des Filmes. Nach der Berechnung erhält man einen fertigen und verarbeitungsfähigen Panoramafilm.

Der unten dargestellte Film ist noch in einem Zwischenstadium, also noch nicht fertig berechnet. Die Helligkeitsunterschiede zwischen dem linken und rechten Bildteil werden noch korrigiert und angeglichen.

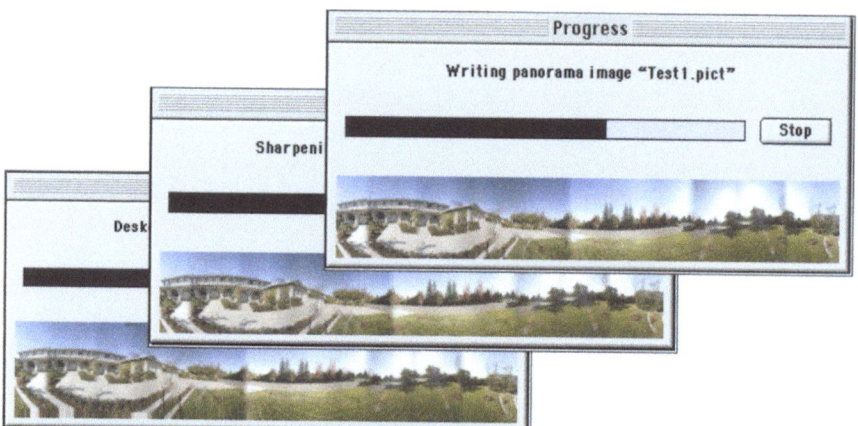

6. Virtuelle Räume

6.1 Werkzeuge und Fenster

Lernziele
- Die wichtigsten Werkzeuge und Fenster kennen lernen.
- Das Prinzip eines Panoramafilmes verstehen.
- Panoramafilme mit Hilfe des Stitching-Prozesses berechnen.

Starten Sie das Programm QTVR Authoring Studio. Kurz nach dem Programmstart erscheint die Menüleiste. Über den Öffnen-Dialog können Sie folgende Programme starten: Object Maker zur Herstellung von drehbaren 3D-Objekten, Panorama Maker zur Panorama-Filmherstellung, Panorama Stitcher zur Herstellung von Panoramabildern. Aus diesen Bildern werden im Panorama Maker zylindrische Pan-Filme erstellt. Der Project Maker organisiert größere Projekte zur Herstellung virtueller Welten. Im Scene Maker werden die einzelnen zylindrischen Panoramafilme durch so genannte Hot Spots zu virtuellen Welten verknüpft.

Nach dem Start eines der genannten Programme werden Sie aufgefordert, das jeweilige Projekt zu sichern. Erst wenn dies geschehen ist, können Sie mit Ihrer gewünschten Tätigkeit beginnen.

In der Regel starten Sie dann das Programm *Panorama Stitcher*, wenn *Einzelbilder* vorliegen, die zusammengerechnet werden müssen. Dies ist in der Abbildung 6.1/1 dargestellt. Ist das Ausgangsbild ein Panoramabild, wird der *Panorama Maker* gestartet. Dieser errechnet aus dem planen Panoramabild einen zylindrischen *Panoramafilm*.

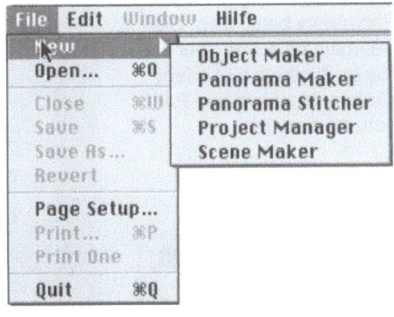

Abb. 6.1/3
QTVR-Programme

Die verschiedenen QTVR-Programme werden über *File > New* > z.B. *Panorama Stitcher* geöffnet. Danach erscheint das in Abbildung 6.1/1 abgebildete Menü.

Prinzip des Panoramafilmes

Der Panoramafilm ermöglicht einen Rundumblick um 360° Grad, ausgehend von einem festen Standpunkt des Betrachters. Damit ist ein Rundblick auf ein Stadt- oder Landschaftspanorama ebenso möglich wie der Rundblick innerhalb eines Raumes. Videostandbilder, digitalisierte Fotografien und 3D Renderings können als Ausgangsmaterial Verwendung finden. Typischerweise werden in den meisten Fällen digitale Fotografien verwendet.

QTVR Authoring Studio

Workshop zur Mediengestaltung

Abb. 6.1/4
Panorama Stitcher von PhotoVista

Alternativ zu QTVR lassen sich schöne Panoramabilder mit dem Programm PhotoVista berechnen. Die Bearbeitung erfolgt über die klaren Symbole für Laden, Drehen, Linsenart und Panorama erstellen.

Abb. 6.1/5
Panoramabild

Nach der Panoramabildberechnung wird die Umrechnung des Bildes in eine zylindrische Form durchgeführt. Nutzen Sie dazu die Befehlsfolge *Sichern unter > im Sicherungsdialog > Cylinder.*

6. Virtuelle Räume

Eine einfache Vorgehensweise für die Aufnahmeerstellung ist folgende: Der Fotograf platziert seine Digitalkamera auf einem Stativ und erstellt eine Reihe von Aufnahmen in einer bestimmten Intervallreihenfolge. Er betätigt alle 30 Grad den Auslöser und erhält als Ergebnis eine Serie von 12 Aufnahmen. Zusammen ergeben diese 12 Aufnahmen im 30-Grad-Abstand einen Bildervollkreis von 360 Grad.

Als Nächstes kommen diese Einzelbilder in die oben bereits angesprochene Panorama-Stitcher-Software. Diese Software projiziert die Einzelbilder an die Innenwand einer imaginären zylindrischen Form. Dabei wird eine Krümmungsberechnung, das so genannte Warping, durchgeführt, um die Einzelbilder anhand zueinander passender Übergänge zu einem später drehbaren Panoramafilm zusammenzufügen.

Dieser Stitching-Prozess verbraucht sehr viel Arbeitsspeicher. Der Berechnungsprozess für einen Panoramafilm kann bis zu 100 MB Arbeitsspeicher benötigen. Glücklicherweise verstehen sich hier QuickTime und die Verwaltung des virtuellen Arbeitsspeichers bestens. Aktivieren Sie daher den virtuellen Arbeitsspeicher Ihres Macintosh und setzen Sie ihn auf einen großzügig bemessenen Wert von 130 MB. Die Verwendung des *virtuellen Speichers* verlangsamt zwar den Stitching-Prozess, aber dies ist ein geringer Preis. Mit Hilfe des virtuellen Speichers lassen sich selbst auf Rechnern mit wenig Arbeitsspeicher große Panoramabilder berechnen.

Alternativ zur Panoramafilmberechnung mit QTVR gibt es noch die Möglichkeit, den Panorama Stitcher der Firma PhotoVista anzuwenden. Diese Software ist durch ihre Symbolik sehr intuitiv zu nutzen und erzeugt sehr schöne Panoramafilme. Auf der gegenüberliegenden Seite wird Ihnen dieses Programm in den Abbildungen 6.1/4 und 6.1/5 vorgestellt.

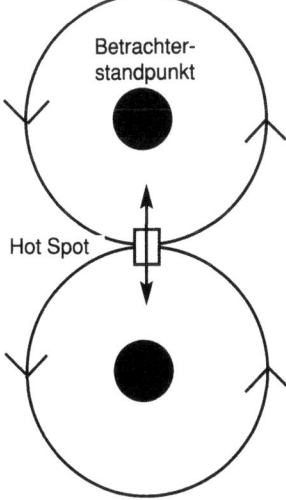

Abb. 6.1/6
Prinzip des Panoramafilmes und der Hot Spot-Technik

Der virtuelle 360-Grad-Film dreht sich um den Betrachter. So genannte Hot Spots ermöglichen es, dass durch eine virtuelle Öffnung von einem digitalen Panoramafilm zum nächsten „gewandert" werden kann.

Abb. 6.1/7
Schematischer Überblick zur Panoramafilmerstellung

Einzelbild-Aufnahmen mit einer QTVR-Panorama-Kamera.

Auf dieser Seite unten links ist eine derartige Kamera abgebildet. Auf einem Stativ stehend kann mit einer solchen Kamera eine Bildserie in verschiedenen Grad- und Objektiveinstellungen vorgenommen werden.

↓

Herstellung bzw. Berechnung eines Panoramabildes mit Hilfe eines Stitcher-Programms wie QTVR-Panorama-Stitcher oder PhotoVista Panorama Stitcher.

Das erstellte Bild wird im nächsten Arbeitsschritt in eine zylindrische Form hineinberechnet.

↓

Panoramafilmherstellung: Aus dem berechneten Panoramabild wird ein Panoramafilm erstellt. Dabei wird das plane Bild auf eine zylindrische Wand projiziert und an den linken und rechten Enden des Bildes zusammenberechnet.
Der Panorama Maker erzeugt den Panoramafilm zur Darstellung eines virtuellen Rundumblickes z.B. in einen Raum oder in eine Landschaft.

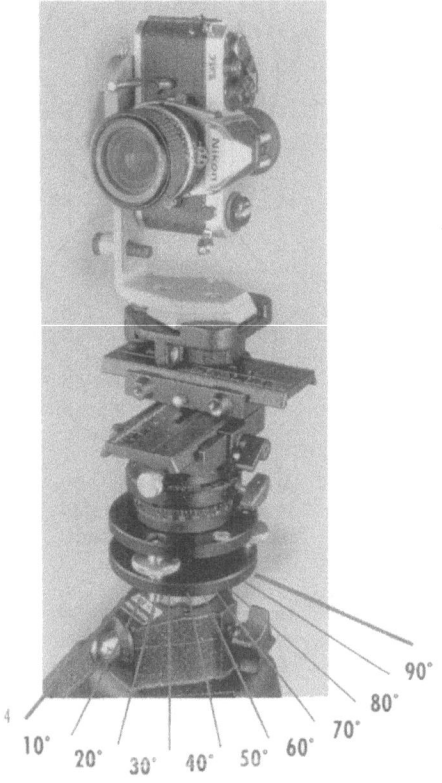

Abb. 6.1/8
QTVR-Panorama-Kamera mit motorisch unterstütztem Drehkopf

Scene Maker verknüpft mehrere Panoramafilme zu einer virtuellen Welt. Durch die „Hot Spots" ist es möglich, durch virtuelle Öffnungen, welche der Mediengestalter selbst erzeugen muss, einen Weg von einem Panoramafilm zum nächsten zu erstellen.

Dadurch können verschiedene Panoramafilme zu einer komplexen virtuellen Welt zusammengestellt werden. Der Gang durch eine Gebäude, durch eine Landschaft oder in ein Verkehrsmittel wie eine Straßenbahn ist mit Hilfe dieser Technik virtuell möglich.

→ **Abbildung 6.1/6**

→ **Aufgabe 6.2**

Herstellen einer Navigations- oder Orientierungshilfe für den Gang durch komplexe virtuelle Welten mit Hilfe eines Grafikprogramms und eines Erweiterungstools für QTVR-Filme.

→ **Aufgabe 6.4**

Vertonen eines QTVR-Filmes durch das Anlegen einer separaten Soundspur. Dadurch ist eine gezielte Sound- oder Sprachunterlegung eines QTVR-Filmes möglich.

→ **Kapitel 6.5**

Workshop zur Mediengestaltung

Abb. 6.2/1
Panorama Stitcher

Die Bilder aus dem Ordner 6_1_A werden alle in den Panorama Stitcher geladen. Normalerweise ist bei einem neu geöffneten Programm die Linse 20 mm Landscape aktiv. Ist dies nicht der Fall, sollten Sie diese Einstellung dahingehend ändern.
Weitergehende Einstellungen sind nicht vorzunehmen. Aktivieren Sie die Berechnung durch den Button Stitch Pano. Danach werden Sie Zeit für eine kleine Pause haben bis das Panoramabild berechnet ist.

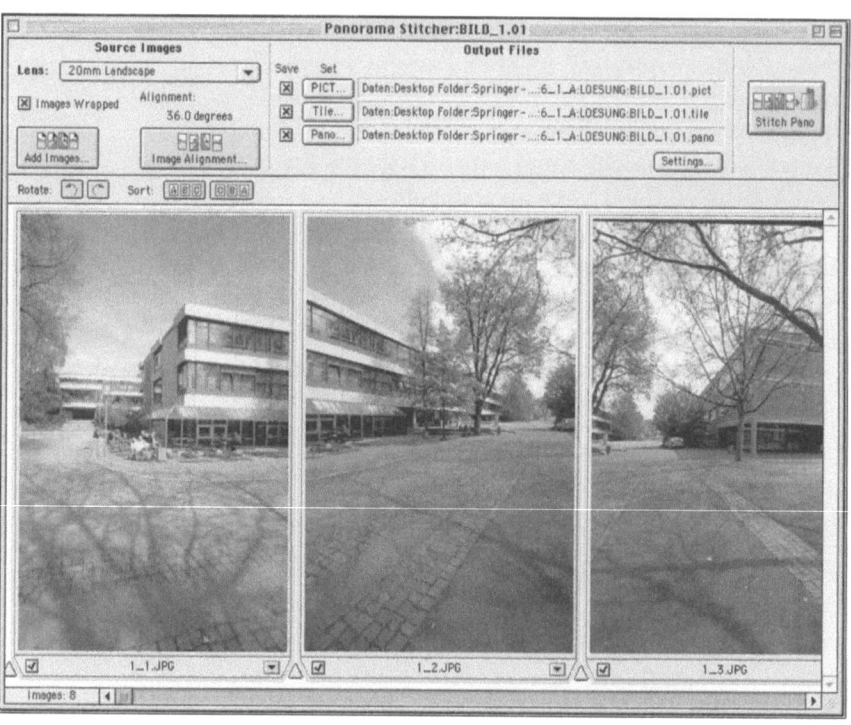

Abb. 6.2/2
Panorama-Movie

Das Panoramabild importieren Sie in den Panorama Maker. Hier wird mit dem Befehl Make Pano ein Panorama-Movie erstellt. Dieser Film ist nach links und rechts drehbar. Die Drehrichtung wird durch kleine Pfeile angezeigt. Die Lupe ermöglicht das Vergrößern/Verkleinern eines Ausschnittes aus dem Film.

6.2 Erstellen eines virtuellen Raumes

Lernziele
- Panoramafilme mit Hilfe des Stitching-Prozesses erstellen.
- Übungsfilme erstellen mit vorgegebenen Bilddaten.

Aufgabe
- Erstellen Sie aus den acht Bildern im Ordner > 6_2_A > *Bilder* einen Panoramafilm. In dem Ordner > 6_2_A > UEBUNG befinden sich weitere Bilder für die Erstellung von Panoramafilmen. Sie sollten daraus weitere Filme erzeugen, um für die nächste Aufgabe Filmmaterial zur Verfügung zu haben.

6_QTVR
6_2_A

Lösung
1. Starten Sie den Panorama Stitcher und sichern Sie Ihren Film in einen neuen Ordner.

2. Mit Hilfe des Buttons *Add Images ...* laden Sie die Bilder aus dem Aufgabenordner in den Stitcher. Achten Sie jetzt darauf, dass bei der Linse (Lens) die Wahl auf *20 mm Landscape* steht.

3. Mit dem Befehlsbutton *Stitch Pano* starten Sie die Berechnung des Panoramabildes. Danach wird aus dem Bild im Panorama Maker der Film berechnet.

4. Bei den vorgegebenen Bildern dürfte es zu keinem Rechenproblem kommen. Sollte dies der Fall sein, notieren Sie sich die Fehlermeldung und ändern Sie die Einstellungen entsprechend den Angaben unter dem Button *Settings ...*

Übung
Entsprechend der Übungsaufgabe Pausenhof erstellen Sie noch vier weitere Panoramafilme.

Diese vier Filme werden benötigt, um die Hot-Spot-Technik zu üben. Sollten Sie diese Zeit nicht aufbringen können, sind die Filme als fertige Movies bei den Bildern zu finden.

Workshop zur Mediengestaltung

Abb. 6.3/1
Scene Maker

Der Scene Maker erscheint nach dem Sichern des Projektes mit einem leeren Arbeitsfeld. Stellen Sie das Arbeitsfeld und den Ordner mit den Panoramafilmen nebeneinander auf Ihren Desktop. Nur so können Sie die Dateien in das Arbeitsfeld setzen.

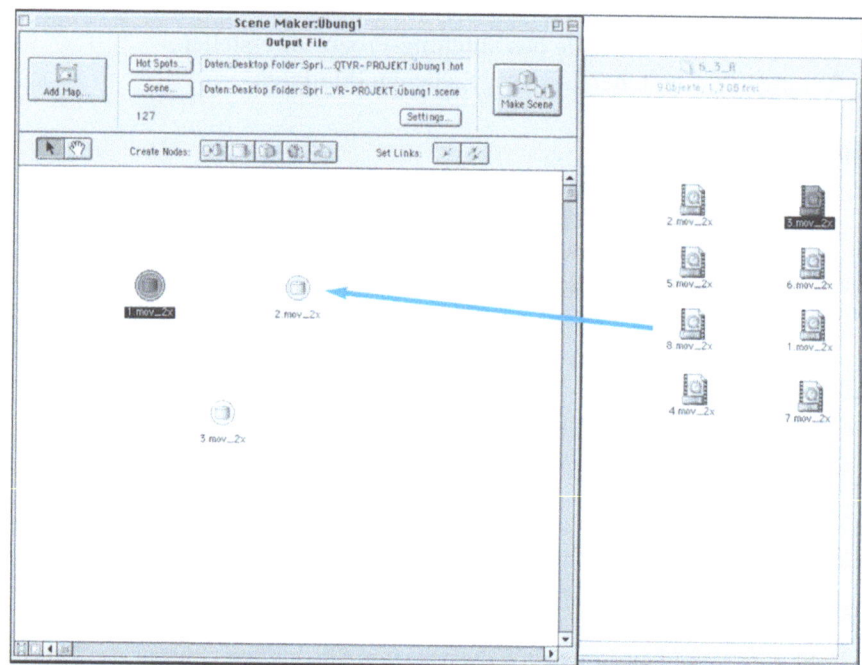

Abb. 6.3/2
Filme verlinken

Mit *Set Links* und *Set Dual Links* werden die Filme miteinander verknüpft, indem der entsprechende Button gedrückt wird, der erste Film aktiviert und aus diesem heraus die Verbindung zum zweiten Film gezogen wird. Es bleiben dann sichtbare Verbindungslinien mit Pfeilen stehen.
Um den Hot Spot zu setzen, bleibt man mit der Maus so lange auf einem Filmsymbol mit gedrückter Taste stehen, bis das gezeigte Menü mit dem Befehl *Edit Hot Spots* erscheint. Danach kann die Maustaste gelöst werden.

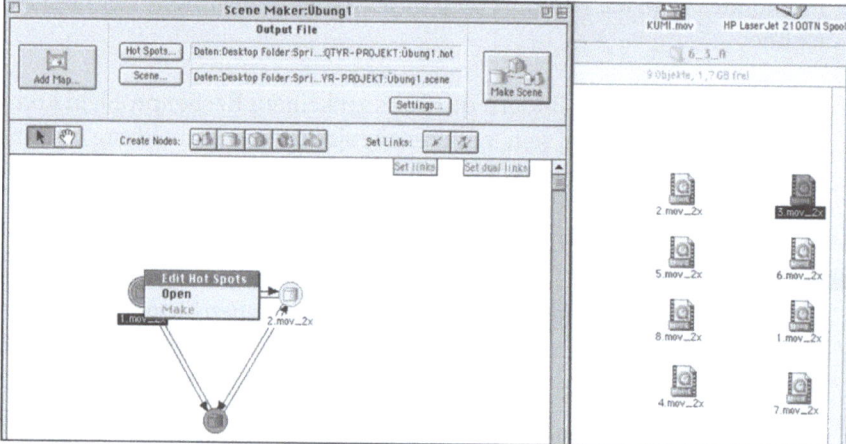

6.3 Hot-Spot-Szene erstellen

Lernziele
- Panoramafilme mit Hilfe des Programms Scene Maker durch Hot Spots verbinden.
- Links und Dual Links setzen.

Aufgabe
- In der vorherigen Aufgabe wurden von Ihnen verschiedene Panorama-Movies erstellt. Diese Movies sollen durch Hot Spots miteinander verknüpft werden. Als Ergebnis besteht dann die Möglichkeit, einen virtuellen Gang durch die Räumlichkeiten eines Gebäudes zu erleben.

Lösung
1. Starten Sie im Programm QTVR den Scene Maker und sichern Sie Ihre Szene in einen neuen Ordner.

2. Stellen Sie das Arbeitsfeld und den Ordner mit den Panoramafilmen nebeneinander auf Ihren Desktop. Nur wenn diese beiden Arbeitsbereiche nebeneinander stehen, können Sie die Dateien in das Arbeitsfeld des Scene Makers per „Drag and Drop" setzen. → siehe Abbildung 6.3/2

3. Ziehen Sie den ersten, zweiten und dritten Panoramafilm auf das Arbeitsfeld des Scene Makers. Positionieren Sie die Filme (vgl. Abb. 6.3/1).

4. Setzen Sie vom ersten zum zweiten Film einen *Dual Link*, indem Sie den Button für *Set Dual Link* aktivieren, den ersten Film aktivieren und die Linkverbindung zum zweiten Film durch ein einfaches Ziehen auf die Datei herstellen. Ihre Arbeitsfläche mit den verlinkten Filmen muss dann wie in Abbildung 6.3/2 dargestellt aussehen.

5. Gehen Sie mit *gedrückter Maustaste* auf Film 1 und warten Sie auf das Erscheinen des Menüs *Edit Hot Spots*. Wählen Sie diese Option. Jetzt erscheint ein Dialogfeld zur Erstellung der Hot-Spot-Öffnung, der *Hot Spot Editor*.

Abb. 6.3/3
Hot Spot Editor

Der Hot Spot Editor besteht aus zwei Elementen: Dem Panoramafilm und dem eigentlichen Editor. Im Panoramafilm wird die Position des oder der Hot-Spot-Fenster definiert. Die Position wird mit Hilfe des Auswahlwerkzeuges des Editors als geometrische Form festgelegt.

In der Abbildung ist eine runde und eine rechteckige Hot-Spot-Öffnung zu erkennen. Die Öffnungen werden immer in der "Hot Spot Color" angelegt und später im fertigen Film auch so angezeigt.

Im Hot Spot Editor befinden sich verschiedene Auswahlwerkzeuge, ein Cursor und ein Schiebewerkzeug. Mit den Auswahlwerkzeugen werden die Öffnungen erstellt. Sie sind wie in Grafikprogrammen anzuwenden.

6. Der Hot Spot Editor besteht, wie in Abbildung 6.3/3 zu sehen ist, aus zwei Elementen: Dem Panoramafilm, in den ein Fenster hineingelegt werden soll, und dem eigentlichen Editor.

7. Wählen Sie aus dem Editor das rote, rechteckig unterlegte *Auswahlwerkzeug* aus. Suchen Sie sich im Film die Stelle aus, durch die Sie in einen anderen Film gehen wollen, also eine Tür, eine Baumgruppe usw. Legen Sie auf diese Stelle mit Hilfe des *Auswahlwerkzeuges* die *Öffnung* in beliebiger Größe an. Sie erscheint als farbige Fläche mit der Farbe, die als *Hot Spot Color* im Editor definiert ist. Die *Hot-Spot-Öffnung* sollte so groß gewählt werden, dass der spätere Nutzer diese Öffnung auch findet. Er erkennt die Öffnung folgendermaßen: An der von Ihnen definierten farbigen Fläche wechselt der Steuerpfeil beim Abspielen des Filmes in einen dicken weißen Hot-Spot-Pfeil. Ist die Öffnung sehr klein, leuchtet dieser Pfeil nur kurz auf und ist daher schlecht erkennbar.

8. Im gezeigten Beispiel sind zwei Hot Spots anzulegen, die mit unterschiedlichen Farben gekennzeichnet sind. Der rote Hot Spot führt zum Film mit dem Dateinamen 2.mov_2x, der grüne führt zum Film 3.mov_2x.

9. Um für die anderen Filme jeweils die Rücksprünge zu erstellen, müssen für jeden ebenfalls zwei Hot Spots angelegt werden. Ist dies geschehen, kann sich der Nutzer durch diese drei Welten bewegen, nachdem die Szene berechnet wurde.

10. Die Berechnung wird durch den Button *Make Scene* aufgerufen. Da es sich um bereits fertige Panoramafilme handelt, die jetzt zu einem neuen Film berechnet werden, kommt es in aller Regel zu keinen Problemen.

11. Betrachten Sie Ihr Ergebnis und verbessern Sie gegebenenfalls das Setzen Ihrer Hot Spots hinsichtlich, Größe, Form und Farbe.

**Abb. 6.3/4
Hot Spots zeigen**

Bei fertigen Filmen einer Szene lassen sich mit dem *Show Hot Spots* die Fenster zu einem andern Raum so zeigen, wie sie im Scene Maker mit dem Auswahlwerkzeug angelegt wurden.

 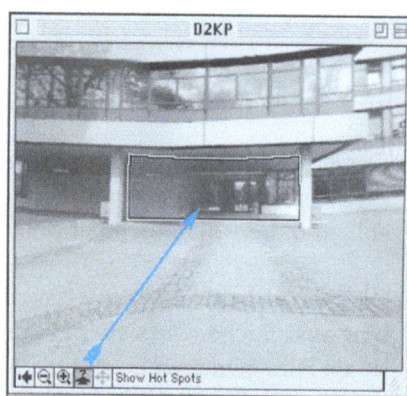

**Abb. 6.3/5
Komplexe Szene erstellen**

Aus allen vorhanden Panoramafilmen lässt sich ein komplexer Rundgang durch ein Schulgebäude berechnen. Nutzen Sie dazu Ihre selbst erstellten Filme oder aber die auf der CD-ROM befindlichen Musterfilme mit den Dateinamen, die Sie auf der abgebildeten Arbeitsfläche erkennen können.

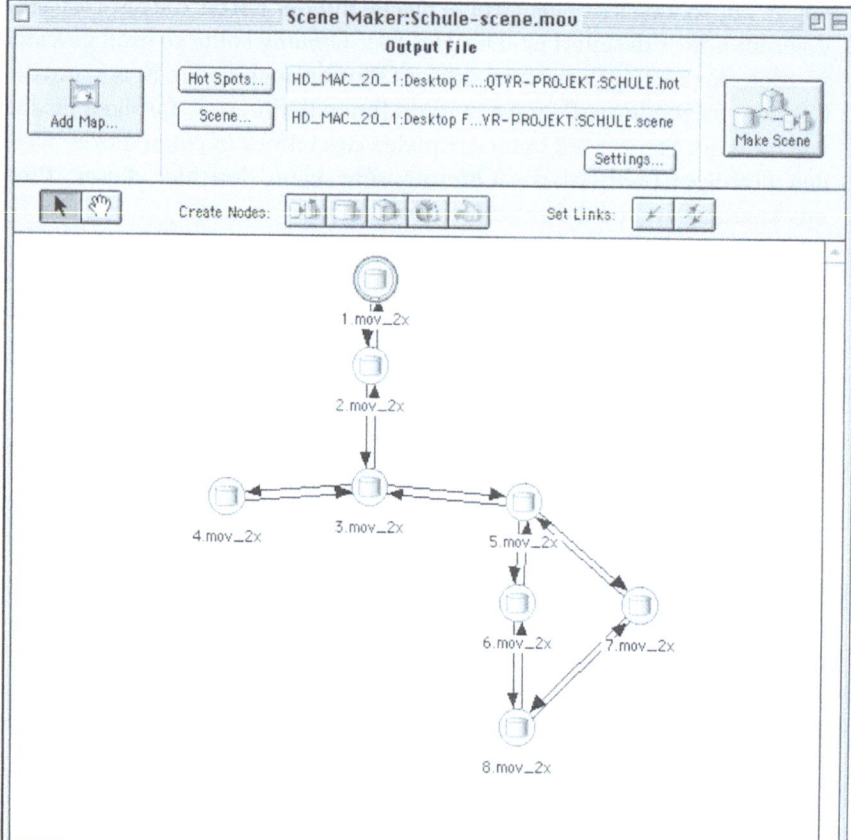

6. Virtuelle Räume

Übung

Nachdem Sie Ihre ersten Übungen erfolgreich erledigt haben, sollten Sie eine komplexere virtuelle Reise in und durch ein Gebäude erstellen. Dazu können Sie die erzeugten Filme verwenden. Sollten Ihnen nicht alle Filme vorliegen, verwenden Sie die Filme aus der CD-ROM.

Ihre Aufgabe besteht nun darin, aus den vorhanden Panoramafilmen eine virtuelle Reise durch die einzelnen Panoramafilme zu erstellen. Der „Fahrplan" für diese Reise ist in der Abbildung 6.3/5 dargestellt. Um Ihnen einen Inhaltsüberblick zu den Filmen zu geben, hier eine kurze Zuordnung:
- Film 1 = Schulhof mit vier Schulen
- Film 2 = Kleinerer Schulhof mit zwei Gebäuden
- Film 3 = Eingangsbereich mit zwei Türen nach links und rechts.
- Film 4 = Computerarbeitsraum mit Trommelscanner
- Film 5 = Raum mit Leuchttischen
- Film 6 = Computerraum mit Leuchttischen in der Raummitte
- Film 7 = Druckformkopie
- Film 8 = Kleiner Computerraum mit Belichter

Stellen Sie die Räume nach dem oben angegebenen Fahrplan zusammen und ermöglichen Sie sich eine Reise durch die Räumlichkeiten einer Fachschule der Druck- und Medienindustrie.

6_QTVR
5_3_L

Workshop zur Mediengestaltung

**Abb. 6.4/1
Filmoptionen**

Hier wird das Format und die Position des Panoramafilmes mit Navigationstool festgelegt.
Im gezeigten Beispiel befindet sich die Navigationsübersicht rechts vom Panoramafilm.

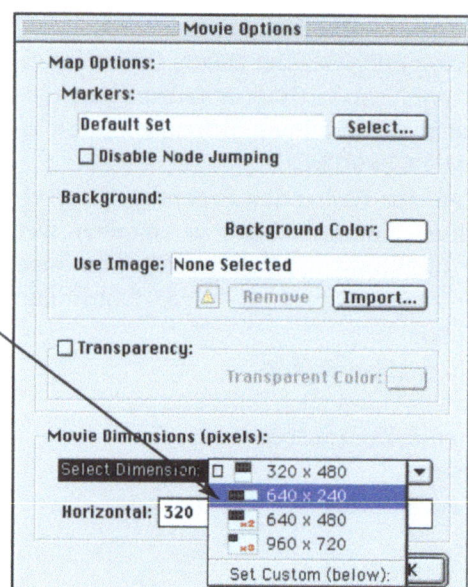

**Abb. 6.4/3
Arbeitsoberfläche ...**

des Programms mapsaVR. Rechts ist die zweigeteilte Arbeitsfläche, links die Import- und Einstellungsoptionen zu finden.

**Abb. 6.4/2
Lageplan**

Als Navigationshilfe kann der Übersichtsplan in Photoshop, Freehand oder Illustrator gezeichnet werden. Im Original ist er 8 x 8 cm groß.

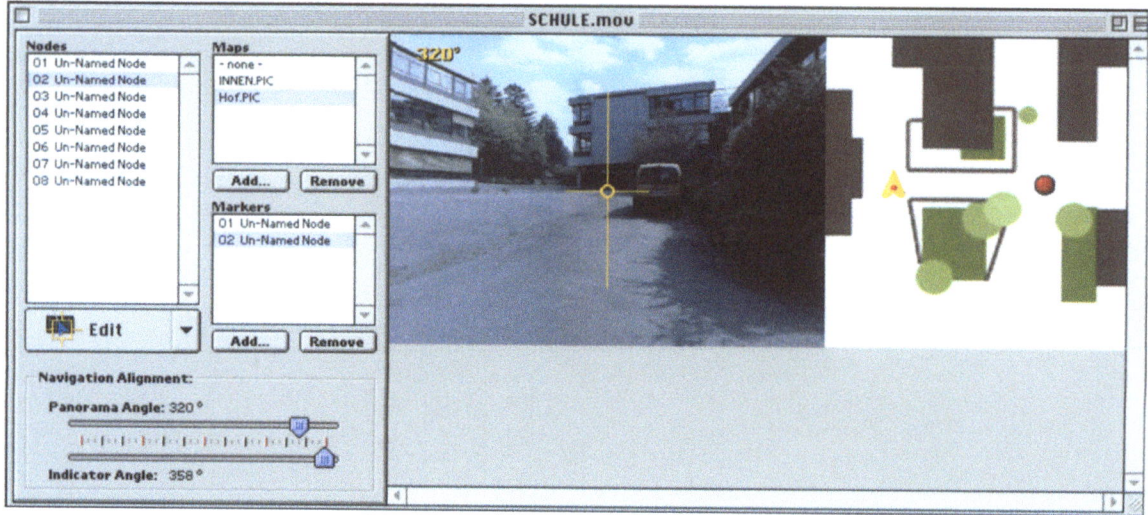

208 QTVR Authoring Studio

6.4 Aufgabe Navigationshilfe erstellen

Eine ausgesprochen hilfreiche und übersichtliche Sache ist der Einbau einer Orientierungskarte oder einer Navigationshilfe in Panoramen. Wie Sie in der vorherigen Übung erkannt haben, ist die Herstellung einer komplexen virtuellen Welt nicht allzu schwierig. Wenn ein Nutzer durch diese Anwendung geht, hat er vielleicht Schwierigkeiten, sich zu orientieren. Ein Lageplan mit der Angabe zu seiner aktuellen Position ist hier hilfreich.

Dazu gibt es ein nützliches kleines Programm, das diese Orientierungshilfe relativ leicht erstellen kann. mapsaVR kommt aus den USA und befindet sich auf der CD im Ordner 6_4_A. Sie können dieses Programm nutzen, allerdings werden beim Speichern immer bestimmte Fehler eingebaut, die Sie in einer mangelnden Optik erkennen können. Es fehlt einmal ein Stück Lageplan oder der Pfeil wird nicht dargestellt. Dieses Problem können Sie beheben, wenn Sie sich bei der angegebenen Internet-Adresse registrieren lassen. Dann steht hochwertigen Navigationshilfen nichts im Weg. Für unsere Übung ist aber das mitgelieferte Testprogramm gut geeignet.

6_QTVR
6_4_A

Aufgabe
- Erstellen Sie für den Panorama-Szene-Film „Schulhof" einen Orientierungsplan für den Außen- und Innenbereich. Die Pläne für diese Bereiche sind in den Abbildungen 6.4/2 bis 6.4/5 gezeigt und können als Vorlage verwendet werden. Innerhalb des Orientierungsplanes muss ein Navigationspfeil die Blickrichtung und die Laufrichtung verdeutlichen.

→ **Die Pläne sind in den Abbildungen 6.4/2 bis 6.4/5 dargestellt**

Lösung
1. Erstellen Sie die beiden Pläne in der Größe 8 x 8 cm mit Hilfe des Programms Photoshop oder Illustrator und speichern Sie die Dateien im PICT-Format ab.

2. Starten Sie das Programm mapsaVR und legen Sie die Position des Orientierungsplanes fest. In der Abbildung 6.4/3 sind die Einstellungsoptionen dargestellt.

Workshop zur Mediengestaltung

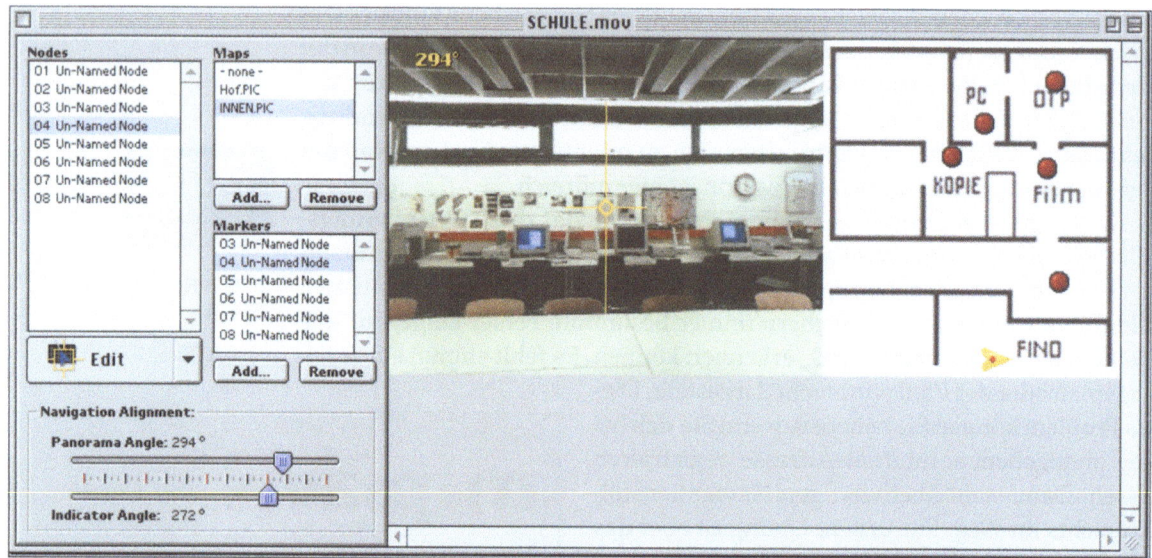

Abb. 6.4/4
Arbeitsoberfläche ...

Die roten Punkte in der Karte zeigen die Standpunkte des Betrachters an. Sie sind später im Film zu sehen.

Abb. 6.4/5
Panoramafilm mit Karte

Deutlich ist die Standortmarkierung und der gelbe Pfeil zu erkennen, der auf die Tür zeigt. Die Tür ist gleichzeitig Hot-Spot-Öffnung zum nächsten Raum. Jeder Raum wird durch einen Panoramafilm dargestellt. Alle Filme sind durch den Scene Maker zu einem Film berechnet worden. Die Einbindung eines Planes dient der Orientierung beim Gang durch die verschiedenen Bereiche des Gebäudes und des Hofes.

3. Importieren Sie den Film SCHULE.MOV, also das Ergebnis Ihrer letzten Übung. Der Film wird in der Arbeitsfläche links dargestellt.

4. Importieren Sie mit Hilfe des Buttons *Add ...* die beiden erstellten Karten. Durch *Anklicken* der *Dateinamen* im Map-Fenster laden Sie die gewünschte Karte in den rechten Teil der Arbeitsfläche

5. Im Fenster der Karte auf der Arbeitsfläche erscheint links oben ein gelber Pfeil. Ziehen Sie diesen Pfeil an die Position Ihres Standortes. Dies ist in der Regel in der Mitte Ihres Panoramafilmes.

6. Verschieben Sie nach der ersten Positionierung des Pfeils die beiden Schieberegler links unten. Der obere Regler führt Sie durch den Panoramafilm, der untere Regler dreht den Orientierungspfeil in der Karte in die gewünschte Position. Ist eine Position festgelegt, verschieben Sie den oberen Regler für die nächste Orientierung, drehen den Pfeil mit dem unteren Regler nach usw. Für jede Drehung wird ein Positionspunkt in das Listenfeld eingetragen.

7. Sind Sie mit einer Szene fertig, wechseln Sie vom Edit-Modus in den Preview-Modus und springen durch den angelegten Hot Spot zur nächsten Szene und legen dort für den neuen Raum die Orientierungspfeile an.

8. Ist dies für alle Szenen durchgeführt, Sichern Sie Ihren Film und schauen sich Ihr Ergebnis an. Ist die Orientierung nicht ganz eindeutig und klar, müssen Sie einen zweiten Versuch zur Verbesserung der Orientierungsgrafik wagen.

6_QTVR
6_4_L

Workshop zur Mediengestaltung

6.5 Sound in QTVR-Movies

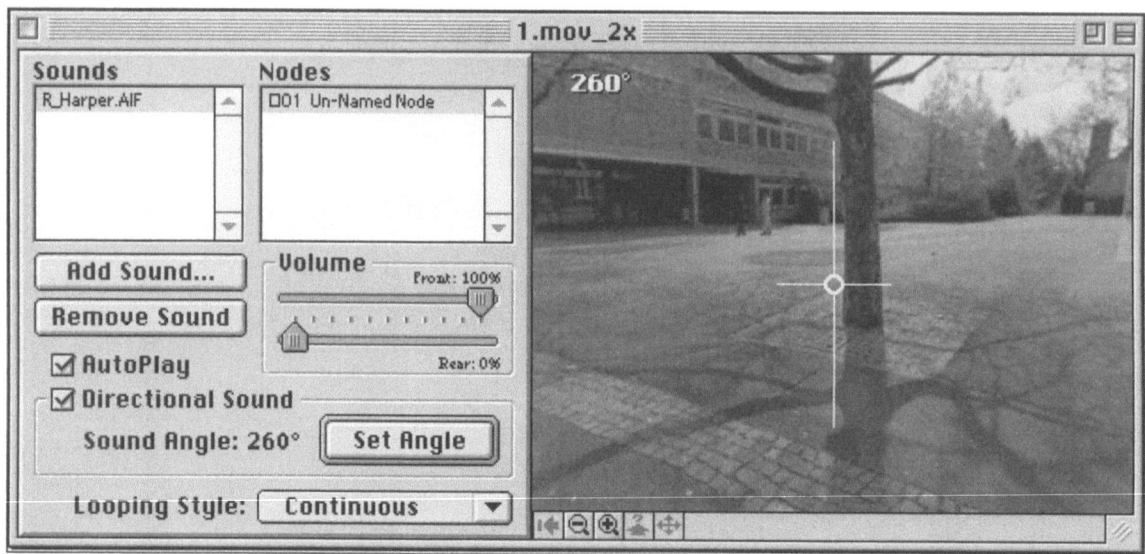

Abb. 6.5/1
Arbeitsoberfläche ...

Das Programm soundsaVR ermöglicht mit obiger Arbeitsoberfläche das Anlegen einer Soundspur.

Abb. 6.5/2
Spuren im QTVR-Movie

Vorhandene Tracks in einem VR-Movie nach dem Soundimport.

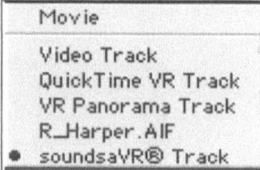

Normalerweise enthalten QTVR-Movies keine Soundspur. Dies führt dazu, dass der Sound zum QTVR-Movie z.B. im Programm Director über eine Lingo-Programmierung gesteuert werden muss.

Mit Hilfe des Programms „soundsaVR" ist die Möglichkeit gegeben, in ein QTVR-Movie eine eigenständige Soundspur anzulegen. Die oben abgebildete Oberfläche des Programms erklärt sich von selbst: Sie müssen den oder die Sounds importieren und an den entsprechenden Gradeinstellungen den jeweiligen Sound als Anspielpunkt definieren.

Ist dies geschehen, wird der Film neu berechnet und Sie haben jetzt einen QTVR-Film mit den in der Abbildung 6.5/2 gezeigten Spuren.

Das Programm befindet sich auf der CD-ROM im Ordner 6_4_A. Die dortige Demoversion wird den importierten Sound nur in einem Gradbereich von 260–360 Grad abspielen. Sie können sich wie bei dem Programm „mapsaVR" bei der angegebenen Internet-Adresse registrieren lassen, um die volle Funktionalität des Programms zu nutzen. Um die Möglichkeiten des Programms kennen zu lernen, reicht die Demoversion aus.

6.6 Plattformübergreifende Movies

Weder der Stitcher noch das QTVR Panorama Utility erstellen ein Panorama-Movie, das unter Windows abgespielt werden kann. Deshalb ist eine Konvertierung notwendig. Diese ist sehr einfach in der Durchführung.

Öffnen Sie das Movie im MoviePlayer von Apple und wählen Sie dort die Menüoption > *Save As*. Klicken Sie dort auf die Option > *Make movie self-contained* und > *Playable on non-Apple computers* und geben Sie dem Movie einen Namen nach der ISO 9660 Konvention – also maximal 8 Zeichen und das Suffix .MOV.

Eine weitere noch einfachere Möglichkeit: Das kostenlose Apple Utility namens QuickTime Streamliner dient der Konvertierung eines Movies mit Hilfe eines einfachen Mausklicks. Sie können sowohl das Programm MoviePlayer als auch den QuickTime Streamliner unter www.quicktime-faq.org/ herunterladen.

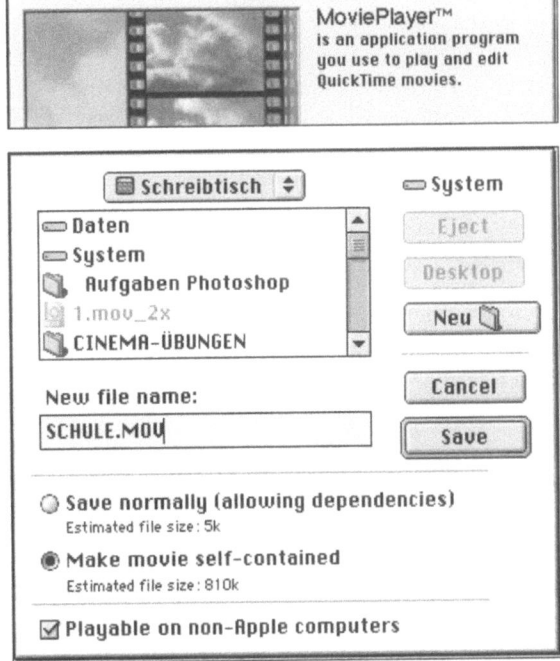

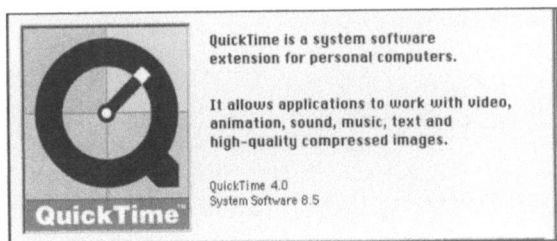

Abb. 6.6/1
MoviePlayer

Konvertierung zu plattformunabhängigen Movies

Workshop zur Mediengestaltung

Abb. 6.7/1
QTVR-Swing

Der QTVR-Film ist im Drehbuch erkennbar am Namen Beigaben.pano. Das in der Besetzung stehende Verhaltensskript wird bei aktiviertem Panoramafilm mit Hilfe der Behavior-Funktion auf den Film im Drehbuch gelegt. Ob das Verhalten QTVR-Swing korrekt auf den Film angewendet wird, kann durch die erweiterte Drehbuchdarstellung kontrolliert werden.

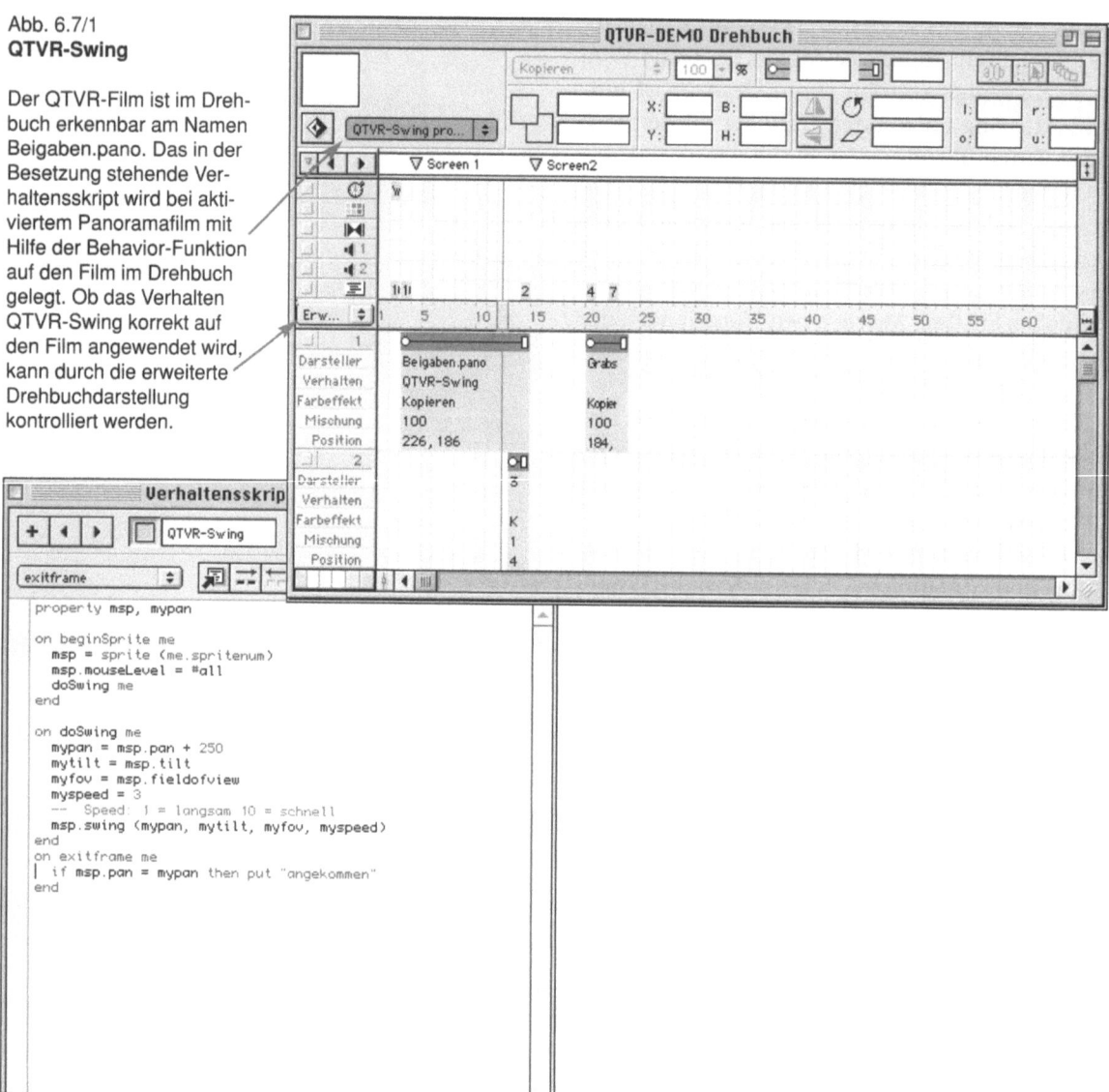

214 QTVR Authoring Studio

6. Virtuelle Räume

6.7 QTVR-Swing in Macromedia Director

Lernziele
- Das Einbinden eines QTVR-Filmes in Macromedia Director mit Hilfe der Swing-Funktion.
- Die Verwendung eines QTVR-Filmes als selbstablaufende Animation.

Aufgabe
- Drehen Sie den ersten QTVR-Film beim Start des Director-Filmes automatisch um 180 Grad. Dazu ist ein Skript erforderlich, das später als Behavior verwendet wird.

→ Stichwort Swing im Lingo-Lexikon der Director-Hilfe

Lösung

Skript:
```
property msp, mypan
on beginSprite me
    msp = sprite (me.spritenum)
    msp.mouseLevel = #all
    doSwing me
end
on doSwing me
    mypan = msp.pan +180
    mytilt = msp.tilt
    myfov = msp.fieldofview
    myspeed = 5
     -- Speed: 1 = langsam 10 = schnell
    msp.swing (mypan, mytilt, myfov, myspeed)
end
on exitframe me
    if msp.pan = mypan then put "angekommen"
end
```

Das Behavior-Skript (Sonderform des Darstellerskripts) wird in den Drehbuchkanal eingetragen und dann aus dem Drehbuch gelöscht, so dass es nur noch in der Besetzung vorhanden ist. Dieses Script darf kein Filmskript sein! Es wird dann später im Drehbuch wieder aufgerufen und auf den QTVR-Film gelegt.

→ Stichwort Filmskript in Kapitel 9 Director

7 3D-Animation

Workshop zur Mediengestaltung

Abb. 7.1/1
Bildschirmansicht

Beim ersten Start wird diese Ansicht aufgebaut.

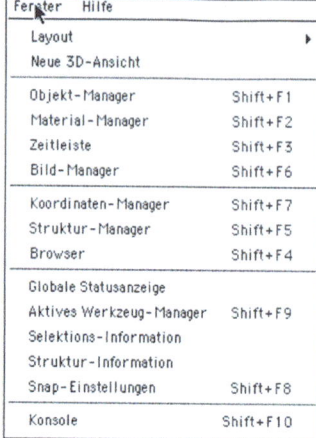

Abb. 7.1/2
Übersicht der Manager im Menü Fenster

Abb. 7.1/3
Aufklappfenster am Pfeilsymbol

7. 3D-Animation

7.1 Einführung

Cinema 4D ist ein überaus mächtiges Gestaltungswerkzeug. Computergrafik hat auch immer mit viel Leidenschaft zu tun. Beinahe jeder, der in diesem Metier beruflich oder privat tätig ist, sieht diesen Job nicht nur als Quelle zum Gelderwerb – der Spaß an der Arbeit zählt mindestens genauso viel, wenn nicht sogar mehr.

Diese Einführung in Cinema 4D regt Sie vielleicht an, sich noch wesentlich intensiver mit dieser Software und den unendlich vielen Gestaltungsmöglichkeiten auseinander zu setzen, weitere Ideen zu entwickeln und mit Cinema 4D zu realisieren.

Unter der Internetadresse www.maxon.de finden Sie viele weitere Informationen, Downloads und Demoversionen.

Text original aus dem Vorwort des Cinema 4D-Referenz-Handbuch entnommen.

*Hinweis:
Zum Arbeiten mit Cinema 4D XL benötigen Sie einen leistungsfähigen, schnellen, multimediafähigen Computer mit wenigstens 200 MB Arbeitsspeicher.*

7.1.1 Grundsätzlicher Aufbau

Da diese Software äußerst umfangreich ist, sind vor dem Beginn der Beispiele und Aufgaben einige wichtige Merkmale zu erläutern. Hierzu gehört die Struktur der so genannten Manager. In der Abbildung 7.1/1 sind nachfolgende Manager zu sehen:
- Bild-Manager oder Ansichten-Manager
- Koordinaten-Manager
- Material-Manager
- Objekt-Manager
- Struktur-Manager (als Reiter „Tabs" im Objekt-Manager enthalten)
- Zeit-Manager

Eine Gesamtübersicht aller Manager zeigt die Abbildung 7.1/2. Das Rollmenü (Fenster) öffnen Sie unter dem Menü *Fenster*. Sehen Sie neben einem Text ein Pfeilsymbol, können Sie weitere Rollmenüs mit dem Pfeilsymbol öffnen (vgl. Abb. 7.1/3).

Ein wesentlicher Gesichtspunkt der Manager ist die Eigenständigkeit als „selbstständiges" Programm. Sie können in mehreren Managern „gleichzeitig" arbeiten. Die verschiedenen Manager weisen zum Teil eigene Menüleisten mit unterschiedlichen Rollmenüs auf.

Manager = Hauptprogrammteile von Cinema 4D

Abb. 7.1/4
Alle Ansichten

Um die Position des Kopfes zu verändern, positionieren Sie den Mauspfeil auf das kleine Kreuz und bewegen die Maus mit gedrückter Taste. Im Prinzip verschieben Sie die Lage der Kamera Vergrößern und Verkleinern können Sie den Kopf mit dem Dreiecksymbol. Im Prinzip verändern Sie die Brennweite der Editorkamera.

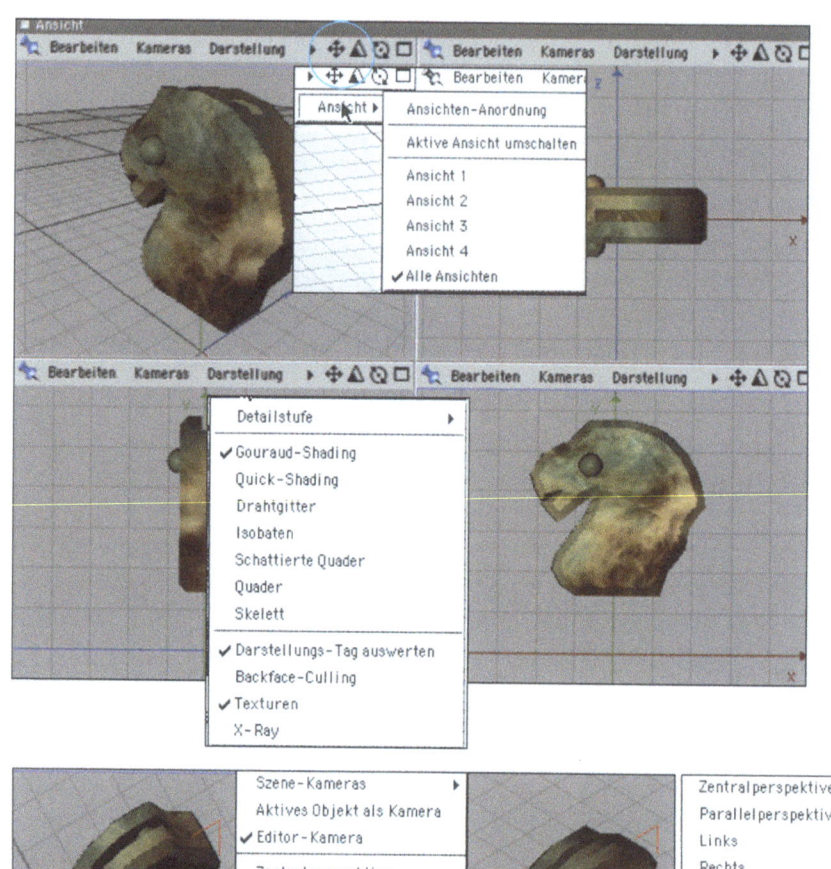

Abb. 7.1/5
Darstellung

Gouraud-Shading aus Menü Darstellung gewählt.

Abb. 7.1/6
Kameras

Militärperspektive aus Menü Kameras aktiviert

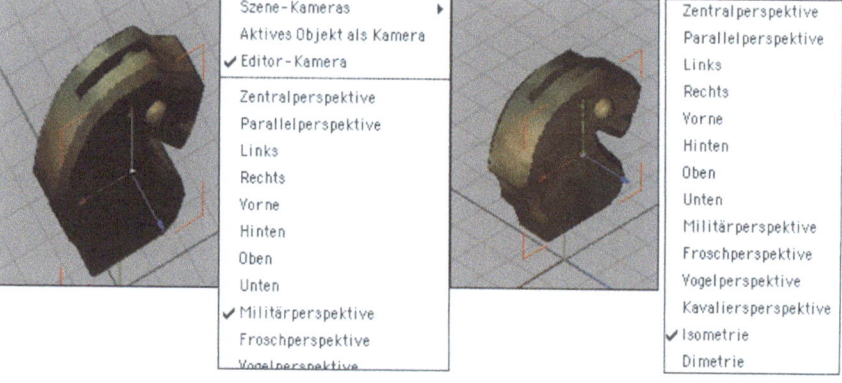

Abb. 7.1/7
Kameras

Isometrie aus Menü Kameras aktiviert

7. 3D-Animation

7.1.2 Ansichten-Manager

Nach dem Start des Programms öffnen Sie den Kopf des Springers (Pferd), damit Sie die verschiedenen 3D-Ansichten, wie in den Abbildungen 7.1/4 bis 7.1/7 zu sehen, nachvollziehen können. Zum Öffnen bewegen Sie den Mauspfeil auf *Datei > Öffnen* und wählen auf der beigelegten CD > *7_CINEMA > 7_DOKUM > spring01.c4d* aus. Um den Kopf in gerenderter Version zu sehen, schalten Sie unter *Darstellung > Gouraud-Shading* ein. Befindet sich der Kopf im Ansichten-Fenster nicht in der richtigen Position, verändern Sie die Lage der Kamera, wie im Abbildungstext 7.1/4 beschrieben.

7_CINEMA > 7_DOKUM > spring01.c4d

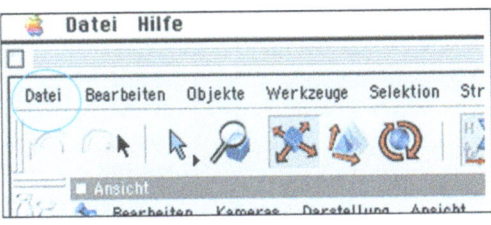

Abb. 7.1/8
Hauptmenüzeilen

Rendern = Objektdarstellung mit sichtbarer Oberfläche.

Um alle Ansichten zu sehen, aktivieren Sie im *Ansichten-Menü > Ansicht > Alle Ansichten* (vgl. Abb. 7.1/4). In jedem der vier Ansichten-Fenster ist wiederum die Kamerastellung je nach Wunsch einstellbar. Bei technischen Zeichnungen sind die vier Ansichten genormt, diese können Sie ebenso einstellen, wie die ursprünglich von CINEMA 4D XL Release 5.xx gewohnte Darstellung.

Je nach Stellung der Kamera sehen Sie den Kopf in den verschiedensten Perspektiven. Aktivieren Sie hierzu im *Ansichten-Menü > Kameras >* die jeweilige Perspektive.

In jedem *Ansichten-Fenster* können Sie unter *Bearbeiten > Auf ... zoomen*, die Objektansicht so anpassen, dass optimal gearbeitet werden kann. Ändern Sie diese Ansichten zur Beurteilung, wann welche Ansicht für Ihre Arbeit sinnvoll ist. In *Ansichts-Voreinstellungen* lassen sich die gesamten Darstellungsoptionen einer Ansicht einstellen.

Gouraud-Shading ist die qualitativ hochwertigste Darstellung im Editor. Unter dieser Option können Sie Objekte in Echtzeit bewegen, Lichtkegel setzen und deren Auswirkungen testen. Quick-Shading entspricht der Gouraud-Shading-Darstellung, jedoch ohne die Möglichkeit, Lichtquellen zu setzen und zu sehen.

Gouraud-Shading, eine Ansichtendarstellung.
Quick-Shading

Cinema 4D XL 221

Workshop zur Mediengestaltung

Abb. 7.1/9
Programm-Voreinstellungen

Allgemein

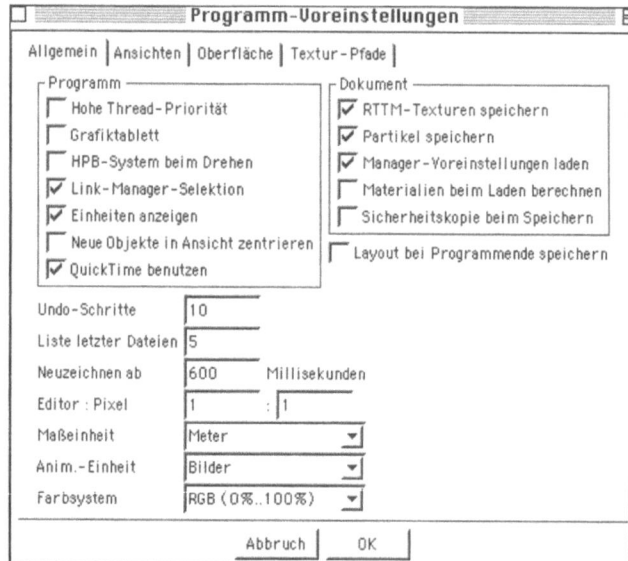

Abb. 7.1/10
Programm-Voreinstellungen

Oberfläche für Apple-Macintosh

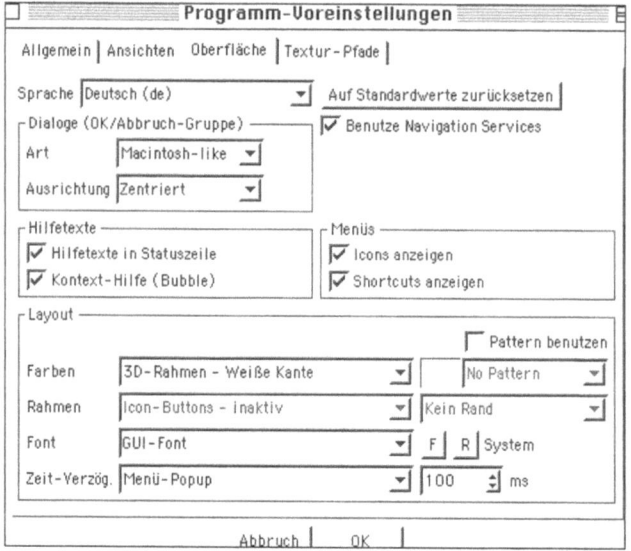

Abb. 7.1/11
Voreinstellungen Farbe

7. 3D-Animation

7.1.3 Voreinstellungen

Unter dem Hauptmenü *Bearbeiten > Dokument-Einstellungen* können Sie lokale Einstellungen, die nur für die aktive Szene gelten, vornehmen.

Die *Programm-Voreinstellungen* sind globale Einstellungen, die für das gesamte Programm gelten (vgl. Abb. 7.1/9 und 7.1/10). Für das erste Arbeiten mit Cinema hat der Autor die Einstellungen unter *Allgemein* so belassen, wie diese vom Hersteller zuerst definiert waren (vgl. Abb. 7.1/9). Auch bei den Ansichten hat der Autor die vorgegebenen Einstellungen belassen, wobei die Einstellung *Farbe* viele Unterpunkte und Variationsmöglichkeiten bietet. Hier könnten Sie gegebenenfalls Änderungen vornehmen. Die *Oberflächen-Voreinstellungen* haben die Autoren so verifiziert, wie dies Abbildung 7.1/10 zeigt. Bei *Hilfetexte* haben die Autoren beide Häkchen gesetzt, somit wird die Funktion der Icons im Hauptmenü erläutert.

Abb. 7.1/12 Funktionsanzeige

Bei Dialoge: Macintosh-like, da die Autoren solche Rechner benützen. Beim Einsatz von Windows-Rechnern stellen Sie Windows-like ein.

Ebenso haben die Autoren *Icons anzeigen* aktiviert. Im Rollmenü wird zum Funktionstext das entsprechende Icon angezeigt.

Abb. 7.1/13 Anzeige der Icons zum Funktionstext

Ist man versiert im Umgang mit Cinema 4D, empfiehlt es sich, diese beiden Voreinstellungen nicht zu aktivieren.

Abb. 7.1/14
Editor-Fenster

Geänderte Ansichten-Anordnung

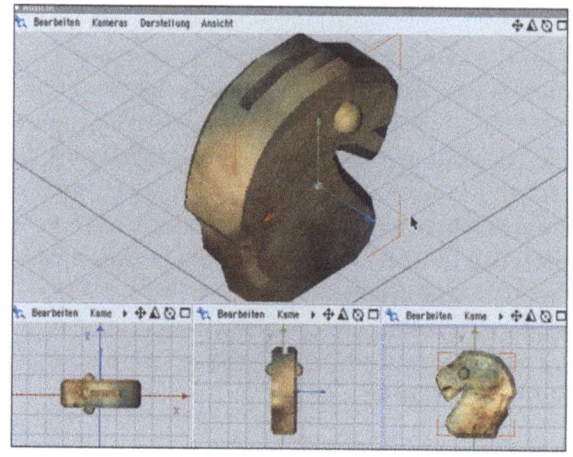

Abb. 7.1/15
Auswahl der Ansichten-Anordnung

Auswahl für die Anordung von Abbildung 7.1/14

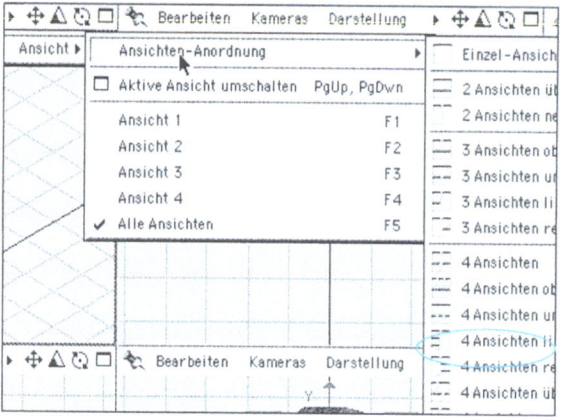

Abb. 7.1/16
Fenster-Aufteilung ändern

Doppelpfeil des Mauspfeils

Abb. 7.1/17
Neue Lage der Fenster im Kopf

7. 3D-Animation

7.1.4 Arbeitsfluss (Workflow)

Eine besondere Arbeitserleichterung ist das Einrichten eigener Layouts, die Verwendung des Browsers, Erstellung eigener Tastaturkürzel und vieles mehr.

Layout = Gestaltung der Bedieneroberfläche.

Browser (engl. to browse = blättern), hier können alle Dateien, welche Cinema erfassen kann, aufgelistet werden. Ebenso Bild- und Animationsformate, die QuickTime bereitstellt.

Lernziel
- Der Umgang mit der Bedienoberfläche von CINEMA 4D kennenlernen.

Aufgaben
- Erstellen Sie sich eine eigene Bedienoberfläche.
- Speichern Sie diese als neues Layout.

Lösung Aufgabe 1
1. Laden Sie CINEMA 4D von der Festplatte in den Arbeitsspeicher des Rechners.

2. Bewegen Sie die Maus an den Rand des *Ansichten-Fensters* bis der Mauspfeil zu einem *Doppelpfeil* wird (vgl. Abb. 7.1/16).
   - Bewegen Sie jetzt die Maus mit gedrückter Taste. Dies können Sie mit jedem Manager-Fenster durchführen.

     Größenänderung der Manager-Fenster

   - Verändern der Lage des Koordinaten-Managers (Abb. 7.1/1) über den Objekt-Manager: Positionieren Sie den Mauspfeil auf das *Reißnagelsymbol*, bewegen Sie die Maus mit gedrückter Taste nach oben, bis über dem *Objekt-Manager* eine dicke, dunkle Linie auftaucht. Taste loslassen bewirkt eine Lageänderung, allerdings nur vom Koordinaten-Manager.

     Lageänderung der Manager-Fenster

   - Zum Struktur-Manager soll wieder mit Tabs (Karteireiter) Aktives Werkzeug und Snap-Einstellungen eingedockt (verbunden) sein: Klicken Sie kurz *Aktives Werkzeug* an, positionieren Sie den Mauspfeil auf den *Reißnagel Aktives Werkzeug*, bewegen Sie die Maus mit gedrückter Taste auf den *Reiter Koordinaten-Manager*, wenn ein Handsymbol erscheint, Taste loslassen. Fügen Sie nach gleicher Art und Weise das *Snap-Einstellungen-Fenster* hinter den *Tab Aktives Werkzeug* (vgl. Abb. 7.1/17 und 7_mov01.mov bis 7_mov03.mov).

     7_CINEMA > 7_ FILME > 7_mov01.mov 7_ mov02. mov 7_mov03.mov

     Mehrere Manager-Fenster unter Tabs zu einem Fenster zusammenfügen

   - Ordnen Sie die Ansichten wie in Abbildung 7.1/14 und 7.1/15 gezeigt.

Workshop zur Mediengestaltung

Abb. 7.1/18
Eigenes Layout erstellen

Öffnen des entsprechenden Rollmenüs.

Abb. 7.1/19
In den Browser übernommene Dateien

Beispiele: 106_ ... Cinema 4D Modelling, Check.tif und Wolken01.tif Texturen, Versuch metabal und Bump.mov sind QuickTime-Filme

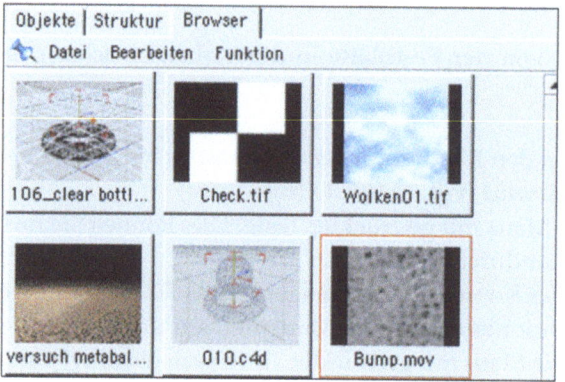

Abb. 7.1/20 und 7.1/21
Manager-Fenster

Zur Erstellung eigener Layouts wählen Sie die entsprechenden Manager aus dem Fenster.

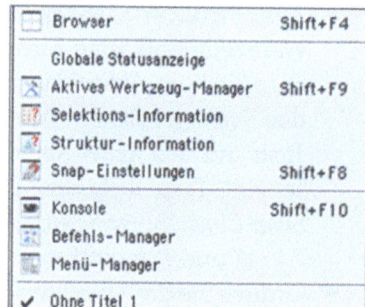

7. 3D-Animation

Lösung Aufgabe 2

Nachdem Sie die neue Anordnung der Manager durchgeführt haben, öffnen Sie im Menü *Fenster > Layout > Layout speichern als*, geben dem Layout einen Namen und legen den Ablageort fest. OK bestätigt das Speichern (vgl. Abb. 7.1/18).

7_CINEMA > 7_DOKUM > muster01.l4d

Ist Ihnen einiges misslungen, dann beenden Sie das Programm, ohne einen Speicherungsvorgang durchzuführen, starten das Programm neu und wiederholen die neuen Einstellungen.

Eine weitere Arbeitserleichterung ist der Einsatz des Browsers. In den Browser können Sie alle Dateien, welche CINEMA 4D lesen kann, sichtbar übertragen. Richtig eingesetzt wird der Browser zu einer mächtigen Schaltzentrale der 3D-Entwicklung (Text aus Referenz-Handbuch). Sie können zum Beispiel für ein Projekt alle Texturen in den Browser legen, diesen als Katalog speichern und erhalten somit schnellsten Zugriff auf die Texturen. Allerdings müssen Sie darauf achten, dass die Pfade, unter welchen die im Browser angezeigten Dateien zu suchen sind, immer bekannt sind, sonst nützt der Browsereinsatz nichts.

Sie können auch völlig andere Manager-Fenster öffnen (vgl. Abb. 7.1/20 und 7.1/21) und anordnen. Bei Erstellung von zeitlichen Animationen wäre die geöffnete Darstellung des Zeit-Managers wichtiger als der Struktur-Manager oder Ähnliches mehr. Im Laufe der Arbeit werden Sie sicherlich für verschiedene Projektarbeiten, verschiedene Manager-Fenster-Anordnungen wählen und diese als Layouts speichern.

Die Autoren hielten sich bis hier an den Aufbau des Referenz-Handbuchs von CINEMA 4D, allerdings in stark verkürzter Form. Sie werden nun das weitere Arbeiten mit CINEMA 4D an Beispielen kennen lernen.

Hinweis zum Arbeiten mit CINEMA: Wollen Sie mit CINEMA erstellte Projekte an andere Computer weitergeben, rufen Sie *Projekt speichern* auf. Wählen Sie im sich öffnenden Dialogfenster den Speicherort und geben den Projektnamen ohne Endung ein. CINEMA erzeugt im angegebenen Pfad ein neues Verzeichnis dieses Namens mit der Datei und dem Unterverzeichnis Tex. Alle Texturen werden in den Tex-Ordner kopiert.

Das Dokument ballon.c4d enthält die Hintergrundtextur stat02.tif. Diese muss nach Start des Dokumentes nochmals aufgerufen werden, da der Autor bewusst nebenstehenden Hinweis nicht beachtet hat.

Workshop zur Mediengestaltung

Abb. 7.2/1
Grundobjekte

Auswahlfenster

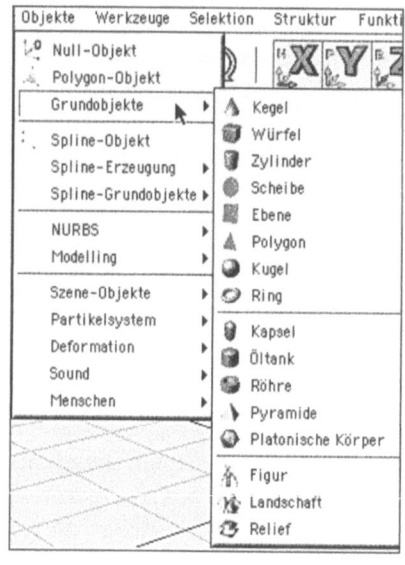

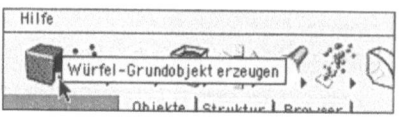

Abb. 7.2/2
Grundobjekte

Würfel direkt aus der Menüleiste aktiviert

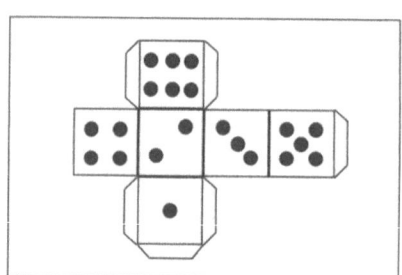

Abb. 7.2/3
Abwicklung Würfeloberfläche

Kann ausgeschnitten und zu einem Würfelmodell zusammengeklebt werden.

Abb. 7.2/4
Suchpfade für Texturen

Beispieleinstellung auf der Festplatte des Autors

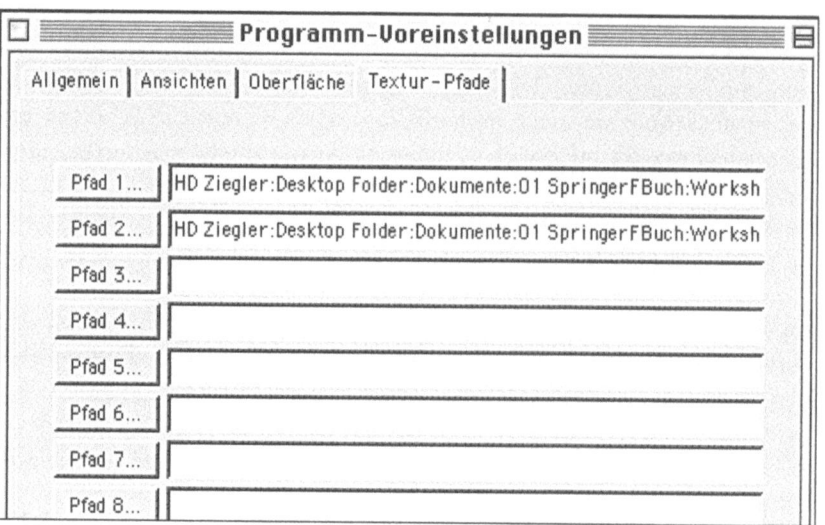

7.2 Grundobjekte

CINEMA stellt eine große Anzahl vordefinierter Grundobjekte zur Verfügung (vgl. Abb. 7.2/1). Das Würfel-Grundobjekt befindet sich auch in der Menüleiste (vgl. Abb. 7.2/2). Sie können vielbenutzte Grundobjekte als Icons in die Menüleiste oder in einer selbst erstellten Leiste anordnen. Zum ersten Arbeiten benützen wir aber die von Cinema definierte Ansichten-Oberfläche.

Lernziel
- Die Erstellung und Bearbeitung eines Objekts aus Grundobjekten erarbeiten.

Aufgabe
- Erstellen Sie einen Würfel mit den entsprechenden Augen auf der Würfeloberfläche.

Lösung

1. Damit Sie den Aufbau eines Würfels erkennen, erstellen Sie zuerst die Abwicklung der Würfeloberfläche (vgl. Abb. 7.2/3).

2. Schneiden Sie die Abwicklung aus und kleben Sie diese zu einem Würfel zusammen.

3. Erstellen Sie in einem Programm wie Adobe Photoshop, Adobe Illustrator oder Freehand die sechs Würfeloberflächen, jede Fläche etwa 3 cm auf 3 cm, und speichern diese in einem Pixelformat.

4. Bereiten Sie den Workflow zum schnellen Arbeiten mit CINEMA vor.
   - Erstellen Sie einen neuen Ordner mit dem Namen Tex1 (für Texturen).
   - Legen Sie die sechs Würfeloberflächen in diesen Ordner.
   - Starten Sie CINEMA 4D und legen Sie unter Programm-Voreinstellungen den Suchpfad für die Lage des neuen Tex1-Ordners fest (vgl. Abb. 7.2/4). Somit findet CINEMA beim Aufruf die von Ihnen erstellten Texturen sofort.

7_CINEMA > 7_DOKUM > Tex1 > W1 bis W6

BPM oder PICT

→ **7.1.3 Voreinstellungen**

Workshop zur Mediengestaltung

Abb. 7.2/5
Layout für den Würfel

Ausschnitt der Bildschirm-Ansicht und deren Aufteilung

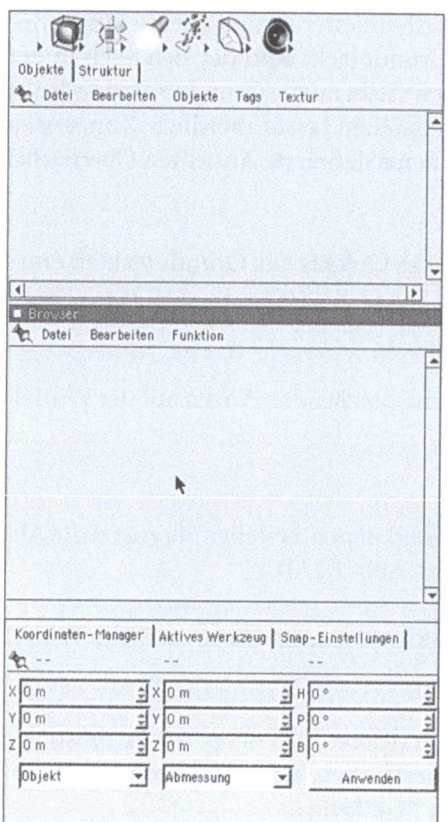

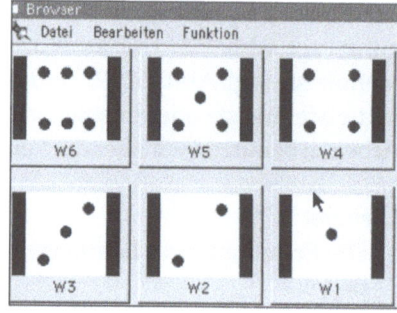

Abb. 7.2/6
Browser Katalog

Neu angelegter Browserinhalt mit den Würfeloberflächen

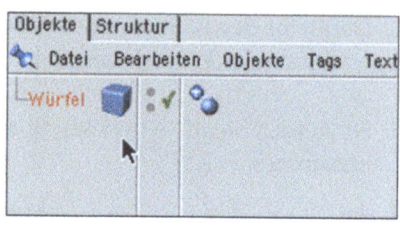

Abb. 7.2/7
Objekt-Manager

Darstellung des Würfels

Abb. 7.2/8
Koordinaten-Manager

Erste Maßeinstellungen. Nach dem Eintragen der Werte Anwenden anklicken

Abb. 7.2/9
Würfel-Rundung

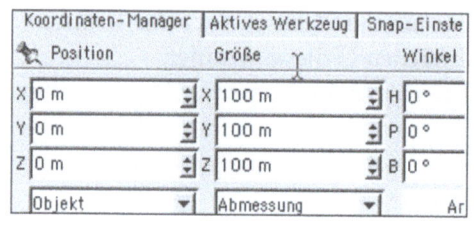

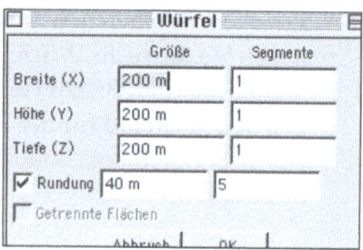

Cinema 4D XL

7. 3D-Animation

5. Legen Sie ein neues Layout an und speichern es unter *wulayou.l4d* (vgl. Abb. 7.2/5).

   7_CINEMA > 7_DOKUM > **wulayou.l4d**
   → 7.1.4 Arbeitsfluss

6. Klicken Sie im Browser auf *Datei > Datei hinzuladen*. Es öffnet sich ein Dokumenten-Auswahlfenster. Suchen Sie die erste Würfeloberfläche *W1*, klicken diese an und klicken auf *Öffnen*.
   - Die beschriebene Prozedur führen Sie für alle Würfeloberflächen durch (Ergebnis vgl. Abb. 7.2/6).
   - Speichern Sie den Katalog unter *Katalog Speichern als …* auf der Festplatte.

   7_CINEMA > 7_DOKUM > **wucatal.cat**

7. Kopieren Sie aus dem *Tex-Ordner* von CINEMA 4D *Clouds.tif* in Ihren erstellten Tex1-Ordner.
   - Benennen Sie das Tiff-Bild in *wolken01.tif* um und übertragen Sie es in den *Browser*.
   - Den gleichen Vorgang wiederholen Sie mit der Tex-Datei Chek.tif.

   7_CINEMA > 7_DOKUM > **Tex1 > wolken01.tif**

   7_CINEMA > 7_DOKUM > **Tex1 > Chek.tif**

Damit Sie Sicherheit im Grundumgang mit CINEMA 4D erhalten, beenden Sie das Programm unter *Datei > Beenden*. Anschließend starten Sie CINEMA erneut, rufen Ihr erstelltes Layout auf und den selbst erstellten Browser-Katalog. Die Bildschirmaufteilung müsste so aussehen wie vor dem Beenden.

8. Aktivieren Sie unter *Objekte > Würfel*.
   - Im Ansichten-Fenster und im Objekt-Manager müsste der Würfel zu sehen sein (vgl. Abb. 7.2/7).
   - Stellen Sie im Koordinaten-Manager die Maße von jeweils 100 m ein (vgl. Abb. 7.2/8).
   - Speichern Sie diese ersten Schritte, z.B. unter wurfel02.c4d.
   - Runden Sie die Würfelkanten, indem Sie das Würfel-Icon im Objekt-Manager zweimal schnell anklicken. Es öffnet sich ein neues Fenster (vgl. Abb. 7.2/9).
   - Setzen Sie bei *Rundung ein Häkchen* und tragen 40 m ein.

   7_CINEMA > 7_DOKUM > **wurfel02.c4d**

Cinema 4D XL   231

Workshop zur Mediengestaltung

Abb. 7.2/10
Aufruf einer Ebene

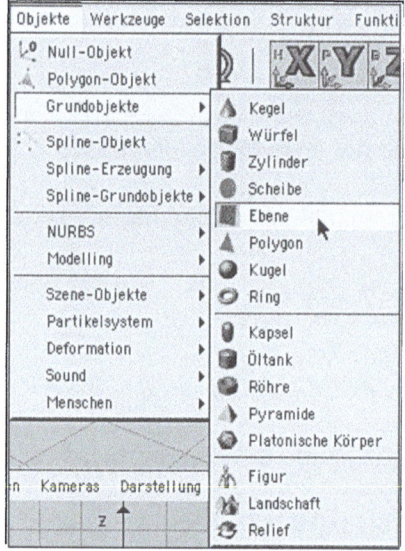

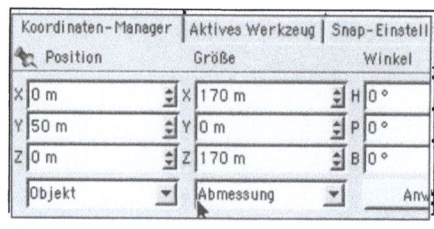

Abb. 7.2/11
Maßeinstellungen im Koordinaten-Manager

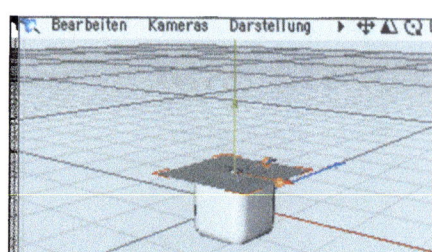

Abb. 7.2/12
Arbeitsergebnis

Abb. 7.2/13
Einstellungen für die Textur

Die Eins mit weißer Fläche und schwarzem Punkt

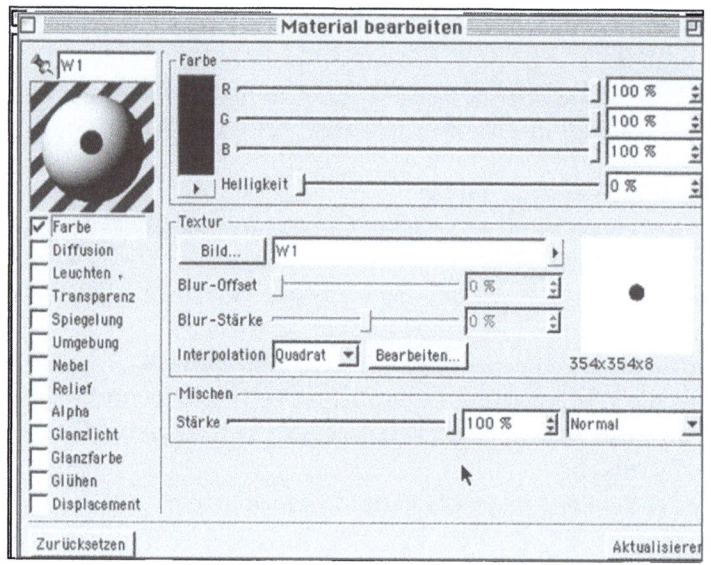

Abb. 7.2/16
Aktuelle Ansicht rendern

232 Cinema 4D XL

7. 3D-Animation

9. Um die Oberflächen mit den entsprechenden Texturen zu versehen, müssen Ebenen auf den Würfel gelegt werden. Schalten Sie die Ansicht auf *Alle Ansichten* um.
   - Aktivieren Sie unter *Objekte > Grundobjekte > Ebene*. Tragen Sie im Koordinaten-Manager die Maße, wie in Abbildung 7.2/11 gezeigt, ein.
   - Das Ergebnis müsste wie Abbildung 7.2/12 aussehen.
   - Legen Sie Ihr Würfelmodell so auf den Tisch, dass die Eins oben, die Drei vorne, die Zwei rechts zu sehen ist.
   - Ziehen Sie mit gedrückter Maustaste das Bild *Eins* aus dem Browser in den *Material-Manager*. Klicken Sie das Symbol im *Material-Manager* doppelt an.
   - Tragen Sie in das neu geöffnete Fenster die Einstellungen, wie in Abbildung 7.2/13 gezeigt, ein.
   - Zum Kennenlernen der einzelnen Einstellungen in diesem Fenster verändern Sie die Lage der Schieberegler, klicken die verschiedenen Kästchen an und beobachten die Reaktion im gezeigten Musterbild.

10. Textur W1 der oben liegenden Fläche zuordnen: Positionieren Sie die Maus im *Material-Manager* auf W1, bewegen die Maus mit gedrückter Taste zur *Fläche1* im *Objekt-Manager*, bis das Kreissymbol zu einem Pfeil-Pfeil-Symbol umspringt, lassen die Taste los und klicken in das neue Fenster auf OK.
    - Ändern Sie nun die Maße im *Koordinaten-Manager* für *X* und *Z* auf *70 m*.

11. Wiederholen Sie diese Vorgänge für die unten liegende Sechs.
    - Ebene aktivieren, Positionieren (vgl. Abb. 7.2/15), aus dem Browser die W6 in den *Material-Manager* ziehen, Einstellungen wie zuvor, aus dem *Material-Manager* die W6 der unten liegenden Ebene zuordnen.
    - Stellen Sie in der Ansicht unter dem *3D-Ansichten-Fenster* unter *Kameras > unten* ein, die *linke obere Ansicht* stellen Sie auf *Kameras > oben*.

12. Aktivieren Sie eine der beiden Ansichten und klicken in *Aktuelle Ansicht rendern* (vgl. Abb. 7.2/16).

7_CINEMA > 7_DOKUM > 7_mov04.mov und wurfel02.c4d

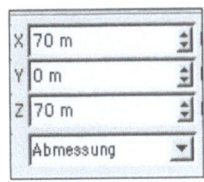

Abb. 7.2/14
Neue Maßeinstellungen im Koordinaten-Manager

Abb. 7.2/15
Neue Lageeinstellungen für die Fläche 6

Abb. 7.2/17
Flächen dem Würfel untergeordnet

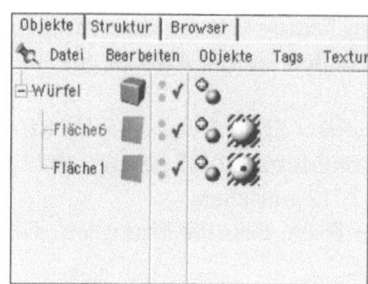

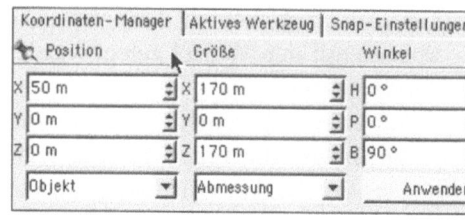

Abb. 7.2/18
Maße für W2 im Koordinaten-Manager

Abb. 7.2/19
Im Bild-Manager rendern

Beim Anklicken ist das Ergebnis in Abbildung 7.2/19 zu sehen.

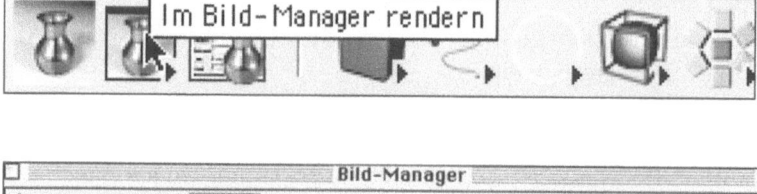

Abb. 7.2/20
Bild-Manager

Gerenderte Darstellung des Würfels mit den im Ansichtenmenü sichtbaren Einstellungen

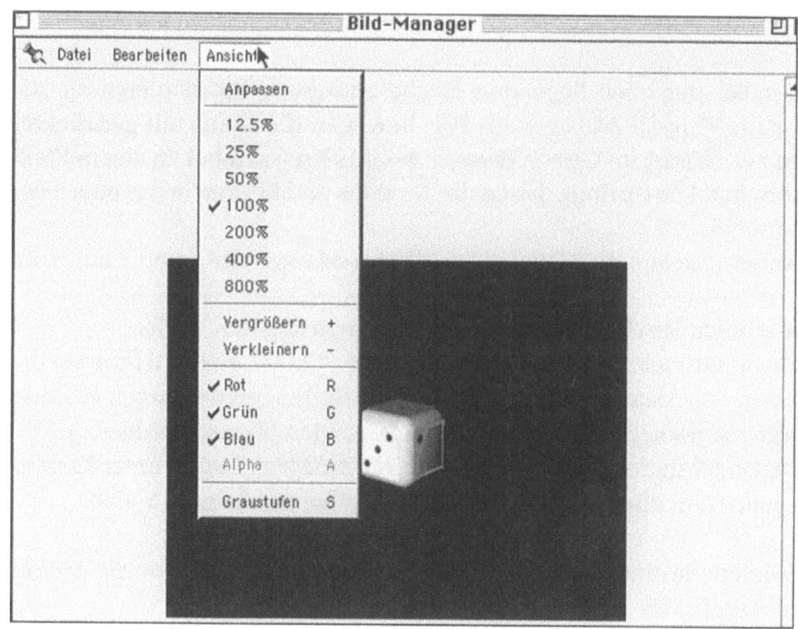

7. 3D-Animation

13. Damit die beiden Flächen mit den Würfelaugen dem Würfel zugeordnet werden, ziehen Sie im *Objekt-Manager* die *Fläche 1* und die *Fläche 6* unter das *Würfelsymbol*. Wählen Sie die Fläche mit der Maus an, bewegen die Maus mit gedrückter Taste auf das Würfelsymbol, bis wiederum das Kreissymbol in Pfeil-Pfeil-Symbol umspringt, dann lassen Sie die Taste los.
    - Klicken Sie auf das – Symbol vor dem Würfel, Sie sehen nur noch den Würfel.
    - Wenn Sie die Flächen nicht unter dem Würfel anordnen, sind das Einzelobjekte, welche bei der Würfelbewegung stehen bleiben.

7_CINEMA > 7_DOKUM > 7_FILME > 7_mov04.mov

14. Legen Sie die Fläche für die Zwei an. Gehen Sie genau so vor wie bisher.
    - Ändern Sie aber im Koordinaten-Manager die Position und den Winkel (vgl. Abb. 7.2/18).

15. Lernen Sie nun den Workflow mit dem Browser kennen. Ziehen Sie aus dem *Browser* mit *gedrückter Maustaste W2* direkt *hinter* die *Fläche2* im *Objekt-Manager*. W2 muss im Objekt-Manager und im Material-Manager sichtbar sein. Im Material-Manager können Sie wiederum alle bekannten Einstellungen vornehmen.
    - Speichern Sie das Ergebnis z.B. als wurfel04.c4d

7_CINEMA > 7_DOKUM > wurfel04.c4d

16. Das Anlegen der weiteren Flächen und das Anpassen der richtigen Augenzahl können Sie nun selbstständig weiter durchführen.
    - Speichern Sie das Endergebnis als wurfel05.c4d.

7_CINEMA > 7_DOKUM > wurfel05.c4d

Hinweis: Wenn Sie immer wieder erfolgreich durchgeführte Einzelergebnisse unter neuem Namen speichern, können Sie die einzelnen Arbeitsschritte auch später immer wieder nachvollziehen. Für den ersten Umgang mit CINEMA 4D ist diese Vorgehensweise so lange sinnvoll, bis Sie genügend Sicherheit erlangt haben.

Ihr Arbeitsergebnis im Bild-Manager gerendert könnte so, wie in der Abbildung 7.2/20 gezeigt, aussehen.

Abb. 7.3/1
Verschiebe-Funktion aktivieren

X- und Y-Verschieberichtung sperren

Abb. 7.3/2
Lagemaß im Koordinaten-Manager

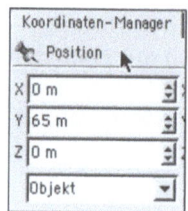

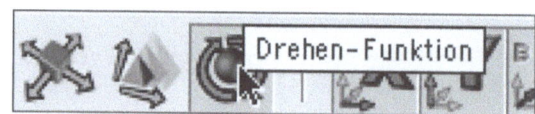

Abb. 7.3/3
Drehen-Funktion

Abb. 7.3/4
Maßeinstellungen im Koordinaten-Manager

Die Fünf nach vorne gedreht

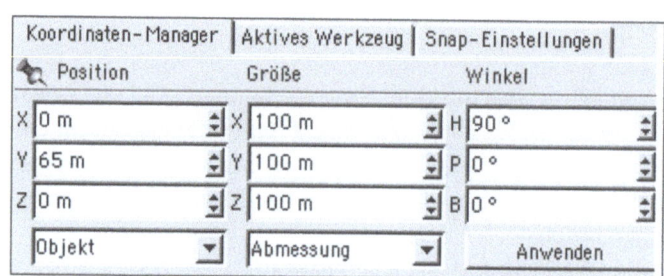

Abb. 7.3/5
Renderergebnis in der 3D-Ansicht

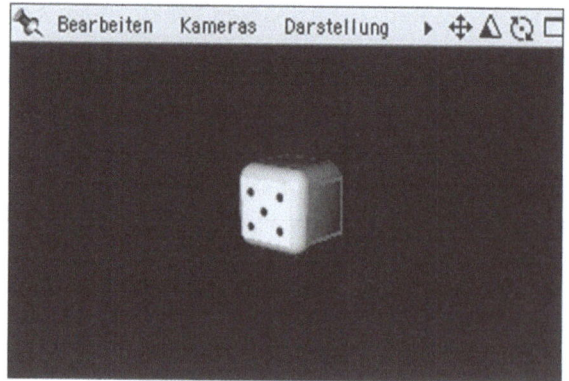

7. 3D-Animation

7.3 Lageänderung von Objekten

Der Würfel „steckt" zur Hälfte noch im Boden. Damit der Würfel vollkommen zu sehen ist, sollte er oberhalb der Bodenebene liegen.

Lernziel
- Lageänderungen von Objekten, wie Verschieben, Drehen, Kippe usw. kennen lernen und durchführen.

Aufgaben
- Der Würfel soll oberhalb des Bodens liegen.
- Die Seite Fünf soll von vorne zu sehen sein.
- Der Würfel soll gekippt dargestellt zu sehen sein.
- Weitere Lageänderungen sind durchzuführen.

7_CINEMA > 7_DOKUM >
7_FILME >
7_mov06.mov
7_mov07.mov

Lösung Aufgabe 1
1. Aktivieren Sie die Verschiebe-Funktion.
   - Da der Würfel nur in Y-Richtung verschoben werden soll, sperren Sie die X- und Z-Richtung durch Anklicken (vgl. Abb. 7.3/1).
2. Verschieben Sie mit gedrückter Maustaste in der *3D-Ansicht* den Würfel *nach oben*.
   - Die gleiche Verschiebung können Sie in der *Ansicht Links* durchführen.
   - Die gleiche Reaktion erhalten Sie, wenn Sie im *Koordinaten-Manager* in der *Y-Position* den Wert *65 m* eintragen.

Lösung Aufgabe 2, 3 und 4
1. Aktivieren Sie die *Drehen-Funktion*.
   - Sie können den Würfel im *3D-Ansichten-Fenster* oder in einem der anderen Ansichten-Fenster drehen, indem Sie die Maus mit gedrückter Taste bewegen. Sie werden aber erkennen, dass diese Methode zu einem reinen Zufallsergebnis führt.
   - Besser ist, Sie tragen im *Koordinaten-Manager > Winkel > H 90⁰* ein.
2. Kippen Sie den Würfel mit der Drehen-Funktion oder durch Maßeintrag

7_CINEMA > 7_DOKUM >
wurfel09.c4d

Workshop zur Mediengestaltung

Abb. 7.4/1
Boden bzw. Himmel aus Szene-Objekte auswählen

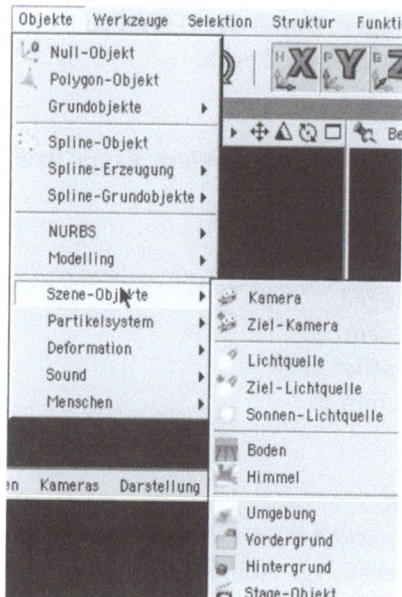

Abb. 7.4/2
Symbole zur Kamerabewegung

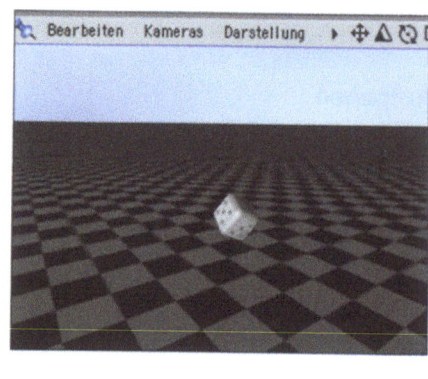

Abb. 7.4/3
Gerendertes Bild mit Boden und Himmel

Abb. 7.4/4
Bedeutung der Icons

Anklicken des entsprechenden Icons ermöglicht das Arbeiten im vorgegebenen Modus.

Cinema 4D XL

7.4 Boden und Himmel

Lernziel
- Den Körper in einen Raum stellen, das heißt das Anlegen von Boden und Himmel erfahren und durchführen.

Aufgaben
- Legen Sie einen mit Textur versehenen Boden an.
- Legen Sie einen mit Textur versehenen Himmel an.

Lösung Aufgabe 1 und 2
1. Aktivieren Sie unter *Objekte > Szene-Objekte > Boden*.
   - Desgleichen *Himmel*.

2. Ziehen Sie aus dem *Browser-Manager* die Textur *Himmel* hinter das *Objekt Himmel* im *Objekt-Manager*.

3. Wenn im Browser-Manager eine Textur fehlt, können Sie diese auch über den Material-Manager aufrufen.
   - Klicken Sie im *Material-Manager > Datei > Neues Material* an.
   - Doppelklicken Sie auf das Symbol *Neu > Material-Manager*.
   - Klicken Sie im Fenster *Material Bearbeiten > Bild* an.
   - Aktivieren Sie unter *Tex1* auf der CD *Chek.tif*. Sie können auch jedes beliebige Muster aus dem Tex-Ordner von Cinema aufrufen.
   - Geben Sie dem Material den Namen *Boden* und ziehen ihn hinter den *Boden* im *Objekt-Manager*.

4. Rendern Sie das Objekt in der 3D-Ansicht. Verändern Sie die Kameraposition über die kleinen Lagesymbole, bis das gerenderte Objekt etwa der Abbildung 7.4/3 entspricht.

7_CINEMA > 7_DOKUM > wurfel10.c4d

Beim Starten des Programms sehen Sie auf der linken Seite eine Menge von Icons. Über das Kamera-Icon und die Verschiebe-, Skalier-, Drehen-Funktion können Sie die Kamerapostion ebenfalls ändern. Ebenso über Maßeingaben im Koordinaten-Manager.

Workshop zur Mediengestaltung

Abb. 7.5/1
Layout mit Zeitleisten-Manager

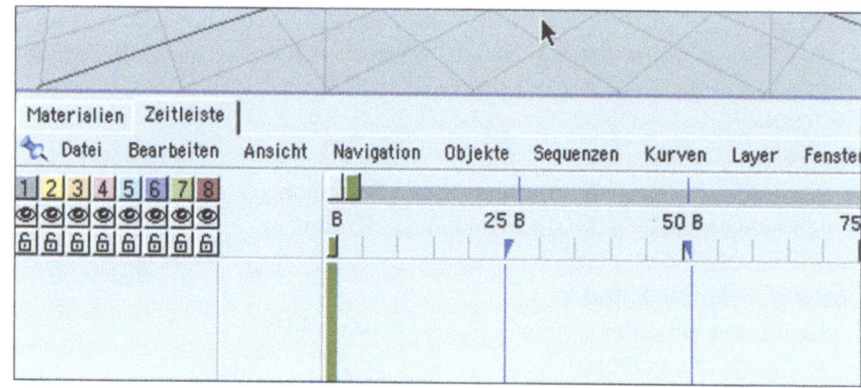

Abb. 7.5/2
Objekte im Zeitleisten-Manager

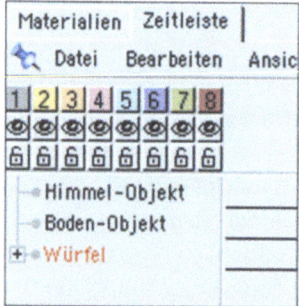

Abb. 7.5/4
Fenster für die Dokument-Voreinstellungen

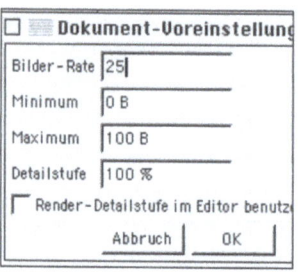

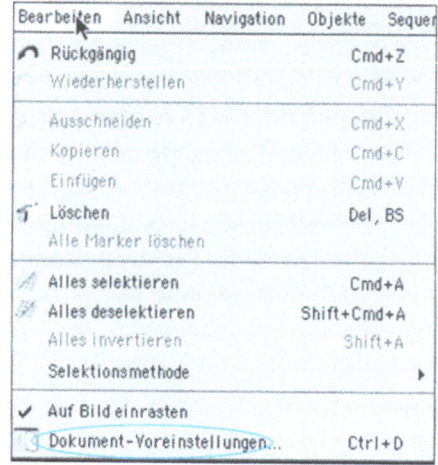

Abb. 7.5/3
Dokument-Voreinstellungen im Zeit-Manager

Bilder-Rate = Abspielgeschwindigket, Anzahl der Bilder/Sekunde
Minimum = Beginn der Zeitleiste
Maximum = Ende der Zeitleiste (Länge entspricht der maximalen Anzahl der gezeigten Bilder)

7.5 Objekt bewegen

Ein Würfel ist zum Würfeln da. Dies kann in CINEMA 4D als 3D-Animation nachvollzogen werden.

Lernziele
- Die Erstellung verschiedenster Bewegungsabläufe von Objekten erarbeiten = 3D-Animationen.
- Das Keyframing und das Autokeying anwenden.

3D-Animationen

Keyframing = Erzeugen von Spuren, Sequenzen und Keys am aktuellen Zeitpunkt des Objektes.
Autokeying = automatische Keyframe-Aufnahmen.

Aufgabe
- Der Würfel soll sich wie beim Würfeln bewegen.

Lösung
1. Zuerst sollte das Bildschirmlayout der neuen Aufgabe angepasst werden.
   - Stellen Sie unter *Ansicht > Ansicht 1* ein.
   - Aktivieren Sie unter *Fenster > Zeitleiste*.
   - Docken Sie den *Zeitleisten-Manager* zum *Material-Manager*.
   - Ziehen Sie den Zeitleisten-Manager soweit auf, dass Sie genügend Spuren sehen können.
   - Speichern Sie das neue Layout z.B. unter wurlayoz.l4d.

Zeitleisten-Manager öffnen
→ **7.1.4 Arbeitsfluss**

2. Öffnen Sie unter *Datei > Öffnen* Ihren zuletzt gespeicherten Würfel oder von der CD wurfel11.c4d.
   - Sollten alle 4 *Ansichten* sichtbar sein, stellen Sie wieder auf *Ansicht 1* um.
   - Im Zeitleisten-Manager stehen die Objekte Himmel, Boden, Würfel. Das Objekt Würfel klicken Sie an, so dass es rot erscheint (aktivieren des Objektes).
   - Zur Sicherheit speichern Sie Ihre Arbeit als wurfel12.c4d.

7_CINEMA > 7_DOKUM > wurlyaoz.l4d

7_CINEMA > 7_DOKUM > wurfel11.c4d

3. Stellen Sie unter *Bearbeiten > Dokument-Voreinstellungen* die in Abbildung 7.5/4 zu sehenden Werte ein.
   - Wenn Sie die Werte verändern, sehen Sie dies zum Teil in der Zeitleiste oder beim Bewegungsablauf des animierten Objektes.

Abb. 7.5/5
Ausgangspostion des Würfels

Werte im Koordinaten-Manager

Abb. 7.5/6
Aufnahme Option

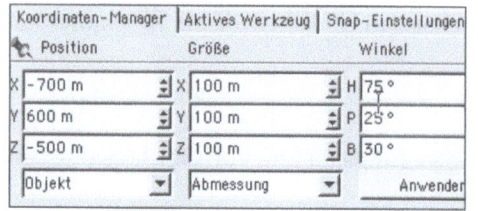 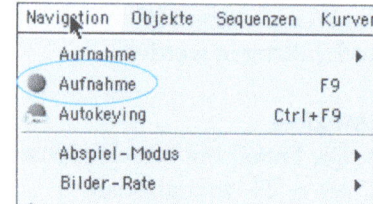

Abb. 7.5/7
Aussehen des Zeitleisten-Managers nach der 1. Aufnahme

Beschreibung der wichtigsten Funktionsteile

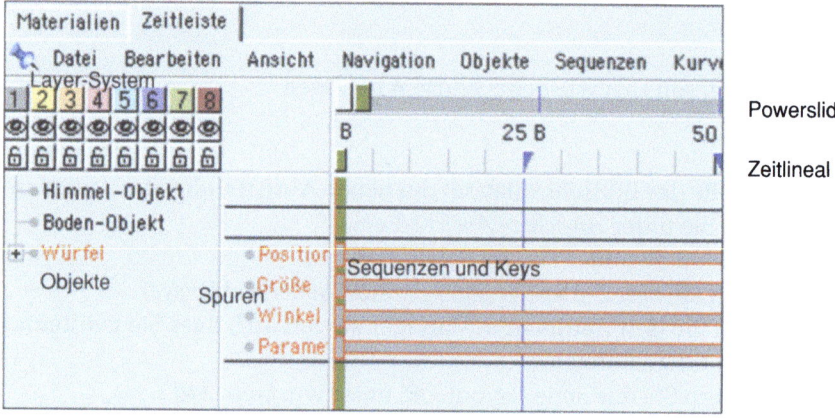

Abb. 7.5/8
Würfellage für die 2. Aufnahme

Abb. 7.5/9
Abspiel-Modus

Auf Einfach eingestellt

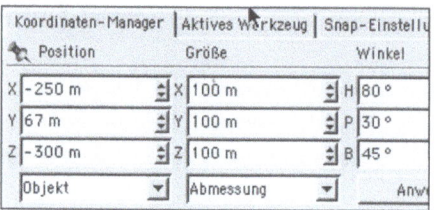 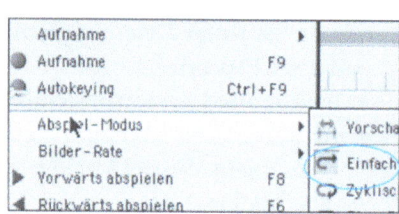

Abb. 7.5/10
Zeit-Manager-Werkzeugpalette

Wekzeuge und deren Bedeutung

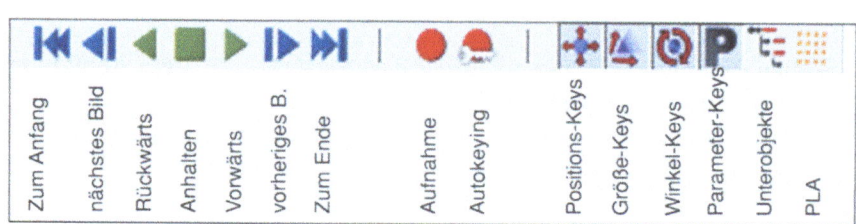

7. 3D-Animation

7.5.1 Keyframing

4. *Objekt bearbeiten* anwählen (vgl. Abb. 7.4/4).
   - Würfel aktivieren
   - Verschiebefunktion im Hauptmenü aktivieren und die X-, Y-, Z-Achse entsperren.
   - Den Würfel in eine neue Position verschieben (vgl. Abb. 7.5/5).
   - Im Zeitleisten-Menü *Navigation > Aufnahme* anklicken.
   - Wenn bis hier alles geklappt hat, Ergebnis speichern (so können Sie bei Misslingen weiterer Aktionen diese Ausgangsdatei neu öffnen).
   - Den grünen *Markierungsstrich auf 25 B in der Zeitleiste* verschieben.
   - Die Würfelposition und Lage verändern (vgl. Abb. 7.5/8)
   - Im Zeitleisten Menü *Navigation > Aufnahme* anklicken.
   - Markierungstrich neu positionieren, dem Würfel eine neue Position geben und drehen, Aufnahme anklicken.
   - Diese Prozedur führen Sie so lange durch, bis der Würfel über das ganze Feld gesprungen ist (vgl. wurf12/1.c4d bis wurf12/7.c4d).
   - Klicken Sie in der *Zeit-Manager-Werkzeugpalette vorwärts* an.

7_CINEMA > 7_DOKUM >
wurf12/1.c4d bis
wurf12/7.c4d

7.5.2 Autokeying

Unter *Navigation > Autokeying* können Sie automatisch Keyframe-Aufnahmen auslösen. Sobald eine animierte Änderung am Objekt oder an der Szene vorgenommen wird, hält dies CINEMA automatisch fest. Vorsicht beim Einsatz dieser Option, jede Änderung, auch ungewollte, werden aufgenommen.

Aufgabe
- Erzeugen Sie eine Würfelbewegung mittels Autokeying.

Lösung
1. Öffnen Sie die Datei wurfel11.c4d.
2. Positionieren Sie den Würfel, an *neuer Stelle > Autokeying* aktivieren.
3. Stellen Sie den Zeitschieber auf 25 B und verändern die Würfellage
   - Diese Prozedur führen Sie einige Male durch (vgl. wurf12/8.c4d).

7_CINEMA > 7_DOKUM >
wurfel11.c4d

7_CINEMA > 7_DOKUM >
wurf12/8.c4d

Cinema 4D XL   243

Abb. 7.6/1
Render-Voreinstellungen

Abb. 7.6/2
Render-Voreinstellungen

Fenstergröße des Filmes,
Dauer des Filmes

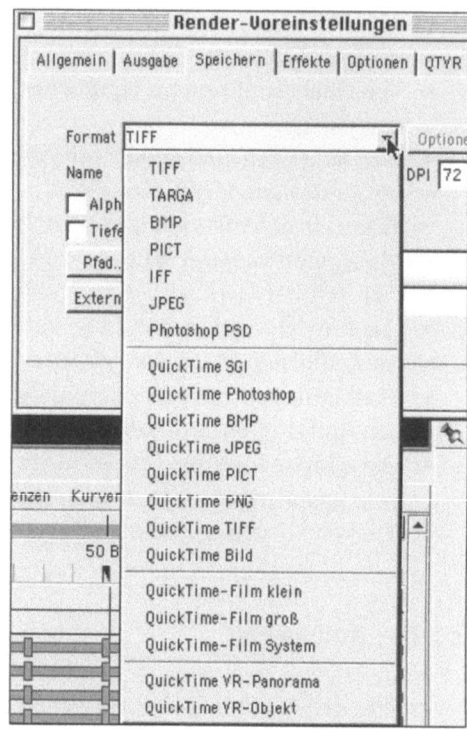

Abb. 7.6/3
Render-Voreinstellungen

Auswahl der Speicher-
formate

Abb. 7.6/4
Ansichtsbegrenzung des gespeicherten Bildes/ Filmes

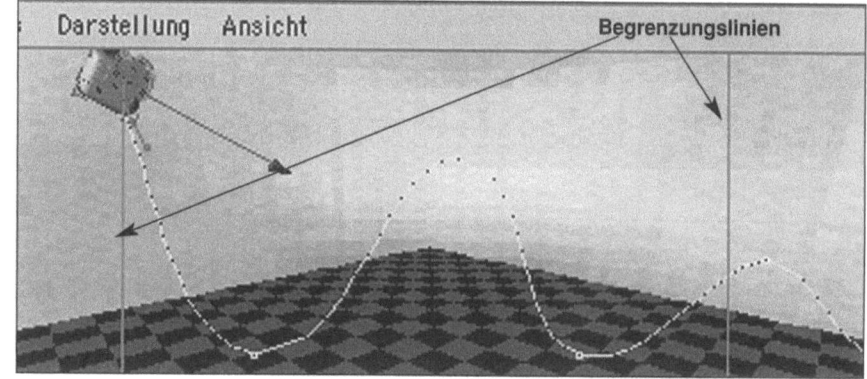

7.6 QuickTime-Film erstellen – Rendern

Die bis hierher geleistete Arbeit wollen wir als selbstständigen QuickTime-Film auf jedem multimediafähigen Computer betrachten können, ohne das Programm CINEMA 4D benützen zu müssen. Wenn Sie im Hauptmenü *Rendern* aufrufen und auf den *Tabs Speichern* anklicken, sehen Sie die große Anzahl von Speicherformaten, welche CINEMA 4D XL anbietet (vgl. Abb. 7.6/3).

Speicherformate

Lernziel
- QuickTime-Speicherformate benützen können.

Aufgabe
- Erstellen Sie von der Datei wurf12/7.c4d einen QuickTime-Film.

7_CINEMA > 7_DOKUM > wurf12/7.c4d

Lösung
1. Öffnen Sie *Rendern > Render-Voreinstellungen > Speichern > QuickTime-Film groß*.

2. Öffnen Sie außerdem *Ausgabe* und geben unter *Dauer alle Bilder* ein.

3. Klicken Sie unter *Rendern > im Bild-Manager > rendern* an.
   - Im jetzt sich öffnenden *Fenster* klicken Sie auf *Nein*, geben den Speicherort und den Namen des Films ein. Mit OK bestätigen, löst den Renderungsvorgang aus. Je nach Computer kann das eine gewisse Zeit dauern.

4. Lassen Sie jetzt den QuickTime-Film laufen.
   - Bei Mac OS klicken Sie einfach die Datei an. Im geöffneten QuickTime-Fenster klicken Sie den Start-Button an. Bei Windows-Rechnern müssen Sie eventuell zuerst das Programm QuickTime laden, die Datei aufrufen, der Rest wie gehabt.

7_CINEMA > 7_FILME > film01.mov

Nach dem Rendern werden Sie feststellen, dass bei weitem nicht die gesamte Würfelbewegung im Film sichtbar wird. In der Ansicht 1 stehen zwei feine senkrechte Linien. Dies stellt den Wiedergabe-Bereich für das Rendern dar.

Workshop zur Mediengestaltung

Abb. 7.6/5
1. Würfelposition

Abb. 7.6/6
2. Würfelposition

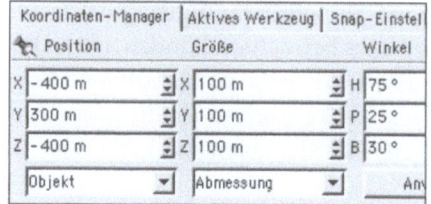 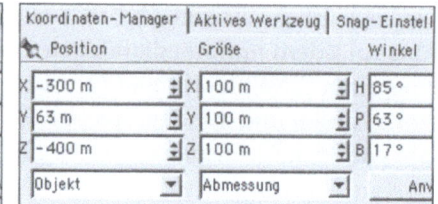

7_CINEMA > 7_DOKUM >
wurfel12.c4d

7_CINEMA > 7_DOKUM >
wurf12/9.c4d

7_CINEMA > 7_FILME >
film02.mov

Abb. 7.7/1
Lichtquelle

Abb. 7.7/2
Ziel-Lichtquelle aufrufen

Lernziele
- Wiederholung und Vertiefung der Erstellung einer 3D-Animation.
- Die Beleuchtung des Objektes einer 3D-Animation erarbeiten.

Aufgaben
- Erstellen Sie eine neue, optimierte 3D-Animation der Würfelbewegung.
- Beleuchten Sie den Würfel mit Lichtquellen, so dass der Bewegungsablauf gut sichtbar wird.

Lösung Aufgabe 1
1. Öffnen Sie die Datei *wurfel12.c4d*.
2. Positionieren Sie den Würfel etwa wie in Abbildung 7.6/5 gezeigt.
   - *Verschiebe-Funktion* aktivieren.
   - Bei *Bild 10* auf dem *Zeitstrahl* den Würfel auf Position 2 verschieben und drehen.
3. Legen Sie weitere Keys im Bewegungsablauf fest (vgl. wurf12/9.c4d).
   - Speichern nicht vergessen!
4. Stellen Sie *Render-Voreinstellungen* auf *QuickTime klein* und rendern im *Bild-Manager*.

246 Cinema 4D XL

7. 3D-Animation

7.7 Beleuchtung – Lichtquellen einsetzen

Wie schon im Kompendium der Mediengestaltung, Kapitel 6.3.8 Beleuchtung, beschrieben, ist die Ausleuchtung eines Objektes, zur Wiedergabe und Darstellung seiner besonderen Eigenschaften, von ausschlaggebender Bedeutung. Diese Aussage ist ebenso für die 3D-Wiedergaben von animierten Objekten mit CINEMA und auch anderen 3D-Programmen gültig.

→ **Kompendium der Mediengestaltung, Kapitel 6.3.8**

Aus dem Referenz-Handbuch: Beim Erstellen einer neuen Szene in CINEMA 4D wird automatisch die Standardbeleuchtung aktiviert. Diese besteht aus einer virtuellen weißen Lichtquelle, die sich leicht links von der Kamera befindet. Die CINEMA-Datei, wurf12/7.c4d, und der film01.mov zeigen den Würfel und dessen Animation mit der Standardbeleuchtung. Die Animation erscheint ohne spezielle Beleuchtung nicht sonderlich aufregend.

Standardbeleuchtung

Lösung Aufgabe 2
1. Wählen Sie den *kleinen schwarzen Pfeil* bei *Lichtquelle-Objekt erzeugen* aus (vgl. Abb. 7.7/1).
   - Es öffnet sich ein Fenster (vgl. Abb. 7.7/2).
   - Klicken Sie das Icon *Ziel-Lichtquelle* an.

Die gleiche Operation erreichen Sie unter *Objekte > Szene-Objekte > Ziel-Lichtquelle* (vgl. Abb. 7.7/3).

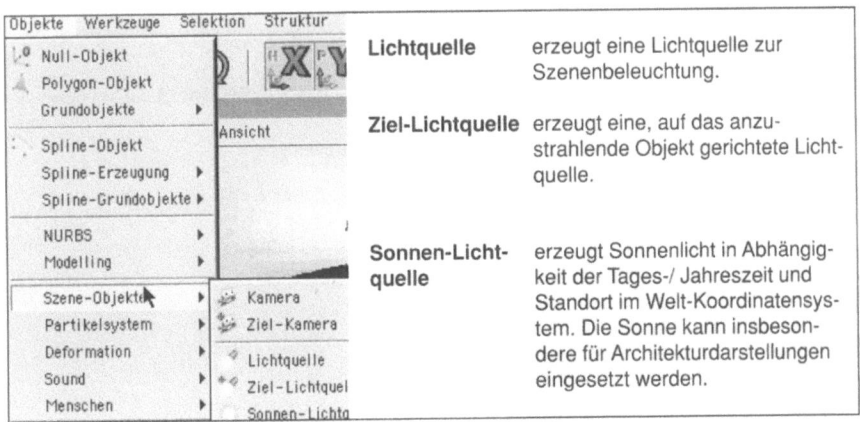

Abb. 7.7/3
Auswahl der Lichtquellen

Cinema 4D XL 247

Abb. 7.7/4
Im Objekt-Manager das markierte Symbol doppelt anklicken

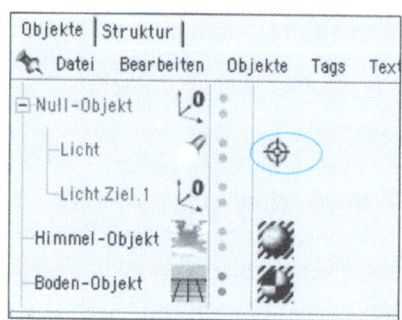

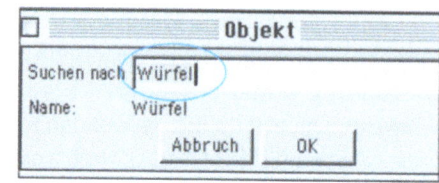

Abb. 7.7/5
Den Lichtstrahl auf das zu beleuchtende Objekt einrasten.

Abb. 7.7/6
Lichteinstellungen

Abb. 7.7/7
Die Lichtquellen zur Würfelbeleuchtung

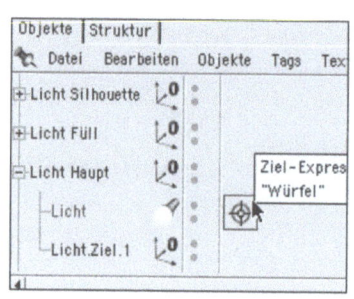

Abb. 7.7/8
Objekt mit Lichtquellendarstellung

7. 3D-Animation

Fortsetzung Lösung Aufgabe 2

2. Klicken Sie im *Objekt-Manager* das *Ziel-Expression-Symbol* an (vgl. Abb. 7.7/4).
   - Im sich öffnenden Fenster tragen Sie *Würfel* ein (vgl. Abb. 7.7/5).
   - Klicken Sie im *Objekt-Manager > Null-Objekt* an.
   - Im Fenster tragen Sie den Namen *Licht Haupt* ein.

3. Klicken Sie im *Objekt-Manager > Lampensymbol* an.
   - Es öffnet sich eine neues Auswahlfenster (vgl. Abb. 7.7/6). Wählen Sie unter *Allgemein > Spot (rund)* aus. Mit OK bestätigen.
   - Legen Sie die Position im *Koordinaten-Manager > X = 175m >Y = –250 m > Z = 70 m* fest.

4. Legen Sie eine zweite Lichtquelle an, wie ab 2. beschrieben.
   - Geben Sie dem Licht eine gelbe Farbe durch Verschieben der *Farbregler*.
   - Bei *Typ > Parallel* auswählen.
   - Position im *Koordinaten-Manager > X = 500 m > Y = –65 m > Z = 100 m*.
   - Namensgebung = *Licht Füll*.

5. Legen Sie eine dritte Lichtquelle an.
   - Namensgebung = *Licht Silhouette*.
   - Position im *Koordinaten-Manager > X = 650 m > Y = –500 m > Z = 275 m*.
   - Lichttyp weiss und *Paralleler Spot (rund)*.
   - Speichern nicht vergessen (vgl. wurf9/c4d).

7_CINEMA > 7_DOKUM > wurf9.c4d

6. *Render-Voreinstellungen > Ausgabe alle Bilder > Speichern > QuickTime klein*.
   - *Im Bild-Manager rendern*.
   - Dateiname und Speicherort angeben.

7. Fertigen Film mit QuickTime anschauen.

7_CINEMA > 7_FILME > film02.mov film03.mov

Workshop zur Mediengestaltung

Abb. 7.8/1
Kamera-Icon in der Werkzeugleiste

Abb. 7.8/2
Kamera unter Menü Werkzeuge

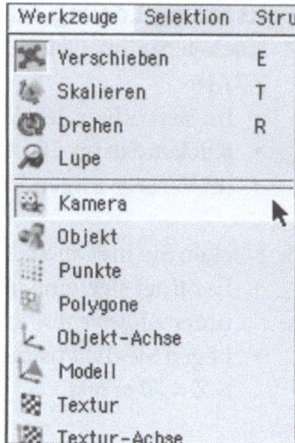

Abb. 7.8/3
Kameraposition

Grundeinstellung

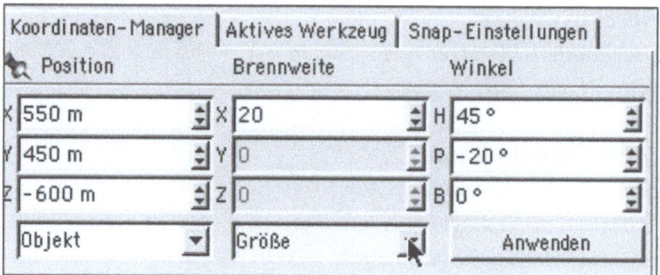

Abb. 7.8/4
Kameraposition

Brennweite bei Position 2

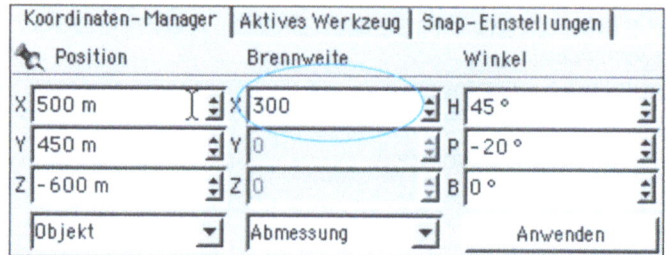

7.8 Kamera – Animation

Wie bei Film- und Videoaufnahmen können Sie die Editorkamera bewegen, Positionsänderungen durchführen, mit der Kamera fahren, Brennweiten verändern, Blickwinkel ändern und vieles mehr.

> Editorkamera ist die in CINEMA 4D vorgegebene Kamera.

Lernziel
- Den Umgang mit der Editorkamera erfahren und erlernen.

Aufgaben
- Zoomen Sie die Kamera auf den Würfel, wurfel11.c4d, bis der Würfel die gesamte Ansicht ausfüllt.
- Verändern Sie die Kameraposition, so dass die Würfellage die Ansicht gleichmäßig ausfüllt.
- Erstellen Sie eine Kamera-Animation zum automatischen Ablauf der vorgenannten Einstellungen.

7_CINEMA > 7_DOKUM > wurfel11.c4d

Lösung Aufgabe 1
1. Öffnen Sie die Datei wurfel11.c4d.

2. *Ansicht 1* einstellen.

3. *Kamera-Icon* in der Werkzeugleiste oder unter *Werkzeug > Kamera* aktivieren.

4. Angegebene Werte im *Koordinaten-Manager* eintragen und *Anwenden* (vgl. Abb. 7.8/3).
   - *Speichern als* kamera01.c4d

7_CINEMA > 7_DOKUM > kamera01.c4d

5. Im Hauptmenü *Skalier-Funktion* einschalten.
   - Maus mit gedrückter Taste im *Ansichtenfeld* bewegen.
   - Beachten Sie die Änderungen im *Koordinaten-Manager*.

6. *Zoom-Bewegung* direkt über den *Koordinaten-Manager* durchführen
   - Eingabe verschiedener Brennweiten, *Anwenden*.

> Bei einer Brennweite von 300 sollte der Würfel nur noch knapp zu sehen sein.

Workshop zur Mediengestaltung

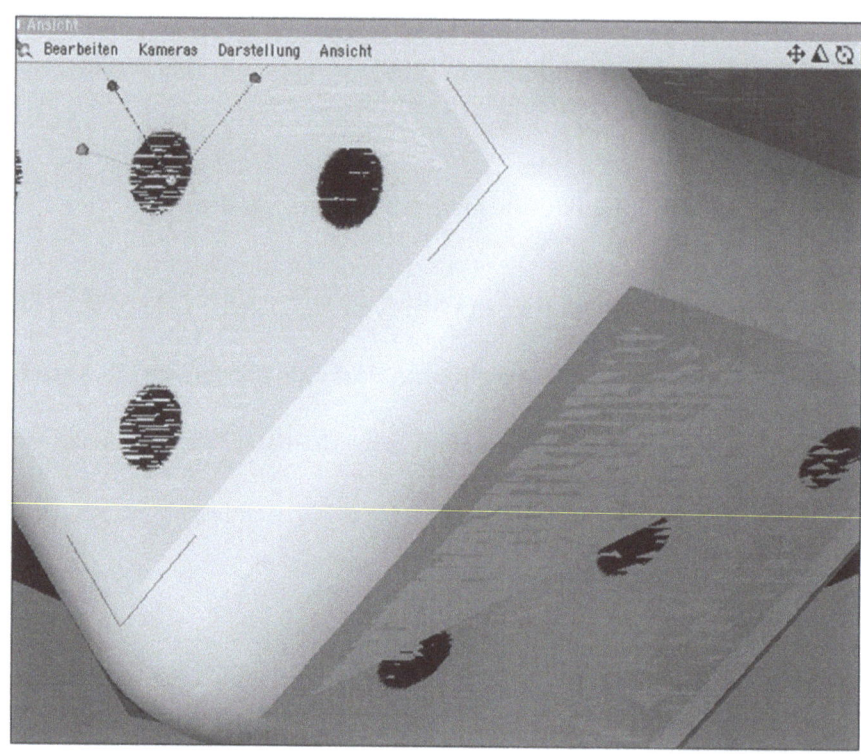

Abb. 7.8/5
Würfel Position 2

Abb. 7.8/6
Kamera-Icon

Neue Kamera erstellen

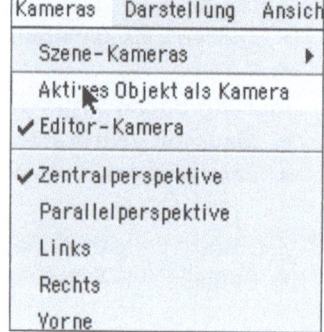

Abb. 7.8/7
Kamera aktivieren

7. 3D-Animation

Lösung Aufgabe 2

1. *Verschiebe-Funktion* im *Hauptmenü* aktivieren.
   - *Y-Achse* einschalten, *X- und Z- Achse* ausschalten.
   - Bewegen der Kamera mit gedrückter Maustaste (*Mauspfeil* im *Ansichten-Feld*).
   - *Koordinaten-Manager* beachten.

2. Die Lageänderung der Kamera mit Positionseinträgen im Koordinaten-Manager festlegen.
   - *X* auf *590 m*, *Y* auf *390 m*, *Z* auf *–610 m* stellen, *Anwenden*.

3. *Drehen-Funktion* aktivieren.
   - *X-, Y-, Z- Achsen* einschalten.
   - Mit gedrückter Maustaste den Mauspfeil im Ansichten-Feld bewegen.
   - Koordinaten-Manager beobachten.
   - Im *Koordinaten-Manager* $H = 44°$, $P = –22°$, $B = 0°$ einstellen.
   - Der Würfel sollte etwa die Position (vgl. Abb. 7.8/5) einnehmen.

Lösung Aufgabe 3

1. Speichern Sie zur Sicherheit Ihre Arbeit jetzt als kamera02.c4d.

2. Aktivieren Sie unter *Fenster > Zeitleiste*.
   - Positionieren Sie die Zeitleiste als Tab zum *Material-Manager*.

3. Aktivieren Sie eine neue Kamera.
   - Im Hauptmenü *Objekte > Szene-Objekte > Kamera* auswählen oder, wie in Abbildung 7.8/6 gezeigt, das *Kamera-Icon* anwählen.
   - Im Objekt-Manager das Kamerasymbol aktivieren und im *Ansichten-Feld > Aktives Objekt als Kamera* anklicken.

4. In der *Werkzeugleiste* und im *Zeit-Manager* muss die *Kamera* aktiviert sein.
   - *Zeitleistenmarkierung auf 0B* setzen, im *Koordinaten-Manager Position 1*, vgl. Abbildung 7.8/3, einstellen.

7_CINEMA > 7_DOKUM > kamera02.c4d

→ 7.1.4

→ 7.5.1

7_CINEMA > 7_DOKUM > kamera02.c4d

→ 7.6
7_CINEMA > 7_DOKUM > film04.mov

7_CINEMA > 7_DOKUM > kamera03.c4d

→ 7.7

- Im *Zeitleisten-Manager > Navigation > Aufnahme* anklicken.
- Verschieben der *Zeitleistenmarkierung auf 25B*.
- Im *Koordinaten-Manager* die Werte der Position 2 eintragen (vgl. Lösung Aufgabe 2).
- Neue Aufnahme erstellen: *Zeitleisten-Manager > Navigation > Aufnahme* anklicken.
- Diese Vorgänge wiederholen Sie bei 50B und 75B mit jeweils geänderten Koordinaten.

5. Spielen Sie die Animation in Ansicht 1 ab.

6. Rendern Sie die Animation als film04.mov.

Lernziel
- Vertiefung einiger Arbeitsabläufe durch Wiederholung

Aufgaben
- Beleuchten Sie den Würfel mit rötlichem Haupt-Licht.
- Beleuchten Sie den Würfel mit weißem Neben-Licht.
- Rendern Sie die Animation zu einem QuickTime-Film unter film05.mov.

Lösung Aufgaben 1 bis 3

1. Speichern Sie zur Sicherheit die Daten als kamera03.c4d.

2. Aktivieren Sie das Layout *Fenster > Layout > Layout laden > wurlayou.l4d*.

3. *Ziel-Lichtquelle* aufrufen.
   - Würfel als Ziel zuordnen.
   - Im *Objekt-Manager Null-Objekt* in *Haupt-Licht* umbenennen.

4. Lichteinstellungen:
   - Allgemein: *Paralleler Spot (rund), Farbe: R = 100%, G = 30%, B = 0%, Schatten = Hart*.

- Detail: *Innerer Radius = 100 m, Äußerer Radius = 150 m, Seitenverh. = 1, Helligkeit = 300%, Kontrast = 50%, Abnahme = keine, Keine Glanzlichter* Häkchen setzen, restliche Einstellungen belassen.

5. Speichern als kamera04.c4d.

7_CINEMA > 7_DOKUM >
kamera04.c4d

6. *Ziel-Lichtquelle* aufrufen.
   - In *Neben-Licht* umbenennen.
   - Würfel als Ziel zuordnen.
   - Kameraposition im *Koordinaten-Manager* einstellen:
     $X = 240\ m, Y = 50\ m, Z = 160\ m$.
   - Lichteinstellungen:
     Farbe R = 50%, G = 100%, B = 0%, Helligkeit: = 200%, Kontrast = 10%, keine Glanzlichter anwählen, *Schatten = kein* einstellen.

7. Speichern als kamera04.c4d.

8. Rendern zu einem QuickTime-Film, film05.mov.

→ 7.6
7_CINEMA > 7_DOKUM >
film05.mov

Die auf den nachfolgenden Seiten gezeigte Schachfigur könnten Sie mit Grundobjekten modellieren, vgl. Kapitel 7.2 Abbildung 7.2/10. An diesem relativ einfachen Körper soll die elegante Art der Spline-Anwendung gezeigt werden.

Cinema 4D XL   255

Workshop zur Mediengestaltung

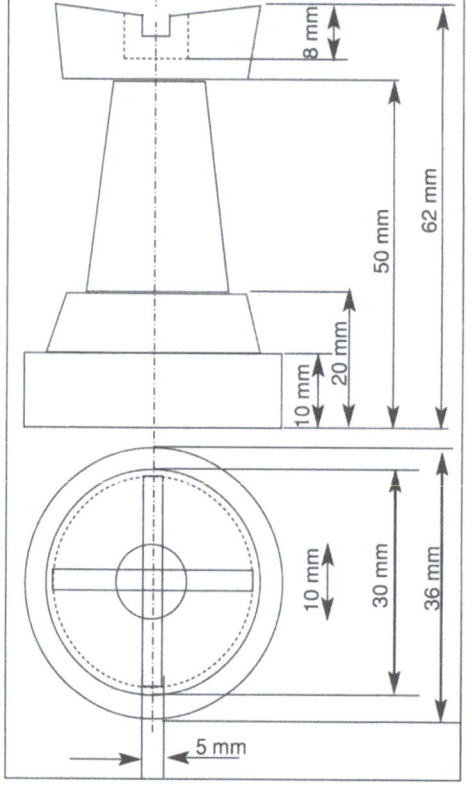

Abb. 7.9/1
Skizze Turm

Maße zur Konstruktion in CINEMA 4D XL

Abb. 7.9/2
Spline-Grundobjekte

n-Eck aufrufen

Abb. 7.9/3
Grundobjekt konvertiere ...
Punkte bearbeiten

Abb. 7.9/4
Tabelle im Struktur-Manager

Tragen Sie diese Werte ein.

Punkt	X	Y	Z
0	0	300	0
1	-100	320	0
2	-150	300	0
3	-130	200	0
4	-80	160	0
5	-100	-120	0
6	-150	-200	0
7	-180	-200	0
8	-180	-300	0
9	0	-300	0

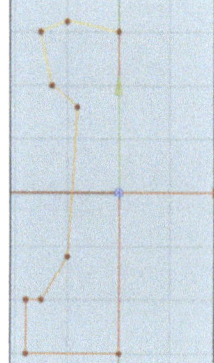

Abb. 7.9/5
Spline mit den Stützpunkten

Entspricht der Turmkontur

256   Cinema 4D XL

7.9 Splines, Spline-Objekte

Aus dem Referenz-Handbuch: Splines sind in erster Linie eine Abfolge von Stützpunkten, die im 3D-Raum liegen, die durch Linien miteinander verbunden sind ... Allerdings sollte klar sein, dass Sie nichts zu sehen bekommen, wenn Sie versuchen einen Spline mit dem Raytracer zu berechnen. Linien sind keine dreidimensionalen Objekte ... Allerdings lassen sich aus den Kurven komplexe 3D-Objekte in Sekunden formen.

Lernziel
- Dreidimensionale Objekte aus Splines formen.

Aufgaben
- Erstellen Sie mit Hilfe von Splines eine Schachfigur, einen Turm.
- Geben Sie der Schachfigur eine Oberfläche, Textur, und setzen Sie den Turm „ins rechte Licht".
- Bewegen Sie die Schachfigur über ein Schachbrett.

Lösung Aufgabe 1
1. Rufen Sie unter *Objekte > Spline-Grundobjekte > n-Eck* auf.
   - Im *Objekt-Manager > n-Eck* in *> Turm* umbenennen.
   - Im *Ansichten-Manager > Ansicht 4* aufrufen (XY-Ansicht).
   - Im *Objekt-Manager* das *gelbe n-Eck-Symbol* doppelt anklicken.
   - In das geöffnete Fenster *Radius 150 m, 10 Seiten* eingeben.
   - *Grundobjekte konvertieren, im Punkt-/Polygon-Modus weiterzubearbeiten* anklicken.
   - *Punkte bearbeiten* anklicken.
   - Im Hauptmenü unter *Struktur > Magnet* aktivieren.

   In CINEMA wird mit den Radius-Angaben gearbeitet.

2. Struktur-Manager anklicken, so dass eine Tabelle sichtbar wird.
   - In die Tabelle die Werte von Abbildung 7.9/4 eintragen.
   - Das Ergebnis sollte der Abbildung 7.9/5 entsprechen.
   - Speichern Sie das erfolgreiche Ergebnis als turm1.c4d.

3. Schalten Sie wieder zum Objekt-Manager um.

Workshop zur Mediengestaltung

Abb. 7.9/6
NURBS

Aufruf iim Hauptmenü

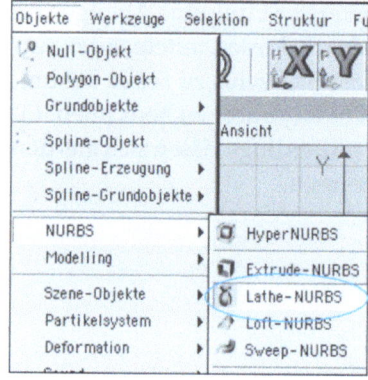

Abb. 7.9/7
NURBS

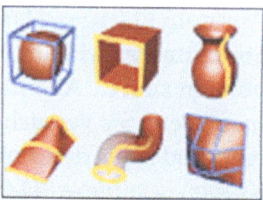

Abb. 7.9/8
Lathe-NURBS
Einstellungen Allgemein

Abb. 7.9/9
Lathe-NURBS

Einstellungen Details

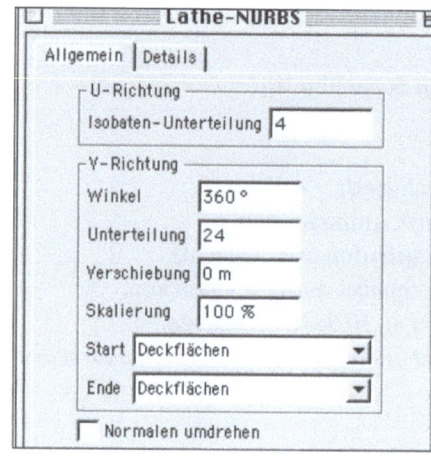

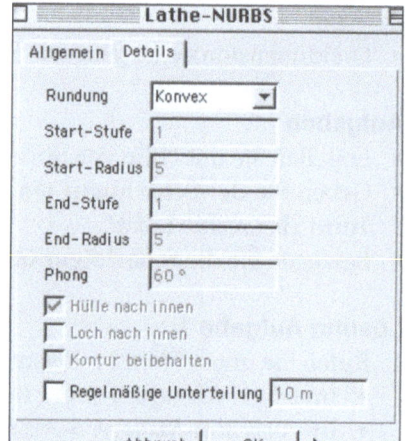

Abb. 7.9/10
Zylinderlage

Anzeige im Koordinaten-Manager

Abb. 7.9/11
Zylinderabmessungen

Doppelklick Zylinder-Icon

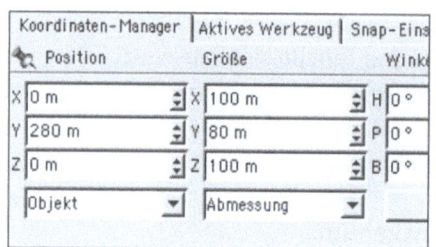

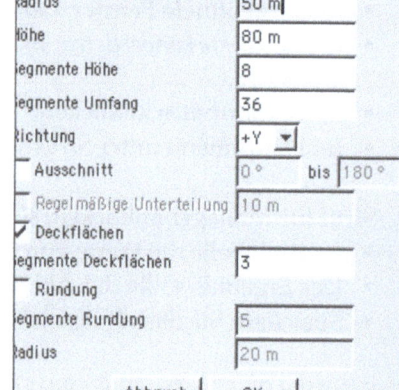

258   Cinema 4D XL

7. 3D-Animation

- Aktivieren Sie unter *Objekte > NURBS > Lathe-NURBS*.
- Klicken Sie das *Lathe-NURBS-Icon im Objekt-Manager* doppelt an.
- Tragen Sie die Werte, wie in Abbildung 7.9/8 und 7.9/9 gezeigt, ein.
- Schieben Sie den *Turm* in das *Lathe-NURBS*-Objekt (vgl. 7_mov08.mov).
- Als Ergebnis sehen Sie den Turm als dreidimensionales Objekt.

4. Anlegen der Vertiefung im Turmkopf.
   - Schalten Sie zuerst die *Ansicht* auf *Alle Ansichten* um.
   - Erstellen Sie einen Zylinder, welcher das Innere des Kopfes ausschneidet:
   - *Objekte > Grundobjekte > Zylinder* aufrufen.
   - Im *Objekt-Manager > Zylinder-Icon* doppelklicken, im sich öffnenden Fenster *Radius = 50 m, Höhe = 80 m* eintragen (vgl. Abb. 7.9/11).
   - Den Zylinder in Y-Richtung verschieben: Hierzu schalten Sie auf *Objekt bearbeiten* um, deaktivieren die *X- und Z-Achse*, aktivieren die *Verschiebe-Funktion*, klicken den *Zylinder* im *Objekt-Manager* an und bewegen den Zylinder nach oben. Eine schnellere Lösung bietet der Maßeintrag im Koordinaten-Manager (vgl. Abb. 7.9/10).

5. Über boolesche Berechnungen wird die Form des Zylinders aus dem Kopf ausgeschnitten.
   - Unter *Objekte > Modelling > Boole* aufrufen.
   - Das *Boole-Icon* im *Objekt-Manager* doppelt anklicken und *A minus B* auswählen (vgl. Abb. 7.9/12).
   - Im *Objekt-Manager* den *Zylinder in das Boole-Icon* ziehen, danach den *Lathe-NURBS in das Boole-Icon* ziehen (vgl. 7_mov09.mov).
   - Der Turm müsste eine Vertiefung aufweisen. Testen Sie die *Ansicht im Gouraud-Shading-Modus*.
   - Speichern nicht vergessen!

7_CINEMA > 7_FILME > 7_mov08.mov

Ein NURBS erstellt aus Splines (Pfaden) ein Objekt (Polygone oder Isobate) durch Rotation oder Verschiebung oder Pfadausrichtung oder Verzerrung usw.

7_CINEMA > 7_FILME > 7_mov09.mov

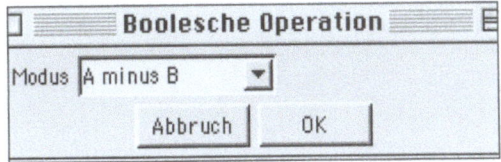

Abb. 7.9/12
Boolesche Operation

A minus B schneidet die Zylinderform aus dem Turmkopf aus.

Workshop zur Mediengestaltung

Abb. 7.10/1
Würfelmaße

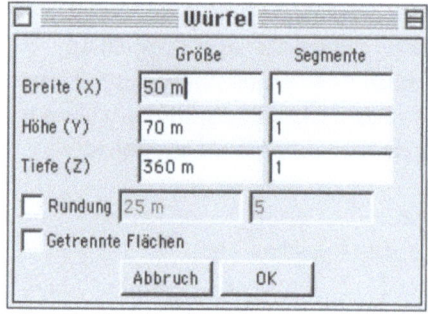
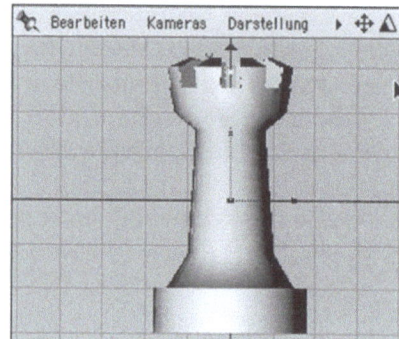

Abb. 7.10/2
Turmrohling in Seitenansicht

Abb. 7.10/3
Material bearbeiten

Einstellungen für die Turmoberfläche

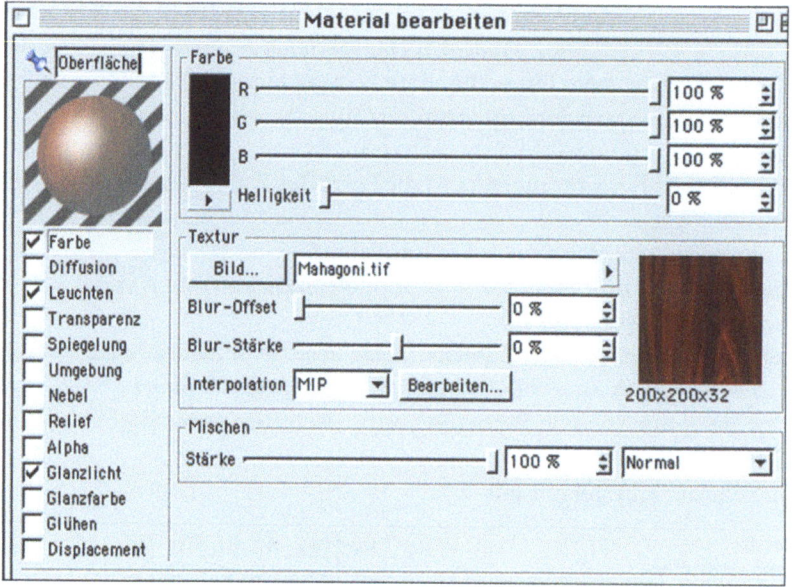

260   Cinema 4D XL

7.10 Texturen anlegen

6. Ausschneiden der Turmzinnen:
   - *Objekte > Grundobjekte > Würfel* auswählen.
   - *Objekt-Manager > Würfel-Icon* anklicken, im *Koordinaten-Manager* X = 50 m, Y = 70 m, Z = 360 m eintragen (vgl. Abb. 7.10/1).
   - Den Würfel auf der Y-Achse nach oben verschieben, Position im *Koordinaten-Manager* Y = 290 m. Würfel in *Zinne1* umbenennen.
   - Neuen Würfel unter *Bearbeiten > Kopieren > Einfügen* erstellen. Den neuen Würfel als *Zinne2* bezeichnen und im *Koordinaten-Manager* für H = 45⁰ eintragen (Drehen des Würfels).
   - Weiteren Würfel *Einfügen*, als *Zinne3* bezeichnen auf H = 90⁰ drehen. Erneut *Einfügen > Zinne4* benennen, H = 135⁰.
   - Im *Objekt-Manager > Objekte > Objekte gruppieren* anwählen, mit gedrückter Maustaste *Zinne1* bis *Zinne4* umfahren. Das neu entstandene *Null-Objekt* als *Zinnen* bezeichnen.
   - *Objekte > Modelling > Boole* aufrufen.
   - Im *Objekt-Manager Zinnen* in *Boole* ziehen, anschließend *Turm* in *Boole* ziehen.
   - *Boole* in *Turmrohling* umbenennen. Ergebnis vgl. Abbildung 7.10/2.

7_CINEMA > 7_DOKUM > Tex1 > Mahagoni.tif

7_CINEMA > 7_DOKUM > turm3.c4d

Lösung Aufgabe 2

1. Boden und Himmel anlegen, hierzu informieren Sie sich im Kapitel 7.4. Benützen Sie den gleichen Himmel und Boden.

2. Zum Arbeiten ändern Sie das Bildschirmlayout: *Fenster > Layout > Layout laden > wurlayou.l4d*.
   - *Browser > Datei > Katalog öffnen > wukatal.cat* aufrufen.
   - Boden und Himmel anlegen und mit der Textur *check.tif bzw. wolken01.tif* belegen.

3. Dem Turm eine Textur, Oberfläche, zuordnen.
   - Im *Browser > Datei > Datei hinzuladen > Mahagoni.tif* auswählen.
   - Dem *Turmrohling* im *Objekt-Manager Mahagoni.tif* zuordnen.
   - Im *Material-Manager > Neu* (Mahagoni.tif) doppelklicken.

**Abb. 7.10/4
Material bearbeiten**

Einstellungen für die Turmoberfläche.
Klicken Sie Glanzlicht an und stellen die Werte ein.

Aktualisieren anklicken und Sie können den Erfolg sofort in der Ansicht sehen.

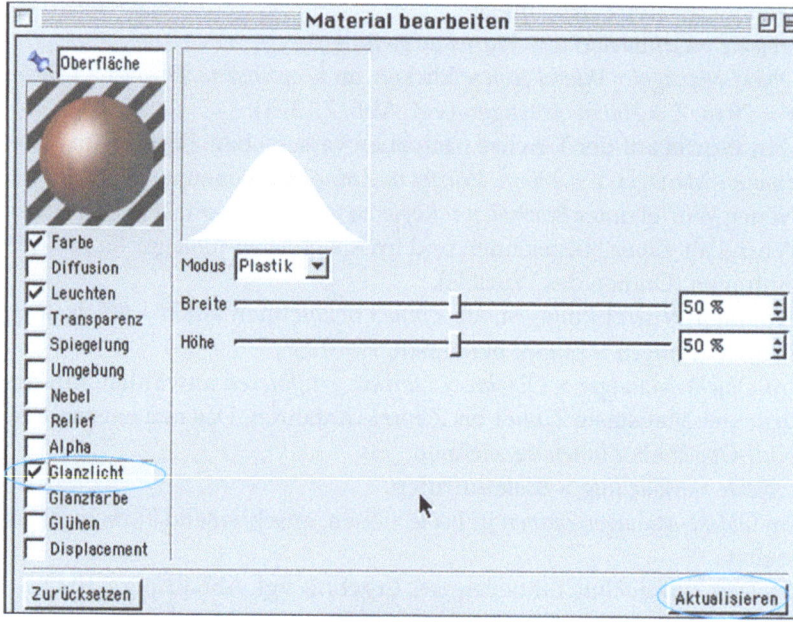

**Abb. 7.10/5
Texturvorgaben**

Wenn Sie die Winkel verändern, können Sie das Schachbrettmuster in seiner Lage verändern. Probieren Sie es aus!

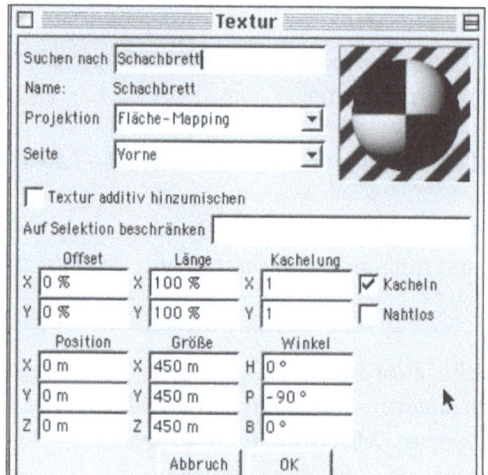

262 Cinema 4D XL

7. 3D-Animation

- Im sich öffnenden Fenster die in Abbildung 7.10/3 gezeigten Werte eintragen. Klicken Sie in *Glanzlichter*, dann können Sie die gezeigten Werte eintragen. Wenn Sie *Aktualisieren* anklicken, sehen Sie sofort die Reaktion im Ansichten-Manager. Ein erneuter Klick auf Farbe führt Sie wieder in das Ausgangsfenster zurück (vgl. Abb. 7.10/4).
- Im *Objekt-Manager* das *Textur-Icon* anklicken und die Werte eintragen (vgl. Abb. 7.10/5). Die Schachbrettfelder erhalten die nötige Größe.
- Speichern als turm4.c4d.

4. Turm in Y-Richtung auf den „Boden" stellen.
   - Die Ansicht über *Kamera > Isometrie* besser darstellen, im *Koordinaten-Manager Zoom* auf *0.3* einstellen.
   - Stellen Sie Ansicht 1 ein und rendern die Ansicht. Der Turm sollte komplett auf dem Schachbrett stehen.

5. Für den Einsatz einer guten Beleuchtung lesen Sie nochmals Kapitel 7.7 und beleuchten das Schachbrett und den Turm jeweils getrennt.

7_CINEMA > 7_DOKUM > turm5.c4d

Lösung Aufgabe 3
1. Orientieren Sie sich in Kapitel 7.5 und 7.6
   - In der Datei turm6.c4d sehen Sie die vom Autor angelegte Bewegung des Turmes.
   - Die Datei film06.mov zeigt den gerenderten QuickTime-Film.

7_CINEMA > 7_DOKUM > turm6.c4d

7_CINEMA > 7_FILME > film06.mov

Lernziel
- Vertiefung im Umgang mit Spline-Objekten.

Aufgabe
- Erstellen Sie passend einen Springer und animieren Sie die Objekte.

Lösung
1. Datei neu aufrufen.
   - In Ansicht 4 (XY-Ansicht) umschalten.

Workshop zur Mediengestaltung

Abb. 7.10/6
Lage der Stützpunkte

Zum Profil eines Pferdekopfes.
Versuchen Sie die Lage der Stützpunkte nach einem vorliegenden Muster richtig einzustellen.

Abb. 7.10/7
Einstellung Allgemein der Extrude-NURBS für den Pferdekopf

Abb. 7.10/8
Fertiger Pferdekopf

Abb. 7.10/10
Datei zu einer geöffneten hinzuladen

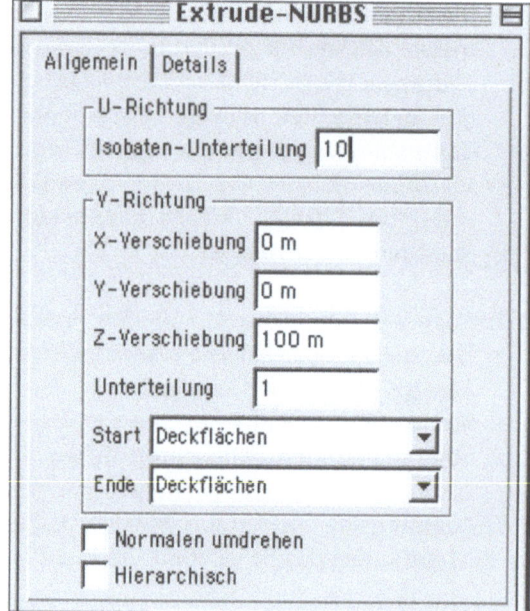

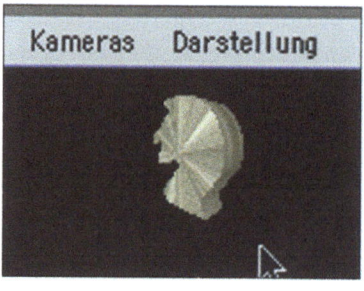

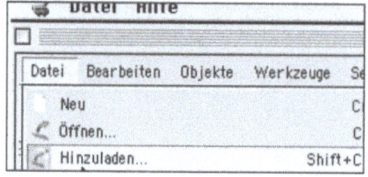

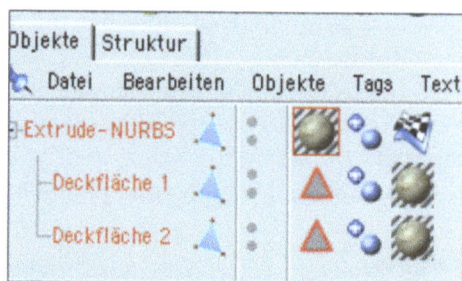

Abb. 7.10/9
Zuordnen der Marmor08.tif-Textur allen Extrude-NURBS-Flächen

264 Cinema 4D XL

- *Objekte > Spline-Grundobjekte > n-Eck* aufrufen.
- Dem n-Eck etwa 30 Seiten (30 Stützpunkte) und einen Radius von etwa 200 m zuweisen.
- Auf *Grundobjekt konvertieren ..., Punkte bearbeiten* und *Struktur > Magnet* umschalten.
- Die Lage der Stützpunkte im *Struktur-Manager* und/oder in der *XY-Ansicht* zum Profil eines Pferdekopfes verändern.
- Speichern als spring1.c4d.

7_CINEMA > 7_DOKUM > spring1.c4d

2. *Objekte > Modelling > NURBS > Extrude-NURBS* aktivieren.
   - Im *Objekt-Manager* das *Extrude-NURBS-Icon* aktivieren und die Werte, wie in Abbildung 7.10/7 gezeigt, eintragen.
   - Das *n-Eck in Extrude-Nurbs* fallen lassen (ziehen).
   - Ihr Arbeitsergebnis in der Ansicht 1 könnte wie Abbildung 7.10/8 aussehen, wenn Sie dem Extrude-NURBS-Objekt die Textur Marmor08.tif zuordnen.
   - Beachten Sie, dass die Textur allen Flächen des NURBS-Objektes zugewiesen wird (vgl. Abb. 7.10/9 und 7.10/10).

3. Öffnen Sie die Datei turm5.c4d.
   - Kopieren Sie den Turmrohling und positionieren ihn an einer anderen Stelle.
   - Belegen Sie den kopierten Turm mit der Marmor08.tif-Textur.
   - Beleuchten Sie die Szene mit einer weiteren Lichtquelle, so dass der neue Turm schwach zu sehen ist.
   - Über *Datei > Hinzuladen > spring1.c4d* platzieren Sie den Springer ebenfalls in die Datei turm5.c4d.
   - Speichern Sie die Datei unter einem neuen Namen.
   - Erstellen Sie eine Schachspiel-Animation, vgl. turm8.c4d und film07.mov.

**7_CINEMA > 7_DOKUM > turm8.c4d
> 7_FILME > film07.mov**

Abb. 7.11/1
Spline-Grundobjekt Text

Die einzelnen Buchstaben
für das Wort Schach als
Splines im Objekt-Manager

Abb. 7.11/2
Buchstaben-Splines im Extrude-NURBS

Abb. 7.11/3 und 7.11/4
Einstellungen für den Extrude-NURBS vor dem Kopieren

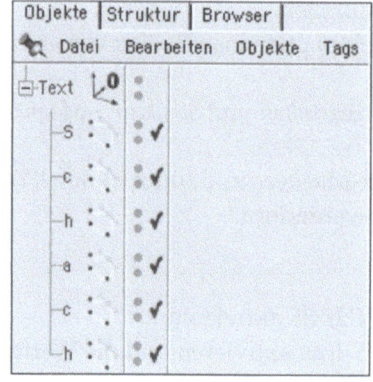
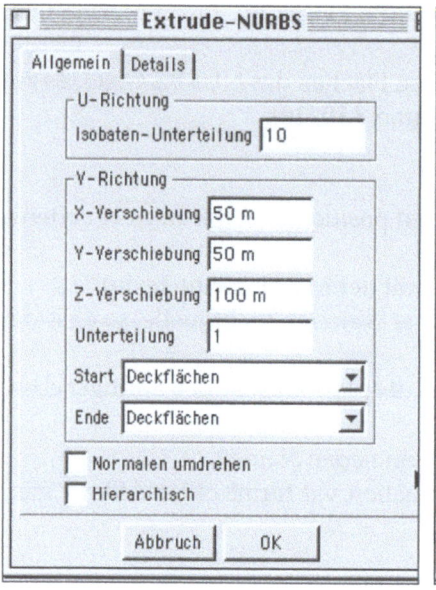
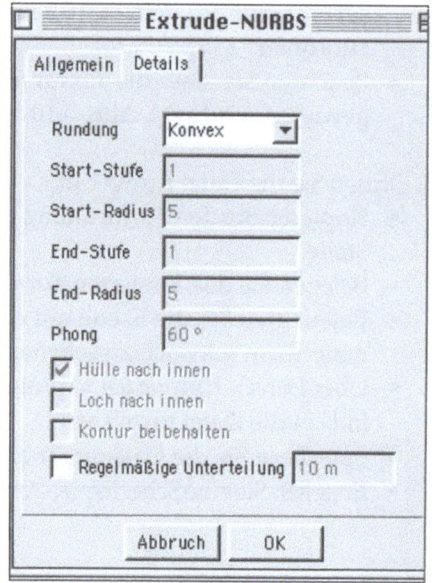

7.11 3D-Text-Erstellung

Lernziel
- Die Erstellung und Animation von Texten bzw. Buchstaben erarbeiten.

Aufgaben
- Erstellen Sie für das kleine Spiel das Wort Schach aus einzelnen Buchstaben.
- Belegen Sie jeden Buchstaben mit einer anderen Textur.
- Übertragen Sie den Text in das Schachspiel.
- Animieren Sie die Buchstaben bzw. den Text im Schachspiel.

Lösung Aufgabe 1
1. Aufruf von *Objekte > Spline-Grundobjekt > Text*.

2. Im *Objekt-Manager > Text-Symbol* doppelklicken.
   - Das Wort *Text im Fenster* mit dem Wort *Schach* überschreiben.
   - Den Reiter *TrueType-Font* anklicken und eine Schrift auswählen (im Beispiel wurde die Geneva gewählt).
   - *Buchstaben einzeln editierbar* auswählen > *Textaurichtung zentriert* > *Zeilenhöhe 800 m*, die anderen Angaben belassen.
   - *Text* im *Objekt-Manager* aktivieren > *Grundobjekt konvertieren ...* anklicken.
   - Der geöffnete Textordner zeigt jeden einzelnen Buchstaben als Spline-Objekt (vgl. Abb. 7.10/1).

Buchstaben einzeln editierbar heißt, dass jeder Buchstabe animiert werden kann.

3. Text zu einem 3D-Objekt generieren.
   - Unter *Objekte > NURBS > Extrude-NURBS* aufrufen.
   - Das *NURBS-Icon* doppelt klicken und in das geöffnete Fenster für *X-Verschiebung = 50 m, Y-Verschiebung = 50 m, Z-Verschiebung = 100 m* eintragen.
   - Für jeden Buchstaben den *Extrude-NURBS* im *Objekt-Manager* kopieren und einsetzen. Benennen Sie die *Extrude-NURBS* mit SEN, cEN, hEN usw. (vgl. Abb. 7.11/2).
   - Vom *Text >* entsprechenden Buchstaben in den *Extrude-NURBS* ziehen.

Cinema 4D XL

Workshop zur Mediengestaltung

Abb. 7.11/5 und 7.11/6
Änderungen im Extrude-NURBS für C

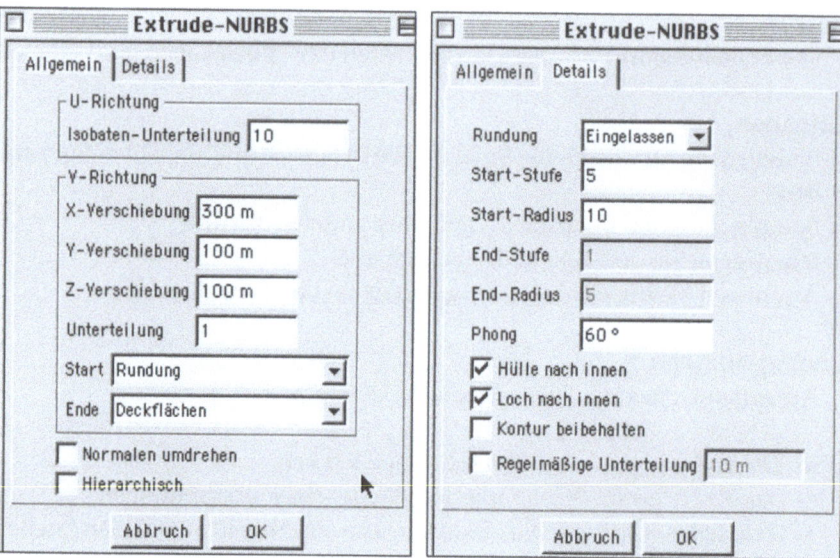

Abb. 7.11/7
Material für das S

Klicken Sie in den Pfeil, es öffnet sich ein Rollmenü, aus diesem aktivieren Sie die Flamme.

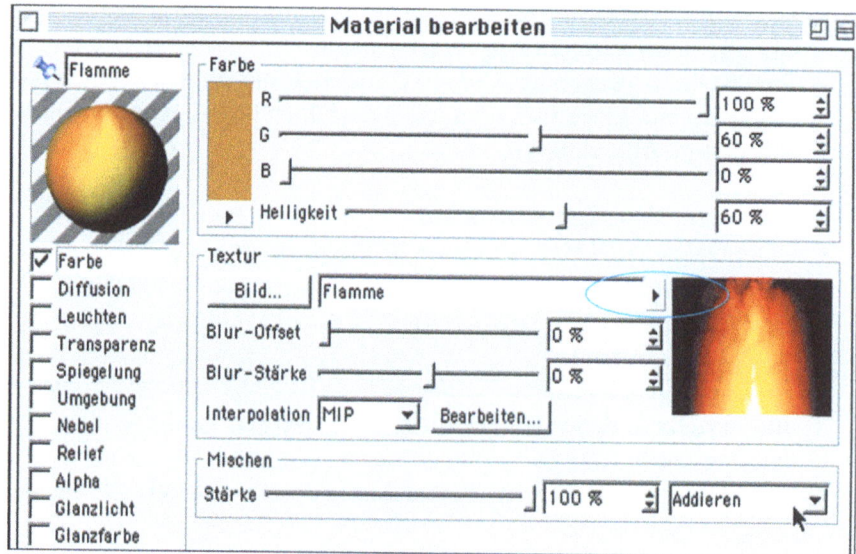

7. 3D-Animation

4. Sie können jeden einzelnen Buchstaben in seinem Aussehen verändern. Hierzu öffnen Sie das entsprechende *Extrude-NURBS-Objekt* (z.B. S) und verändern die Werte (vgl. Abb. 7.11/5 und 7.11/6).

Lösung Aufgabe 2

Den Text bzw. jeden einzelnen Buchstaben können Sie mit beliebigen Texturen belegen. Analysieren Sie die Textur der einzelnen Buchstaben der Datei schach.c4d. Sie können diese ändern und die Ergebnisse anschauen.
- Hinweis: Das richtige Ergebnis sehen Sie erst nach dem Rendern der Ansicht 1.

7_CINEMA > 7_DOKUM > schach.c4d

Lösung Aufgabe 3

1. Öffnen Sie die Datei turm8.c4d.
   - Speichern als spiel2.c4d

2. Aus *Datei > Hinzuladen > schach.c4d* anwählen.
   - Im *Objekt-Manager* die *Buchstaben-NURBS* zu einem *Objekt gruppieren*.
   - *Null-Objekt* aktivieren und im *Koordinaten-Manager* für H = 900, X = –200, Y = 1200, Z = –800 eintragen.
   - Beleuchten mit auf *Objekt Wort* gerichtetem Licht, Paralleler Spot (rund), 500% Helligkeit.

7_CINEMA > 7_FILME > 7_mov10.mov

3. Zur Animation des Wortes Schach öffnen Sie *Fenster > Layout > Layout laden > wurlayouz.l4d*.
   - In der *Zeitleiste > Bearbeiten > Dokument-Voreinstellungen* aufrufen und im geöffneten Fenster *Maximum auf 200, Detailstufe auf 200* stellen.
   - In der *Zeitleiste > Zeitmarkierung auf 0, Wort* öffnen, so dass alle Buchstaben zu sehen sind, die *Buchstaben* und das *Objekt Wort* einzeln aktivieren und über *Navigation > Aufnahme* deren Position festlegen.
   - *Zeitmarkierung* auf *100 B* stellen und das gleiche wie zuvor wiederholen.
   - *Zeitmarkierung* auf *125 B* stellen und das gesamte Wort (alle Buchstaben) in folgende Position bringen: X = –100 m, Y = 0 m, Z = 550 m.

Workshop zur Mediengestaltung

- *Zeitmarkierung* auf *150 B* stellen, Wort und alle Buchstaben auf $H = 135°$, $P = -60°$, $B = 10°$, $X = 100$, $Y = 100$, $Z = 250$ einrichten und jeweils *Aufnahme* anklicken.
- *Zeitmarkierung* auf *175 B* stellen und jeden einzelnen Buchstaben animieren. Das Gleiche wiederholen Sie bei der *Zeitmarkierung 200*.

7_CINEMA > 7_FILME >
film08.mov

4. *Rendern > im Bild-Manager rendern > Speicherort und Name* angeben (vgl. film08.mov).

Abb. 7.12/1
Spline-Kreis

als Ellipse aufgebaut

Abb. 7.12/2
Bone-Objekt

Einstellung wie von CINEMA angeboten

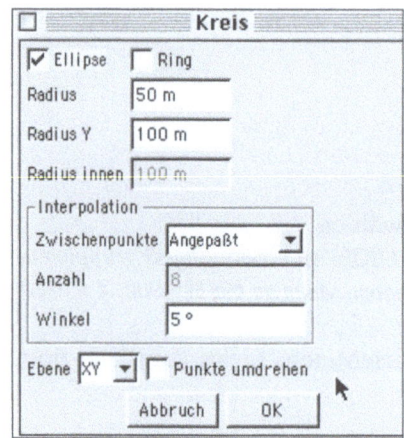

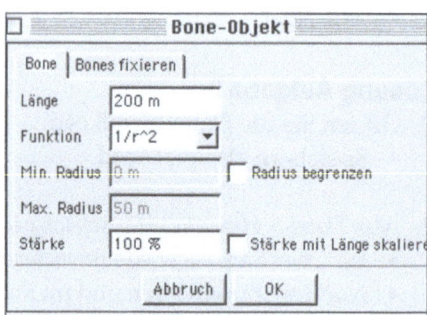

Abb. 7.12/4
Grundobjekt Kapsel

Einstellungen für die Wurmaugen

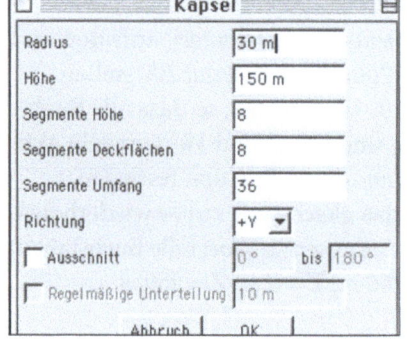

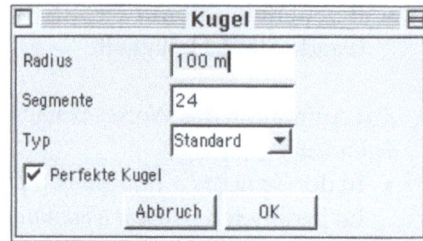

Abb. 7.12/3
Grundobjekt Kugel

Einstellungen für den Wurmkopf

7.12 Bones

Einem Körper gibt man ein inneres Skelett aus Knochen und Gelenken und animiert dieses Gerüst. Damit können Sie auf relativ einfache Weise menschliche und tierische Bewegungsabläufe nachvollziehen.

Bone (engl.) = Knochen

Lernziel
- Den Umgang mit Bones kennen lernen und anwenden.

Aufgaben
- Erstellen Sie einen „Wattwurm", bringen Sie ihm Beweglichkeit bei.
- Animieren Sie Bewegungsvorgänge des Wattwurmes.

Lösung Aufgabe 1
Hinweis: Nachfolgender Lösungsvorschlag ist nur eine von vielen Möglichkeiten, einen Körper für ein Lebewesen zu erstellen und zu bewegen. Mit Inverser Kinematik beispielsweise wäre die Lösung ebenfalls möglich.

1. Damit der Wurmkörper eine vielfältige Beweglichkeit erhält, setzen Sie diesen aus *Spline-Grundobjekten > Ellipsen (Kreis)* zusammen. Die Splines werden über das *Objekt > Loft-NURBS* zu einem Körper zusammengefasst.
   - *Objekte > Spline-Grundobjekte > Kreis* auswählen
   - Im *Objekt-Manager > Kreissymbol* doppelklicken > *Ellipse* anwählen > *Radius = 50 m > Radius Y = 100 m* eintragen.
   - In *Alle Ansichten* umschalten
   - Im *Koordinaten-Manager > Kreis (Ellipse)* auf *Z = –400 m* positionieren.
   - Kreis kopieren und Einsetzen auf *Z = –300 m* positionieren, wieder Einsetzen und auf *Z = –200 m*, usw. bis *Z = 300 m*.

2. *Objekte > NURBS > Loft-NURBS* auswählen.
   - Im *Objekt-Manager > Kreis 0* bis *Kreis 7* in den *NURBS* ziehen.
   - Es müsste ein 3D-Objekt vergleichbar mit einem Zylinder zu sehen sein.

3. Wurmkopf erstellen mit *Objekte > Grundobjekte > Kugel*.
   - Im *Objekt-Manager Kugelsymbol* doppelt klicken > *Radius von 100 m*.

Workshop zur Mediengestaltung

Abb. 7.12/5
Ausgangsposition des gesamten Wurmkörpers

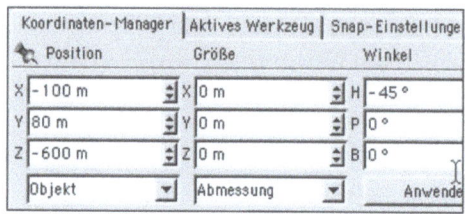

Abb. 7.12/6
Ausschnitt aus dem Zeit-Manager

Zeitleiste mit Keys

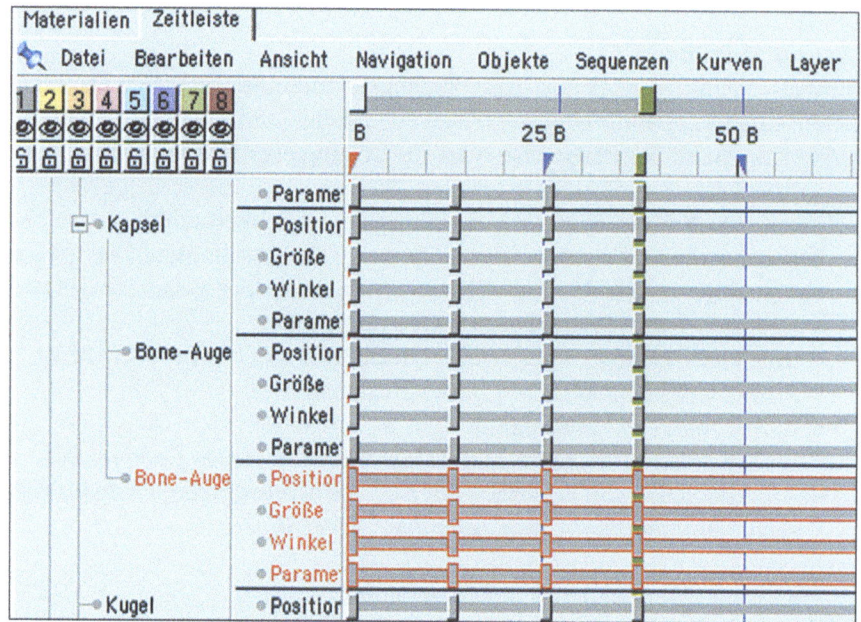

272 Cinema 4D XL

7. 3D-Animation

- Im *Koordinaten-Manager* Position für Z = 200m, X und Y = 0 m eintragen.
- Im *Objekt-Manager* Kugel in *Loft-NURBS* werfen.
- Für die Augen bzw. Wurmfühler *Objekte > Grundobjekte > Kapsel* mit einem Radius = 30 m, Höhe = 150 m erstellen.
- Position bei B = 45°, X = 100 m, Y = 70 m, Z = 200 m. Den zweiten Wurmfühler erstellen Sie durch Kopieren und Einsetzen und positionieren ihn bei B = –45°, X = –100 m, Y = 70 m, Z = 200 m.
- Werfen Sie beide Kapseln in das *Loft-NURBS-Objekt*.
- Speichern Sie Ihre bisherige Arbeit.

7_CINEMA > 7_DOKUM > wurm1.c4d

4. Die Beweglichkeit des Wurmes erstellen Sie mittels Bones.
   - *Objekte > Deformation > Bone* anwählen.
   - *Bone auf X = 0 m, Y = 0 m, Z = 200 m* positionieren und im *Objekt-Manager > Objekte > Bones fixieren* anklicken.
   - Weitere Bones erstellen und so positionieren und fixieren, dass sie an den Kreisringen des Skelettes verankert sind. Schauen Sie hierzu die Datei wurm1.c4d an.

Lösung Aufgabe 2

1. Rufen Sie wieder das Layout mit der Zeitleiste auf.

7_CINEMA > 7_DOKUM > wurlayoz.ll4d

wurm2.c4d

   - Speichern Sie Ihre Datei als wurm2.c4d.
   - *Boole (Wurm) auf X = –100 m, Y = 80 m, Z = –600 m, H = –45°* positionieren.
   - Alle Teile des Wurms im *Zeit-Manager > Navigation > Aufnahme* festsetzen (vgl. Abb. 7.12/6).
   - Nachfolgend lesen Sie musterhaft die Lösung der Augen- und Fühlerbewegung mittels Positions- und Winkeländerung des Bone-Auges:
   - Stellen Sie die *Zeitmarkierung auf 12 B*.
   - Wählen Sie das *Bone-Auge* aus, geben Sie die *Position X = –50 m, Y = 80 m, Z = 100 m, H = 60°, P = –60° und B = –500* ein. *Anwenden* anklicken und im *Zeit-Manager* alle Wurmteile aufnehmen (vgl. Abb. 7.12/6).
   - Stellen Sie die *Zeitmarkierung auf 25 B* und positionieren Sie das *Bone-Auge* auf X = –100 m, Y = –70 m, Z = 300 m, H = 60°, P = –80°, B = 40°. *Anwenden* anklicken und alles aufnehmen (zwischendurch speichern).

Abb. 7.12/7
Render-Voreinstellungen

Für den film09.mov wurde nur von Bild 0 bis Bild 50 gerendert.

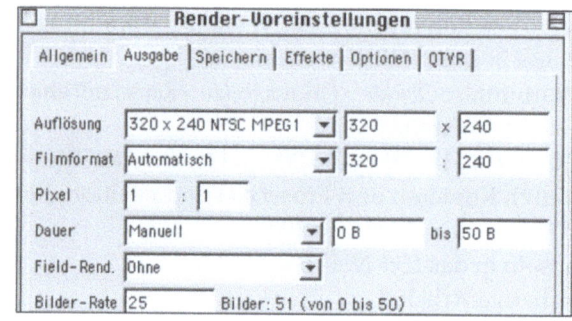

Abb. 7.12/8
Objekt Sonne als Beleuchtung

Klicken Sie das Sonnensymbol doppelt an. Es öffnet sich Sonnen-Expression.

Dem Objekt Boden ordnen Sie die Textur Wiese zu.

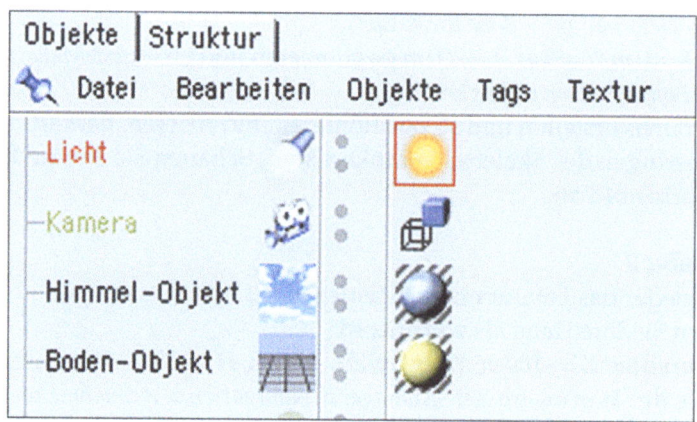

Abb. 7.12/9
Einstellung für die Sonne

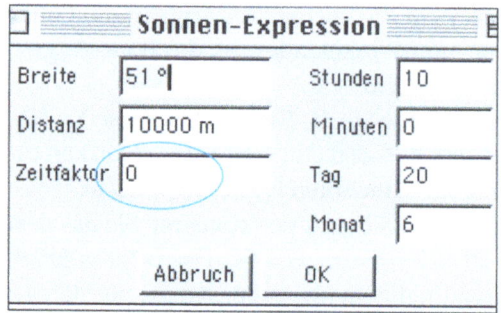

274   Cinema 4D XL

7. 3D-Animation

- Stellen Sie die *Zeitmarkierung* auf *37 B* und das *Bone-Auge* wieder in Grundposition. Alles aufnehmen und speichern.

2. Rendern Sie den ersten Bewegungsablauf zum QuickTime-Film.
   - Stellen Sie den Renderungsvorgang nur von Bild 0 bis Bild 50 ein (vgl. Abb. 7.12/7).

3. Das Dokument wurm3.c4d und der Film film10.mov zeigen musterhaft weitere Bewegungsabläufe, welche mit den Bones eingestellt wurden.

7_CINEMA > 7_DOKUM > wurm3.c4d
7_FILME > film10.mov

4. In der Datei wurm3.c4d wurde eine externe Kamera für die Szenenaufnahmen erstellt. Schauen Sie sich auch dies an und vergleichen Sie den Umgang mit dieser Kamera mit Kapitel 7.8.

→ 7.8

5. Als Beleuchtung wurde aus *Objekte > Szene-Objekte > Sonnen-Lichtquelle* ausgewählt. Die Einstellungen ersehen Sie aus Abbildung 7.12/9. Wenn Sie bei *Zeitfaktor* eine Zahl eingeben, ändert sich die Helligkeit und Färbung der Sonne in jeder neuen Szene, welche Sie im Zeit-Manager einstellen.

6. Dem Boden wurde die Textur Wiese zugeordnet. Sie befindet sich im Ordner *Dokumente > Tex1 > Wiese.tif*.

7.13 Inverse Kinematik

Beim Wattwurm wurden alle Bewegungsmöglichkeiten der Bones-Gelenke zugelassen. Wenn Sie einen Bone an einer Stelle mit gedrückter Maustaste bewegen, ändern sich beim Wurm zum Teil auch die anderen Bones. Dies ist bei einem solchen Weichteiltier wohl richtig. Wollen Sie aber nur die Hand eines Menschen oder ein Gelenk eines Roboters bewegen, dürfen die anderen Bones nicht beeinflusst werden und auch die Bewegungsfreiheit sollte zum Teil eingeschränkt sein. Um dies zu erreichen, setzen Sie die Inverse Kinematik ein.

Lernziel
- Die Funktion der Inversen Kinematik kennen lernen und einsetzen.

Aufgaben
- Erstellen Sie den Greiferarm eines Roboters, bestehend aus zwei Gelenken.
- Die Gelenke sollten sich in realer Form bewegen können, so dass kein Gelenk ausrastet.

Lösung Aufgabe 1 und 2
1. In Anlehnung an die Beschreibung im Referenz-Handbuch Seite 521 nachfolgende Vorgehensweise.

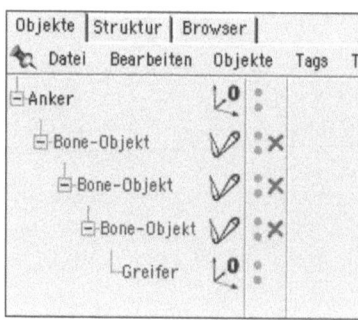

Abb. 7.13/1
Bones-Struktur am Ende des ersten Arbeitsablaufs

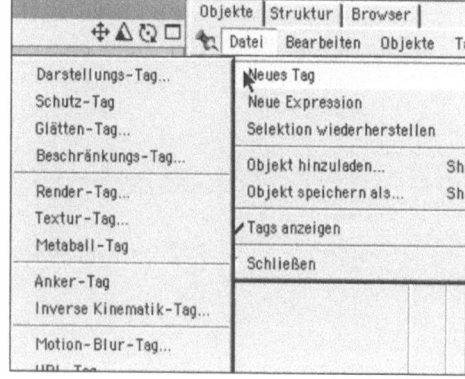

Abb. 7.13/2
Inverse Kinematik-Tag aufrufen

- Aktivieren Sie *Ansicht 2 (XZ-Ebene)* und erzeugen ein *Bone-Objekt*.
- Positionieren Sie das Bone-Objekt an den unteren Rand der Ansicht, sperren die X-Achse, halten die ctrl-Taste (Mac) gedrückt, greifen mit der Maustaste den orangenfarbenen Greifer des Bones und ziehen ein neues Bone-Objekt aus dem ersten heraus. Das zweite Bone-Objekt sollte die gleiche Größe wie das erste haben.
- Ziehen Sie aus dem zweiten Bone-Objekt ein drittes gleicher Größe. Durch diese Vorgehensweise haben Sie bereits die richtige Hierarchie der Bones angeordnet (vgl. Abb. 7.13/1).
- Erzeugen Sie ein *Null-Objekt* und positionieren es auf *X = 400 m, Y = 0 m, Z = –300 m*. Ziehen Sie das *Null-Objekt* im *Objekt-Manager* unter das letzte Bone und nennen es Greifer.
- Erzeugen Sie ein zweites Null-Objekt und positionieren es auf *X = 0 m, Y = 0 m, Z = 300 m*, nennen es Anker und ordnen die Bones unter dem Anker an (vgl. Abb. 7.13/1).
- Speichern Sie Ihre Arbeit als roboter.c4d.

Strg-Taste und linke Maustaste (Windows).

7_CINEMA > 7_DOKUM > roboter.c4d

2. Aktivieren Sie den *Inverse Kinematik-Modus* (vgl. Abb. 7.4/4 Kapitel 7.4 Boden und Himmel), klicken im *Objekt-Manager* den *Greifer* an und bewegen diesen mit gedrückter Maustaste im *Ansichten-Fenster*.
   - Die Reaktionen sehen Sie. Um wieder die Ausgangsposition zu erhalten, klicken Sie auf *Rückgängig*.
   - Aktivieren Sie im *Objekt-Manager > Datei > Neues Tag > Inverse Kinematik-Tag*, setzen am sich öffnenden Fenster bei *H, P, B ein Häkchen* und ordnen den *Tag dem ersten Bone* zu (vgl. Abb. 7.13/2).
   - Wenn Sie jetzt den Greifer anwählen und im Ansichten-Fenster bewegen, sehen Sie Einschränkungen im Bewegungsablauf.
   - Ändern Sie die Winkelangaben im *Inverse Kinematik-Tag-Fenster* für einen Bone, bewegen wiederum den Greifer, dann werden Sie weitere Einschränkungen im Bewegungsablauf erkennen.

→ 7.4

Workshop zur Mediengestaltung

Abb. 7.13/3
Inverse Kinematik-Tags bei den Bone-Objekten

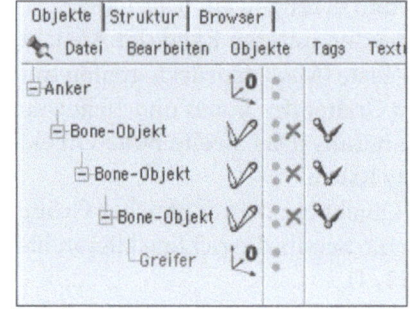

Abb. 7.13/4
Tag-Fenster mit Winkelangaben

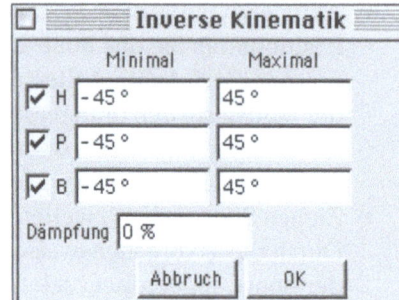

Abb. 7.13/5
Tag-Fenster mit Winkelangaben

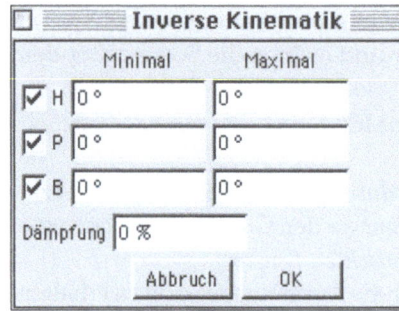

Abb. 7.13/7
Roboterarm-Ansicht im 3D-Fenster

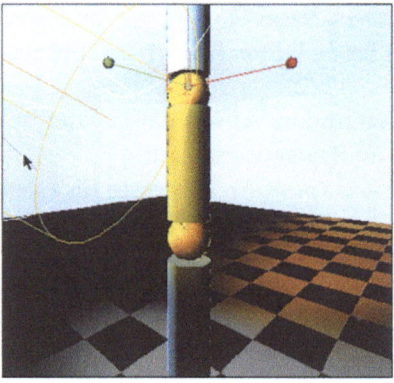

Abb. 7.13/6
Grundgerüst Roboterarm im Objekt-Manager

7. 3D-Animation

3. Schalten Sie nun die *Werkzeuge* auf *Objekte bearbeiten* um.
   - Erzeugen Sie einen *Zylinder* mit dem *Radius 30 m, Höhe 150 m*, positionieren ihn auf *X = 0 m, Y = 0 m, Z = 90 m* und ordnen ihn im *Objekt-Manager* unter das erste *Bone-Objekt*.
   - Dies wiederholen Sie für das zweite und dritte Bone-Objekt.
   - Erzeugen Sie eine *Kugel* mit dem *Radius = 20 m*, positionieren diese auf *X = 0 m, Y = 100 m, Z = 0 m* und ordnen die *Kugel* im *Objekt-Manager* unter den *2. Zylinder* an. Dies wiederholen Sie für den *3. Zylinder*.
   - Setzen Sie am ersten *Bone-Objekt* einen *Anker* und geben beim *Inverse Kinematik-Tag* für alle *Winkel 0°* ein (vgl. Abb. 7.13/5).
   - Schalten Sie die *Werkzeuge* auf *Inverse Kinematik-Modus* um, aktivieren den *Greifer* und bewegen ihn im *Ansichten-Fenster*. Die Reaktionen sehen Sie. Lassen Sie beim Bewegen die Maustaste nicht los, so können Sie jederzeit durch *Rückgängig anklicken* in die Ausgangsposition zurückschalten.
   - Schalten Sie wieder in den *Objekte bearbeiten-Modus* um, klicken im *Objekt-Manager* den *Anker* an und geben bei *P = 90°* ein (vgl. Abb. 7.13/5).
   - Das gesamte Objekt (Anker) positionieren Sie etwa in die Mitte in *Alle Ansichten*.
   - Speichern Sie die Arbeit als roboter1.c4d.

7_CINEMA > 7_DOKUM > roboter1.c4d

4. Texturen anlegen und Position der Editorkamera optimieren führt zum Ergebnis roboter2.c4d.

7_CINEMA > 7_DOKUM > roboter2.c4d

5. Boden und Himmel anlegen, das Objekt beleuchten und einen Bewegungsablauf rendern führt zum Abschluss der Arbeit.
   - Bei der Beleuchtung wurde jeweils ein Spot-Licht auf einen Zylinder gerichtet. Die Einstellungen der Spot-Lichter sind unterschiedlich gewählt.
   - Für den Bewegungsablauf wurde das Bildschirmlayout *wurlayoz.l4d* geladen.
   - Sie können jeden einzelnen Bone bewegen und stellen fest, dass kein Einfluss zu den anderen Bones besteht. Hierzu klicken Sie den Bone an und bewegen die Achsen des Bone.
   - Die Animationserstellung haben Sie schon kennen gelernt.

7_CINEMA > 7_DOKUM > roboter3.c4d

wurlayoz.l4d

→ **7.5 und 7.6 film11.mov**

7.14 Einsatz von Bilddaten

→ 2.0 Photoshop
→ 3.0 Illustrator

Eine wesentliche Grundvoraussetzung, um mit CINEMA 4D arbeiten zu können, ist die Beherrschung eines Bildbearbeitungsprogramms. Kapitel 2 und Kapitel 3 führt Sie in zwei sehr wichtige Programme für die Bild- und Grafikerstellung sowie deren Bearbeitung ein. Außer den Umgang mit Grafik- und Bildbearbeitungssoftware sollten Sie auch die Dateiformate kennen, welche CINEMA importieren kann. Hochwertige 2D-Grafiken (Vektorzeichnungen) werden im Illustrator dreidimensional umgeformt. Das Illustrator-Dateiformat importiert CINEMA direkt. Falls Sie zum Beispiel Freehand für solche Aufgaben verwenden, speichern Sie die Daten im Illustrator-Format. Informieren Sie sich daher, welche Dateiformate von CINEMA 4D direkt geladen werden können. Sie können natürlich auch mittels Versuch und Irrtum die lesbaren Dateiformate ergründen. Nachfolgend finden Sie eine Auflistung lesbarer Dateiformate:

- Bildformate sind:
  TIFF, IFF, TARGA, PICT, BMP, JPEG, PSD; ist QuickTime auf Ihrem Computer installiert (ist auf jeden Fall zu empfehlen), dann können sehr oft auch Varianten der genannten Dateiformate direkt eingelesen werden.
- Animationsformate sind:
  AVI, QuickTime
- 3D-Formate
  DXF, Lightwave 3D, 3D Studio-Import, 3D Studio-Export, QuickDraw 3D-Import, QuickDraw 3D-Export, Direct3D-Export, VRML V1.0c- und 2.0-Import, VRML 2.0-Import, VRML 1.0c- und 2.0-Export, VRML 2.0-Export, Wavefront-OBJ-Import, Wavefront-OBJ-Export.

Bei den aufgeführten Dateiformaten bestehen teilweise Einschränkungen, welche Sie bei Bedarf im Referenz-Handbuch nachlesen sollten.

Lernziel
- Bilddaten in einer Beispielszene einsetzen können.

Aufgabe
- Erstellen Sie eine Hintergrundlandschaft und lassen Sie einen mit CINEMA 4D XL beschrifteten Heißluftballon durch die Landschaft fahren.

7. 3D-Animation

Lösung

1. Rufen Sie unter *Objekte > Szene-Objekte > Hintergrund* auf.
   - Öffnen Sie im *Material-Manager* unter *Datei > Neues Material*. Mittels Doppelklick in das Bild im *Material-Manager* öffnen Sie das *Einstell-Fenster* und rufen dort unter *Bild* die *Datei Tex1 > stadt02.tif* auf (diese Datei wurde im Adobe Photoshop grundlegend verändert). Weitere Bilddateien finden Sie ebenfalls unter Tex1.
   - Ordnen Sie die Textur dem Hintergrund zu.
   - Speichern Sie die Datei als ballon1.c4d.

   7_CINEMA > 7_DOKUM > ballon1.c4d

2. Öffnen Sie unter *Datei > Neu* eine neue, leere CINEMA-Datei.
   - Erstellen Sie den Ballon. Der Autor hat ihn mittels *Spline-Grundobjekte > Kreis* strukturiert und mit dem *Loft-NURBS* zu einem realen Objekt geformt. Der Korb ist ein *Grundobjekt > Würfel*, die Seile zwei *Kreisspline und Loft-NURBS*. Selbstverständlich könnten Sie den Ballon auch aus *Grundobjekt > Kugel* erstellen und diese mittels *Deformation* zum Heißluftballon formen.
   - Im *Material-Manager* laden Sie die Dateien *Seile.tif, korb.tif und cinema.tif*.
   - Ordnen Sie die Texturen den entsprechenden Ballonteilen zu.
   - Ordnen Sie alle Teile unter dem *Ballon-Loft-NURBS* zu einem Objekt zusammen und speichern Sie die Datei als ballon.c4d.

   7_CINEMA > 7_DOKUM > ballon.c4d

3. Öffnen Sie die *Datei ballon1.c4d* und laden *ballon.c4d* hinzu.
   - Laden Sie das Bildschirmlayout zum Zeitleisten-Manager und animieren den Ballon mittels Kameraeinstellungen und Lageänderungen des Ballons.
   - Rendern der Bildfolgen führt zum film12.mov.

   7_CINEMA > 7_FILME > film12.mov

Cinema 4D XL   281

Workshop zur Mediengestaltung

Abb. 7.15/1
Soundspur anlegen

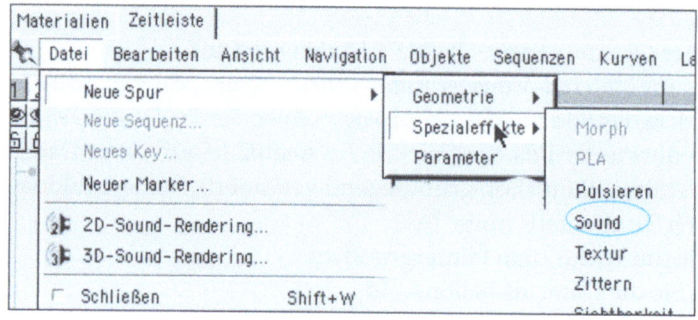

Abb. 7.15/2
Sound laden

Ist die Datei geladen, kann man die wichtigsten Tondaten lesen.

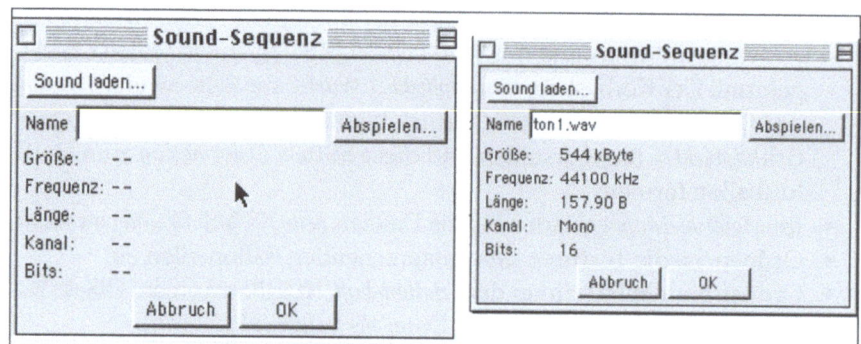

Abb. 7.15/3
Soundspur mit geladener Tondatei ton1.wav

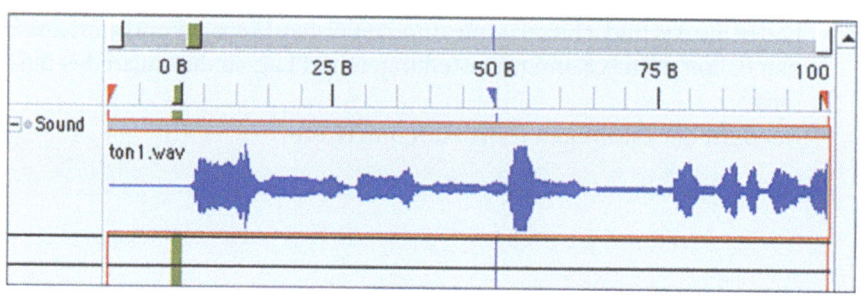

7. 3D-Animation

7.15 Sound

Der Sound *ton1.wav* wurde direkt mit dem Computer unter Einsatz der Software SoundEdit aufgenommen, bearbeitet und als wav-Datei gespeichert. Die Tondatei *Your Life is Over* ist eine Original-Macintosh-Systemdatei, welche ebenfalls mit SoundEdit zu *Your Life* angepasst wurde. CINEMA 4D rendert die Tondateien zu einer wav-Datei und kann wav-Dateien einlesen.

Lernziel
- 2D-Sounds in CINEMA 4D erfassen, bearbeiten und einer Animation zuordnen können.

Aufgaben
- Erstellen einer Tondatei, bestehend aus zwei Sounds (Übungsbeispiel).
- Die Sounds *Your Life* und *ton1.wav* der Datei *spiel2.c4d* zuordnen.
- Markierungen passend zum Spielablauf setzen und die Tondateien in den Spielablauf einpassen.
- 2D-Sound rendern und als *ton2.wav* speichern.
- Zum Beispiel in Premiere *ton2.wav* und *film08.mov* zu einem QuickTime-Film, *film13.mov*, zusammenbauen.

Lösung Aufgabe 1
1. *Datei > Neu* öffnen.
   - Bildschirmlayout *wurlayoz.l4d* aufrufen.
   - Unter *Objekt > Sound > Lautsprecher und Mono* auswählen.
   - *Lautsprecher* auf Null-Positionen, *Mikrofon* auf $Z = 300\ m, H = 180^0$, ansonsten auf Null-Positionen setzen.
   - Im *Zeitleisten-Manager > Datei > Neue Spur > Spezialeffekte > Sound* auswählen (vgl. Abb. 7.15/1).
   - Das *+ -Zeichen* vor •*Sound* anklicken, so dass die Spur aufklappt, und in die *Spur* doppelklicken.
   - Im sich öffnenden Fenster (vgl. Abb. 7.15/2) *Sound laden* anklicken und *ton1.wav* auswählen.
   - Das Ergebnis müsste wie Abbildung 7.15/3 aussehen.
   - Legen Sie eine zweite Tonspur an und laden Sie die Datei *Your Life*.

7_CINEMA > 7_DOKUM > wurlayoz.l4d

7_CINEMA > 7_DOKUM > ton1.wav

7_CINEMA > 7_DOKUM > Your Life

Workshop zur Mediengestaltung

Abb. 7.15/4
Neuen Key anlegen

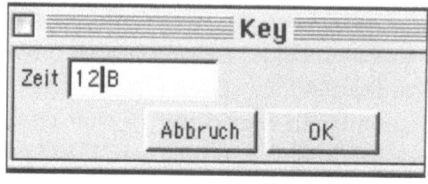

Abb. 7.15/5
Lage des Key festlegen

Abb. 7.15/6
Eintrag Lautstärke und Balance

Die Balance-Einstellung macht nur Sinn beim Einsatz mehrerer Lautsprecher.

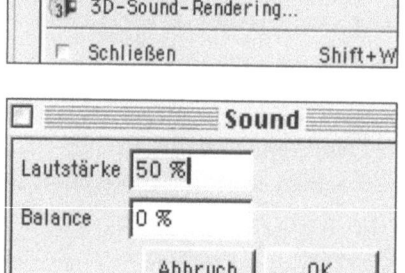

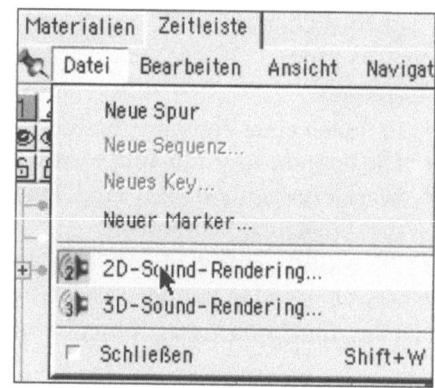

Abb. 7.15/8
Pfadangabe und Namenfestlegung der Sounddatei

Abb. 7.15/7
2D-Sound-Rendering

Abb. 7.15/9
Marker setzen

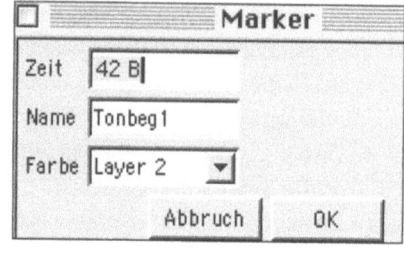

Abb. 7.15/10
Lage des Marker festlegen

284 Cinema 4D XL

7. 3D-Animation

2. Sie können Lautstärke und Balance der Töne an jeder beliebigen Stelle in der Zeitleiste einstellen.
   - Klicken Sie die *Soundspur ton1.wav* an und rufen Sie unter *Datei > Neues Key* auf (vgl. Abb. 7.15/4), tragen Sie im *Fenster-Key > 12 B* ein (vgl. Abb. 7.15/5).
   - Klicken Sie den gesetzten Key doppelt an und geben die Lautstärke in % ein (vgl. Abb. 7.15/6).
   - Setzen Sie weitere Keys in beiden Tonspuren und ändern die Lautstärke (vgl. ton1.c4d).
   - Speichern als ton1.c4d rundet das erste Arbeitsergebnis ab.

3. Zum Rendern der erstellten Tondatei öffnen Sie im *Zeitleisten-Manager > Datei > 2D-Sound-Rendering* und geben im sich öffnenden Fenster den Pfad und Namen der neuen Datei *tonversu.wav* ein (vgl. Abb. 7.15/7 und 7.15/8).
   - Wenn Sie ein Häkchen bei *Sound nach Fertigstellung abspielen* setzen, öffnet sich nach erfolgreichem Speichern der QuickTime-Player und Sie können Ihren Tonmix anhören.

Lösung Aufgabe 2
1. Öffnen Sie unter *Datei > spiel2.c4d* und speichern sie als spiel3.c4d.
   - Installieren Sie Mikrofon und Lautsprecher wie bereits kennen gelernt.
   - Legen Sie zwei Tonspuren an und übernehmen Sie ton1.wav und Your Life.

2. Setzen Sie für den Anfang der *Tonspur ton1.wav* einen *Marker* auf *42 B*.
   - Hierzu klicken Sie im *Zeitleisten-Manager* unter *Datei > Neuer Marker* an, setzen den *gelben Marker (Tonbeg1) auf 42 B* (vgl. Abb. 7.15/9, 7.15/10).
   - Positionieren Sie den Beginn von *ton1.wav* an diesen *Marker*.
   - Steuern Sie noch die Lautstärke der beiden Tonspuren aus (vgl. spiel3.c4d).
   - Speichern Sie die Datei.

7_CINEMA > 7_DOKUM > ton1.c4d

7_CINEMA > 7_DOKUM > tonversu.wav

7_CINEMA > 7_DOKUM > spiel2.c4d

7_CINEMA > 7_DOKUM > spiel3.c4d

Workshop zur Mediengestaltung

Abb. 7.15/11
Importieren von Dateien in Premiere

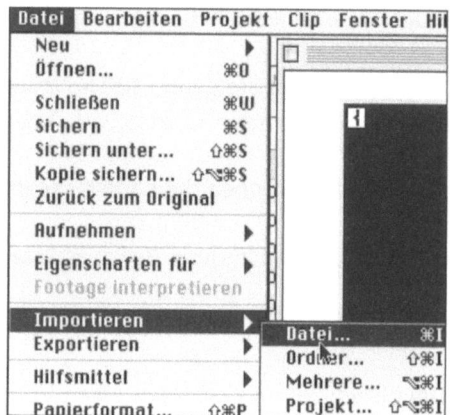

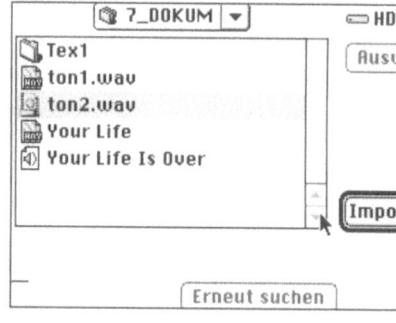

Abb. 7.15/12
Tondatei importieren

Abb. 7.15/13
Exportieren zu einem QuickTime-Film

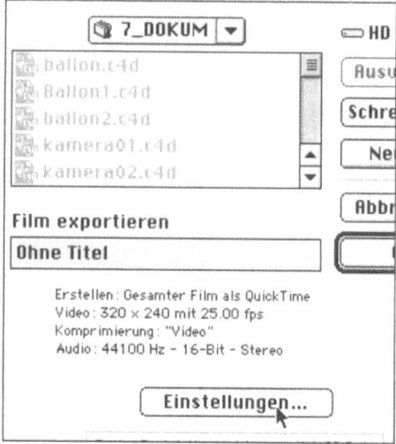

Abb. 7.15/14
Einstellungen Ihrem Computer anpassen

7. 3D-Animation

Lösung Aufgabe 3

Datei > 2D-Sound-Rendering aufrufen, Pfad festlegen und Name *ton2.wav* der Datei geben. OK zum Rendern anklicken, das löst den Renderungsvorgang aus.

- Die Animationsdatei spiel3.c4d können Sie ebenfalls rendern (z.B. film14.mov). Hierbei werden Sie feststellen, dass Ton und Bildanimation getrennt sind. Aus Gründen der systemübergreifenden Kompatibilität von CINEMA 4D ist dies derzeit nicht anders möglich.

Lösung Aufgabe 4

1. Die gerenderte Animation film08.mov (oder Ihr film14.mov) wird in Premiere zu einem QuickTime-Film zusammengebaut. Informieren Sie sich unter Kapitel 5 Videoschnitt.
   - Laden Sie Premiere und importieren Sie film08.mov (oder film14.mov).
   - Das Gleiche führen Sie für ton2.wav durch (vgl. Abb. 7.15/12).

7_CINEMA > 7_FILME > film08.mov

→ 5 Videoschnitt

2. Theoretisch könnten Sie beide Dateien in Premiere weiterbearbeiten. Das ist aber nicht unbedingt sinnvoll, denn Sie haben in CINEMA 4D Ton und Film aufeinander angepasst. Das heißt:
   - Exportieren Sie den Film so wie er ist (vgl. Abb. 7.15/13).
   - Klicken Sie Einstellungen an und passen die Exportwerte Ihrem Computer an (vgl. die folgenden Abbildungen).
   - Geben Sie Ihrem QuickTime-Film einen Namen und speichern Sie diesen ab.
   - Das Ergebnis des Autors können Sie unter film13.mov ansehen und anhören.

7_CINEMA > 7_FILME > film13.mov

Abb. 7.15/15
Einstellungen des Autors

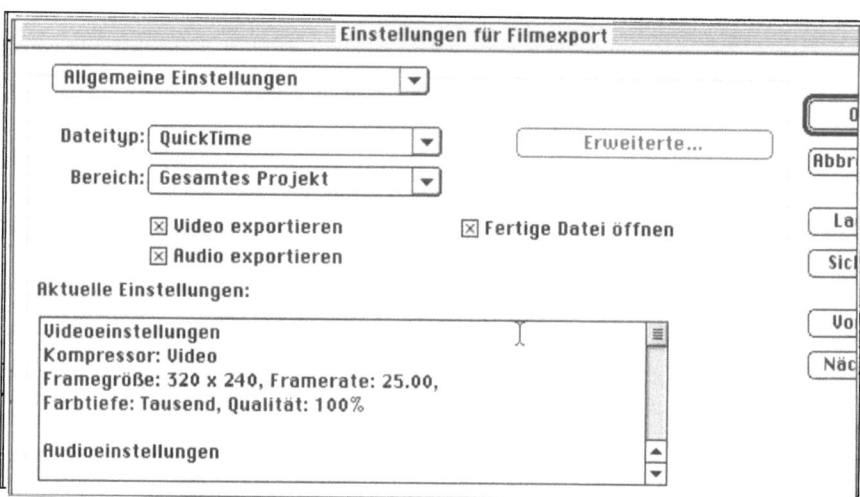

Abb. 7.15/16
Einstellungen des Autors

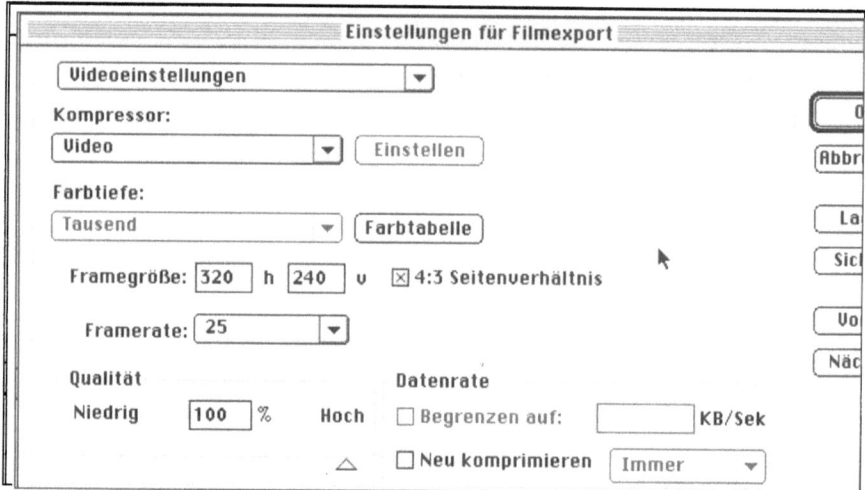

7. 3D-Animation

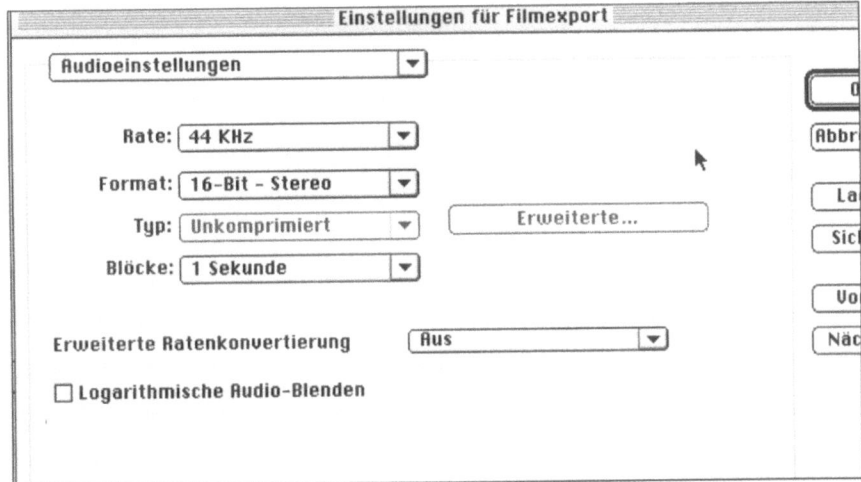

Abb. 7.15/17
Einstellungen des Autors

Abb. 7.16/1
Aus Klondike

7.16 Schlussbemerkungen

Mit der Option 3D-Rendering lassen sich ungeahnte Toneffekte erstellen. Zum Beispiel könnten Sie dem davonfahrenden Ballon ein in den Hintergrund verschwindendes Windgeräusch hinzufügen. Hierzu positionieren Sie entsprechende Lautsprecher und Mikrofone und mischen die Töne zum 3D-Effekt. Vieles Weitere ist möglich, Ihrer Fantasie und deren Verwirklichung sind kaum Grenzen gesetzt. Dies betrifft das gesamte Programm CINEMA 4D mit seinen vielfältigen Möglichkeiten.

In diesem Kapitel erhielten Sie eine Einführung, welche Sie sicherlich animiert, weitere Ideen zu gestalten und umzusetzen. Bei konsequentem Durcharbeiten und Nachvollziehen der gestellten Aufgaben können Sie sicherlich selbstständig weiterarbeiten. Bedenken Sie immer, gute Gestaltung liegt an erster Stelle, Einfachheit an zweiter Stelle, dann werden Ihre Werke gelingen.

8 Präsentation

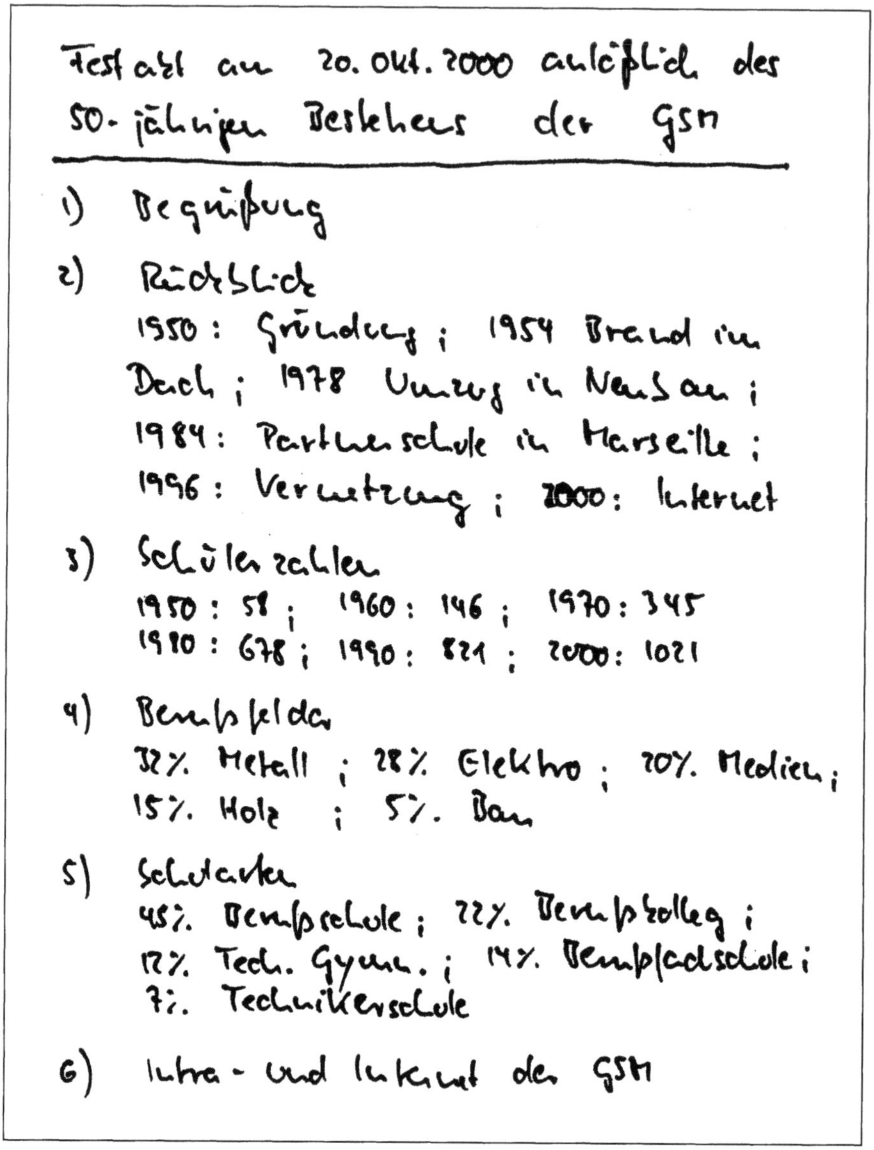

Workshop zur Mediengestaltung

Abb. 8.1/1
Textmanuskript zum Workshop

> Festakt am 20. Okt. 2000 anläßlich des
> 50-jährigen Bestehens der GSN
> _____
>
> 1) Begrüßung
>
> 2) Rückblick
>   1950: Gründung ; 1954 Brand im
>   Dach ; 1978 Umzug in Neubau ;
>   1984: Partnerschule in Marseille ;
>   1996: Vernetzung ; 2000: Internet
>
> 3) Schülerzahlen
>   1950: 58 ; 1960: 146 ; 1970: 345
>   1980: 678 ; 1990: 821 ; 2000: 1021
>
> 4) Berufsfelder
>   32% Metall ; 28% Elektro ; 20% Medien ;
>   15% Holz ; 5% Bau
>
> 5) Schularten
>   45% Berufsschule ; 22% Berufskolleg ;
>   12% Tech. Gym. ; 14% Berufsfachschule ;
>   7% Technikerschule
>
> 6) Intra- und Internet der GSN

Microsoft Powerpoint

8. Präsentation

8.1 Powerpoint-Präsentationen

8.1.1 Einführung

Bildschirmpräsentationen sind IN! Längst hat der Computer auch auf dem Gebiet der Werbe-, Verkaufs- oder Informationspräsentationen seinen Siegeszug angetreten und konventionelle Präsentationsmedien wie zum Beispiel Overhead-Projektoren verdrängt. Im Bereich der Präsentations-Software hat sich das Programm Powerpoint von Microsoft zu einem Quasistandard entwickelt.

Im Vergleich zu den meisten anderen Programmen, die in diesem Buch beschrieben sind, ist das Erlernen von Powerpoint relativ einfach. Das vorliegende Kapitel stellt den Versuch dar, einen umfassenden Überblick über das Programm zu vermitteln, indem eine konkrete Bildschirmpräsentation erstellt wird. Obwohl hierbei nicht alle Funktionen von Powerpoint zur Sprache gebracht werden, sollte im Anschluss das Erstellen eigener Präsentationen problemlos möglich sein.

Bei der auf den folgenden Seiten beschriebenen Programmversion handelt es sich um Powerpoint 2000 für Windows-PCs. Wer im Besitz einer älteren Programmversion ist, wird den einen oder anderen unmaßgeblichen Unterschied feststellen. Dies gilt auch für die Programmversion für Macintosh-Computer. Da ein „Mac" keine rechte Maustaste besitzt, wurde auf die Verwendung dieser Taste bewusst verzichtet.

Präsentationen sind IN!

Powerpoint 2000 von Microsoft (Windows-Version)

8.1.2 Thema des Workshops

Die Gewerblichen Schulen Medienburg wollen ihr 50-jähriges Jubiläum feiern. Anstatt eine langweilige Festansprache zu halten, möchte der innovative Schulleiter Schmidt eine Bildschirmpräsentation zeigen. Diese soll dem Festpublikum die wichtigsten Eckdaten und Merkmale der Schule in optisch ansprechender Form vor Augen führen. Schulleiter Schmidt hat die Daten in Form eines Manuskripts (siehe linke Seite) zusammengestellt und wendet sich danach mit der Bitte an Sie, ihm daraus eine Powerpoint-Präsentation zusammenzustellen.

Thema des Workshops:
Festakt zum 50-jährigen Bestehen der Gewerblichen Schulen Medienburg

Abb. 8.2/1
Ablaufschema des Planens, Erstellens und Abspielens einer Powerpoint-Präsentation

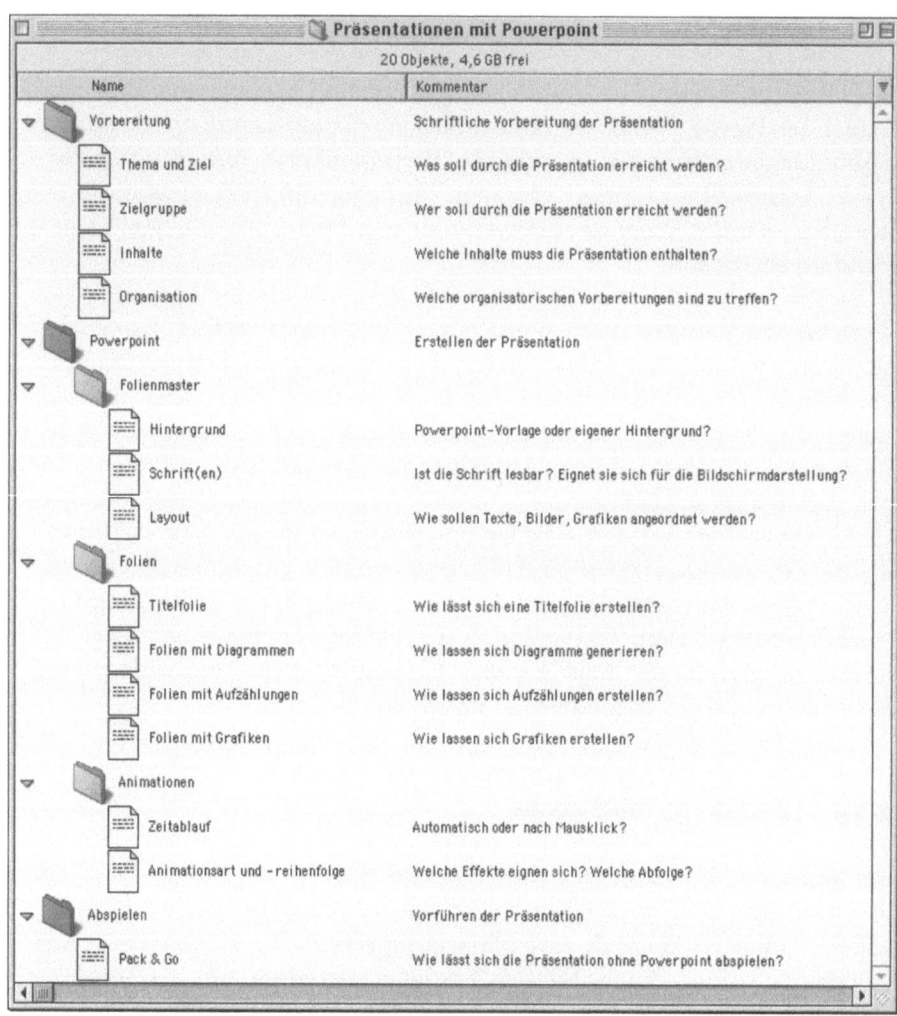

8.2 Vorbereiten der Präsentation

8.2.1 Festlegen von Thema und Ziel

Lernziele
- Das Thema der Präsentation formulieren.
- Ziele der Präsentation festlegen.

Aufgabe
- Bereiten Sie Ihre Präsentation mit Papier und Bleistift vor. Eine schriftliche Konzeption ist unabdingbare Voraussetzung für das Gelingen einer Präsentation und spart letztendlich Zeit.

Eine gute Vorbereitung spart letztlich Zeit!

Lösung
1. Das Thema der Präsentation steht bereits fest und lautet: „Festakt zum 50-jährigen Bestehen der Gewerblichen Schulen Medienburg".

2. Anlass der Präsentation in ein Festakt. Kurzfristiges Ziel der Präsentation ist es deshalb, das Publikum zu unterhalten und über die Schule zu informieren. Längerfristig stehen hingegen andere Ziele im Vordergrund:
   - Die Schule in der Öffentlichkeit als innovativ präsentieren.
   - Durch positive Darstellung der Schule neue Schüler gewinnen.

   Ergänzen Sie drei weitere Ziele Ihrer Präsentation.

8.2.2 Ermittlung der Zielgruppe

Lernziel
- Die Zielgruppe der Präsentation bestimmen.

Aufgabe
- Die zu erwartende Zielgruppe ist von maßgeblicher Bedeutung für die Auswahl der Inhalte und die gestalterische Umsetzung der Präsentation. Bestimmen Sie Ihre Zielgruppe mit Hilfe der Checkliste im Kompendium der Mediengestaltung.

→ **Kompendium der Mediengestaltung, Kapitel 7.1.1**

Workshop zur Mediengestaltung

Abb. 8.2/2
Präsentations-„Drehbuch" (Fortsetzung übernächste Seite)

Die Inhalte des Textmanuskripts werden auf Folien verteilt. Die Folienvorlagen besitzen wie jeder Monitor ein Bildverhältnis von 4 : 3. Durch das Verwenden von Vorlagen wird verhindert, dass zu viel Text auf die Folie gebracht wird.

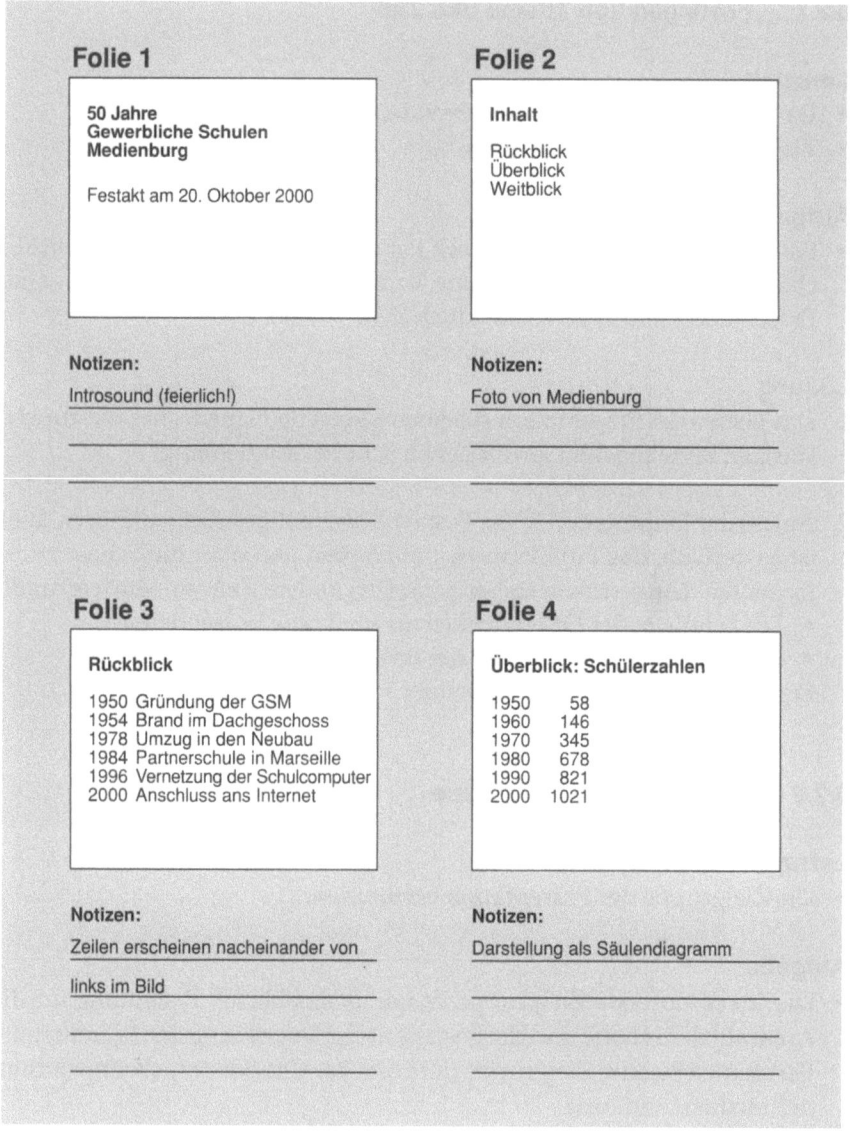

Folie 1

50 Jahre
Gewerbliche Schulen
Medienburg

Festakt am 20. Oktober 2000

Notizen:
Introsound (feierlich!)

Folie 2

Inhalt

Rückblick
Überblick
Weitblick

Notizen:
Foto von Medienburg

Folie 3

Rückblick

1950 Gründung der GSM
1954 Brand im Dachgeschoss
1978 Umzug in den Neubau
1984 Partnerschule in Marseille
1996 Vernetzung der Schulcomputer
2000 Anschluss ans Internet

Notizen:
Zeilen erscheinen nacheinander von links im Bild

Folie 4

Überblick: Schülerzahlen

1950   58
1960 146
1970 345
1980 678
1990 821
2000 1021

Notizen:
Darstellung als Säulendiagramm

Lösung

1. Checkliste „Zielgruppe":
   - Kollegium
   - Klassensprecher
   - Pressevertreter

   Ergänzen Sie die begonnene Liste.

2. Rückschlüsse, die sich aus der Zielgruppe ziehen lassen:
   - Der Altersdurchschnitt liegt deutlich über 40 Jahren. Die Auswahl von Schrift, Bildern und Musik muss dieser Altersgruppe angemessen sein.
   - In der Öffentlichkeit (Presse ist anwesend!) soll über die Schule positiv berichtet werden. Werbewirksame „Highlights" des Schulalltags sind in die Präsentation einzubauen.
   - Das zu erwartende Sozial- und Bildungsniveau des Publikums ist mittel bis hoch. Die Präsentation darf durchaus „anspruchsvoll" sein.

   Notieren Sie weitere Folgerungen.

8.2.3 Gliederung der Inhalte

Lernziel
- Die Inhalte der Präsentation strukturieren und gliedern.

Aufgabe
- Die zu vermittelnden Inhalte sind durch das Manuskript des Schulleiters bereits vorgegeben. Ihre Aufgabe besteht nun darin, die Inhalte zu sortieren, auf „Folien" zu verteilen und schließlich zu visualisieren. Weiterhin ist es empfehlenswert, sich eine so genannte „Medienliste" anzulegen, in der alle noch benötigten Dateien notiert werden.

Anlegen einer Medienliste

Lösung
1. Die Abbildungen 8.2/2 und 8.2/3 zeigen eine mögliche Gliederung der Präsentation in einzelne Powerpoint-Folien. Da jede Folie einem Screen

Workshop zur Mediengestaltung

Abb. 8.2/3
Präsentations-„Drehbuch" (Fortsetzung)

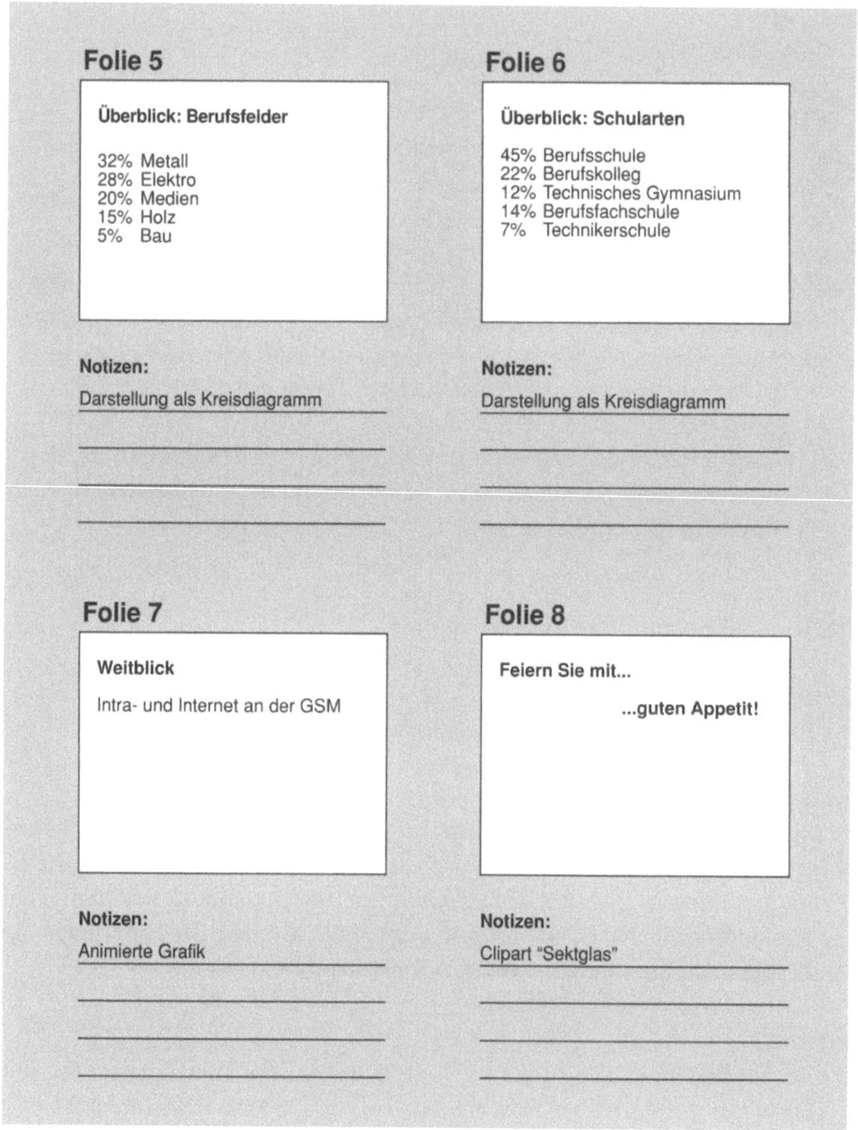

Folie 5

Überblick: Berufsfelder

32% Metall
28% Elektro
20% Medien
15% Holz
5% Bau

Notizen:
Darstellung als Kreisdiagramm

Folie 6

Überblick: Schularten

45% Berufsschule
22% Berufskolleg
12% Technisches Gymnasium
14% Berufsfachschule
7% Technikerschule

Notizen:
Darstellung als Kreisdiagramm

Folie 7

Weitblick

Intra- und Internet an der GSM

Notizen:
Animierte Grafik

Folie 8

Feiern Sie mit...

...guten Appetit!

Notizen:
Clipart "Sektglas"

der späteren Präsentation entspricht, muss beim Entwurf das Seitenverhältnis von Monitoren (4 : 3) berücksichtigt werden.

Folienentwurf im Bildverhältnis 4 : 3 (Breite : Höhe)

2. Eine verbindliche Aussage über einen geeigneten Schriftgrad ist nicht möglich, da die Lesbarkeit der Schrift bei der Präsentation von der Leinwandgröße und den Abmessungen des Vortragsraumes abhängig ist. Grundsätzlich gilt jedoch, dass ein Screen nicht mit Text überladen werden darf. Die Stärken des Mediums liegen vielmehr im Einsatz von Bildern, Grafiken, Animationen, Sounds und Videos.

Bilder, Grafiken, Sounds, Videos und Animationen statt Text

3. Zu beachten ist, dass zu Beginn der Präsentation eine Inhaltsübersicht gezeigt wird. Diese ermöglicht dem Publikum, sich eine zeitliche Vorstellung von der zu erwartenden Präsentation zu machen. Bei längeren Vorträgen ist es empfehlenswert, dem Publikum auch zwischendurch – zum Beispiel vor dem Beginn eines neues Kapitels – den aktuellen Stand der Präsentation anzuzeigen.

Inhaltsübersicht

8.2.4 Organisatorische Vorbereitung

Lernziel
- Die Präsentation organisatorisch vorbereiten.

Aufgabe
- Organisieren Sie Ihre Präsentation mit Hilfe einer Checkliste.

→ **Kompendium der Mediengestaltung, Kapitel 7.1.1**

Lösung
Checkliste „Organisation":
- Einladungen an alle Teilnehmer außerhalb der Schule versenden.
- Bestuhlung des Festsaales organisieren.
- PC, Datenprojektor und Leinwand organisieren.
- Für ausreichende Verdunklung im Raum Sorge tragen.

Notieren Sie weitere Stichworte zur Organisation der Präsentation.

Abb. 8.3/1
Layout des Folienmasters

Die vorgegebenen Felder lassen sich nach Belieben mit der Maus verändern oder komplett entfernen. Das Menü *Einfügen* ermöglicht das Hinzufügen weiterer Text- oder Grafikfelder.

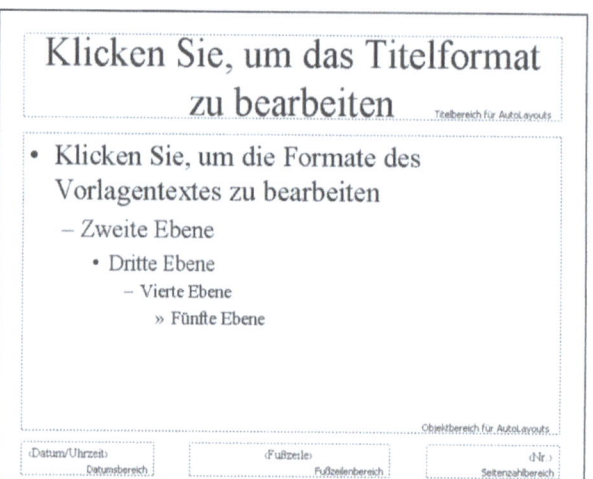

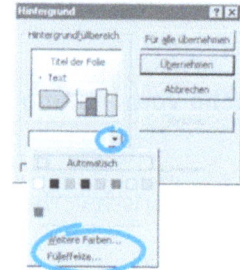

Abb. 8.3/2
Auswahl der Fülleffekte zur Hintergrundgestaltung im Menü *Format > Hintergrund ...*

Abb. 8.3/3
Importieren eines Hintergrundes

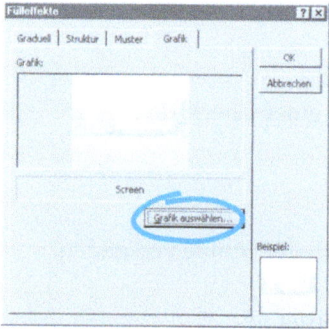

302 Microsoft Powerpoint

8.3 Layouten eines Folienmasters

Lernziele
- Einen „Folienmaster" erstellen.
- Einen Hintergrund auswählen.
- Schrift und Schriftattribute festlegen.
- Dateien zur Verwendung in der Präsentation importieren.

Aufgabe
- Erstellen Sie einen „Folienmaster" mit dem Folienlayout. Hierdurch ist gewährleistet, dass alle Folien ein einheitliches Erscheinungsbild erhalten.

Lösung
1. Starten Sie Powerpoint und wählen Sie *Leere Präsentation*. Klicken Sie auf *Abbrechen*, falls zu Beginn das Fenster *Neue Folie* erscheint.

2. Wählen Sie im Menü *Ansicht > Master ... > Folienmaster*. Das links abgebildete Layout des Folienmasters erscheint.

3. Wählen Sie *Format > Hintergrund ...* Durch Anklicken des kleinen Pfeils und Auswahl von *Fülleffekte ...* können Sie nach Wunsch Farbverläufe, Strukturen oder beliebige Bilder als Hintergrund verwenden und somit Ihre Präsentation individuell gestalten. Importieren Sie in diesem Fall die Datei „8_3_1A.tif" aus dem Ordner „8_ POWER" von der CD-ROM.

8_POWER
8_3_1A.tif

Schriftenwahl:
- keine filigranen Schriften
- ausreichende Schriftgröße

4. Bei der Wahl der Schrift(en) für Überschrift und Fließtext besteht die Qual der Wahl. Oberes Kriterium sollte die Lesbarkeit auf dem gewählten Hintergrund sein, so dass sich filigrane und stark serifenhaltige Schriften nicht eignen. Zu beachten ist auch, dass nicht die Anzeige der Schrift auf dem Monitor ausschlaggebend ist, sondern das Aussehen der Schrift auf der Projektionsfläche des Datenprojektors. Hierbei müssen oft große Qualitätseinbußen in Kauf genommen werden. Zweites Kriterium guter Lesbarkeit ist, dass die Schriftgrade nicht zu klein gewählt werden. Hierbei ist zu bedenken, dass die Zuschauer eventuell zehn Meter von der Leinwand entfernt sitzen und somit eine Schrift nicht mehr lesen können, die

Workshop zur Mediengestaltung

Abb. 8.3/4
Auswahl einer Schrift und Vorgabe der Schriftattribute im Menü *Format > Zeichen*

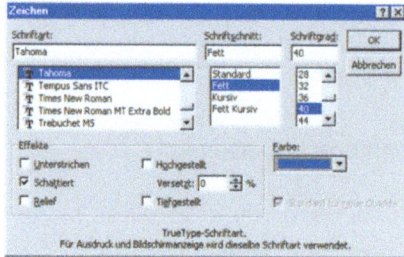

Abb. 8.3/5
Fertiges Layout des Folienmasters

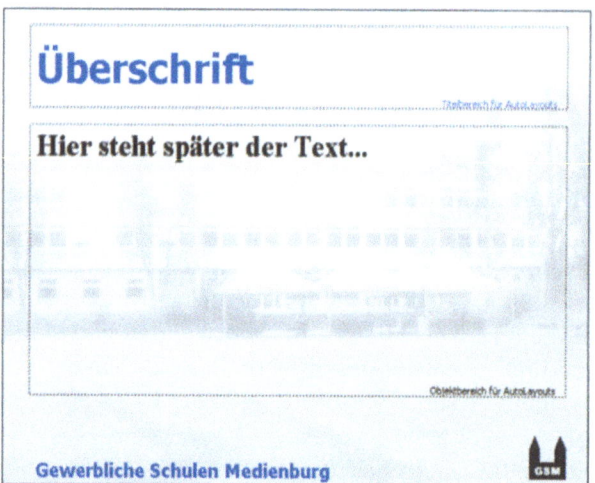

304 Microsoft Powerpoint

aus drei Meter Entfernung noch ohne Probleme lesbar ist. Als Anhaltspunkt möge dienen: Überschriften in 36 Punkt oder größer und Fließtext in 24 Punkt oder größer wählen.

- Markieren Sie durch Anklicken den Titelbereich. Wählen Sie anschließend im Menü *Format > Zeichen* die TrueType-Schrift *Tahoma* mit den Attributen 40 Punkt, fett, schattiert und dunkelblau aus. Wählen Sie eine andere Schrift, falls die Schrift Tahoma auf Ihrem Computer nicht vorhanden ist.
- Stellen Sie auf gleiche Weise für den Fließtext *Times New Roman* mit den Schriftattributen 32 Punkt, fett und schwarz ein.

Hinweis: Welcher Text in den Feldern Titel- und Objektbereich steht, ist für die Erstellung des Folienmasters belanglos. Der Text steht stellvertretend für die späteren Textinhalte der Präsentation.

Anhaltspunkt für Schriftgröße:
- Überschriften in 36 pt
- Fließtext in 24 pt

5. Markieren und löschen Sie die Felder zur Angabe von Datum/Uhrzeit, Fußzeilen und Seitenzahl – sie werden für diese Präsentation nicht benötigt.

6. Ergänzen Sie ein *Textfeld* aus dem Menü *Einfügen*. Es lässt sich mit gedrückter linker Maustaste „aufziehen" und soll sich im linken unteren Teil der Folie befinden. Tragen Sie als Text „Gewerbliche Schulen Medienburg" ein. Wählen sind die Schrift Tahoma mit den Attributen 24 pt, fett, schattiert und dunkelblau. Der Text wird später an dieser Stelle auf allen Folien erscheinen.

7. Fügen Sie – wie auf der linken Seite abgebildet – rechts unten das Schullogo ein. Wählen Sie hierzu *Einfügen > Grafik* und importieren Sie die Datei „8_3_2A.gif"von der CD-ROM.

8_POWER
8_3_2A.gif

8. Schließen Sie den Folienmaster und speichern Sie Ihr Projekt unter dem Namen „FEIER" ab.

Workshop zur Mediengestaltung

Abb. 8.4/1
Layout der Titelmasters

Gegenüber dem Folienmaster wurden der Schriftzug sowie das Schullogo entfernt. Der Text ist auf Mitte gesetzt.

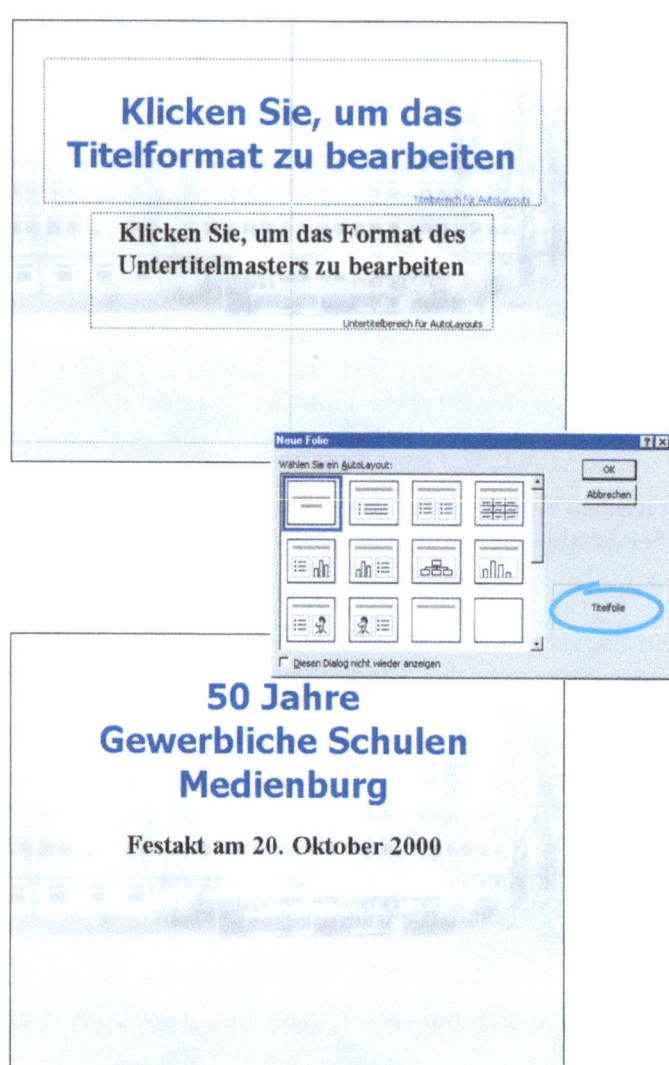

Abb. 8.4/2
Einfügen einer Folie

Durch Auswahl einer Titelfolie wird automatisch das Layout des Titelmasters übernommen.

Abb. 8.4/3
Fertiges Layout der Titelfolie

8.4 Erstellen einer Titelfolie

Lernziele
- Eine vom Folienmaster unabhängige Titelfolie mit Hilfe des Titelmasters erstellen.
- Sound beim Starten der Präsentation abspielen.

Aufgabe
- Die erste Folie mit dem Titel der Präsentation ist die einzige, die *nicht* das Layout des Folienmasters erhält. Sie soll weder das Schullogo noch den Schriftzug „Gewerbliche Schulen Medienburg" zeigen. Um dies zu realisieren, muss ein so genannter Titelmaster erstellt werden.

Lösung
1. Öffnen Sie den Folienmaster durch Auswahl von *Ansicht > Master > Folienmaster* und wählen Sie im Anschluss *Einfügen > Neuer Titelmaster*.

2. Entfernen Sie beim Titelmaster den Schriftzug „Gewerbliche Schulen Medienburg" sowie das Schullogo. Markieren Sie die Felder hierzu mit der Maus und drücken Sie die Entf-Taste. Schließen Sie danach Titel- und Folienmaster.

3. Wählen Sie im Menü *Einfügen > Neue Folie > Titelfolie*. Das vorgegebene Layout darf weder den Schriftzug noch das Logo zeigen. Geben Sie Titel und Untertitel gemäß „Drehbuch" (Abb. 8.2/2) ein.

4. Als „Bonbon" soll zu Beginn der Präsentation eine festliche Musik abgespielt werden. Es sei ausdrücklich darauf hingewiesen, dass das Abspielen einer nicht selbst komponierten Musik bei öffentlichen Veranstaltungen der GEMA gemeldet werden muss und gebührenpflichtig ist.
   - Importieren Sie im Menü *Einfügen > Film und Sound > Sound aus Datei* die Datei „8_4A.wav" von der CD-ROM. Wählen Sie *Ja* bei der erscheinenden Abfrage. Auf der Folie erscheint ein kleines Lautsprechersymbol.
   - Speichern Sie die Präsentation ab.

→ **Kompendium der Mediengestaltung, Kapitel 5.4**

8_POWER
8_4A.wav

Workshop zur Mediengestaltung

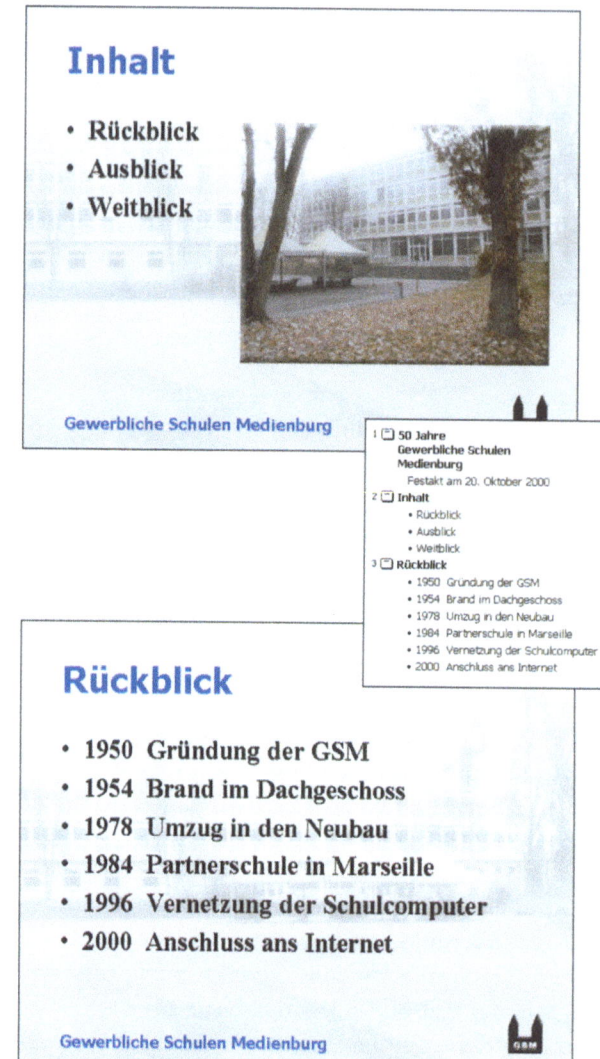

Abb. 8.5/1
Layout der Folie Nr. 2

Abb. 8.5/2
Folienverzeichnis im Menü *Ansicht > Normal*

Jede Folie kann durch Anklicken markiert, verschoben oder gelöscht werden

Abb. 8.5/3
Layout der Folie Nr. 3

308 Microsoft Powerpoint

8. Präsentation

8.5 Erstellen einfacher Folien

Lernziele
- Folien mit Aufzählungen erstellen.
- Bilder importieren.

Aufgabe
- Erstellen Sie Folien mit Aufzählungen gemäß „Drehbuch" (Abb. 8.2/2).

Lösung

1. Wählen Sie *Einfügen > Neue Folie* und dort den Vorlagentyp *Aufzählung*.

2. Geben Sie den Text für die zweite Folie ein und formatieren Sie diesen. Ergänzen Sie Aufzählungszeichen im Menü *Format > Aufzählung und Nummerierung* ...

8_POWER
8_5A.tif

3. Importieren Sie die Datei „8_5A.tif" (Menü *Einfügen > Grafik > Grafik aus Datei*) von der CD-ROM und fügen Sie diese auf der Folie ein.

4. Wiederholen Sie die Schritte 1. und 2. für die dritte Folie.

5. Starten Sie die Präsentation im Menü *Bildschirmpräsentation> Bildschirmpräsentation vorführen*. Die Präsentation wird in Vollbildgröße abgespielt, wobei zu Beginn der Introsound hörbar sein muss. Per Mausklick oder mit den Pfeiltasten gelangen Sie von einer Folie zur nächsten. Zum Beenden der Präsentation klicken Sie auf den Pfeil unten links und wählen *Präsentation beenden* oder betätigen Sie die ESC-Taste.

6. In der Normal-Ansicht (Menü *Ansicht > Normal*) sehen Sie im linken Bereich der Powerpoint-Oberfläche ein Verzeichnis aller bisher erstellten Folien. Nach Anklicken eines Foliensymbols können Sie die zugehörige Folie bei Bedarf an eine andere Stelle verschieben. Auch das Löschen misslungener oder überflüssiger Folien ist hier möglich.

7. Speichern Sie die Präsentation ab.

Workshop zur Mediengestaltung

Abb. 8.6/1
Einfügen einer Folie mit Autolayout *Diagramm*

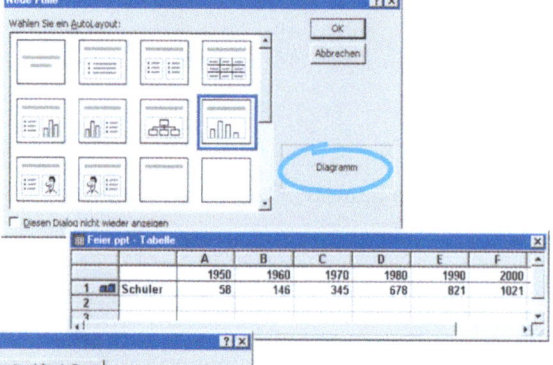

Abb. 8.6/2
Geändertes Datenblatt des Diagramm-Assistenten

Abb. 8.6/3
Auswahl eines Säulendiagramms

Eine Vorschau erhalten Sie durch Anklicken der markierten Taste.

Abb. 8.6/4
Layout der Folie Nr. 4

310 Microsoft Powerpoint

8.6 Generieren von Diagrammen

Lernziele
- Tabellarische Daten in Diagramme umsetzen.
- Fertige Folien duplizieren und modifizieren.

Aufgabe
- Es dürfte kaum eine Präsentation geben, bei der nicht in irgendeiner Form eine Informationsgrafik oder ein Diagramm benötigt wird. Erzeugen Sie Folien mit Diagrammen mit Hilfe des leistungsfähigen Diagramm-Assistenten von Powerpoint.

(Fast) keine Präsentation ohne Diagramm

Lösung
1. Fügen Sie eine neue Folie mit dem Autolayout *Diagramm* ein und starten Sie den Diagramm-Assistenten durch Doppelklick.

2. Überschreiben Sie die vorgegebene Tabelle wie in Abbildung 8.6/2 dargestellt und löschen Sie nicht benötigte Datenreihen. Bereits während der Eingabe passt Powerpoint das Diagramm an die neuen Daten an.

3. Während der Diagrammerstellung fügt Powerpoint in der Menüleiste ein Menü *Diagramm* ein. Wählen Sie hier unter *Diagrammtyp ... > Zylindersäulen*. Schließen Sie das Fenster und entfernen Sie die Legende.

4. Markieren Sie durch Anklicken die Säulen. Ändern Sie im Menü *Format > Markierte Datenreihe* die Farbe der Säulen in Rot. Das fertige Diagramm müsste das in Abbildung 8.6/4 dargestellte Aussehen besitzen.
Hinweis: Ein nachträgliches Bearbeiten des Diagramms ist jederzeit nach Doppelklick auf das Diagramm möglich. Zur Umformatierung einzelner Teile des Diagramms wie zum Beispiel Datenreihen, Gitternetz oder Legende markieren Sie zunächst das gewünschte Objekt mit der Maus. Danach steht im Menü *Format* ein dieses Objekt betreffender Menüpunkt zur Verfügung.

Abb. 8.6/5
Auswahl eines Kreisdiagramms

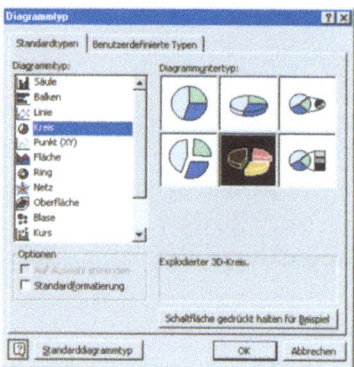

Abb. 8.6/6
Layout der Folie Nr. 5

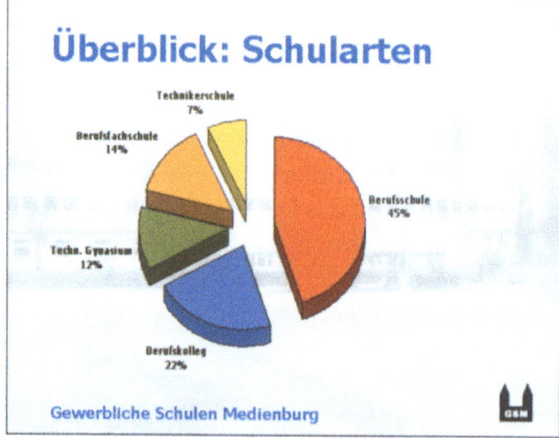

Abb. 8.6/7
Layout der Folie Nr. 6

Das Duplizieren von Folien ermöglicht eine schnelle Fertigstellung weiterer Folien ähnlichen Inhalts.

5. Fügen Sie als fünfte Folie eine neue Folie mit Autolayout *Diagramm* ein und starten Sie durch Doppelklick den Diagramm-Assistenten.

6. Geben Sie die Daten gemäß „Drehbuch" ein. Wählen Sie im Menü *Diagramm > Diagrammtyp* einen *Explodierten 3D-Kreis*.

7. Ändern Sie im Menü *Diagramm > 3D-Ansicht* den Neigungswinkel des Diagramms, so dass es besser von oben zu sehen ist.

8. Entfernen Sie den Rahmen um das Diagramm, indem Sie diesen zunächst anklicken und danach im Menü *Format > Markierte Zeichnungsfläche ...* unter Rahmen *Keinen* wählen.

9. Entfernen Sie die Legende des Kreisdiagramms. Wählen Sie stattdessen im Menü *Diagramm > Diagrammoptionen ... > Datenbeschriftungen* den Unterpunkt *Beschriftung und Prozent* anzeigen. Platzieren Sie die Datenbeschriftungen an geeigneten Stellen.

10. Duplizieren Sie die fünfte Folie im Menü *Einfügen > Folie duplizieren*.

    Duplizieren und abändern fertiger Folien geht schneller als das Erstellen neuer Folien.

11. Doppelklicken Sie auf das Diagramm der nun vorhandenen sechsten Folie und ändern Sie die Daten gemäß „Drehbuch" ab.

12. Speichern Sie Ihre Präsentation ab.

Abb. 8.7/1
Ansicht der Symbolleiste *Zeichnen*

Die auf Folie Nr. 7 abgebildete Grafik wurde mit Hilfe des Menüs *Autoformen* erstellt.

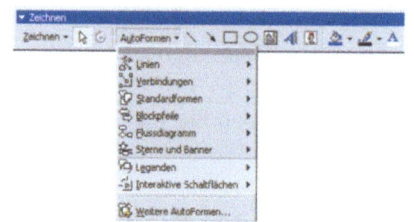

Abb. 8.7/2
Layout der Folie Nr. 7

Abb. 8.7/3
Layout der Folie Nr. 8

8.7 Entwerfen eigener Grafiken

Lernziel
- Grafiken mit der Zeichenpalette erstellen.

Aufgabe
- Grafiken lockern eine Präsentation auf und wecken das Interesse der Zuschauer. Die Verwendung bereits fertiger Grafiken besitzt den Nachteil, dass diese nicht animiert werden können. Aus diesem Grund ist es oft ratsam, einfache Grafiken in Powerpoint zu erstellen. Ihre Aufgabe ist es, die Aussage „Gewerbliche Schulen Medienburg im Internet" grafisch umzusetzen.

Grafiken machen eine Präsentation kurzweilig.

Lösung
1. Erstellen Sie eine neue Folie und geben Sie den Text gemäß „Drehbuch" ein.

2. Zum Zeichnen stellt Powerpoint eine Menüleiste mit Zeichenwerkzeugen zur Verfügung. Falls diese nicht sichtbar ist, wählen Sie diese im Menü *Ansicht > Symbolleisten > Zeichnen* aus.

3. Versuchen Sie eine grafische Umsetzung des Titels „Gewerbliche Schulen Medienburg im Internet". Die Grafik in Abbildung 8.7/2 wurde mit Powerpoint erstellt und möge als Vorlage dienen. Vielleicht fällt Ihnen auch eine bessere Lösung ein. Die Erklärung der einzelnen Zeichenwerkzeuge ist nicht notwendig, da diese mehr oder mehr weniger selbsterklärend sind. Ansonsten gilt das Motto: Probieren geht über Studieren!

4. Fertigen Sie eine achte und letzte Folie mit dem Slogan „Feiern Sie mit … guten Appetit!" an. Ergänzen Sie als Blickfang die Sektgläser „8_7A.gif" von der CD-ROM (Menü *Einfügen > Grafik > Grafik aus Datei*).

5. Spielen Sie die Präsentation ab. Der Folienwechsel erfolgt per Mausklick oder mit den Pfeiltasten. Zur Auflockerung der Präsentation werden im nächsten Schritt Animationen ergänzt.

8_POWER
8_7A.gif

Workshop zur Mediengestaltung

Abb. 8.8/1
Auswählen einer voreingestellten Animation

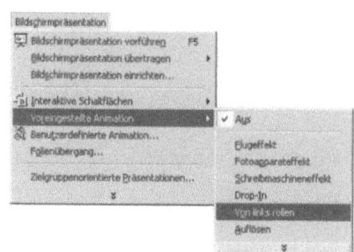

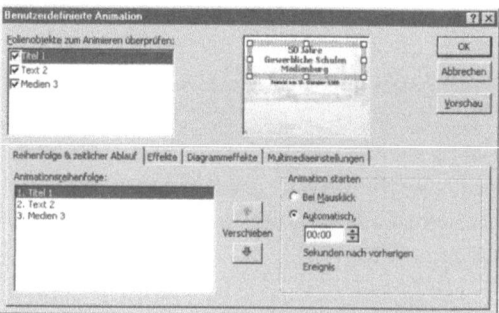

Abb. 8.8/2
Festlegen der Animationsreihenfolge sowie des zeitlichen Ablaufs

Abb. 8.8/3
Einstellen der Animationsart

Die Festlegung muss für jedes Animationsobjekt separat getroffen werden.

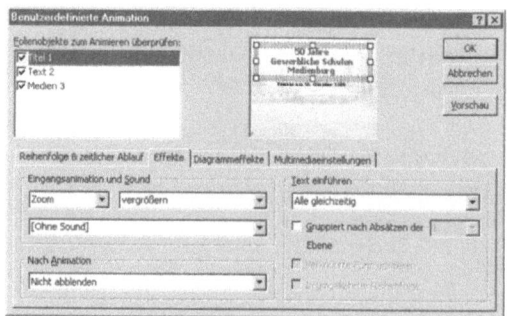

8.8 Ergänzen von Animationen

8.8.1 Verwenden voreingestellter Animationen

Lernziel
- Voreingestellte Animationen verwenden.

Aufgabe
- Powerpoint stellt zahlreiche Animationsmöglichkeiten für Objekte bereit. Setzen Sie voreingestellte Animationen ein.

Lösung
1. Markieren Sie durch Anklicken des Foliensymbols in der linken Spalte die dritte Folie.

2. Wählen Sie im Menü *Bildschirmpräsentation > Voreingestellte Animation* die Animation *Von links rollen*.

3. Spielen Sie die Präsentation ab. Die Unterpunkte auf der dritten Folie erscheinen zeilenweise nach jedem weiteren Mausklick. Bei der Präsentation erhält der Vortragende hierdurch die Möglichkeit, zum jeweiligen Stichpunkt etwas zu berichten. Außerdem wird vermieden, dass das Publikum durch Lesen des Folientextes abgelenkt wird.

8.8.2 Erstellen von benutzerdefinierten Animationen

Lernziel
- Benutzerdefinierte Animationen erstellen.

Aufgabe
- Ergänzen Sie Animationen, deren Abfolge und Dauer Sie beeinflussen können. Auf diese Weise lassen sich zum Beispiel Grafiken und Diagramme nach eigenem Ermessen animieren.

Workshop zur Mediengestaltung

Abb. 8.8/4
Einstellen der Optionen für die Animation eines Diagramms

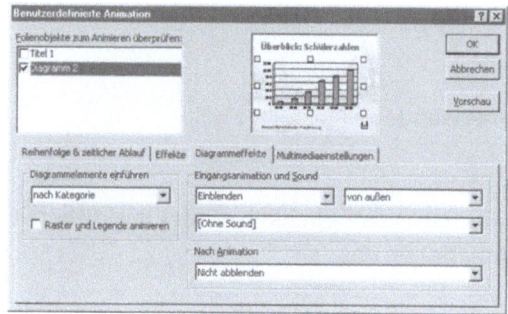

Abb. 8.8/5
Festlegen der Animationsreihenfolge für die Grafik auf Folie Nr. 7

Die kleinen Quadrate zeigen die Position des aktiven Objektes an.

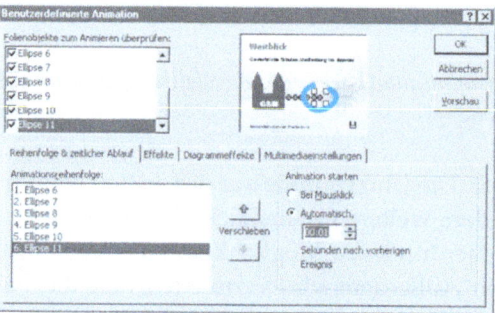

Abb. 8.8/6
Festlegen der Animationsart für die Objekte der Grafik auf Folie Nr. 7

Die Animationsart muss für jedes Objekt eingestellt werden.

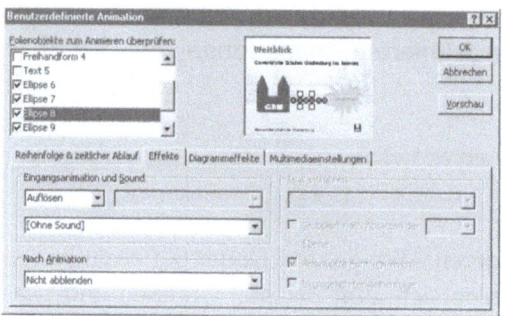

Lösung

1. - Markieren Sie die Titelfolie.
   - Wählen Sie *Bildschirmpräsentation > Benutzerdefinierte Animation*.
   - Bestimmen Sie die Reihenfolge: Titel 1, Text 2, Medien 3. Alle drei Animationen sollen automatisch (nicht nach Mausklick) erfolgen. Der Untertitel soll zwei Sekunden nach der Überschrift erscheinen. Nach weiteren zwei Sekunden wird der Introsound abgespielt.
   - Bestimmen Sie auf der Registerkarte *Effekte* die Animationsart: Wählen Sie für die Überschrift (Titel 1) *Zoom – vergrößern* und für den Untertitel (Text 2) *Einblenden – von innen*. Für Medien 3 ist kein Effekt einzugeben, da es sich um einen Sound handelt.
   - Betrachten Sie das Ergebnis. Nehmen Sie eventuell Änderungen vor.

2. - Markieren Sie die vierte Folie. Starten Sie den Animations-Assistenten.
   - Wählen Sie das Diagramm als Animationsobjekt aus und stellen Sie auf der Registerkarte *Reihenfolge & Zeitlicher Ablauf* bei Animation starten *Automatisch* ein.
   - Stellen Sie auf der Registerkarte *Diagrammeffekte* die Option *Diagrammelemente einführen nach Kategorie* ein. Wählen Sie zum Schluss als Animationsart *Einblenden – von außen*.
   - Klicken Sie auf *Vorschau* zum Betrachten der Animation.

3. Animieren Sie die beiden Diagramme auf der fünften und sechsten Folie.

4. Bei der selbst erstellten Grafik auf der siebten Folie sollen nacheinander die roten Punkte vom Schullogo zum Internet erscheinen.
   - Markieren Sie alle roten Punkte (im Beispiel Ellipse 6 bis 10) und schließlich den 3D-Stern (im Beispiel Text 3).
   - Bringen Sie nun die Animationsobjekte in die gewünschte Reihenfolge und stellen Sie als Zeitvorgabe *Automatisch nach 1 s* ein.
   - Wählen Sie einen Animationseffekt aus.

5. Animieren Sie zum Schluss den Slogan auf der letzten Folie.

Abb. 8.9/1
Anzeige der Präsentation in der Folienübersicht
(*Menü Ansicht > Folienübersicht*)

Die kleinen Symbole unter den Folien bedeuten von links nach rechts:
- Folienübergang vorhanden
- Animation vorhanden
- Zeit vor Übergang zur nächsten Folie

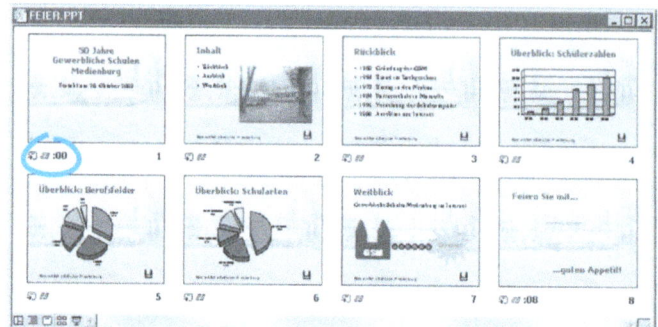

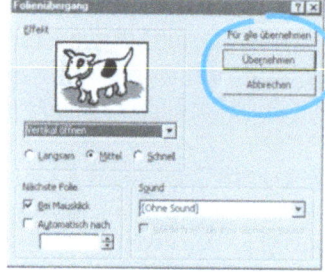

Abb. 8.9/2
Einstellen der Optionen für die Folienübergänge

In Abhängigkeit von der betätigten Schaltfläche werden die Einstellungen auf alle oder nur auf die markierte Folie übertragen.

8.9 Einstellen von Folienübergängen

Lernziel
- Übergänge von einer Folie zur nächsten einstellen.

Aufgabe
- Auch die Übergänge von einer Folie zur nächsten können mit einer Animation versehen werden. Entscheiden Sie sich dabei jedoch für eine Form des Übergangs. Es irritiert die Betrachter und lenkt von den eigentlichen Inhalten der Präsentation ab, wenn mit den Übergangsmöglichkeiten „gespielt" wird.

Zu viele Animationen lenken von der eigentlichen Information ab!

Lösung
1. Wechseln Sie im Menü *Ansicht* auf *Foliensortierung*, um alle Folien als Miniaturen gezeigt zu bekommen. Durch Anklicken des kleinen Symbols unter den Folien können Sie die eingestellten Animationen betrachten.

2. - Markieren Sie durch Anklicken die zweite Folie.
   - Öffnen Sie im Menü *Bildschirmpräsentation* das Fenster *Folienübergang*.
   - Stellen Sie als Effekt *Vertikal öffnen* und als Geschwindigkeit *Mittel* ein.
   - Wählen Sie im unteren Teil des Fensters *Bei Mausklick* und klicken Sie abschließend die Taste *Für alle übernehmen* an. Ein weiteres Symbol unter den Folien zeigt Ihnen an, dass ein Folienübergang ausgewählt wurde.

3. Der Übergang von der Titelfolie zur zweiten Folie sowie von der letzten Folie zum Ende der Präsentation soll automatisch erfolgen.
   - Markieren Sie die Titelfolie und öffnen Sie das Fenster *Folienübergang*.
   - Stellen Sie *Automatisch nach 0 Sekunden* ein.
   - Betätigen Sie die Schaltfläche *Übernehmen*. Die Einstellungen werden in diesem Fall nur auf die markierte Titelfolie übertragen.
   - Verfahren Sie in gleicher Weise mit der letzten Folie. Geben Sie hier als Zeit 8 Sekunden ein.

4. Speichern Sie die fertige Präsentation ab und starten Sie einen Probelauf. Sind Sie mit dem Ergebnis zufrieden?

Die Präsentation ist fertig!

Workshop zur Mediengestaltung

Abb. 8.10/1
Voreinstellungen für das Abspielen der Präsentation

Der Projektor-Assistent hilft bei der Bildschirmkonfiguration mit angeschlossenem Datenprojektor.

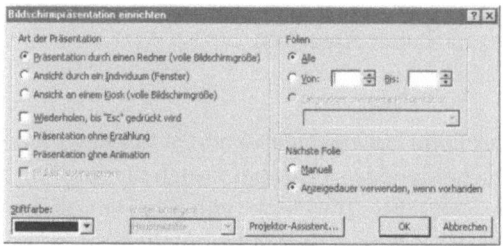

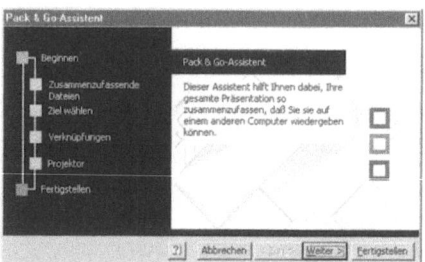

Abb. 8.10/2
Starten des Pack & Go-Assistenten im Menü
Datei > Pack & Go

Abb. 8.10/3
Auswahl der zu packenden Präsentation(en)

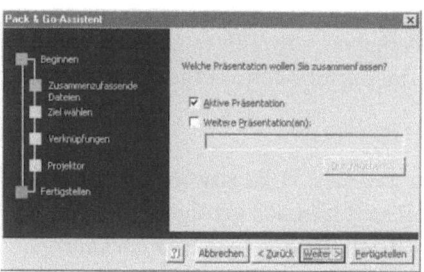

Microsoft Powerpoint

8.10 Abspielen der Präsentation

8.10.1 Voreinstellungen für die Präsentation

Lernziel
- Das Abspielen der Bildschirmpräsentation vorbereiten.

Aufgabe
- Nehmen Sie Grundeinstellungen zum Abspielen der Präsentation vor.

Lösung
1. Wählen Sie *Bildschirmpräsentation > Bildschirmpräsentation einrichten ...*

2. Da die Präsentation durch Schulleiter Schmidt vorgetragen werden soll, sind die in Abbildung 8.10/1 gezeigten Optionen einzustellen.

3. Wählen Sie – soweit bekannt – mit Hilfe des Projektor-Assistenten den eingesetzten Datenprojektor aus. Beachten Sie, dass die Grafikkarte auf die maximale Bildgröße des Projektorbildes eingestellt werden muss, da sonst ein Teil des Bildes abgeschnitten wird.

Anpassen der Bildschirmausgabe an einen bestimmten Datenprojektor.

8.10.2 „Packen" der Präsentation

Lernziel
- Eine „gepackte" Version der Präsentation generieren.

Aufgabe
- Erzeugen Sie eine komprimierte Version Ihrer Präsentation, die durch Doppelklick entpackt und abgespielt werden kann. Der Vorteil hierbei ist, dass Powerpoint zum Abspielen der Präsentation *nicht* benötigt wird. Alternativ stellt Microsoft einen „Viewer" zum Betrachten von Powerpoint-Dateien (Extension .PPT) ohne Powerpoint zur Verfügung. Die Datei namens „PPVIEW32.EXE" befindet sich im Office-Ordner Ihrer Festplatte oder auf der Office-Installations-CD-ROM.

Erstellen einer EXE-Datei, die vom Betriebssystem aus gestartet werden kann.

Betrachten von Präsentationen mit Hilfe des Powerpoint-Viewers.

**Abb. 8.10/4
Angabe des Zielordners**

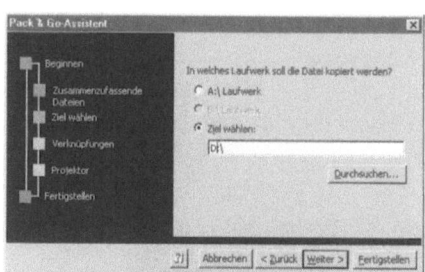

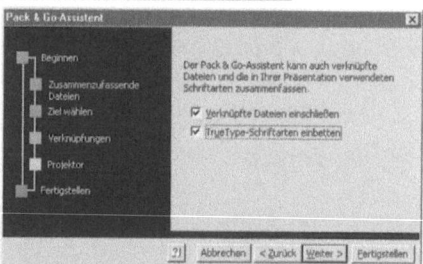

**Abb. 8.10/5
Einbinden von verknüpften Dateien sowie von TrueType-Schriften**

Urheberrechtlich geschützte Schriften können nicht eingebunden werden. Testen Sie die Präsentation unbedingt auch auf dem Zielrechner!

**Abb. 8.10/6
Optionales Hinzufügen des Powerpoint-Viewers (siehe Text)**

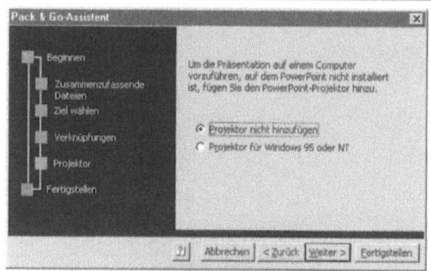

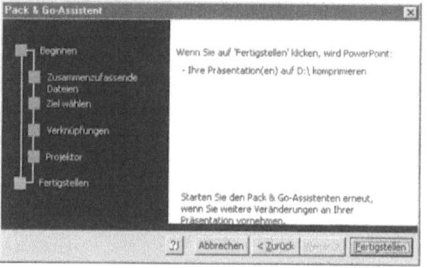

**Abb. 8.10/7
Fertigstellen der gepackten Version**

Nachträgliche Änderungen in der Präsentation bleiben unberücksichtigt.

Lösung

1. Starten Sie den Pack & Go-Assistenten im Menü *Datei > Pack & Go*.

2. Folgen Sie den Schritt-für-Schritt-Anweisungen des Assistenten:
   - Das Einbinden von TrueType-Schriften funktioniert nur, wenn diese keine integrierten Urheberrechts-Beschränkungen enthalten. Ist Letzteres der Fall, müssen alle verwendeten Schriften auch auf dem Zielrechner vorhanden sein.
   - Integrieren Sie den Viewer, wenn Sie die Office-CD zur Hand haben oder der Viewer bereits auf Ihrem Computer installiert ist.
   - Powerpoint erstellt im angegebenen Zielordner eine ausführbare Datei names „PNGSETUP.EXE" sowie eine Datei mit den Daten.

Gepackte Präsentation in der Datei „PNGSETUP.EXE"

8.10.3 Starten einer gepackten Präsentation

Lernziel
- Eine Präsentation entpacken und abspielen.

Aufgabe
- Entpacken Sie Ihre Präsentation und betrachten Sie diese mittels Viewer.

Lösung

1. Starten Sie den Windows-Explorer und wählen Sie dort den (Unter-)Ordner, der die gepackte Präsentation enthält.

2. Doppelklicken Sie auf die Datei „PNGSETUP.EXE" und geben Sie einen Zielort für die zu entpackenden Dateien an.

3. Wählen Sie im entsprechenden Dialogfeld *Ja*, wenn die Präsentation nach dem Entpacken gestartet werden soll. Beachten Sie, dass ohne Viewer ein *nachträgliches* Starten der Präsentation nicht möglich ist. In diesem Fall muss die Präsentation erneut entpackt und gestartet werden.

Ohne Viewer ist das Abspielen einer Präsentation nur direkt nach dem Entpacken möglich.

9 Autorensystem

Workshop zur Mediengestaltung

Abb. 9.1/1
Arbeitsumgebung

Die wichtigsten Fenster im Überblick:
- Bühne (stage)
- Besetzung (cast)
- Skriptfenster
- Drehbuch (score)

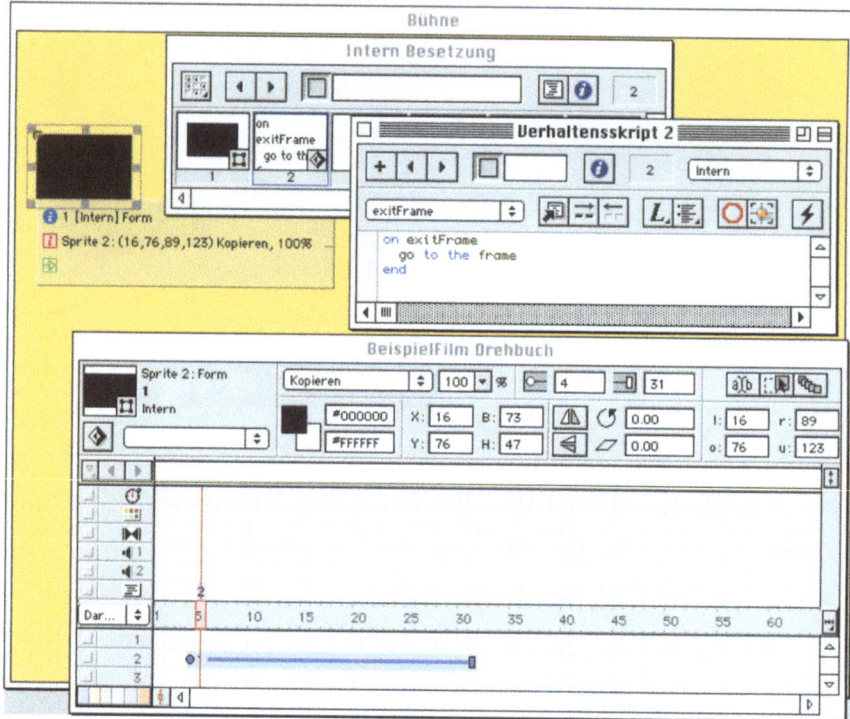

328 Macromedia Director

9.1 Programmkonzeption – Das ganze Leben ist ein Film

Programm

Das Autorensystem Macromedia Director stammt von einem Animationsprogramm ab (VideoWorks von Macro Mind, 1985). Die Programmphilosophie als zeitbasierendes Autorensystem ist deshalb konsequenterweise eine Analogie zur Welt des Films bzw. des Theaters.

VideoWorks, 1985

Autorensysteme sind mit Layoutprogrammen wie XPress oder PageMaker vergleichbar. Nur geht es hier nicht bloß um die Text-Bild-Integration am Bildschirm, sondern es kommen noch Sound, Video, Animation und vor allem Interaktion dazu.

Autorensystem, Layoutprogramm

Die Director-eigene objektorientierte Programmiersprache Lingo ermöglicht eine vielfältige Gestaltung und Steuerung der Media. So genannte XTras, die z.B. in C++ programmiert werden, erweitern die Möglichkeiten fast ins Grenzenlose. So können beispielsweise externe Programme oder auch Datenbanken aus einem Directorfilm heraus direkt gestartet und in Media eingebunden werden.

Director besteht im Wesentlichen aus drei funktionellen Teilen, nämlich Bühne, Besetzung und Drehbuch. Sie werden auf den folgenden Seiten näher beschrieben.

Workshop

Der Workshop gliedert sich in drei Teile. Im ersten Teil werden die Grundlagen von Director beschrieben. Der zweite Teil bietet verschiedene Übungen zur Einarbeitung an konkreten Aufgabenstellungen. Zum Schluss geht es um die Online-Anbindung und die Publikation der Director-Produktion, d.h. die Erstellung eines Projektors.

Die Arbeit im Workshop ist individuell verschieden. Je nach Vorkenntnissen und Interesse können Sie chronologisch vorgehen oder bestimmte Themen und Aufgabenstellungen zur Bearbeitung auswählen. Ergänzende Informationen finden Sie zu allem in der guten Online-Hilfe von Director.

Ich wünsche Ihnen viel Spaß und Erfolg, nehmen Sie sich Zeit, haben Sie Geduld – es lohnt sich!

**Abb. 9.2/1
Bühne, Filmeigenschaften**

Im Dialogfeld Filmeigenschaften werden die
• Bühnengröße,
• Bühnenposition,
• Bühnenfarbe,
• Anzahl der Drehbuchkanäle
des aktuellen Films festgelegt.

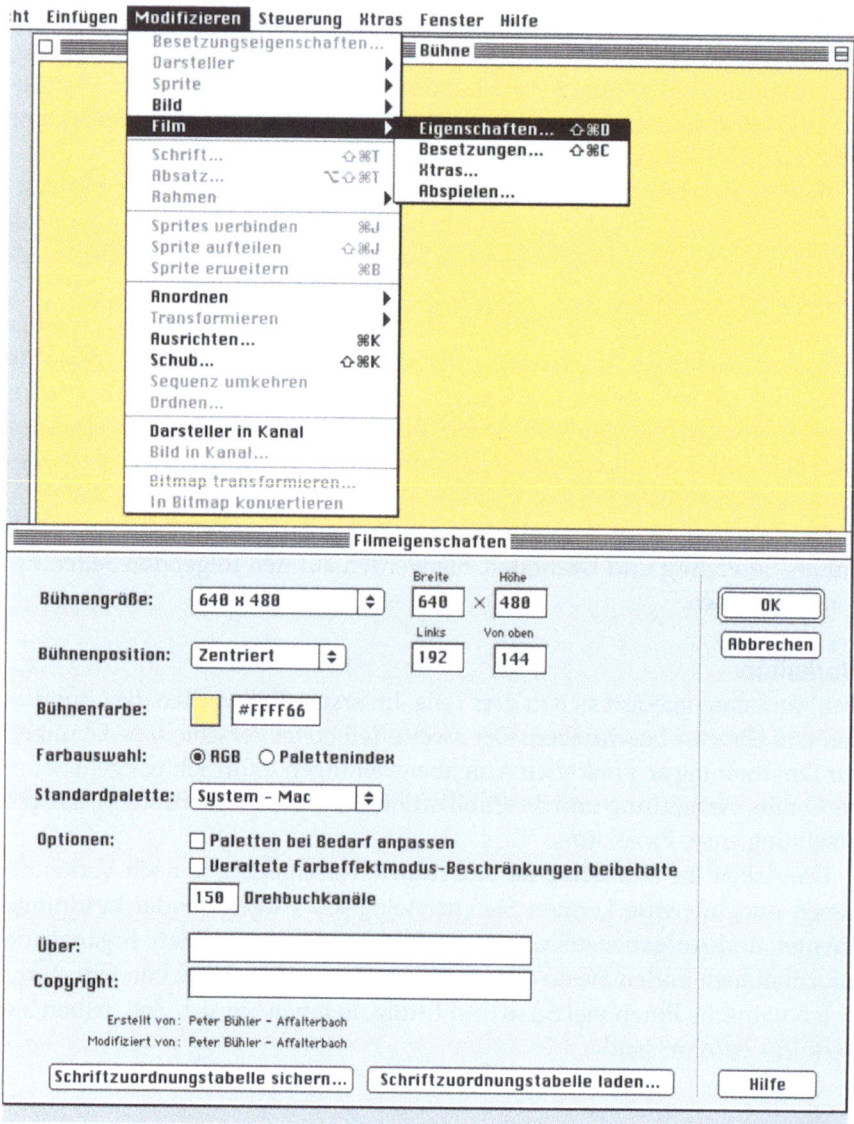

9. Autorensystem

9.2 Bühne

Die Bühne ist der sichtbare Teil eines Films. Das Aussehen der Bühne verändert sich im zeitlichen Ablauf des Filmes durch das unterschiedliche Auftreten der Sprites.

Im Menü *Modifizieren > Film > Eigenschaften ...* werden die Parameter eingestellt. Die Bühnenfarbe ist auch die Umgebungsfarbe der Bühne, wenn die Monitorauflösung höher als die gewählte Bühnengröße ist.

Bühne = Screen

Menü: *Datei > Neu > Film*

Menü: *Modifizieren > Film> Eigenschaften ...*

9.2.1 Darsteller

Ein Darsteller ist jedes beliebige Mediaelement (Media) in einem Film. Zu Darstellern zählen Bitmaps, Vektorformen, Text, Skripte, Sounds, Flash-Filme, QuickTime- und AVI-Videos u.v.m.

Mediaelement

Menü: *Modifizieren > Darsteller > Eigenschaften ...*

9.2.2 Sprites

Sprites sind Objekte, die steuern, wann, wo und wie Media in einem Film auf der Bühne erscheinen. Die den Sprites zugeordneten Media sind die Darsteller. Sie stehen in der Besetzung. Ihr Auftreten wird durch das Drehbuch koordiniert.

Menü: *Datei > Voreinstellungen > Sprite ...*

Menü: *Modifizieren > Sprite > Eigenschaften ...*

Sprite erstellen
Die Erstellung eines Sprites als Stellvertreter eines Darstellers auf der Bühne erfolgt in zwei Schritten:

Drehbuch
- Klicken Sie im Drehbuch in das Bild, in dem das Sprite beginnen soll.

Besetzung (3 Möglichkeiten)
- Ziehen Sie einen Darsteller auf die Bühne.
- Ziehen Sie einen Darsteller zum Drehbuch. Das neue Sprite erscheint in der Mitte der Bühne.
- Ziehen Sie einen Darsteller mit gedrückter Alt-Taste (Windows) oder Optionstaste (Macintosh), um ein Sprite zu erstellen.

Workshop zur Mediengestaltung

Abb. 9.3/1
Besetzung

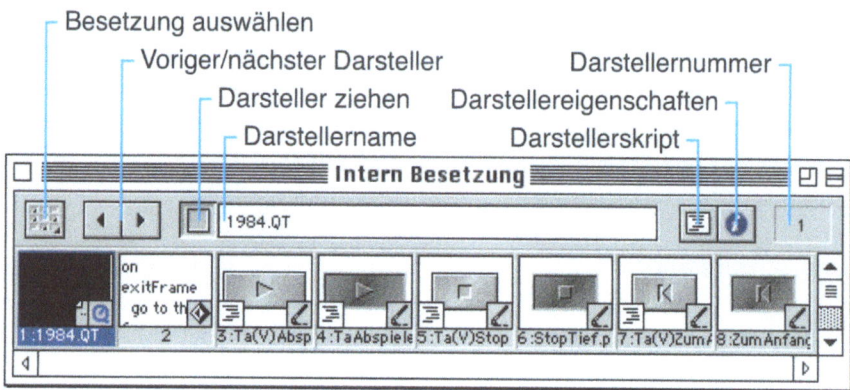

Abb. 9.3/2
Darstellersymbole

Sie zeigen für jede belegte Position im Besetzungsfenster den Mediatyp des Darstellers an.

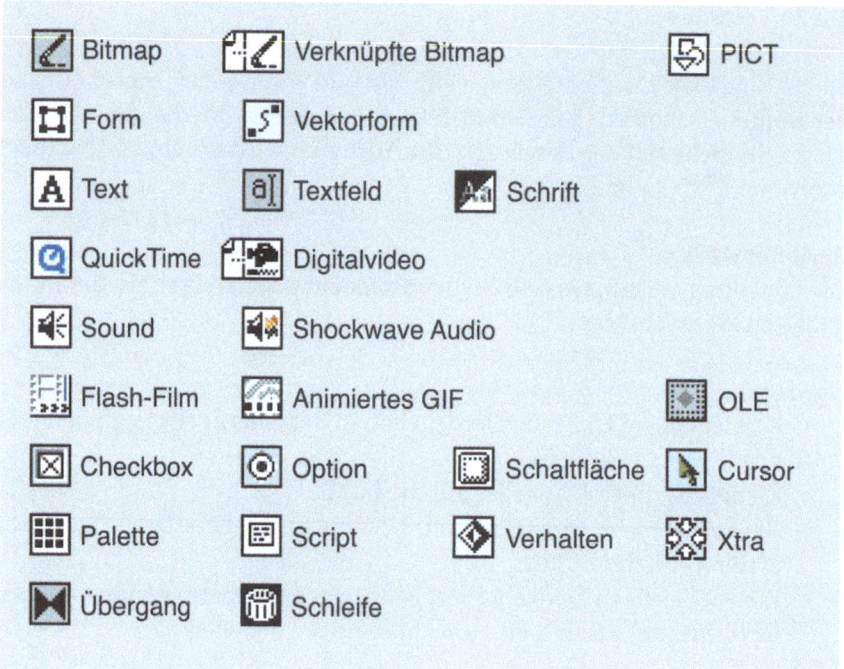

332 Macromedia Director

9.3 Besetzung

In der Besetzung (engl. cast) sind alle Darsteller/Media eines Filmes wie Grafiken, Bilder, Sounds, Videos, Texte, Buttons, Skripte usw. gespeichert. In der englischen Director-Version und in Lingo heißen die Darsteller „member".

Eine einzelne Besetzung kann maximal 32.000 Darsteller enthalten. Jedoch ist es besser, für den jeweiligen Film Media wie Text, Schaltflächen und Grafiken in getrennten Besetzungen zu verwalten.

Menü: Fenster > Besetzung

Neue Besetzung erstellen
- Menü: *Datei > Neu > Besetzung ...*

Neue Besetzung erstellen

Besetzungseigenschaften ändern
- Menü: *Modifizieren > Besetzungseigenschaften*

Besetzungseigenschaften verändern

Eine externe Besetzung ist eine separate Datei, die mit dem Film verknüpft werden muss, um die Darsteller aus dieser Besetzung verwenden zu können. Bei auf Datenträgern gespeicherten Filmen muss sich die Besetzung an derselben Ablageposition in Relation zum Film befinden, an der sie sich auch beim Erstellen befand. Bei Shockwave-Filmen im Internet muss die Besetzung an der angegebenen URL gespeichert werden.

Besetzungen verknüpfen
- Menü: *Modifizieren > Film > Besetzungen ...*

Besetzungen verknüpfen

Bibliothek
Eine Bibliothek ist eine unverknüpfte externe Besetzung. Wenn Sie einen Darsteller aus einer externen Besetzungsbibliothek auf die Bühne oder ins Drehbuch ziehen, kopiert Director den Darsteller automatisch in eine der internen Besetzungen des Films. Bibliotheken dienen dem Speichern häufig verwendeter Darsteller jeder Art.

Bibliothek erstellen
- Speichern der externen Besetzung im Ordner „Libs" im Anwendungsordner von Director.
- Programm neu starten.

Bibliothek erstellen

Menü: *Fenster > Bibliothekspalette*

Workshop zur Mediengestaltung

Abb. 9.4/1
Drehbuchfenster

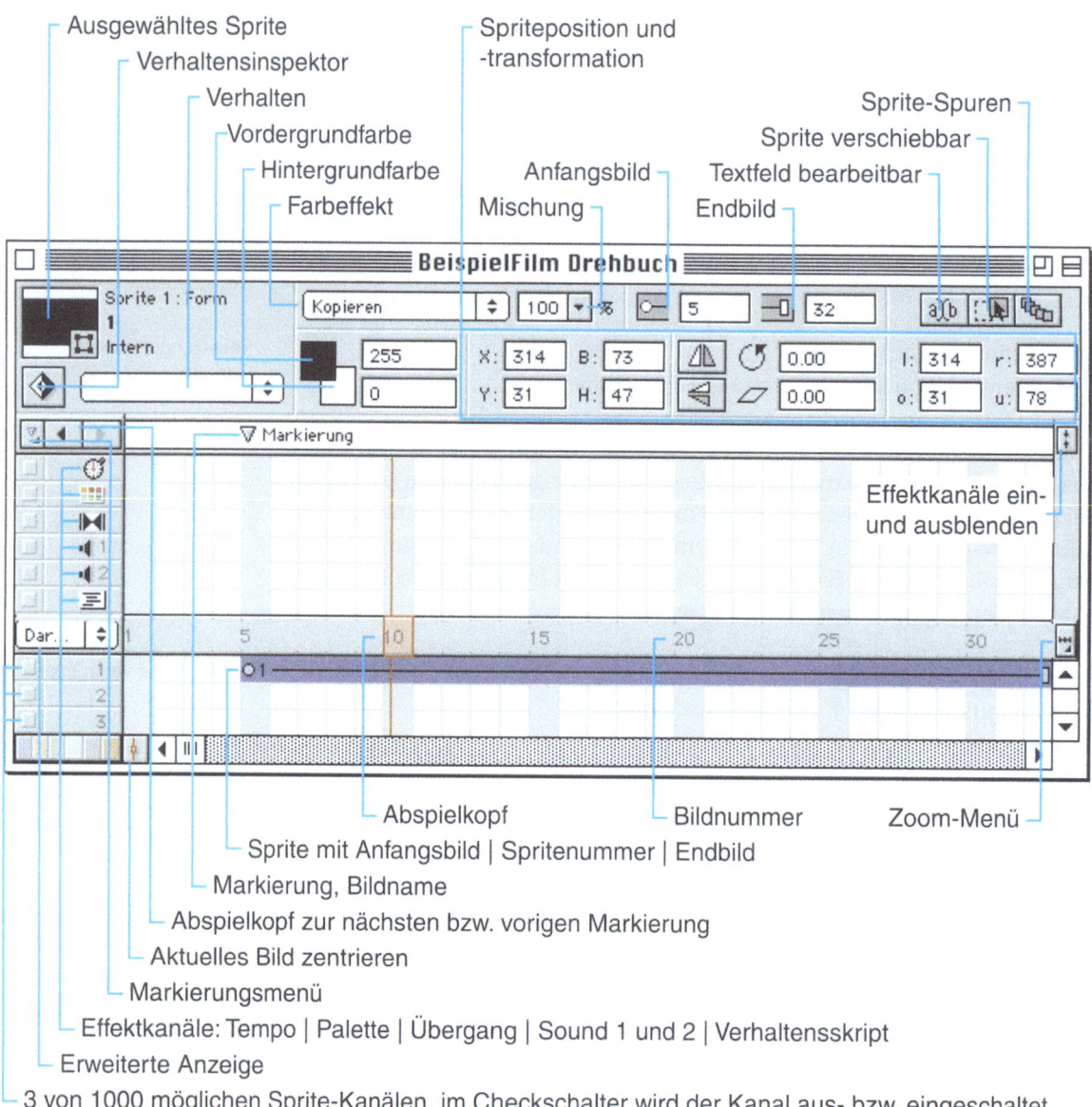

334 Macromedia Director

9.4 Drehbuch

Im Drehbuch wird der Ablauf eines Filmes festgelegt. Die wichtigsten Bestandteile des Drehbuchs sind die Frames/Bilder, die Kanäle und der Abspielkopf.

Menü: *Fenster > Drehbuch*

Frames und Kanäle
Die jeweils horizontal aufeinander folgenden Bühnenbilder (Frames) stehen in den einzelnen Spalten des Drehbuchfensters. Alle senkrecht in einem Frame stehenden Elemente agieren zeitgleich.

Die Kanäle sind die Reihen im Drehbuch. Im oberen Bereich des Drehbuchs sind die sechs Effektkanäle. Sie enthalten sowohl Verhalten als auch Steuerungen für Tempo, Paletten, Übergänge und Sounds.

Markierungen
Der Kanal über den Effektkanälen und den Sprite-Kanälen enthält Markierungen, die bestimmte Stellen im Drehbuch identifizieren, wie z. B. den Anfang einer neuen Szene. Markierungen sind nützlich, um schnell zu bestimmten Positionen in einem Film zu springen. Frames können durch Markierungen mit Namen bezeichnet werden und damit zur Navigation direkt über Lingo angesteuert werden.

Markierung erstellen
- Klicken Sie auf den Markierungskanal, um eine Markierung zu erstellen. Rechts neben der Markierung erscheint eine Texteinfügemarke.
- Geben Sie einen kurzen Namen für die Markierung ein.

Markierungen erstellen

Markierung löschen
- Ziehen Sie die Markierung nach oben oder unten aus dem Markierungskanal heraus.

Markierungen löschen

Framenummern
Im Kanal zwischen den Effektkanälen und den Sprite-Kanälen werden die Framenummern angezeigt. Sie können wie die Markierungen direkt über Lingo angesteuert werden. Spätere Änderungen sind allerdings mit Markierungen einfacher zu realisieren.

Workshop zur Mediengestaltung

Abb. 9.5/1
Steuerpult

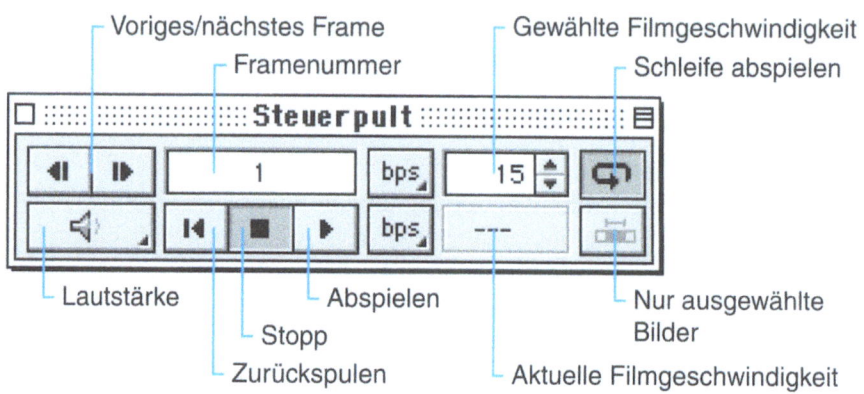

Abb. 9.5/2
Symbolleiste

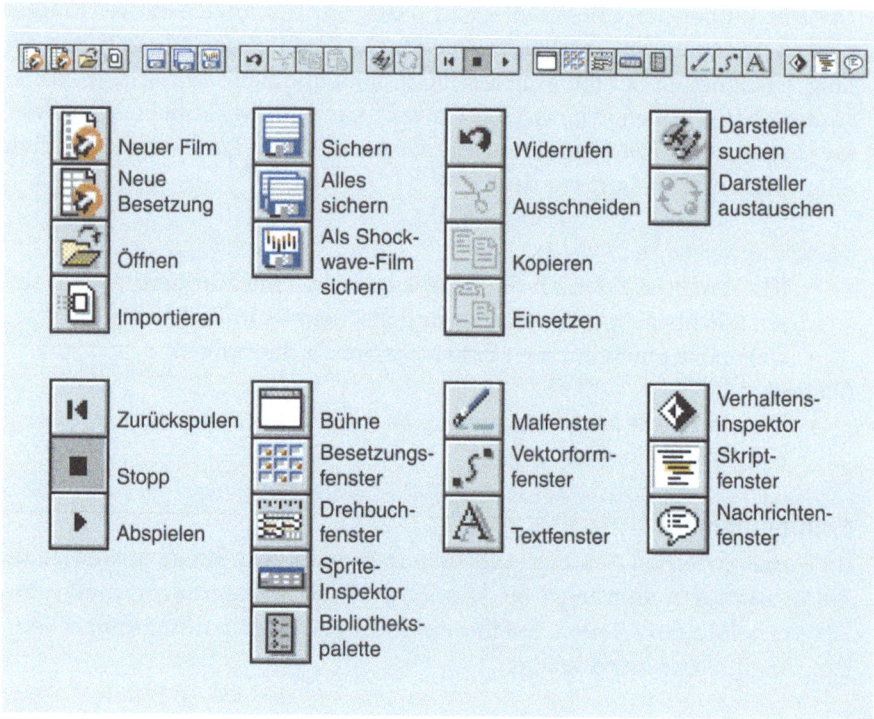

9.5 Steuerpult – Symbolleiste

Steuerpult
Das Steuerpult dient bei der Mediaentwicklung zur Filmsteuerung.
 Es ist möglich, die Abspielgeschwindigkeit einzustellen. Noch wichtiger ist aber, dass die tatsächliche Filmgeschwindigkeit gemessen werden kann.
 Die Einstellung „Nur ausgewählte Bilder" ermöglicht es, eine bestimmte Sequenz abspielen zu lassen.

Menü:
Fenster > Steuerpult

Nur ausgewählte Bilder abspielen
- Wählen Sie die gewünschten Frames im Drehbuch aus.
- Klicken Sie den Button „Nur ausgewählte Bilder" im Steuerpult.
- Ein grüner Balken im Kanal Framenummer zeigt die Auswahl.
- Starten Sie den Film mit dem Startbutton im Steuerpult.

Symbolleiste
Die Tasten der Symbolleiste bieten Kurzbefehle für häufig vorkommende Befehle und Funktionen.

Menü:
Fenster > Symbolleiste

Workshop zur Mediengestaltung

Abb. 9.6/1
Hauptmenüs

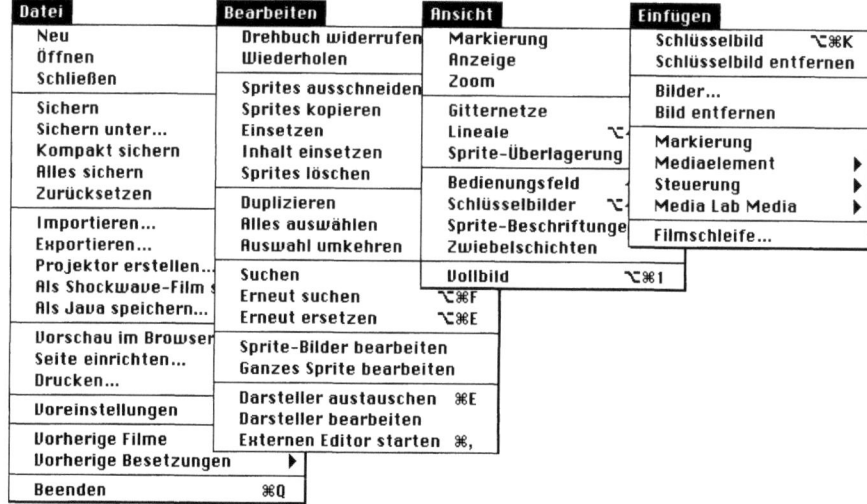

Macromedia Director

9.6 Menüs

Die Anordnung und Funktionalität der Menüs entspricht der beim Macintosh/PC üblichen Struktur. Hinter den kleinen schwarzen Dreiecken in den einzelnen Menüs verbergen sich jeweils Untermenüs.

Die Tastaturbefehle sind leider häufig anders belegt als in den meisten Programmen üblich. So führt „Befehl-R" bzw. „Steuerung-R" nicht zum Einblenden von Linealen, sondern bedeutet in Director „Importieren" von Darstellern.

Tastaturbefehle

Die Befehle im Bearbeiten-Menü unterscheiden sich je nach aktiver Palette.

Alle wichtigen Menübefehle finden Sie auch als Tasten in der Symbolleiste und in der Kopfleiste einzelner Fenster.

Abb. 9.7/1
Import-Dialogfeld

Menü: Datei > Importieren ...

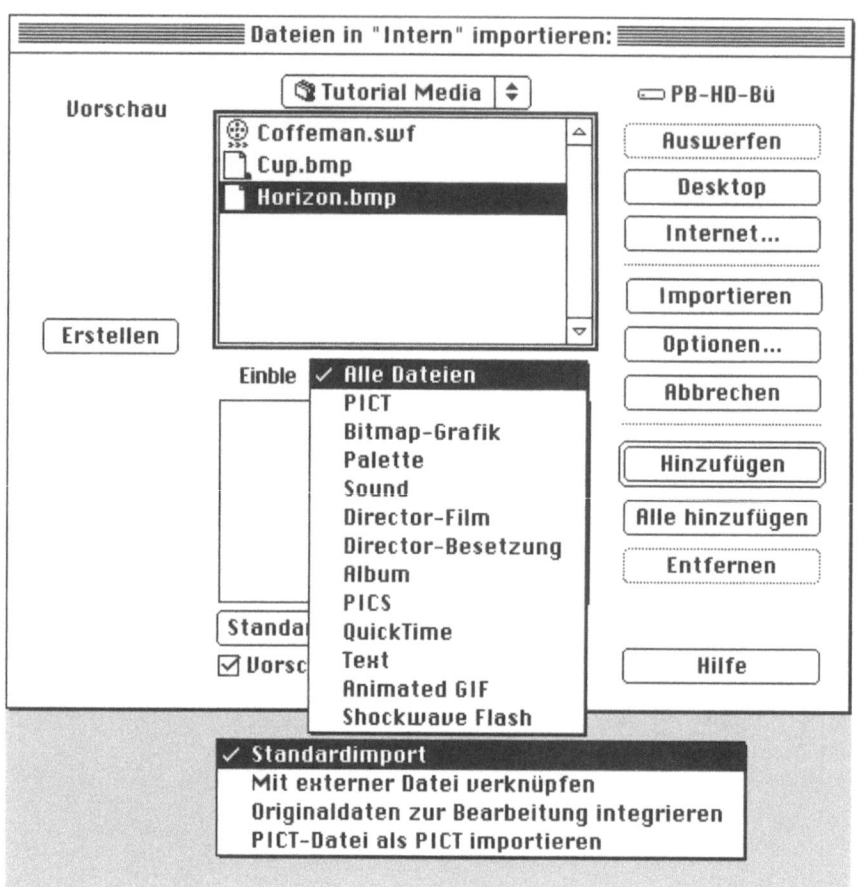

9.7 Darsteller importieren

Darsteller können als Datei in eine Director-Filmdatei importiert oder mit ihr verknüpft werden.
Vorteile einer Verknüpfung sind:
- Kürzere Ladezeit
- Dynamische Änderungen, z.B. direkt aus dem Internet

Nachteile sind:
- Aufwendigere Dateiverwaltung
- Keine Einbindung in den Projektor

Bitmap-Darsteller

Director unterstützt den Import von Alphakanälen (Transparenz). Bei Grafiken mit einem Alphakanal handelt es sich um 32-Bit-Grafiken. Der Import mit geringerer Farbtiefe entfernt alle Alphakanal-Daten.

Bitmaps werden in der Auflösung des Bildschirms (in der Regel 72 – 96 Punkt pro Zoll) angezeigt. Grafiken mit höheren Auflösungen erscheinen deshalb auf der Bühne viel größer als erwartet.

Bitmaps können entweder in der Originalfarbtiefe oder in der Farbtiefe der Bühne (Bildschirm) importiert werden. Bei der Reduzierung von 16-, 24- oder 32-Bit-Darstellern auf 8 oder weniger Bit Farbtiefe muss dem Darsteller eine Farbpalette zugeordnet werden.

Bitmap-Import-Dateiformate
- BMP, GIF, JPEG, LRG (xRes), Photoshop 3.0 (oder neuer), MacPaint, PNG, TIFF, PICT, Targa
Nur Windows: Photo CD, PCX, WMF, PostScript
- Paletten: PAL, Photoshop, CLUT

Animierte GIF-Dateien

Animierte GIF-Dateien werden wie Bitmap-Darsteller importiert. Sie müssen allerdings eine globale Farbtabelle haben.

Text-Darsteller

Text kann als ASCII, RTF und in HTML importiert werden. Sobald der Text Teil des Films ist, kann er auf verschiedene Weise mit Hilfe der in Director verfügbaren Formatierungswerkzeuge formatiert werden.

Text-Import-Dateiformate
- ASCII, RTF, HTML

Digitalvideo-Darsteller

Videos können als QuickTime- oder AVI-Digitalvideo importiert werden. Videos sind grundsätzlich immer verknüpft.

Video-Import-Dateiformate
- QuickTime, AVI

Workshop zur Mediengestaltung

Abb. 9.8/1
Werkzeuge zur Grafikerstellung und -bearbeitung

Von links nach rechts:
- Werkzeugpalette, Menü: Fenster > Werkzeugpalette
- Werkzeugleiste Malfenster, Menü: Fenster > Malen
- Wekrzeugleiste Vektorformfenster, Menü: Fenster > Vektorform

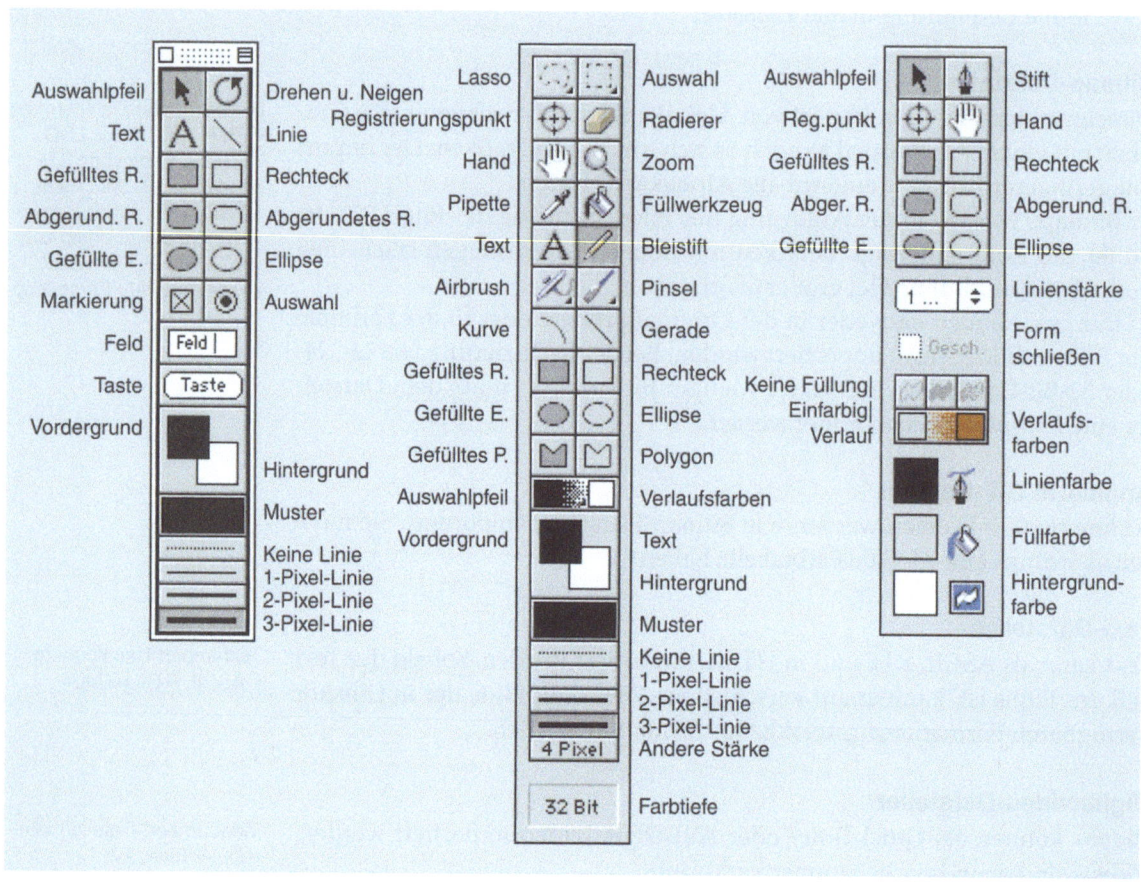

9.8 Darsteller erstellen und bearbeiten

In Director können unterschiedliche Darstellertypen erstellt und/oder bearbeitet werden. Hierzu gibt es im Programm verschiedene Editoren. Es besteht aber auch die Möglichkeit, externe Editoren so zu definieren, dass sie in Director mit einem Doppelklick auf den Darsteller gestartet werden.

Externen Editor definieren
- Menü: *Datei > Voreinstellungen > Editoren ...*

9.8.1 Grafik-Darsteller

Bitmap-Darsteller Menü: *Fenster > Malen*
Bitmaps sind sowohl importierte Dateien als auch im Director-Malfenster erzeugte oder konvertierte Objekte bzw. Texte. Sie können im Malfenster bearbeitet werden.

Größe, Farbtiefe, Palette
- Doppelklick auf das Farbtiefefeld in der Werkzeugleiste des Malfensters.

Form-Darsteller Menü: *Fenster > Werkzeugpalette*
Formen sind Grafiken, die mit Hilfe der Werkzeuge aus der Werkzeugpalette direkt auf der Bühne erstellt werden. Formen erfordern noch weniger Speicher als Vektorformen haben aber kein Antialiasing.

Vektorform-Darsteller Menü: *Fenster > Vektorform*
Vektorformen sind eine neue Funktion ab Director 7.0. Sie werden im Vektorformfenster als Pfadobjekte erstellt. Eine Vektorform darf nur einen einzigen offenen oder geschlossenen Pfad enthalten.

Name, Entladen, Antialiasing
- Menü: *Modifizieren > Darsteller > Eigenschaften ...*

Workshop zur Mediengestaltung

Abb. 9.8/2
Text-Darsteller

Der Text wird im Textfenster eingegeben und editiert. Gleichzeitig wird der Darsteller automatisch in die Besetzung aufgenommen und kann von dort auf die Bühne oder ins Drehbuch gezogen werden.

Menü: *Modifizieren > Darsteller > Eigenschaften ...* führt zum Einstellungsdialogfeld, der Button *Optionen* ermöglicht weitere Einstellungen.

Ein ausgewählter Text kann im Textinspektor mit einer URL verknüpft werden. Der Link hat automatisch die Standardeigenschaften eines HTML-Hyperlinks.

Menü: *Fenster > Inspektoren > Text*

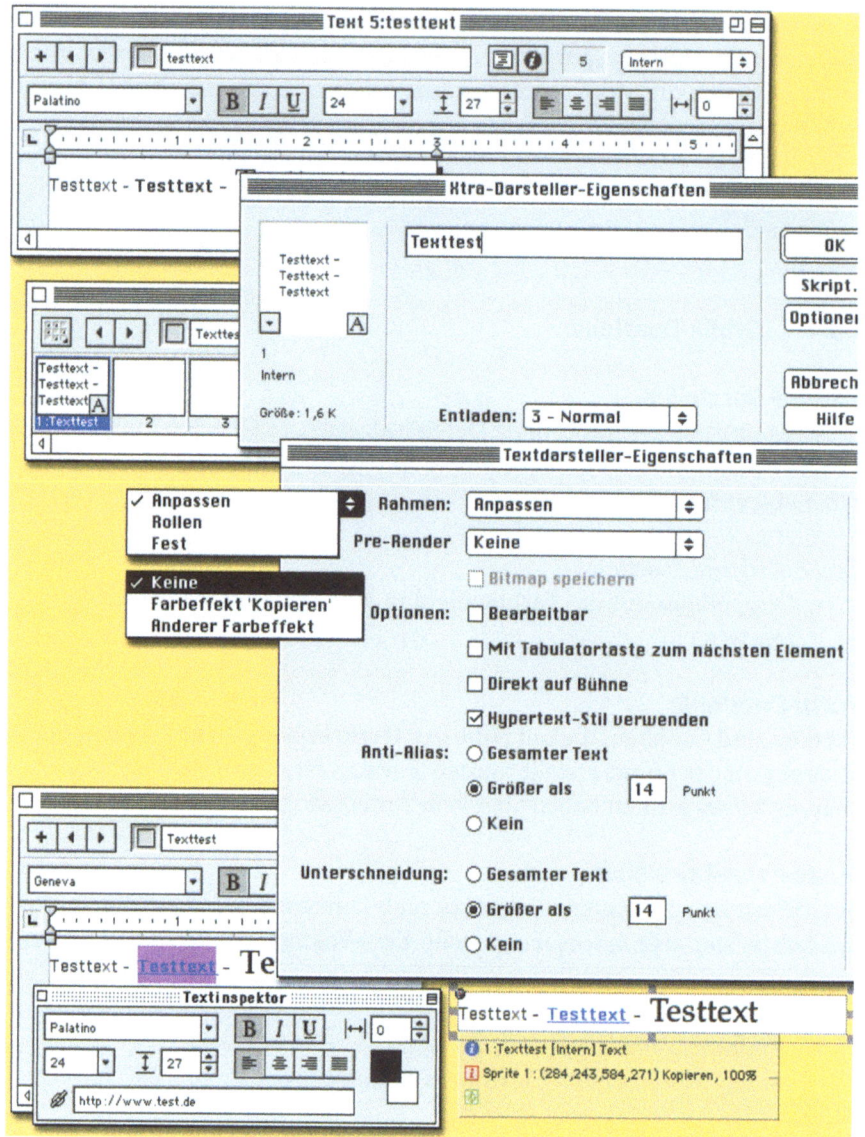

344   Macromedia Director

Skalierung
- Menü: *Modifizieren > Darsteller > Eigenschaften … > Optionen*

Exakte geometrische Maße festlegen
- Menü: *Modifizieren > Sprite > Eigenschaften …*

9.8.2 Text-Darsteller

In Director können Textdarsteller auf zwei Arten erstellt werden: direkt auf der Bühne oder im Textfenster.

Text-Darsteller direkt auf der Bühne erstellen
- Klicken Sie auf das Textwerkzeug in der Werkzeugpalette.
- Ziehen Sie den Cursor dann auf die Bühne, um einen Text-Darsteller zu erstellen.
- Geben Sie den Text ein

Text-Darsteller im Textfenster erstellen.
- Öffnen Sie das Textfenster, z.B. mit Menü: *Fenster > Text*.
- Geben Sie den Text in das Textfenster ein.

Hyperlink
Über den Textinspektor kann jeder beliebige Textbereich als Hyperlink definiert werden, der in der Regel mit einer URL verknüpft ist, aber auch andere Aktionen ausführen kann.

Menü: *Fenster > Inspektoren > Text*

In Bitmap konvertieren
Alle Text- oder Feld-Darsteller können in Bitmap konvertiert werden. Die konvertierte Grafik ist aber dann im Malfenster bearbeitet werden. Die Konvertierung ist aber nicht mehr rückgängig zu machen.

Menü: *Modifizieren > In Bitmap konvertieren*

Text konvertieren
- Wählen Sie im Besetzungsfenster den Text-Darsteller aus.
- Menü: *Modifizieren > In Bitmap konvertieren*

Workshop zur Mediengestaltung

Abb. 9.8/3
Feld-Darsteller

Verschiedene Dialogfelder und Einstellungsoptionen

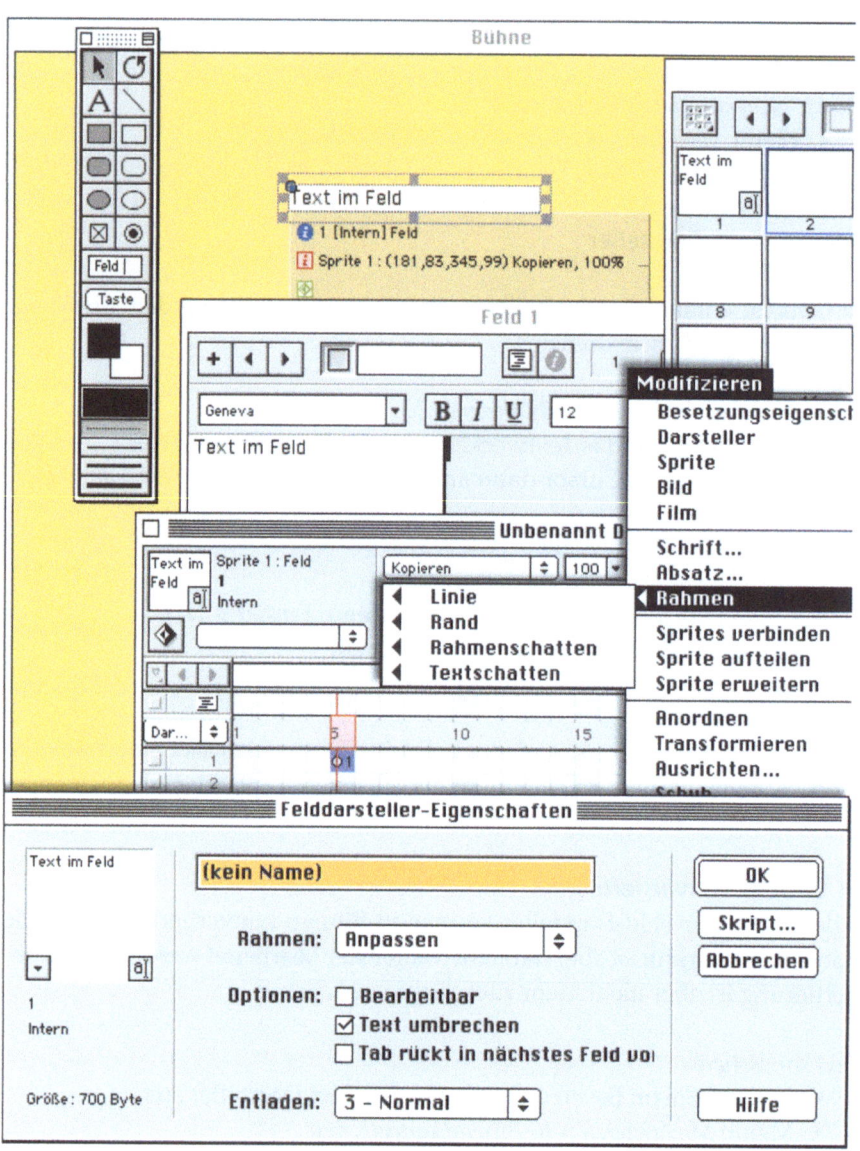

346   Macromedia Director

9.8.3 Feld-Darsteller

Neben den beschriebenen Text-Darstellern bietet Director die Feld-Darsteller, um Text auf der Bühne darstellen zu können. Felder haben allerdings weniger Textformatierungsoptionen: Kein Antialiasing, Kerning, Tabulatoren, Blocksatz oder einstellbaren Zeilenabstand. Die Lingo-Befehle zur Feld-Steuerung unterscheiden sich von denen zur Steuerung von Text-Darstellern.

Die Vorteile der Feld-Darsteller liegen im geringeren Speicherbedarf und somit kürzeren Ladezeiten. Felder können im Menü *Modifizieren* mit Rahmen versehen werden. Bei den *Darstellereigenschaften* sind weitere Optionen als bei Text-Darstellern möglich. Die Option *Tab rückt in nächstes Feld vor* erlaubt eine komfortable Benutzerführung z.B. bei Formularen.

Menü: *Modifizieren > Darsteller > Eigenschaften ...*

Feld-Darsteller erstellen
- Werkzeugfenster: *Feld auswählen > Feld auf der Bühne aufziehen*
  oder
- Menü: *Einfügen > Steuerung > Feld*

Abb. 9.8/4
Schrift einbetten

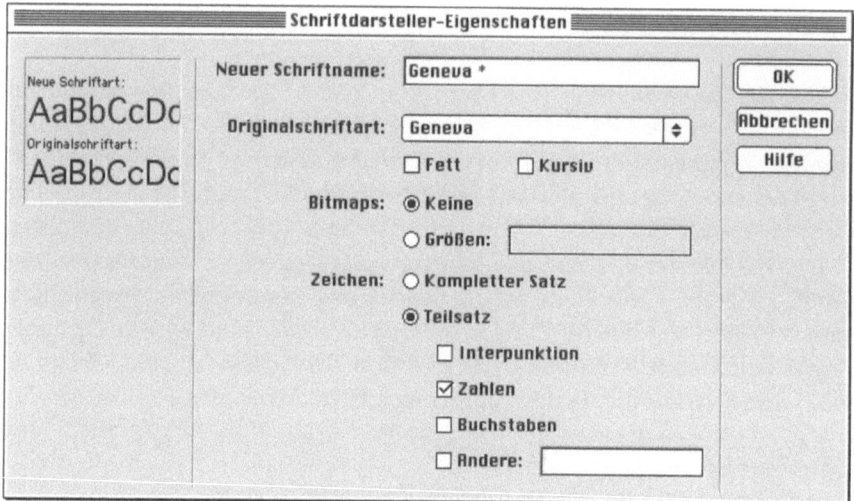

9.8.4 Eingebettete Schrift

Alle verwendeten Schriften sollten in den Film eingebettet werden. Durch das Einbetten wird Director veranlasst, alle Schriftinformationen in der Filmdatei zu speichern, so dass die Schrift selbst dann angezeigt werden kann, wenn Sie auf dem System des Benutzers nicht installiert ist.

Eingebettete Schriften erscheinen im Film als Darsteller und können auf Windows- und Macintosh-Computern verwendet werden. In Director werden eingebettete Schriften komprimiert, so dass sie eine Datei in der Regel nur um 14 bis 25 K vergrößern.

Um die Dateigröße des Films möglichst klein zu halten, kann auch nur ein Teilzeichensatz mit eingebettet werden. Gleichfalls muss angeben werden, welche Punktgrößen als Bitmaps und welche Zeichen in das Schriftpaket mit einbezogen werden sollen.

Rechtlich stellt das Verteilen von Schriften in Director-Filmen kein Problem dar, da die eingebetteten Schriften nur im Film selbst und nicht anderweitig verwendet werden können.

Menü: *Einfügen > Mediaelement > Schrift ...*

Schrift in einen Film einbetten
- Wählen Sie Menü: *Einfügen > Mediaelement > Schrift ...*
- Wählen Sie eine derzeit auf dem System installierte Schrift aus dem Popup-Menü: *Originalschrift*
- Um Bitmap-Versionen einer Schrift in bestimmten Größen mit einzubeziehen, klicken Sie auf die untere Schaltfläche für „Bitmaps" und geben Sie dann die entsprechenden Punktgrößen ein.
- Wenn Sie wissen, dass nicht alle Zeichen der einzubettenden Schrift benötigt werden, können Sie die nicht benötigten Zeichen auslassen, um Platz zu sparen.

Workshop zur Mediengestaltung

Abb. 9.9/1
Skriptfenster

Zur Kompilierung des Skripts muss die Eingabe immer mit der Return-Taste bestätigt werden.
Das Skriptfenster wird dabei geschlossen.

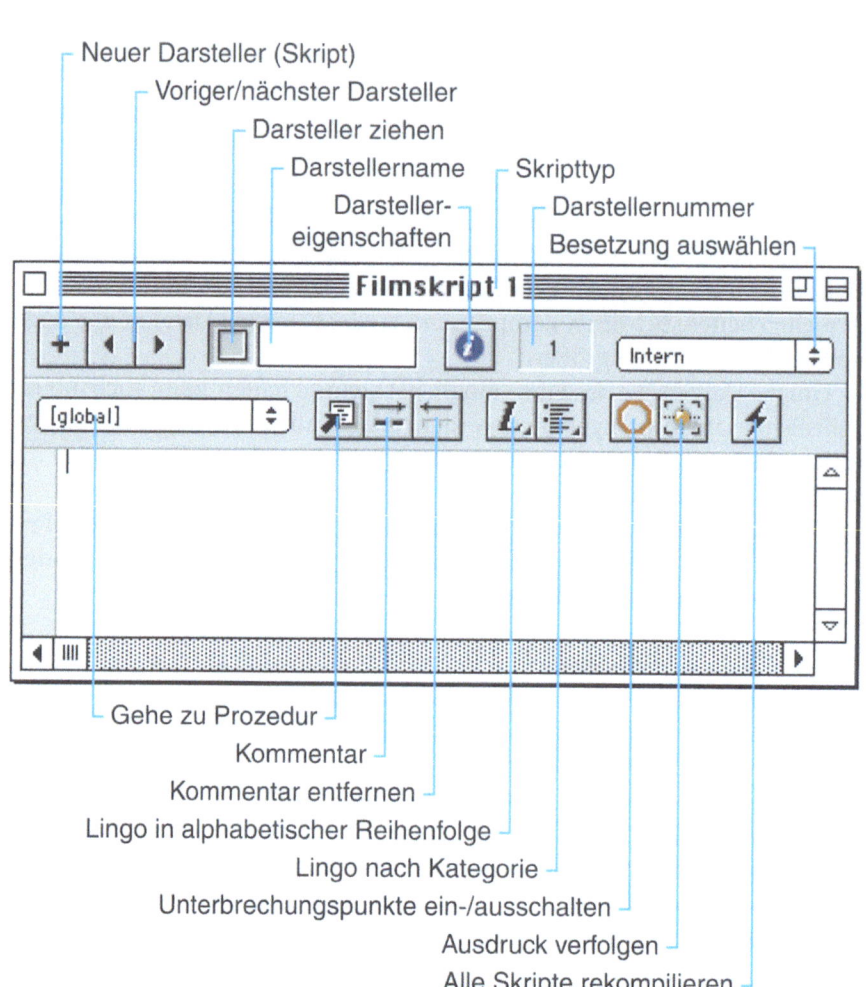

Neuer Darsteller (Skript)
Voriger/nächster Darsteller
Darsteller ziehen
Darstellername
Darstellereigenschaften
Skripttyp
Darstellernummer
Besetzung auswählen

Gehe zu Prozedur
Kommentar
Kommentar entfernen
Lingo in alphabetischer Reihenfolge
Lingo nach Kategorie
Unterbrechungspunkte ein-/ausschalten
Ausdruck verfolgen
Alle Skripte rekompilieren

9.9 Lingo

Lingo ist die Skriptsprache von Director. Mit ihr wird der Ablauf des Films weitaus flexibler gesteuert, als es über das Drehbuch möglich wäre.

Während des Ablaufs eines Films können verschiedene Ereignisse auftreten. Ereignisse werden entweder direkt vom Benutzer ausgelöst (Mausklick, Dateneingabe usw.) oder sie betreffen den Film selbst (z.B. Start, Bildwechsel, Zeitüberschreitung). Lingo-Skripte reagieren auf diese Ereignisse und lösen bestimmte Prozeduren aus.

Prozeduren enthalten Gruppen von Lingo-Anweisungen, die ausgeführt werden, wenn ein bestimmtes Ereignis im Film eingetreten ist. Jede Prozedur beginnt mit dem Wort **on** gefolgt von der Nachricht, auf die die Prozedur reagieren soll. In der letzten Zeile der Prozedur steht das Wort **end**. Die Nachricht **mouseDown** zeigt an, dass der Benutzer die Maustaste gedrückt hat.

9.9.1 Skripttypen

Lingo kennt vier Skripttypen, die in unterschiedlicher Weise den Ablauf eines Films steuern.

Verhalten
Verhalten sind Sprite-Skripte oder Bilderskripte (Frame-Skripte) im Drehbuch. Sie stehen auch in der Besetzung. Frame-Skripte sind Verhalten, die dem Skriptkanal eines Frames zugeordnet werden.

Sprite-Skript erstellen
- Menü: *Modifizieren > Sprite > Skript ...*

Frame-Skript erstellen
- Menü: *Modifizieren > Bild > Skript ...*

oder
- Doppelklick in die Frame-Zelle des Skriptkanals

Director enthält bereits vorgegebene Verhalten in einer Bibliothek. Mit Lingo können bestehende Verhalten modifiziert und zusätzliche Verhalten erstellt werden.

Alle Verhalten erscheinen im Popup-Menü *Verhalten* des Sprite-Inspektors.

Verhalten anbringen

Verhalten anbringen
- Verhalten aus der Besetzung zu einem Sprite oder Bild im Drehbuch oder auf der Bühne ziehen

oder
- Sprites oder Bilder markieren und dann das Verhalten aus dem Popup-Menü *Verhalten* auswählen

Das gleiche Verhalten kann an mehrere Positionen im Drehbuch angebracht werden. Bei der Bearbeitung verändert sich dieses Verhalten an allen Positionen.

Darstellerskript

Darstellerskript
Skripte können unabhängig vom Drehbuch direkt einzelnen Darstellern zugeordnet werden. Sie gehören damit automatisch auch zu den jeweiligen Sprites dieses Darstellers. Im Gegensatz zu Verhalten, Filmskripte und Parent-Skripte stehen Darstellerskripte nicht in der Besetzung.

Darstellerskript erstellen

Darstellerskript erstellen
- Menü: *Modifizieren > Darsteller > Skript ...*

oder
- *Skript* im Dialogfeld *Darstellereigenschaften* anklicken

oder
- *Skript-Icon* im *Darsteller-Bearbeitungsfenster* anklicken

Filmskript

Filmskript
Filmskripte stehen dem gesamten Film zur Verfügung. Sie können Prozeduren enthalten, die beim Starten, Anhalten oder Unterbrechen des Films auf-

gerufen werden. Außerdem sind Reaktionen auf z.B. Tastatur- und Mausereignisse möglich.

Parent-Skript

Parent-Skripte sind spezielle Skripte zur objektorientierten Programmierung innerhalb von Director. Lingo kann mehrere Kopien (oder Instanzen) eines Parent-Skripts erstellen. Die Instanzen eines Parent-Skripts werden Child-Objekte genannt. Parent-Skripte stehen als Darsteller in der Besetzung.

Objektorientierte Programmierung Parent-Skript, Child-Skript

9.9.2 Syntax

Wie jede Sprache hat auch Lingo eine bestimmte Syntax mit festgelegten Grammatik- und Interpunktionsregeln. Die folgenden Regeln treffen auf das gesamte Lingo zu. Die Regeln zu einem bestimmten Lingo-Begriff finden Sie unter der Syntax des Begriffs im Lingo-Wörterbuch der Director-Online-Hilfe.

Lingo-Wörterbuch Director-Online-Hilfe

Punktsyntax

Die Punktsyntax ist neu in Director. Sie gilt ab Version 7.0. Die alte Schreibweise ist immer noch gültig, wird aber sicherlich durch die Punktsyntax abgelöst werden. Die Punktsyntax ist kürzer und übersichtlicher als das alte Lingo. Lingo übernimmt damit die vergleichbare Syntax anderer Programmiersprachen wie Java, JavaScript oder C.

Punktsyntax

Die Punktsyntax bezeichnet die ein Objekt betreffenden Eigenschaften oder Funktionen. Sie kann ebenfalls einen Chunk innerhalb eines Textobjekts angeben. Ein Punktsyntax-Ausdruck beginnt mit dem Objektnamen, gefolgt von einem Punkt (.) und dann der bezeichneten Eigenschaft, Funktion oder dem Chunk.

Chunk = Begriff

Beispiel
```
sprite(10).moveableSprite = true
```

Listensyntax	**Listensyntax**
	Der Listenoperator ([]) kennzeichnet alle Elemente innerhalb dieser Klammern als Listenelemente.
Klammern	**Klammern**
	Funktionen, die Werte zurückgeben, erfordern Klammern. Mit Klammern nach den Schlüsselwörtern sprite oder member wird das Objekt definiert.
	Beispiel
	sprite(10)
Leerzeichen	**Leerzeichen**
	Wörter innerhalb von Ausdrücken und Anweisungen werden durch Leerzeichen voneinander getrennt. Lingo ignoriert zusätzlich eingefügte Leerzeichen. In Zeichenketten, die in Anführungszeichen gesetzt sind, werden Leerzeichen wie Buchstaben behandelt. Soll eine Zeichenkette Leerzeichen enthalten, müssen Sie diese explizit einfügen.
alert Dieser Befehl verursacht einen System-Warnton und zeigt ein Warn-Dialogfeld an, das die angegebene Zeichenkette und eine OK-Schaltfläche enthält.	*Beispiel*
	alert "Bitte geben Sie Ihre Körpergröße ein! Danke!"
Kommentare	**Kommentare**
	Den Kommentaren in Skripten sind doppelte Trennstriche (--) vorangestellt.
	Kommentar erstellen
	• Lingozeile anwählen, Schaltfläche *Kommentar* im Skriptfenster anklicken
	Kommentar entfernen
	• Kommentarzeile anwählen, Schaltfläche *Kommentar entfernen* im Skriptfenster anklicken
	Beispiel
	-- Eingabe

9. Autorensystem

Namenskonventionen
- Namen müssen mit einem Buchstaben beginnen.
- Namen dürfen nur alphanumerische Zeichen enthalten.
- Namen dürfen keine Leerzeichen enthalten.
- Der Name darf nicht mit einem Lingo-Element übereinstimmen.
- Lingo unterscheidet nicht nach Groß- und Kleinbuchstaben.
- Bei zusammengesetzten Wörtern ist die MischSchreibweise üblich.

Begriffskategorien
- *Befehle* sind Begriffe, die einen Film während des Abspielens anweisen, etwas zu tun (z.B. **go**).
- *Funktionen* sind Begriffe, die einen Wert zurückgeben (z.B. **date**).
- *Eigenschaften* sind Attribute, die ein Objekt definieren. (z.B. color).
- *Operatoren* sind Begriffe, die einen neuen Wert aus einem oder mehreren Werten errechnen (z.B. +).
- *Konstanten* sind Elemente, die sich nicht verändern. Sie haben immer die gleiche Bedeutung (z.B. **return**).
- *Schlüsselwörter* sind reservierte Wörter, die eine besondere Bedeutung haben (z.B. **end**).

Variablen
- Globale Variablen können in allen Frames angesprochen werden. Sie müssen zu Beginn des jeweiligen Skripts mit dem Schlüsselwort „global" definiert werden.
- Lokale Variablen sind nur für ein bestimmtes Skript gültig. Sie werden ohne ein besonderes Schlüsselwort nur durch die Wertzuweisung „set" definiert.

Wertzuweisung
- set variable = wert

Beispiel
```
set g_groesse = the text of member "groesse"
```

Operatoren

Operatoren

Operatoren sind Elemente, die Lingo mitteilen, wie die Werte eines Ausdrucks verbunden, verglichen oder modifiziert werden sollen.

-	Minuszeichen	( )	Klammern
*	Multiplikation	+	Addition
/	Division	>	größer als
>=	größer oder gleich	<	kleiner als
<=	kleiner oder gleich	<>	ungleich
=	Gleichheitszeichen		
	or		and
	true		false

Beispiel
g_bmi = g_gewicht/((g_groesse/100)*(g_groesse/100))

Bedingung

9.9.3 Entscheidungen im Skript treffen – if ... then ... else

Lingo verwendet die Anweisungen if ... then ... else, um eine Aktion auszuführen, wenn eine bestimmte Bedingung vorliegt.

Die Anweisung zur Prüfung beginnt mit if. Ist die Bedingung erfüllt, so führt Lingo die Anweisung aus, die auf then folgt. Liegt die Bedingung nicht vor, geht Lingo zur nächsten Anweisung in der Prozedur. Der Begriff else gibt Alternativen an, die ausgeführt werden, wenn vorhergehende Bedingungen nicht erfüllt wurden. end if schließt die Anweisung ab.

Beispiel
```
if the hilite of member "frau" = TRUE then
    put "Liebe Frau" into member "anrede"
else
    put "Lieber Herr" into member "anrede"
end if
```

9. Autorensystem

9.9.4 Eine Aktion wiederholen – repeat

Wiederholung – Schleife

Lingo kann eine Aktion so oft wie angegeben oder solange eine bestimmte Bedingung vorliegt wiederholen.

Vorgegebene Wiederholungsrate
- repeat with

Bedingte Wiederholung
- repeat while

9.9.5 Mausinteraktionen – on mouse

Mausereignisse

Lingo kennt eine ganze Reihe verschiedener Interaktionen, die durch die Mausbewegung oder das Drücken bzw. Loslassen der Maustaste ausgelöst werden. Stellvertretend hier die vier wichtigsten:

on mouseUp (Ereignisprozedur)
   on mouseUp
      Anweisung(en)
   end

on mouseUp

Die Anweisungen werden beim Loslassen der Maustaste über der Schaltfläche aktiviert.

on mouseDown (Ereignisprozedur)
   on mouseDown
      Anweisung(en)
   end

on mouseDown

Die Anweisungen werden ausgeführt, wenn die Maustaste über der Schaltfläche gedrückt wird.

on mouseEnter	*on mouseEnter*
	  on mouseEnter
	    Anweisung(en)
	  end
	Die Anweisungen werden ausgeführt, wenn der Mauscursor erstmals mit dem aktiven Bereich des Sprites in Kontakt kommt. Die Maustaste muss dazu nicht gedrückt sein.

on mouseLeave	*on mouseLeave*
	  on mouseLeave
	    Anweisung(en)
	  end
	Die Anweisungen werden ausgeführt, wenn der Mauscursor den Sprite verlässt. Die Maustaste muss dazu nicht gedrückt sein.

Tastaturereignisse	

9.9.6 Tastaturereignisse – the key

Diese Funktion gibt die zuletzt gedrückte Taste an. Bei diesem Wert handelt es sich um den der Taste zugeordneten ANSI-Wert und nicht um den numerischen Wert.

The key wird in Prozeduren verwendet, die Aktionen ausführen, wenn der Benutzer bestimmte Tasten als Tastaturkurzbefehle drückt und andere interaktive Aktionen stattfinden.

Beispiel
Diese Prozedur überprüft, ob die Eingabetaste gedrückt wurde und schickt in diesem Fall den Abspielkopf zum Frame „f1"

```
on keyDown
  if the key = RETURN then go to frame "f1"
end keyDown
```

9.9.7 Übergänge – puppetTransition

Anweisung zum Übergang vom aktuellen zum nächsten Bild.

Code	Übergang
01	Nach rechts wischen
02	Nach links wischen
03	Nach unten wischen
04	Nach oben wischen
05	Von Bildmitte aus wischen, horiz.
06	Bildränder einwischen, horiz.
07	Von Bildmitte aus wischen, vert.
08	Bildränder einwischen, vert.
09	Von Bildmitte aus wischen, quadr.
10	Bildränder einwischen, quadr.
11	Nach links schieben
12	Nach rechts schieben
13	Nach unten schieben
14	Nach oben schieben
15	Nach oben aufdecken
16	Nach rechts oben aufdecken
17	Nach rechts aufdecken
18	Nach rechts unten aufdecken
19	Nach unten aufdecken
20	Nach links unten aufdecken
21	Nach links aufdecken
22	Nach links oben aufdecken
23	Pixel – auflösen, schnell*
24	Auflösen, Rechteck
25	Auflösen, Quadrat
26	Auflösen, Muster
27	Reihen, nach Zufallsprinzip
28	Spalten, nach Zufallsprinzip
29	Nach unten überdecken
30	Nach links unten überdecken
31	Nach rechts unten überdecken
32	Nach links überdecken
33	Nach rechts überdecken
34	Nach oben überdecken
35	Nach links oben überdecken
36	Nach rechts oben überdecken
37	Jalousie
38	Schachbrett
39	Streifen unten, Zuwachs links
40	Streifen unten, Zuwachs rechts
41	Streifen links, Zuwachs nach unten
42	Streifen links, Zuwachs nach oben
43	Streifen rechts, Zuwachs n. unten
44	Streifen rechts, Zuwachs nach ob.
45	Streifen oben, Zuwachs links
46	Streifen oben, Zuwachs rechts
47	Zoom-Öffnen
48	Zoom-Schließen
49	Vertikale Jalousie
50	Bitweise auflösen, schnell*
51	Pixel-Auflösen*
52	Bitweise auflösen*

Die mit einem Sternchen (*) markierten Übergänge können nicht auf den auf 32 Bit eingestellten Bildschirmen verwendet werden.

puppetTransition whichTransition,¬ time, chunkSize, changeArea

Wichtig!!!
Keine puppetTransition in Frames mit   on exitFrame
                go to the frame
        end

Datentypen
Die wichtigsten Datentypen im Überblick.

float()
    Diese Funktion konvertiert einen Ausdruck in eine Fließkommazahl.

floatP()
    Diese Funktion zeigt an, ob der vom Ausdruck angegebene Wert eine Fließkommazahl ist (1 oder TRUE) oder nicht (0 oder FALSE). Der Buchstabe P in floatP steht für predicate (Prädikat).

integer()
: Diese Funktion rundet den Wert von *numericExpression* auf den nächsten Integer auf oder ab. Mit der Funktion string() kann ein Integer zu einer Zeichenkette gewandelt werden.

integerP()
: Diese Funktion gibt an, ob der von *expression* bezeichnete Ausdruck zu einem Integer aufgewertet werden kann (1 oder TRUE) oder nicht (0 oder FALSE).

string()
: Diese Funktion konvertiert Integer, Fließkommazahlen, Objektreferenzen, Listen, Symbole oder andere nicht als Zeichenketten klassifizierte Ausdrücke in Zeichenketten.

stringP()
: Diese Funktion bestimmt, ob der in *expression* angegebene Ausdruck eine Zeichenkette ist (TRUE) oder nicht (FALSE).

voidP()
: Diese Funktion bestimmt, ob die in *variableName* angegebene Variable einen Wert hat. Wenn die Variable keinen Wert hat und VOID ist, gibt diese Funktion TRUE zurück. Hat die Variable aber einen Wert, gibt die Funktion FALSE zurück.

9.9.8 Geometrie und Position

Sprite
Mit Lingo kann die Position eines Sprites über die Sprite-Koordinaten auf der Bühne gesteuert werden. Die Position kann getestet und festgesetzt werden.

sprite().loc
   Diese Sprite-Eigenschaft bestimmt die Bühnenkoordinaten des Registrierungspunkts des angegebenen Sprites. Der Wert wird als Punkt angegeben. Sprite-Koordinaten beziehen sich immer auf die obere linke Ecke der Bühne.

sprite().locV bzw. sprite().locH
   Diese Sprite-Eigenschaften geben die vertikale bzw. die horizontale Position des Registrierungspunkts des angegebenen Sprites an.

bottom, left, right und top
   Diese Sprite-Eigenschaften legen die Position der einzelnen Ränder des Sprites fest.

Maus
Mit den Funktionen mouseH() und mouseV() kann die horizontale und vertikale Position des Cursors auf der Bühne bestimmt werden. Diese Funktion kann getestet, aber nicht eingestellt werden.

Mausposition

Beispiel
   Diese Prozedur schiebt Sprite 1 an die Cursorposition und aktualisiert die Bühne, wenn der Benutzer die Maustaste klickt:

   on mouseDown
       set the locH of sprite 1 to the mouseH
       set the locV of sprite 1 to the mouseV
       updateStage
   end

Begrenzung der Bewegung – sprite( ).constraint
Diese Sprite-Eigenschaft legt fest, ob der Registrierungspunkt eines bestimmten Sprites durch das Begrenzungsrechteck eines anderen Sprites beschränkt wird (1 oder TRUE) oder nicht (0 oder FALSE, Standard).

Bewegung begrenzen

Die Sprite-Eigenschaft constraint ist nützlich, um ein verschiebbares Sprite auf das Begrenzungsrechteck eines anderen Sprites zu beschränken. Eine mögliche Anwendung ist die Spur für einen Schieberegler.
Diese Eigenschaft kann sowohl getestet als auch eingestellt werden.

Beispiel
Sprite (1) kann nur innerhalb von Sprite 14 bewegt werden.
set the constraint of sprite (1) to 14

9.9.9 Farbe

Farbe

Die Vordergrundfarbe color () und die Hintergrundfarbe bgcolor () kann ab Director 7.0 als Palettenfarbe und mit RGB-Werten definiert werden.
sprite().color
sprite( ).bgColor
(the stage).bgColor
color(#rgb, redValue, greenValue, blueValue)
color(#palettIndex, paletteIndexNumber)
Die Farbe kann getestet und festgesetzt werden.

9.9.10 Soundsteuerung

Soundsteuerung

Sounds werden entweder in einen der beiden Soundkanäle des Drehbuchs geladen oder direkt als Puppet über Lingo in der Besetzung gesteuert. Die grundlegende Steuerung von Sound-Darstellern durch Lingo erfolgt über ca. 10 Lingo-Befehle.

Sound-Puppeting
Sound-Darsteller, die über Lingo gesteuert werden, müssen grundsätzlich Puppen sein. Die Sounds können, ohne in einem der Soundkanäle zu sein, direkt aus der Besetzung geladen und gesteuert werden.

puppetSound *Sound-Puppeting*
 Dieser Befehl macht aus dem Sound eine Puppe und spielt den Sound-Darsteller „whichCastMember". Wenn der Sound eine Puppe ist, kann Lingo Sounds, die dem Soundkanal des Drehbuchs zugeordnet sind, aufheben.
 Für interne Sound-Darsteller wird ein Soundkanal bestimmt, indem „whichChannel" durch eine Kanalnummer ersetzt wird. Verknüpfte Sound-Darsteller werden stets im Soundkanal 1 abgespielt.
 Der Sound wird abgespielt, wenn sich der Abspielkopf bewegt oder wenn der Befehl **updateStage** ausgeführt wird. Die Anweisung **puppetSound 0** verhindert das Abspielen eines Sounds. Sie schaltet zudem den Puppenstatus des Sounds aus und gibt die Steuerung des Sounds an den Soundkanal des Drehbuchs zurück.
 Puppensounds eignen sich insbesondere dazu, einen Sound abzuspielen, während ein anderer Film in den Speicher geladen wird.

Sound ein- und ausschalten
Sound ein-/ ausschalten

the soundEnabled
 Diese Eigenschaft bestimmt, ob der Sound ein- oder ausgeschaltet ist. **TRUE** bedeutet, dass der Sound eingeschaltet ist. Der Standardwert ist **TRUE**. Wenn die Eigenschaft auf **FALSE** gesetzt wird, ist der Sound nicht zu hören. Die Lautstärkeneinstellung bleibt unverändert.
 Die Eigenschaft **soundEnabled** kann getestet und festgesetzt werden.

sound fadeOut whichChannel
 Dieser Befehl blendet einen Sound im angegebenen Soundkanal aus. Wenn Ticks angegeben sind, dann wird der Sound gleichmäßig über diesen Zeitraum ausgeblendet.

sound fadeIn whichChannel
 Dieser Befehl blendet einen Sound im angegebenen Soundkanal ein. Wenn Ticks angegeben sind, dann wird der Sound gleichmäßig über diesen Zeitraum eingeblendet.

sound stop whichChannel
Dieser Befehl beendet das Abspielen der Sounddatei im angegebenen Kanal.

the volume of sound whichChannel
Diese Soundeigenschaft bestimmt die Lautstärke des Soundkanals, der in „whichChannel" angegeben wurde. Soundkanäle sind mit 1, 2, 3, ... nummeriert. 1 und 2 sind die im Drehbuch angezeigten Kanäle. Der Wertebereich der Eigenschaft volume of sound reicht von 0 (still) bis 255 (maximale Lautstärke).

9.9.11 Videosteuerung

Videosteuerung

Director benötigt ab Version 7 für QuickTime-Movies QuickTime 3.0!

the volume of sprite whichSprite
Diese Eigenschaft kann für die Lautstärkenregulierung eines Digitalvideo-Filmdarstellers verwendet werden. Der Wertebereich der Lautstärke reicht von –256 bis 256. Werte für Null oder weniger sind still.

the movieRate of sprite channelNumber
Diese Sprite-Eigenschaft steuert die Geschwindigkeit, mit der ein Digitalvideo in einem bestimmten Kanal abgespielt wird. Der Wert von 1 bedeutet normales Abspielen, –1 steht für rückwärts Abspielen und 0 heißt Stoppen. Höhere und niedrigere Werte sind möglich. Zum Beispiel wird das Digitalvideo bei einem Wert von 0.5 langsamer als normal abgespielt.
  Es kann jedoch vorkommen, dass Bilder ausgelassen werden, wenn the movieRate of sprite höher als 1 ist. Das Ausmaß der ausgelassenen Bilder richtet sich nach Faktoren wie der Leistung des Computers, auf dem der Film abgespielt wird.
  Diese Eigenschaft kann getestet und eingestellt werden.

the movieTime of sprite channelNumber
   Diese Sprite-Eigenschaft bestimmt die aktuelle Zeit eines Digitalvideos, das in dem durch channelNumber bezeichneten Kanal abgespielt wird. Der Wert von the movieTime wird in Ticks gemessen.
   Die Eigenschaft movieTime of sprite kann getestet und eingestellt werden.

the controller of member castName
   Der Regler eines Digitalvideo-Filmdarstellers kann mit dieser Darstellereigenschaft ein- oder ausgeblendet werden. Wenn die Eigenschaft auf 1 gestellt ist, wird der Regler eingeblendet. Bei 0 wird der Regler ausgeblendet.
   Die Eigenschaft controller of member betrifft nur QuickTime und QuickTime für Windows-Filme. Eine Einstellung des controller of member für ein Video für Windows-Film zeigt keinerlei Wirkung und verursacht auch keine Fehlermeldung.
   Der Digitalvideofilm muss im directToStage-Abspielmodus sein, da mit die Steuerung angezeigt wird.

Abb. 9.10/1
Nachrichtenfenster

9.10 Praxis

9.10.1 Programmieren

Die Programmierung in Lingo erfordert wie jegliche Programmierung eine strukturierte Vorplanung:

Strukturierte Vorplanung

- Welche Funktionalität brauche ich wann und wo?
- Wird ein Skript an verschiedenen Stellen benötigt?
- Habe ich dieses Skript schon in einem anderen Film benutzt?
- Reichen Modifikationen oder ist neu programmieren effektiver?
- ...

Analysieren Sie Filme. Wie hat der Autor das gemacht? Übernehmen Sie gelungene Lösungen in Ihre Bibliothek. Es gibt immer mehrere Antworten auf eine Problemstellung. Finden Sie Ihren eigenen Stil.

Nachrichtenfenster

Ein unschätzbares Hilfsmittel bei der Programmierung ist das Nachrichtenfenster. Dort lassen sich mit **put expression** Variablen, Zustände und andere Informationen aus dem laufenden Skript anzeigen und somit die Funktionalität z.B. von Buttons einfach überprüfen.

Nachrichtenfenster

9.10.2 Übungen

Bisher haben Sie in diesem Kapitel die Director-Autorenelemente wie die Bühne, das Drehbuch, die Besetzung oder Lingo in der Theorie kennen gelernt. Jetzt folgt die Erarbeitung und Vertiefung in den Übungen.

Die Übungen sind grundsätzlich voneinander unabhängig, d.h., Sie können einzelne Übungen nach Ihren Interessen aussuchen und bearbeiten.

Die Schritt-für-Schritt-Anweisungen ermöglichen zusammen mit den Abbildungen und den Übungsfilmen auf der CD-ROM das Nachvollziehen bzw. Nachbauen der Aufgabenstellung. Dies ist aber nur als Einstieg gedacht und soll Sie ausdrücklich ermutigen, die Aufgabe zu modifizieren und weiterzuentwickeln.

Wir wünschen Ihnen viel Spaß, Geduld und viel Erfolg!

Abb. 9.11/1
Schaltplan

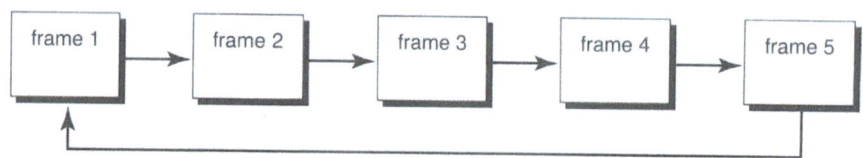

Abb. 9.11/2
Autorenelemente

- Bühne
- Drehbuch
- Besetzung
- Skripte

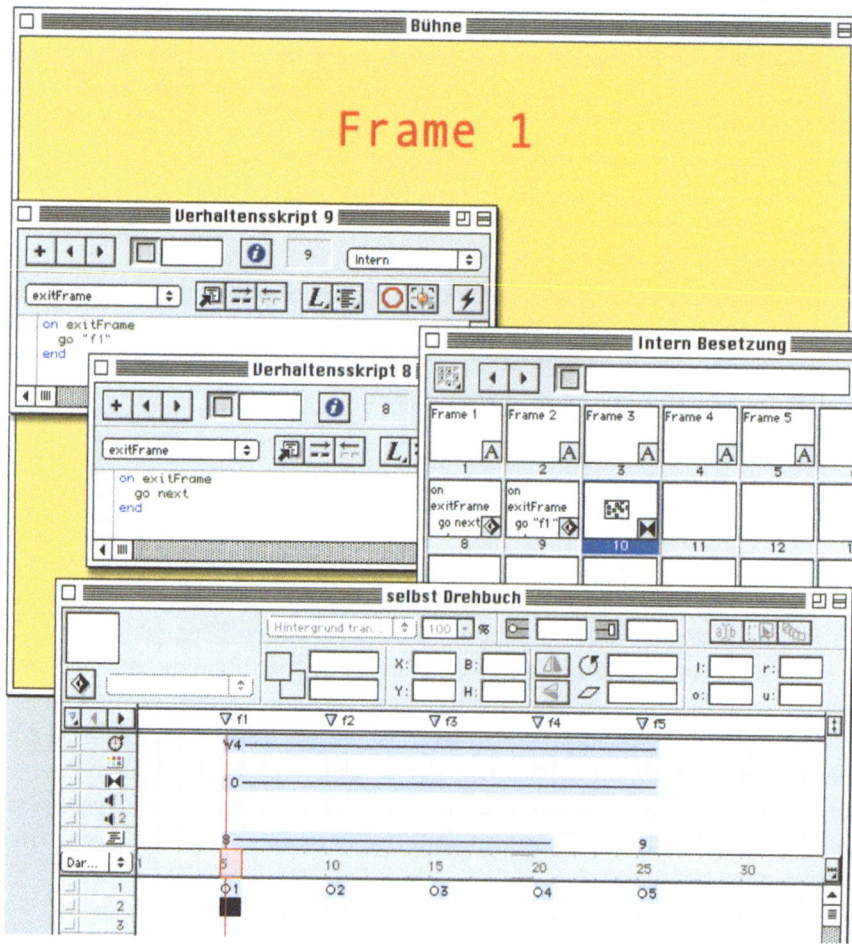

9.11 Aufgaben: Navigationsstrukturen

9.11.1 Linear und selbstablaufend

9_DIRECTOR
9_11_1L.dir

Lernziel
- Selbstablaufende Präsentation erstellen.

Aufgabe
- Erstellen Sie eine selbstablaufende Präsentation, in der fünf Frames nacheinander auf dem Bildschirm erscheinen. Die Präsentation läuft als endlose Schleife. Jedes Bild soll drei Sekunden stehen. Der Bildwechsel erfolgt mit Übergang.

Lösung
1. Erstellen Sie einen neuen Film mit Menü: *Datei > Neu > Film*.

   Menü: *Datei > Neu > Film*

2. Setzen Sie fünf Markierungen und benennen Sie sie mit „f1" … „f5". Lassen Sie zwischen den Frames Abstand. Dies dient der Übersichtlichkeit und erleichtert spätere Ergänzungen.

   Beginnen Sie nicht in Frame 1, sondern z.B. in Frame 5.

3. Erstellen oder importieren Sie die Darsteller. Positionieren Sie die Darsteller auf der Bühne des jeweiligen Frames.

4. Mit einem Doppelklick in die Zelle des Zeitkanals im jeweiligen Frame legen Sie die Wartezeit fest. Ziehen Sie das Sprite mit gedrückter Alt-Taste bis zu „f5".

5. Den Übergang wählen Sie mit einem Doppelklick in die Zelle des Übergangkanals.

6. Die Sprünge werden durch ein Frame-Skript im Skriptkanal gesteuert.
   - „f1" bis „f5" mit:
     on exitFrame
        go next
     end
   - „f5" nach „f1" mit:
     on exitFrame
        go "f1"
     end

   Ein Doppelklick auf die Zelle des Skriptkanals führt zum Skriptfenster.

Workshop zur Mediengestaltung

Abb. 9.11/3
Schaltplan

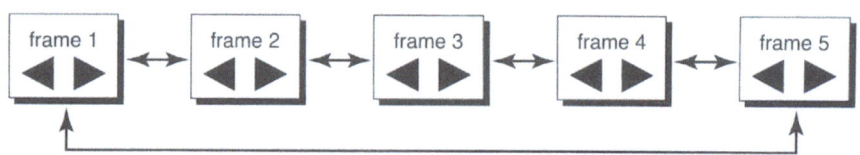

Abb. 9.11/4
Autorenelemente

- Bühne
- Drehbuch
- Besetzung
- Skripte

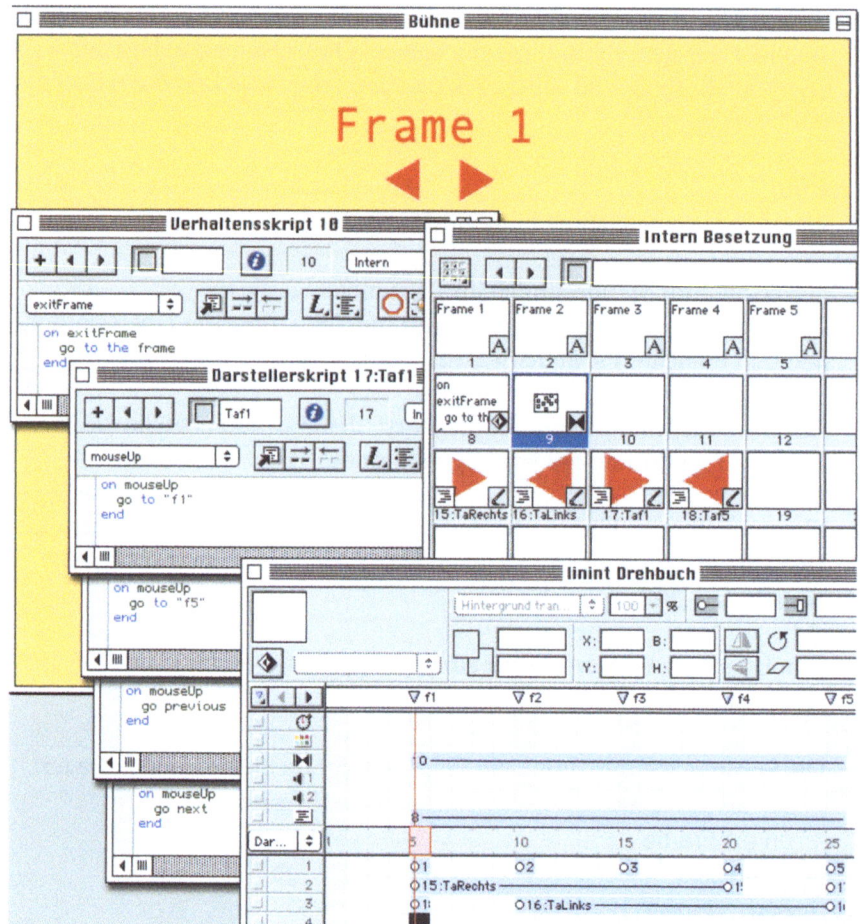

370   Macromedia Director

9.11.2 Linear und interaktiv

9_DIRECTOR
9_11_2L.dir

Lernziel
- Lineare interaktive Präsentation erstellen.

Aufgabe
- Fünf Frames sollen als lineare interaktive Präsentation nacheinander auf dem Bildschirm erscheinen. Per Mausklick auf Tasten kann vor- bzw. zurückgesprungen werden. Der Bildwechsel erfolgt mit Übergang.

Lösung

1. Erstellen Sie einen neuen Film mit Menü: *Datei > Neu > Film*.

   Menü: Datei > Neu > Film

2. Setzen Sie fünf Markierungen und benennen Sie sie mit „f1" … „f5".

3. Erstellen oder importieren Sie die Darsteller. Positionieren Sie die Darsteller auf der Bühne des jeweiligen Frames.

4. Schreiben Sie das Verhaltensskript für alle Frames, damit der Film bis zum Tastenklick im Frame steht.

   ```
   on exitFrame
       go to the frame
   end
   ```

5. Den Übergang wählen Sie mit einem Doppelklick in die Zelle des Übergangkanals.

6. Erstellen oder importieren Sie die Tasten-Darsteller. Nach der Programmierung des Darstellerskripts positionieren Sie sie auf der Bühne der jeweiligen Frames.

   ```
   on mouseUp
       go "frame"
   end
   ```

7. Test

Workshop zur Mediengestaltung

Abb. 9.11/5
Schaltplan

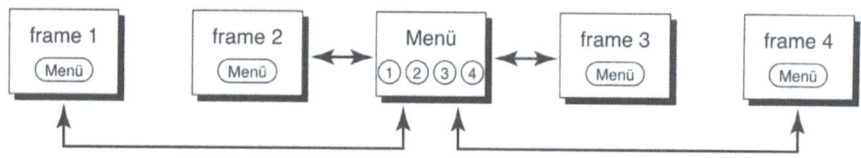

Abb. 9.11/6
Autorenelemente

- Bühne
- Drehbuch
- Besetzung
- Skripte

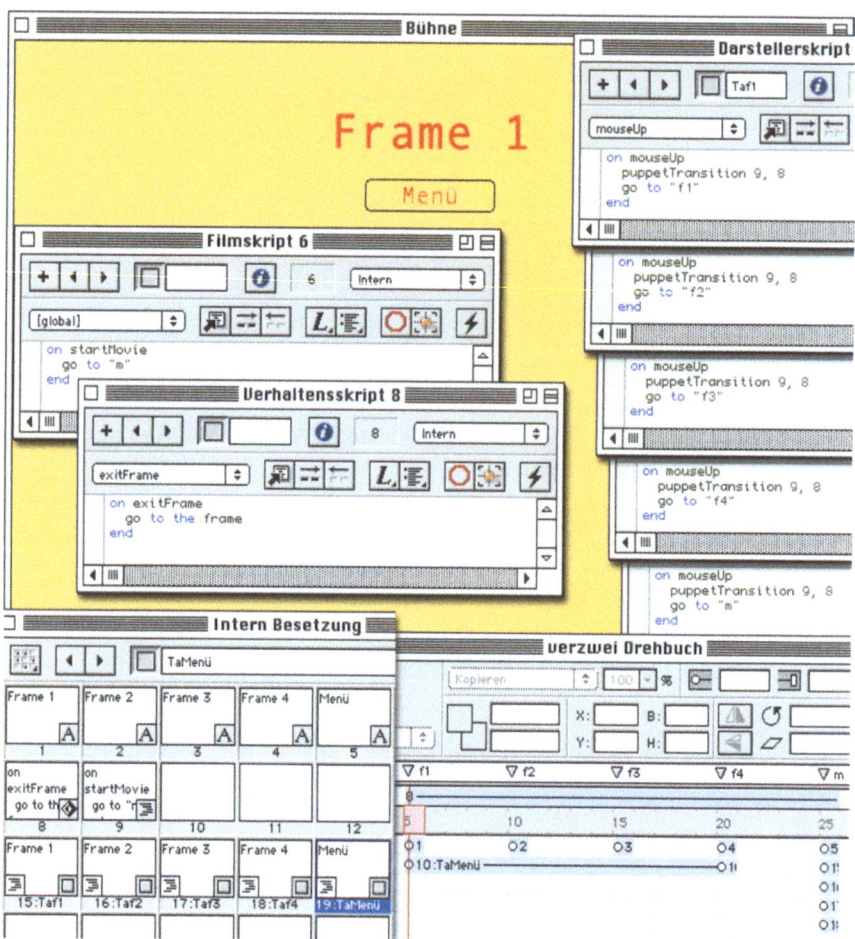

9. Autorensystem

9.11.3 Verzweigt

9_DIRECTOR
9_11_3L.dir

Lernziel
- Verzweigte interaktive Präsentation erstellen.

Aufgabe
- Vier Frames sollen von einem Menü aus durch Mausklick erreicht werden. Die Taste „Menü" führt jeweils zurück. Der Bildwechsel erfolgt mit Übergang.

Lösung

1. Erstellen Sie einen neuen Film mit Menü: *Datei > Neu > Film*.   Menü: *Datei > Neu > Film*

2. Setzen Sie fünf Markierungen und benennen Sie sie mit „f1" ... „f4" und „m".

3. Erstellen oder importieren Sie die Darsteller. Positionieren Sie die Darsteller auf der Bühne des jeweiligen Frames.

4. Schreiben Sie das Verhaltensskript für alle Frames, damit der Film bis zum Tastenklick im Frame steht.

   ```
   on exitFrame
       go to the frame
   end
   ```

5. Erstellen oder importieren Sie die Tasten-Darsteller. Nach der Programmierung positionieren Sie sie auf der Bühne der jeweiligen Frames.

   ```
   on mouseUp
       puppetTransition¬
       whichTransition
       go "frame"
   end
   ```

6. Damit der Film immer im Frame „m" startet, müssen Sie noch ein Filmskript erstellen (Skriptfenster aufrufen und „+" klicken).

   ```
   on startMovie
       go „m"
   end
   ```

7. Test

Abb. 9.11/7
Autorenelemente der beiden Filme

- Bühnen
- Drehbücher
- Besetzungen
- Skripte

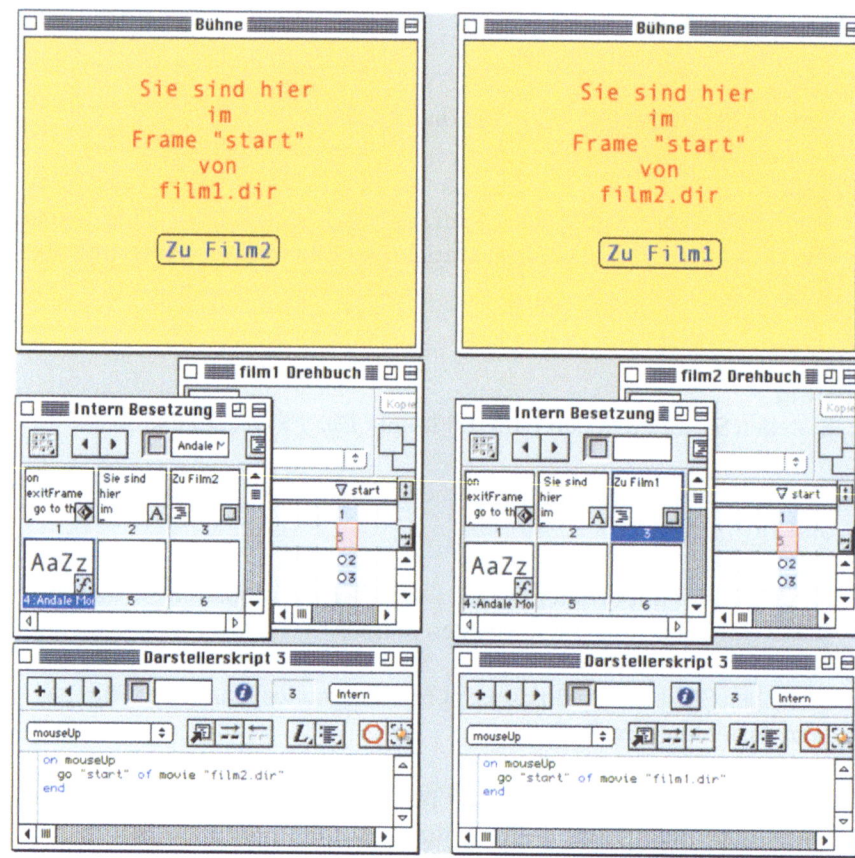

9.11.4 Von Film zu Film

Lernziel
- Mehrere Filme verlinken.

Aufgabe
- Erstellen Sie eine Produktion, in der mehrere Filme über Sprungbefehle verlinkt sind.

Lösung
1. Erstellen Sie einen neuen Film mit Menü: *Datei > Neu > Film*.

2. Setzen Sie eine Markierung und benennen Sie sie mit „start".

3. Erstellen oder importieren Sie die Darsteller. Positionieren Sie die Darsteller auf der Bühne des Frames.

4. Schreiben Sie das Verhaltensskript für das Frame, damit der Film bis zum Tastenklick im Frame steht.

5. Erstellen Sie eine Taste mit dem Sprungbefehl zum nächsten Frame im anderen Film.

6. Sichern Sie den Film unter dem Namen „film1.dir".

7. Erstellen Sie einen neuen Film.

8. Weiter analog 2. bis 6., der Sprung geht natürlich zu "film1.dir", der neue Film heißt "film2.dir".

9. Test

9_DIRECTOR
9_11_4A_L.dir
9_11_4B_L.dir

Komplexe Projekte werden normalerweise nicht in einem Film realisiert, sondern auf mehrere Filme aufgeteilt. Dies hat den Vorteil, dass einzelne Module problemlos ausgetauscht bzw. kombiniert werden können. Die Media-Verwaltung ist übersichtlich und einfach.

Menü: *Datei > Neu > Film*

```
on exitFrame
    go to the frame
end

on mouseUp
    go "start" of movie ¬
    "film2.dir"
end
```

Workshop zur Mediengestaltung

Abb. 9.12/1
Variablen-Eingabe, Berechnung und Ausgabe

- Bühne
- Drehbuch
- Besetzung

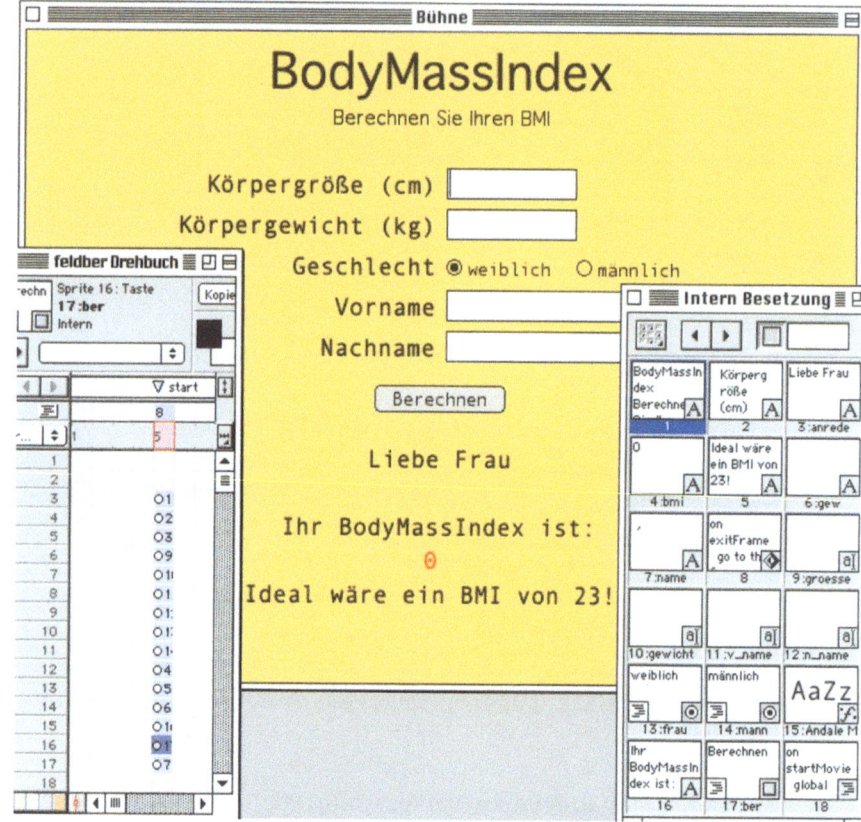

Abb. 9.12/2
Filmskript

Beim Filmstart werden
- die Variablen definiert,
- die Inhalte der Ein- und Ausgabe-Felder und Text-Darsteller gelöscht,
- die Auswahlbuttons gesetzt.

```
on startMovie
  global g_groesse, g_gewicht, g_vname,
  g_nname, g_bmi, g_gew
  set g_groesse = EMPTY
  put g_groesse into member "groesse"
  set g_gewicht = EMPTY
  put g_gewicht into member "gewicht"
  set g_vname = EMPTY
  put g_vname into member "v_name"
  set g_nname = EMPTY
  put g_nname into member "n_name"
  set g_bmi = EMPTY
  put g_bmi into member "bmi"
  set g_gew = EMPTY
  put g_gew into member "gew"

  set the hilite of member "frau" = TRUE
  set the hilite of member "mann" = FALSE
end
```

376 Macromedia Director

9.12 Aufgaben: Variablen, Felder, Berechnung

9_DIRECTOR
9_12L.dir

Lernziel
- Daten in Filme eingeben, verarbeiten und ausgeben.

Aufgabe
- Erstellen Sie analog zum nebenstehenden Beispiel eine einfache Anwendung mit bearbeitbaren Feldern und Testdarstellern zur Dateneingabe, zur Datenbearbeitung und -ausgabe.

Lösung

1. Erstellen Sie einen neuen Film mit Menü: *Datei > Neu > Film*.

    Menü: *Datei > Neu > Film*

2. Setzen Sie eine Markierung und benennen Sie sie mit „start".

3. Erstellen oder importieren Sie die Darsteller. Positionieren Sie die Darsteller auf der Bühne des Frames „start".

4. Setzen Sie die Eingabe-Darsteller auf „bearbeitbar".
    Felder
        Menü: *Modifizieren > Darsteller > Eigenschaften ... > Bearbeitbar*
    Text-Darsteller
        Menü: *Modifizieren > Darsteller > Eigenschaften ... > Optionen > Bearbeitbar*

    Menü: *Modifizieren > Darsteller > Eigenschaften*

5. Benennen Sie die einzelnen Darsteller mit einfachen prägnanten Namen.

6. Schreiben Sie ein Filmskript zur Definition der Variablen und Darsteller (siehe nebenstehenden Seite).

7. Die beiden Auswahlbuttons benötigen noch jeweils ein eigenes Skript, das beim Anklicken die andere Option ausschaltet.

Abb. 9.12/3
Darstellerskript

der Taste „Berechnen"

```
global g_groesse, g_gewicht, g_vname, g_nname, g_bmi, ¬
g_gew

on mouseUp

  -- EINGABE
  -- groesse
  set g_groesse = the text of member "groesse"
  if g_groesse = EMPTY then
    alert "Bitte geben Sie Ihre Körpergröße ein! Danke!"
  end if
  if length (the text of member "groesse") <> 3 then
    alert "Bitte geben Sie Ihre Werte korrekt ein! Danke!"
  end if
  if integerP(value(field "groesse")) = FALSE then
    alert "Bitte geben Sie Ihre Werte korrekt ein! Danke!"
  end if
  if g_groesse > 200 then
    alert "Sind Sie tatsächlich über 2 Meter groß?"
  end if

  -- gewicht
  set g_gewicht = the text of member "gewicht"
  if g_gewicht = EMPTY then
    alert "Bitte geben Sie Ihr Körpergewicht ein! Danke!"
  end if
  if length (the text of member "gewicht") < 2 or ¬
  length (the text of member "gewicht") > 3 then
    alert "Bitte geben Sie Ihre Werte korrekt ein! Danke!"
  end if
  if integerP(value(field "gewicht")) = FALSE then
    alert "Bitte geben Sie Ihre Werte korrekt ein! Danke!"
  end if
  if g_gewicht > 150 then
    alert "Sind Sie tatsächlich über 3 Zentner schwer?"
  end if

  -- Die Eingabe des Geschlechts wird direkt in den Aus¬
  wahlschaltern über Lingo¬
  -- vorgenommen. Die Abfrage erfolgt bei der Ausgabe der ¬
  Anrede.

  -- vorname
  set g_vname = the text of member "v_name"
  if g_vname = EMPTY then
    alert "Bitte geben Sie Ihren Vornamen ein! Danke!"
  end if
  if integerP(value(field "v_name")) = TRUE or ¬
  floatP(value(field "v_name")) = TRUE then
    alert "Bitte geben Sie Ihren Vornamen korrekt ein! Danke!"
  end if

  -- nachname
  set g_nname = the text of member "n_name"
  if g_nname = EMPTY then
    alert "Bitte geben Sie Ihren Nachnamen ein! Danke!"
  end if
  if integerP(value(field "n_name")) = TRUE or ¬
  floatP(value(field "n_name")) = TRUE then
    alert "Bitte geben Sie Ihren Nachnamen korrekt ein! Danke!"
  end if

  -- AUSGABE
  -- anrede
  if the hilite of member "frau" = TRUE then
    put "Liebe Frau" into member "anrede"
  else
    put "Lieber Herr" into member "anrede"
  end if

  -- name ausgeben
  put g_vname&&g_nname&"," into member "name"

  -- berechnung bmi
  g_bmi = g_gewicht/((g_groesse/100)*(g_groesse/100))
  put g_bmi into member "bmi"

end
```

9. Autorensystem

- weiblich   on mouseUp
      set the hilite of member "frau" = TRUE
      set the hilite of member "mann" = FALSE
  end
- männlich   on mouseUp
      set the hilite of member "mann" = TRUE
      set the hilite of member "frau" = FALSE
  end

set the hilite of member

8. Schreiben Sie das Verhaltensskript für „start", damit der Film steht.

   on exitFrame
     go to the frame
   end

9. Erstellen Sie eine Taste mit dem Skript zur Berechnung (siehe nebenstehende Seite).

10. Test

Macromedia Director

Abb. 9.13/1
Einzelbild-Animation und Filmschleife

Alle Bilder der Animation müssen als Darsteller vorhanden sein.

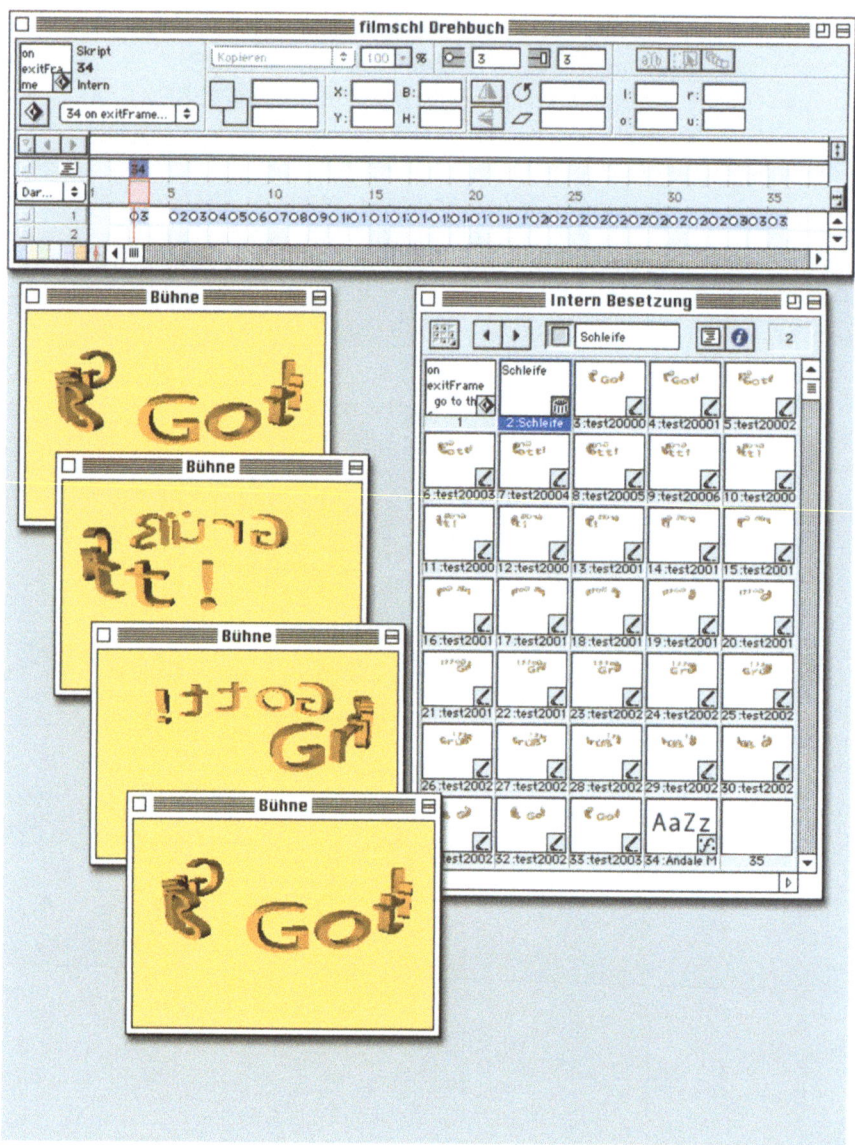

9.13 Aufgaben: Animation

9.13.1 Einzelbild-Animation und Filmschleife

9_DIRECTOR
9_13_1L.dir

Lernziel
- Einzelbild-Animationen erstellen und in Filmschleifen umwandeln.

Aufgaben
- Erstellen Sie aus einzelnen Darstellern (Phasenbildern) eine Animation.
- Positionieren Sie die Sprites eines Darstellers in den aufeinander folgenden Frames an wechselnden, einem Animationspfad folgenden Positionen.
- Erstellen Sie jeweils eine Filmschleife.

Lösung Aufgabe 1
1. Erstellen Sie einen neuen Film mit Menü: *Datei > Neu > Film*.

    Menü: *Datei > Neu > Film*

2. Erstellen oder importieren Sie die Darsteller. Positionieren Sie die Darsteller auf der Bühne eines Frames (Registrierungspunkte beachten).

    Registrierungspunkte

3. Mit Menü: *Modifizieren > Bild in Kanal ...* erzeugen Sie aus einem Frame eine Abfolge.

    Menü: *Modifizieren > Bild in Kanal ...*

Lösung Aufgabe 2
1. Erstellen Sie einen neuen Film mit Menü: *Datei > Neu > Film*.

    Menü: *Datei > Neu > Film*

2. Positionieren Sie ein Sprite auf der Bühne.

3. Positionieren Sie ein zweites Sprite in einem anderen Frame auf der Endposition der Animation. Die Anzahl der Zwischenframes ergibt die Stufen der Animation.

4. Verbinden Sie die beiden Sprites: Beide auswählen und Menü: *Modifizieren > Sprites verbinden*.

    Menü: *Modifizieren > Sprites verbinden*

Abb. 9.13/2
Sprite-Tweening

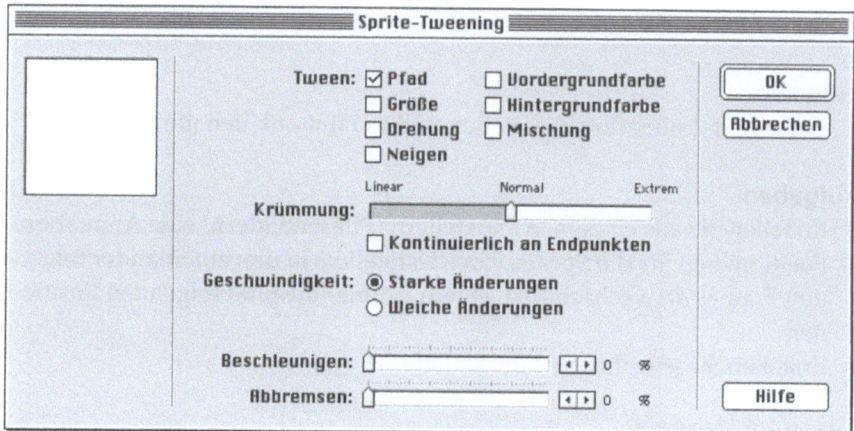

Abb. 9.13/3
Sprite-Animation

- Drehbuch mit Anfangs-, Schlüssel- und Endbild
- Bühne mit Schlüsselbild und Animationspfad

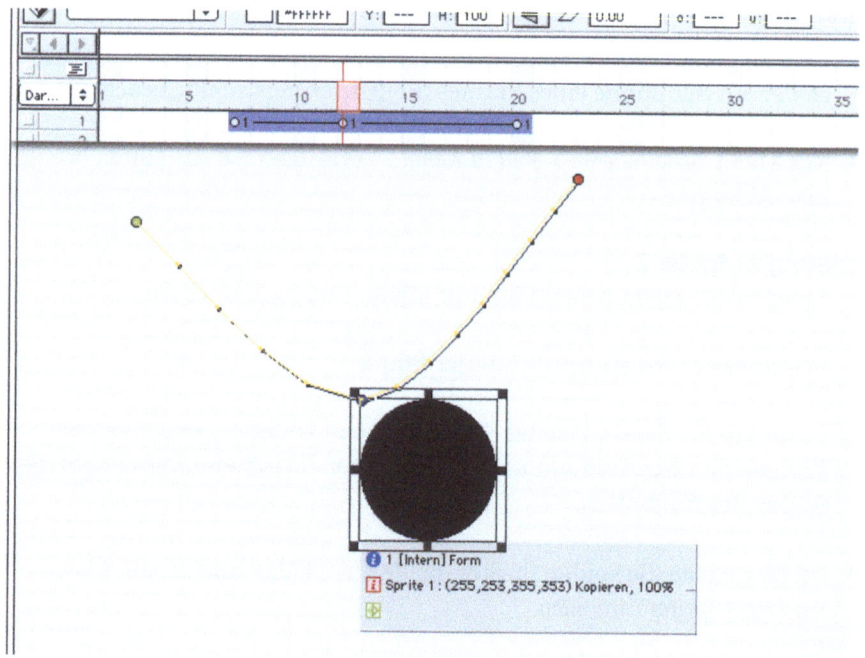

5. Erstellen Sie den Animationspfad in Menü: *Modifizieren > Sprite > Tweening ...*

Menü: *Modifizieren > Sprite > Tweening ...*

6. Durch Klicken mit gedrückter Alt-Taste auf den Animationspfad können zusätzliche Schlüsselbilder eingefügt und der Pfad verformt werden.

Schlüsselbilder

Lösung Aufgabe 3
1. Wählen Sie alle Sprites aus, die Teil der Filmschleife werden sollen.

2. Erstellen und benennen Sie die Filmschleife.
   Menü: *Einfügen > Filmschleife ...*

Menü: *Einfügen > Filmschleife ...*

3. Positionieren Sie die Filmschleife im Film.

   Wichtig!
   - Alle Darsteller einer Filmschleife müssen in der Besetzung verbleiben.
   - Löschen Sie die Sprites der Animation im Drehbuch nicht, schieben Sie sie nur aus dem Film nach rechts. Nur so sind spätere Änderungen noch möglich, da die Filmschleife sich nicht mehr auflösen lässt.

4. Test

Workshop zur Mediengestaltung

9_DIRECTOR
9_13_2L.dir

9.13.2 Animation durch puppetTransition

Lernziel
- Objekte durch Übergänge animieren.

Aufgabe
- Animieren Sie nacheinander auf der Bühne erscheinende Textzeilen mit dem Lingo-Befehl „puppetTransition".

Lösung
Die Lingo-Befehle und Lösungshinweise finden Sie im Kapitel „9.9 Lingo" ab S. 351.

9_DIRECTOR
9_13_3L.dir

9.13.3 Animation durch Lingo

Lernziel
- Objekte durch Lingo animieren.

Aufgabe
- Ein Kreis soll sich nach dem Anklicken durch Lingo gesteuert auf der Bühne von links nach rechts bewegen.

Lösung
Die Lingo-Befehle und Lösungshinweise finden Sie im Kapitel „9.9 Lingo" ab S. 351.

9_DIRECTOR
9_13_4.dir

9.13.4 Animierte Buttons – wechselnde Cursor

Lernziel
- Animierte Buttons und wechselnde Cursor erstellen.

Aufgaben
- Animieren Sie Buttons mit verschiedenen Techniken.
- Erstellen Sie Hot Spots, über denen der Cursor sich verändert.

Lösung Aufgabe 1
Buttons sollen die Maus-Interaktion optisch anzeigen. Dies kann durch die optische Veränderung des Buttons und/oder durch die Veränderung des Cursors geschehen.

Die Veränderung kann als Sprite- oder Darstellerskript direkt mit dem Button verbunden oder als Frame- oder Filmskript übergeordnet realisiert sein.

Einige animierte Buttons mit Skripten finden Sie auf der nächsten Seite.

Lösung Aufgabe 2
Die Darsteller animierter Farbcursor müssen folgende Voraussetzungen erfüllen:
- Sie müssen Bitmap-Darsteller sein.
- Sie müssen eine Farbtiefe von 8 Bit (256 Farben) haben.
- Sie dürfen nur die ersten acht oder die letzten acht Farben der Standard-Windows-Systempalette enthalten. Andere Farben werden womöglich nicht richtig angezeigt.

Workshop zur Mediengestaltung

**Abb. 9.13/4
Buttons und Skripte**

Der Drehbuchausschnitt zeigt, abweichend von der Bühnendarstellung, dass Sprite 5 ausgeblendet ist.

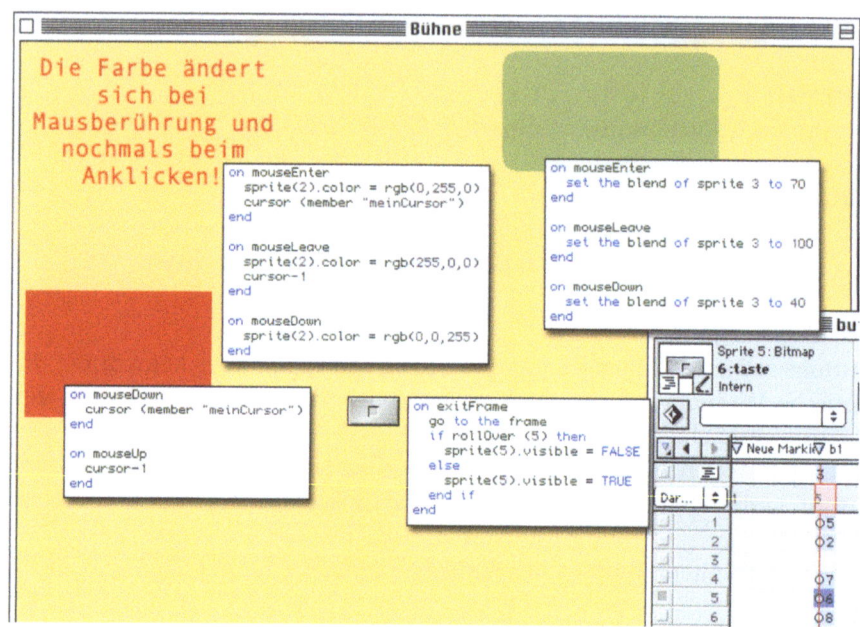

**Abb. 9.13/5
Cursoreigenschaften-Editor**

Menü: *Einfügen > Mediaelement > Cursor ...*

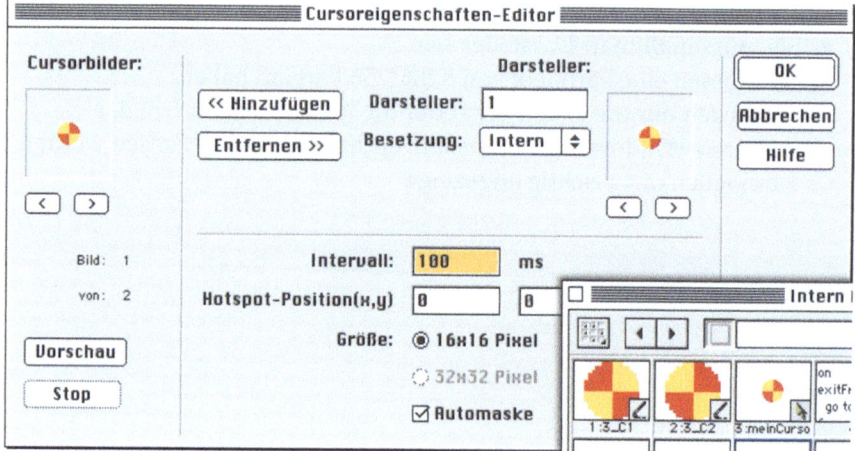

Cursor erstellen

1. Erstellen Sie die Bitmap-Darsteller des Cursors.

2. Definieren Sie den Cursor im Cursoreigenschaften-Editor
   - Menü: *Einfügen > Mediaelement > Cursor ...*
   - *Hotspot-Position (x, y)* definiert die Position des aktiven Punkts des Cursors.
   - *Automaske* macht alle weißen Pixel transparent.

Cursor verwenden

- Der animierte Cursor wird durch ein Lingo-Skript aufgerufen. Das folgende Beispielskript bewirkt, dass beim „Betreten" eines Sprites die Cursordarstellung wechselt.
    ```
    on mouseEnter
        cursor (member "whichCursor")
    end
    ```
- Um den Cursor wieder zum regulären Pfeilcursor zu ändern, geben Sie cursor −1 ein.

Standard-Systemcursor

Der Begriff whichCursor muss einen der folgenden Werte enthalten:

0	Kein Cursor
−1	Pfeilcursor
1	Einfügemarke
2	Fadenkreuz
3	Kreuzcursor
4	Uhrcursor (nur Macintosh)
200	Leerer Cursor (blendet Cursor aus)

Abb. 9.14/1
Eigenes Menü

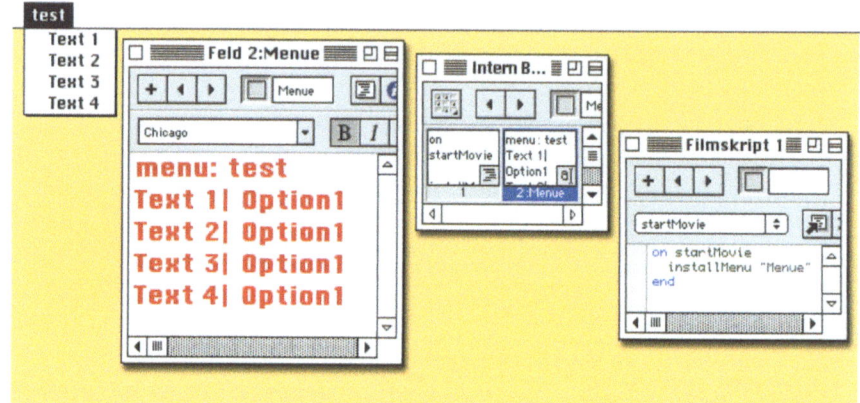

Abb. 9.14/2
windowType

Unterschiedliche Fensterdarstellung

the windowType of window whichWindow

Fenstereigenschaft

0 – Verschiebbares Fenster ohne Zoomfeld, das vergrößert oder verkleinert werden kann
1 – Warnhinweisfeld oder Modaldialogfeld
2 – Einfaches Feld ohne Titelleiste
3 – Einfaches Feld mit Schatten und ohne Titelleiste
4 – Verschiebbares Fenster ohne Größenfeld oder Zoomfeld
5 – Verschiebbares Modaldialogfeld
8 – Standarddokumentfenster
12 – Zoombares Fenster, das nicht vergrößert oder verkleinert werden kann
16 – Fenster mit abgerundeten Ecken
49 – Schwebende Palette während der Autorenarbeit (in Macintosh-Projektoren gibt der Wert 49 ein feststehendes Fenster an)

Beispiel
   set the windowType of window "ende.dir" to 8

9.14 Aufgaben: Eigene Menüs und Dialogfelder

EXTRA MATERIALS extras.springer.com

Lernziel
- Eigene Menüs und Dialogfelder erstellen.

9_DIRECTOR
9_14A._L.dir
9_14B_L.dir
9_14C_L.dir

Aufgaben
- Erstellen Sie ein einfaches Menü zur Navigation im Film.
- Erstellen Sie ein Dialogfeld zur „Beenden-Abfrage".

quit
beendet das Programm

Lösung Aufgabe 1
1. Erstellen Sie einen Feld-Darsteller mit folgendem Inhalt (allgemein):
    menu: menuName
        itemName | script
        itemName | script

2. Benennen Sie den Darsteller, z.B. mit „Menue".

3. Schreiben Sie ein Filmskript zur Installation des Menüs beim Filmstart.

on startMovie
    installMenu "Menue"
end

Lösung Aufgabe 2
Schwebende Dialogfelder lassen sich am einfachsten als "Film im Film" realisieren.

1. Erstellen Sie einen Film, der in Größe und Inhalt dem späteren Dialogfeld entspricht.

on mouseUp
    open window¬
    "ende.dir"
end

2. Speichern Sie den Film, z.B. als „ende.dir".

on closeWindow
    forget the active¬
    Window
end

3. Erstellen Sie im Zielfilm das Skript zum Aufruf des Dialogfelds.

4. Schreiben Sie ein Skript, das aufgerufen wird, wenn das Dialogfeld wieder geschlossen wird (natürlich im Film „ende.dir"!).

forget the activeWindow weist Director an, das aktuelle Fenster zu vergessen, d.h. aus dem Speicher zu löschen, wenn das Fenster des abspielenden Films geschlossen wird.

Workshop zur Mediengestaltung

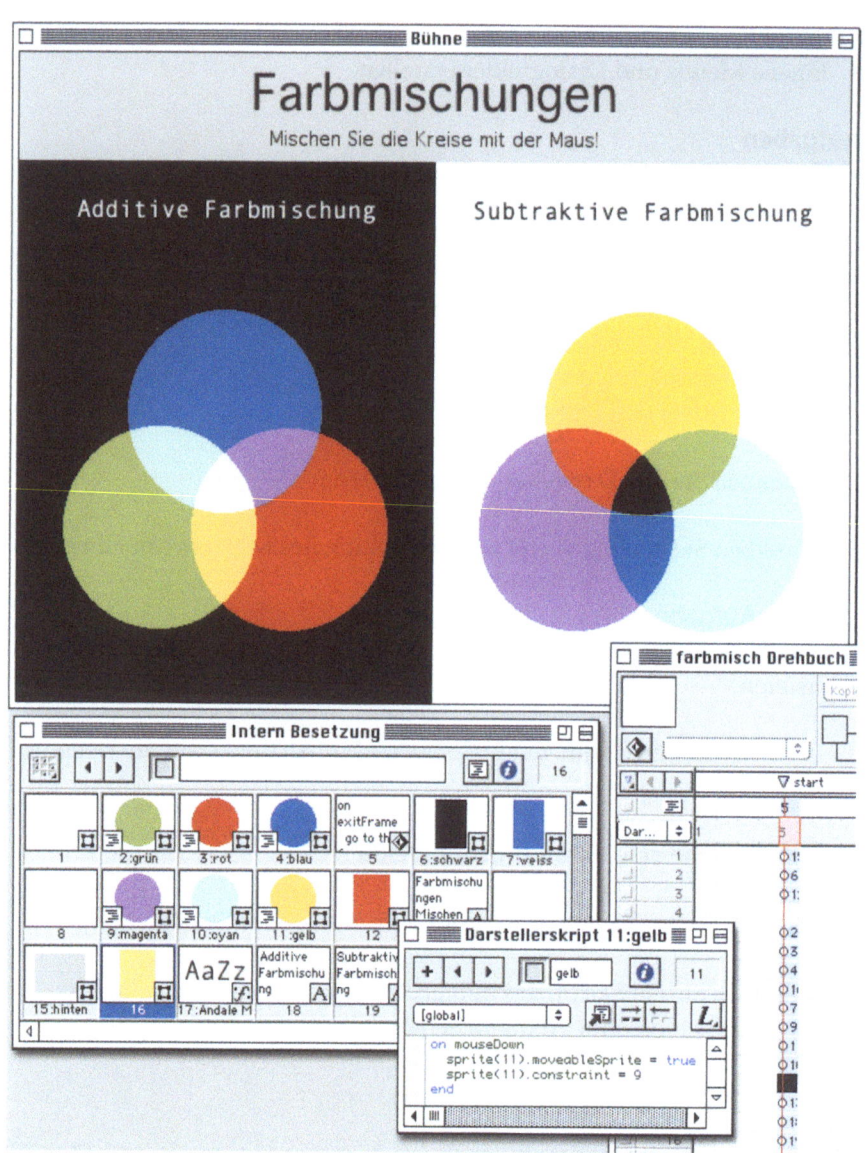

Abb. 9.15/1
**Farbeffekte –
Farbmischungen**

Stellvertretend für alle sechs
Farbfelder: Das Gelb-Skript

390   Macromedia Director

9.15 Aufgaben: Farben und Farbeffekte

Lernziel
- Farben und Farbeffekte einsetzen.

9_DIRECTOR
9_15_L.dir

Aufgabe
- Farbflächen sollen sich interaktiv überlagern. Bei der Überlagerung zeigt die Schnittfläche die Mischfarbe der beteiligten Farben.

Lösung
1. Erstellen Sie einen neuen Film mit Menü: *Datei > Neu > Film*.

   Menü: *Datei > Neu > Film*

2. Erstellen oder importieren Sie die Darsteller. Positionieren Sie die Darsteller auf der Bühne eines Frames.

3. Wählen Sie die zu mischenden Sprites aus und stellen Sie im Popup-Menü „Farbeffekt" des Drehbuchs den gewünschten Farbeffekt ein.
   - Additiv: „Farbaddition bis max."
   - Subtraktiv: „Max. Abdunklung"

4. Animieren Sie die Farbflächen oder machen Sie sie mit der Maus verschiebbar.
   Im folgenden Beispiel ist Sprite 11 mit gedrückter Maustaste innerhalb von Sprite 9 verschiebbar (Registrierungspunkt beachten).
   ```
   on mouseDown
     sprite(11).moveableSprite = true
     sprite(11).constraint = 9
   end
   ```

5. Test

Workshop zur Mediengestaltung

Abb. 9.16/1
Schieberegler

- Bühne
- Sprites des Schiebereglers
- Drehbuch
- Besetzung
- Skripte

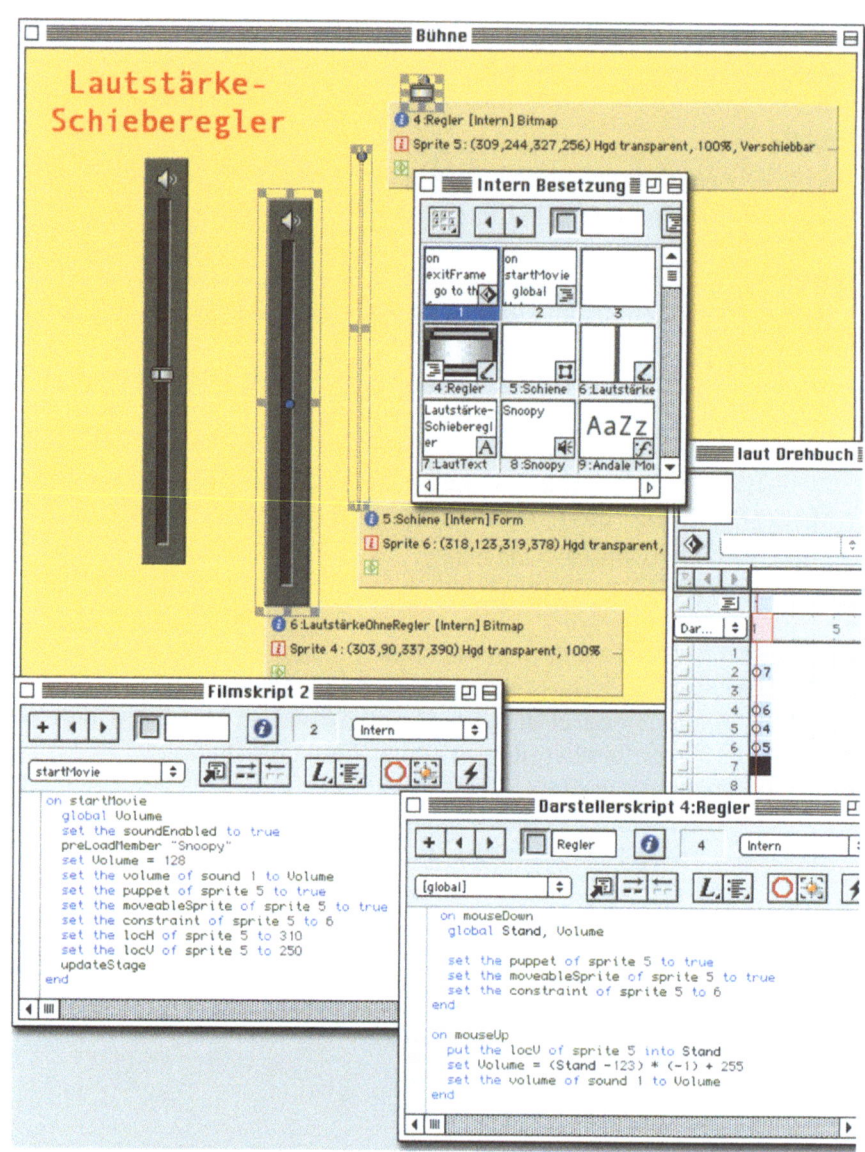

9.16 Aufgaben: Sound und Video

9.16.1 Sound abspielen und steuern

9_DIRECTOR
9_16_1A_L.dir
9_16_1B_L.dir

Lernziele
- Sound abspielen.
- Eine interaktive Steuerung realisieren.

Aufgaben
- Lassen Sie Sound aus einem der Soundkanäle abspielen.
- Unterlegen Sie das Anklicken eines Buttons mit einem Klickgeräusch.
- Erstellen Sie einen Schieberegler zur Lautstärkeregelung.

Lösung Aufgabe 1
1. Importieren Sie einen Sound.

2. Ziehen Sie diesen Sound in einen Soundkanal.
    - Die Einstellung der Lautstärke erfolgt im „Steuerpult".
    - Im Menü: *Modifizieren > Darsteller > Eigenschaften* ... können Sie den Sound als Schleife definieren.

Lautstärkeregelung

Sound als Schleife

Menü: *Modifizieren > Darsteller > Eigenschaften ...*

Lösung Aufgabe 2
1. Importieren Sie den Sound.

2. Ergänzen Sie das Button-Skript: puppetSound "SoundName"

Lösung Aufgabe 3
Die Lingo-Befehle und Lösungshinweise finden Sie im Kapitel „9.9 Lingo" ab S. 351.

9_DIRECTOR
9_16_1C_L.dir

9_DIRECTOR
9_16_2L.dir

Director benötigt ab Version 7 für QuickTime-Movies QuickTime 3.0!

9.16.2 Video abspielen und steuern

Lernziel
- Video abspielen und steuern.

Aufgabe
- Erstellen Sie einen Director-Film zum Abspielen und Steuern eines Digitalvideos.

Lösung
Die Lingo-Befehle und Lösungshinweise finden Sie im Kapitel „9.9 Lingo" ab S. 351.

9.17 Sichern, Drucken und andere Anwendungen

9.17.1 Daten extern speichern
Um Daten extern speichern zu können, benötigen Sie das Xtra File I/O.

9.17.2 Aus Filmen drucken

9_DIRECTOR
9_17_2L.dir

Fenster drucken
printFrom fromFrame, toFrame, reduction
Dieser Befehl druckt immer alles auf dem Bildschirm Befindliche mit 72 dpi und im Hochformat als Bitmap aus.

Beispiele
- printFrom 1 – druckt alles, was sich in Frame 1 auf der Bühne befindet.
- printFrom label("f1"), label("f2"), 50 – druckt alles 50% verkleinert, was in den einzelnen Frames zwischen den Markierungen „f1" und „f2" auf der Bühne erscheint.

PrintOMatic Lite Xtra
Die Lite-Version von PrintOMatic befindet sich auf der Installations-CD und muss in den Xtra-Ordner von Director kopiert werden. Anschließend: Neustart.
Die näheren Spezifikationen entnehmen Sie der Online-Hilfe von PrintOMatic Lite Xtra.

9.17.3 Externe Anwendungen

9_DIRECTOR
9_17_3L.dir

Der Start externer Anwendungen ist, ausreichender Speicher vorausgesetzt, in Director möglich. Unter Windows muss der genaue Pfad angegeben werden, MacOS sucht die Anwendung selbst auf den lokalen Laufwerken.

Beispiel
  open "text" with "SimpleText"

> **Problemlösungen für Lingo-Programmierungen im Internet:**
>
> Bei Programmierungsproblemen mit der Director-eigenen Skriptsprache Lingo hat sich die Hilfe aus dem Internet bewährt. Nach entsprechender Anmeldung und Registrierung erhält der Director-Programmierer Auskünfte und Informationen über die folgenden Internetanschriften:
>
> - www.ggmc.de/workshop/
>
> - www.startmovie.net
>
> - www.lingopark.com
>
> Bedingung zur Teilnahme an diesen Foren ist die Bereitschaft, nicht nur Problemlösungen abzurufen, sondern Wissen und Können aus dem eigenen Fundus für andere Lösungen bereitzustellen.

9.17.4 Online

9_DIRECTOR
9_17_4L.dir

Shockwave
Jede Director-Produktion ist mit wenigen Einschränkungen durch Shockwave direkt internetfähig zu machen. Sie ist damit auf jedem Browser, der das Shockwave-Plug-in installiert hat, abspielfähig.

Browser-Aufruf
Die Auswahl des Browsers erfolgt im Menü *Datei > Voreinstellungen > Netzwerk ...*

Mit dem Befehl goToNetPage wird direkt der Standard-Browser des jeweiligen Systems gestartet.

Menü: *Datei > Voreinstellungen > Netzwerk ...*

Flash
Director kann Filme, die mit Flash 2.0 oder einer neueren Version erstellt wurden, importieren. Alle neuen Funktionen von Flash 3, wie z.B. Alphakanäle (Transparenz) oder animierte Schaltflächen, werden unterstützt.

Nahezu alle Flash-Filmeigenschaften – Abspielen, Zurückspulen und schrittweises Vor- und Zurückgehen in einem Flash-Film, Anpassen der Qualitätseinstellungen und Ein- und Ausschalten von Sounds – können mit Lingo-Befehlen gesteuert werden.

Flash-Film einfügen
  Menü: *Einfügen > Mediaelement > Flash-Film ...*
Flash-Film einstellen
  Menü: *Modifizieren > Darsteller > Eigenschaften ...*

Menü: *Einfügen > Mediaelement > Flash-Film ...*

Menü: *Modifizieren > Darsteller > Eigenschaften ...*

Abb. 9.18/1
**Projektor- und
Shockwave-Erstellung**

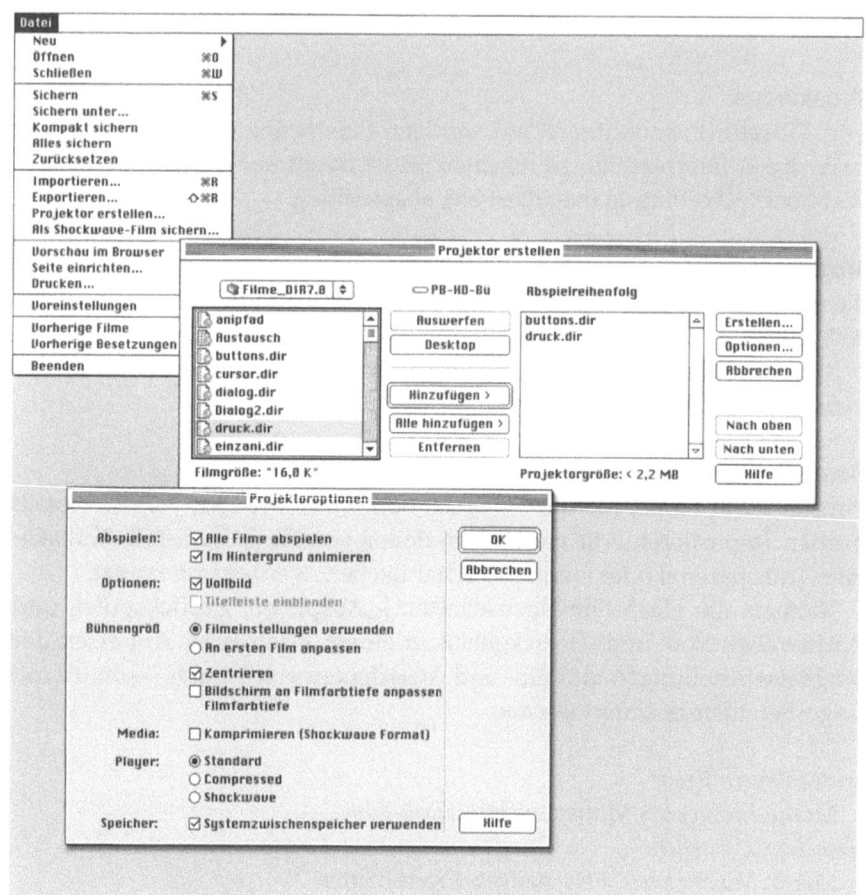

9.18 Projektor- und Shockwave-Erstellung

Director-Filme können entweder als Projektor oder als Shockwave-Film publiziert werden. Quellfilme sollten möglichst nicht in den Vertrieb gelangen, außer Sie wünschen, dass Benutzer in der Lage sind, den Film in der Director-Autorenumgebung zu verändern.

Ein Projektor ist die Abspielversion des Films (Runtime). Er enthält die notwendige Software, um einen Director-Film abspielen zu können, aber keine Software, die das Bearbeiten des Films ermöglicht. Verschiedene Filme können zu einem Projektor verrechnet werden. Projektoren müssen auf dem späteren System, Mac oder Windows, erstellt werden. Sie erscheinen als Anwendungsprogramme auf dem Desktop des jeweiligen Systems.

Im Gegensatz zu Projektoren müssen Shockwave-Filme nicht für eine bestimmte Plattform erstellt werden. Ein Shockwave-Film kann auf allen kompatiblen Plattformen abgespielt werden, vorausgesetzt, der Benutzer hat die korrekte Shockwave-Version auf seinem Web-Browser installiert. Das Sichern eines Films als Shockwave-Film entfernt alle Informationen, die zur Bearbeitung des Films erforderlich sind.

Wichtig
- Sichern Sie immer zusätzlich Ihren Quellfilm für spätere Korrekturen.

10   Internetseiten

10.1 Vorbetrachtungen

Aus dem Handbuch von GoLive: Mit diesem Programm können Anwender mit beispielloser Kreativität und Flexibilität eine Website entwerfen. Adobe GoLive gibt Grafikern und Autoren die Möglichkeit, professionelle Websites – unter Nutzung der neuesten Multimedia-Funktionen – visuell zu erzeugen und zu gestalten. Der HTML-Editor und die JavaScript-Werkzeuge ermöglichen es, interaktive Seiten zu erstellen. Adobe Golive unterstützt mit Cascading Style Sheet, Dynamic HTML und QuickTime™ drei anerkannte zukunftsweisende Technologien, die Web-Designern vielfältige Gestaltungsmöglichkeiten bieten.

Die nachfolgenden Seiten stellen eine Einführung in dieses mächtige Programmwerkzeug dar. Wenn Sie das Kapitel durchgearbeitet haben, fällt es Ihnen leichter, sich vertiefend mit diesem Programm zu beschäftigen. Es bietet für gestellte Aufgaben viele Lösungsvarianten an, wobei die von den Autoren vorgeschlagenen Lösungen auch über andere Lösungswege zu erreichen sind.

Bevor Sie aber mit GoLive Webseiten erstellen, sind vielfältige Kenntnisse in anderen Programmen und gestalterische Voraussetzungen nötig. Nicht umsonst sagt die Fachwelt, dass 95% aller Internet-Auftritte untragbar schlecht sind. Sie behindern eher eine schnelle, gezielte Informationsbeschaffung, als dass sie dem eigentlichen Zweck dieser Internetseiten dienen sollen. Viele Seiten gehen nicht über unwichtige Selbstdarstellungen hinaus, ohne jeden wichtigen Informationsgehalt. Ganz besonders gut gestaltet und mit sehr schnellen Zugriffen auf das Wesentliche sollten E-Commerce-Seiten aufgebaut sein. Wenn der Kunde erst seitenweise blättern muss, einen ätzend langsamen Bildaufbau in Kauf nehmen muss und auf einer Seite mit Informationen überladen wird, dann ist der Erfolg solcher Seiten nicht gerade vorprogrammiert.

Außer GoLive sollten Sie noch ein Bildbearbeitungsprogramm gut anwenden können, am besten Adobe Photoshop 5.5. Haben Sie eine ältere Photoshop-Version, sollten Sie auch mit Fireworks arbeiten können. Mit Sharware-Produkten können Sie animierte GIF-Bilder oder gar mit Cinema kleine animierte Filme erstellen und auf Ihrer Internetseite platzieren. Ein kurzer Ton kann ebenfalls den Internet-Benutzer auf etwas Besonderes auf-

10. Internetseiten

merksam machen. Wichtig ist, dass die Seiten eine bestimmte Dateigröße nicht überschreiten. Wenn der Kunde mehr als einige Sekunden warten muss, bis die Seite steht, wird er bereits beim ersten Start ungeduldig. Viele verlassen die Seite, ohne sie näher zu benützen.

Sehr viel Information zur Gestaltung und zum Aufbau von Internetseiten, auch zur Kostensituation, finden Sie im Kompendium der Mediengestaltung. Insbesondere die Kapitel 3.4 Internet, 5.3 Digitalmedien. 5.5 Medienkalkulation, 6.1 Bildverarbeitung, 6.5.3.3 Web-Editoren, 6.6 Dateiformate, 7 Präsentation und 7.1 Konzeption und Ablauf enthalten viele Informationen für die Erstellung von Webseiten – die Informationen beziehen sich nicht explizit auf Webseiten, sind aber für diese genauso gültig wie für die dargestellten Beispiele.

→ **Kompendium der Mediengestaltung**

Der Workshop zur Mediengestaltung enthält, außer GoLive, viele Lerninhalte, welche Sie zur Erstellung guter Webseiten benötigen. Vor allen Dingen sollten Sie die Bildbearbeitung und auch die Textgestaltung genau durcharbeiten, damit Sie gute Seiten erstellen können.

Bevor Sie eine eigene Arbeit beginnen, sollten Sie ein Rohkonzept vorliegen haben, ebenso das Bild- und Textmaterial und auch die weiteren, für den Internet-Auftritt benötigten Dateien. Die Beschaffung und Verarbeitung der Dateien sollte vor der Arbeit mit GoLive abgeschlossen sein. Es ist sehr ungünstig, in erstellte Internetseiten weitere Daten einzubauen. Zumeist ergibt das Pfusch (so wie eben die meisten Internetseiten aussehen).

Workshop zur Mediengestaltung

Abb. 10.2/1
HTML-Seite öffnen

Abb. 10.2/2
HTML-Seite öffnen

Ansicht mit leerer HTML-Seite

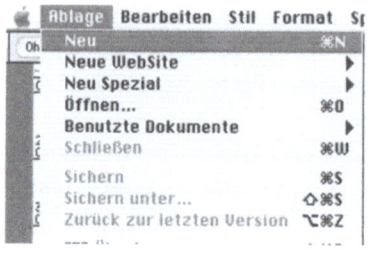
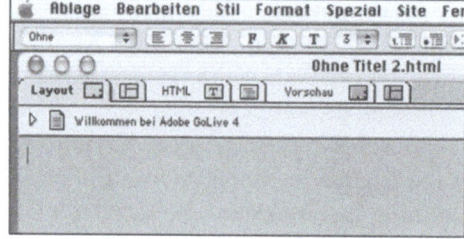

Abb. 10.2/3
HTML-Seite sichern

Abb. 10.2/4
Neuer Ordner anlegen

Markiertes Feld anklicken

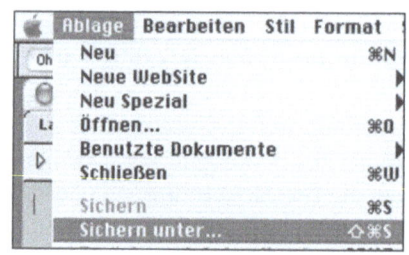
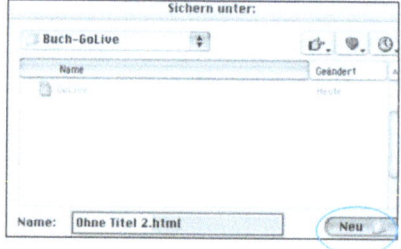

Abb. 10.2/5
Neuem Ordner Namen geben

Abb. 10.2/6
HTML-Seite

Name geben und sichern

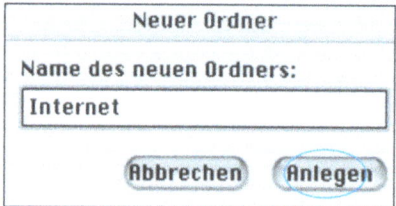
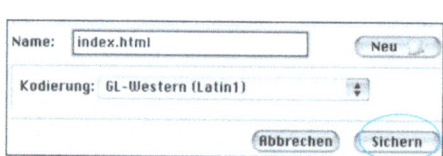

Abb. 10.2/7
Site-Fenster importieren

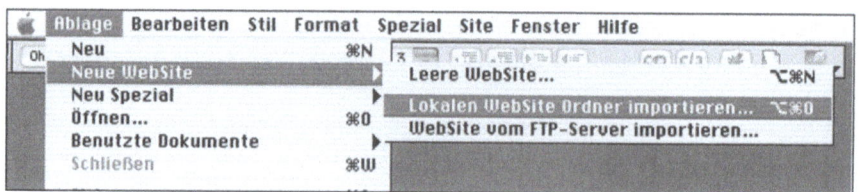

404   GoLive

10.2 Site-Fenster

Eine der großen Stärken von GoLive ist das Site-Fenster. Über diese Funktion lassen sich Ressourcen des Auftritts verwalten und kontrollieren. Jede von Ihnen erstellte Seite, jedes Bild oder Multimedia-Element wird im Site-Fenster gespeichert.

Ressourcen

10_GOLIVE > 10_DOKUM > Internet

Lernziel
- Erstellen eines Site-Fensters.

Aufgaben
- Öffnen Sie eine neue HTML-Seite.
- Sichern Sie die Seite und legen Sie einen neuen Ordner an.
- Importieren Sie das Site-Fenster.

Lösung Aufgabe 1
1. Wählen Sie unter *Ablage > Neu* aus (vgl. Abb. 10.2/1).

2. Wählen Sie unter *Ablage > Sichern unter* aus (vgl. Abb. 10.2/3).
    - Wählen Sie den Speicherort Ihres Projektes aus (Pfad anlegen). Hinweis: In diesen Projektordner müssen alle Daten, z.B. HTML-Seiten, Bilder …, gespeichert werden.

Lösung Aufgabe 2
1. Klicken Sie das Feld *Neu* "Icon-Ordner" im geöffneten Fenster an (vgl. Abb. 10.2/4).
- Tragen Sie in das sich öffnende Fenster Ihren Projektnamen ein und klicken Sie auf *Anlegen*.
- Geben Sie der ersten Seite den Namen *index.html*. Bestätigen Sie die Namensgebung durch Anklicken von *Sichern*.

Projektname Internet

index.html:
Damit der Server Ihres Providers die Seite als Startseite erkennt.

2. Wählen Sie in *Ablage > Neue WebSite > Lokalen WebSite Ordner importieren* aus (vgl. Abb. 10.2/7).

10_GOLIVE > 10_ DOKUM > index.html

Abb. 10.2/8
Site-Fenster importieren

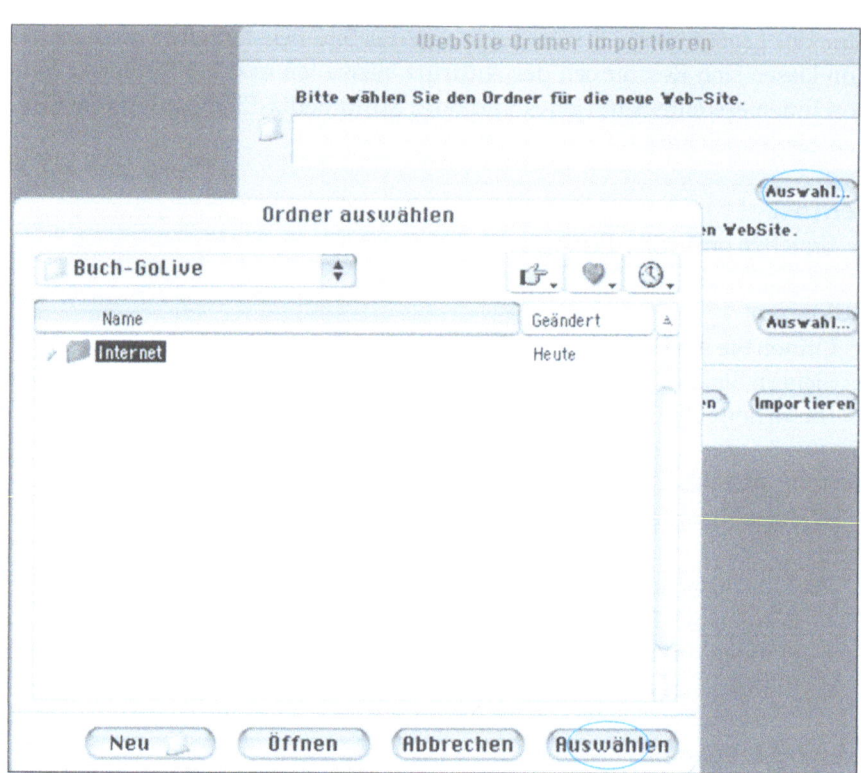

Abb. 10.2/10
Site-Fenster – Neue Web-Site

Diese Seite wurde mit Internet bezeichnet.

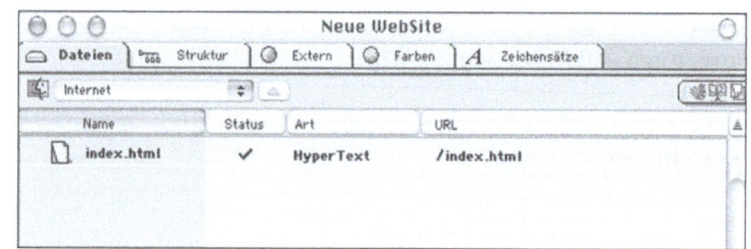

10. Internetseiten

- Klicken Sie *Auswahl* im geöffneten Fenster an.
- Wenn Sie alles richtig gemacht haben, öffnet sich ein neues Fenster. Suchen Sie Ihren angelegten Ordner Internet und klicken Sie *Auswählen* an.
- Im Fenster (vgl. Abb. 10.2/8) zeigt GoLive den von Ihnen gewählten Pfad.
- Klicken Sie jetzt *Importieren* an.

10_GOLIVE > 10_DOKUM > Internet

Abb. 10.2/9
Site-Fenster importieren

GoLive wählt in dieser Situation automatisch die Seite index.html aus.

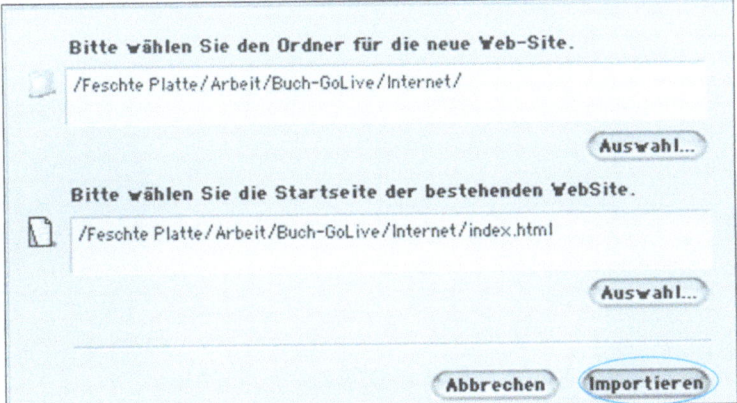

Lösung Aufgabe 3

1. Sie können dem Site-Fenster einen beliebigen Namen geben. Klicken Sie, wenn das Fenster *Neue WebSite* geöffnet ist (vgl. Abb. 10.2/10) in *Ablage > Sichern unter* an und geben Sie den gewünschten Namen ein. Das Site-Fenster muss im Ordner Internet gesichert werden.

z.B. WebSite01

2. Legen Sie im Ordner Internet einen neuen Ordner mit dem Namen Bilder an.
   - Alle Grafiken, Rasterbilder, animierte GIFs, ... legen Sie in dem Ordner Bilder ab. Damit der Ordner und die Bilder im Site-Fenster sichtbar werden, gehen Sie mit der Maus auf das Site-Fenster, drücken die rechte Maustaste und klicken *Aktualisieren* an.

10_GOLIVE > 10_DOKUM > Bilder

Mac OS: Drücken Sie ctrl und die Maustaste

Workshop zur Mediengestaltung

Abb. 10.3/1
Bildschirmansicht des Arbeitsplatzes

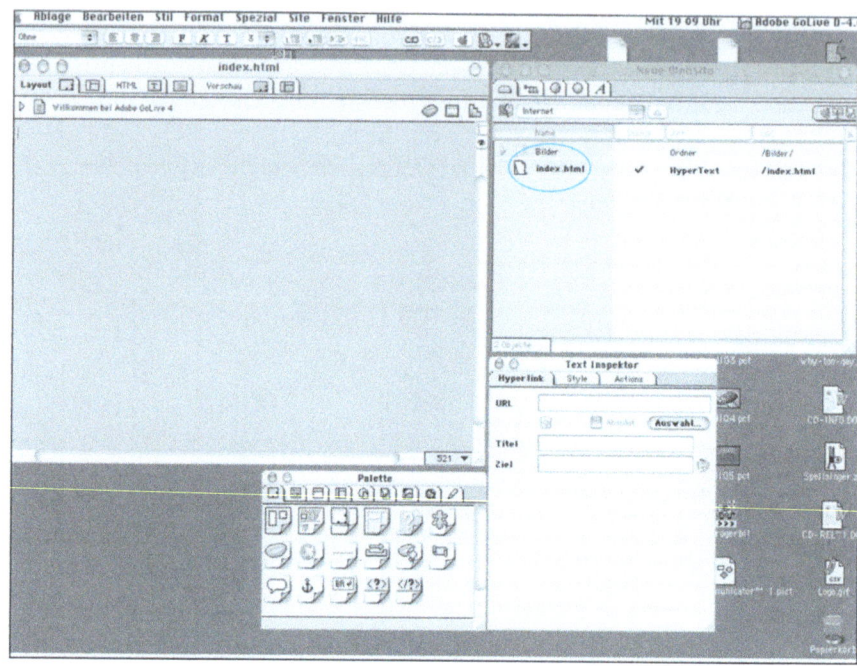

Abb. 10.3/2
Die Palette

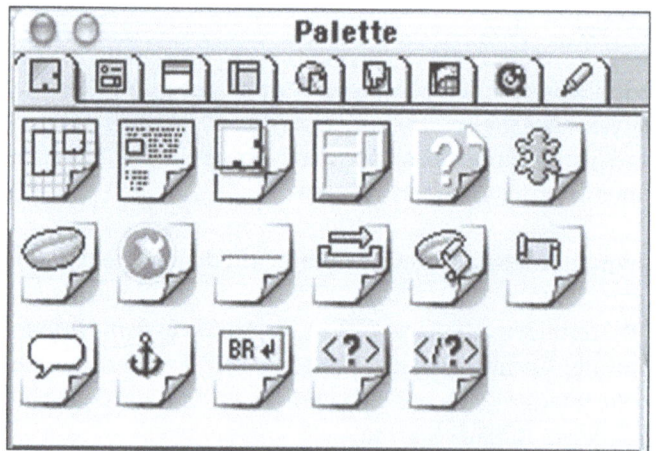

10.3 Bildschirmarbeitsplatz

Lernziele
- HTML-Dokument öffnen.
- Gestaltung des Bildschirmarbeitsplatzes.

Aufgaben
- Öffnen Sie das vorbereitete HTML-Dokument.
- Richten Sie Ihren Bildschirmarbeitsplatz optimal ein.

Lösung Aufgabe 1
1. Klicken Sie im *Site-Fenster* die HTML-Datei *index.html* doppelt an.

Lösung Aufgabe 2
1. Wenn das Fenster *Palette* nicht auf dem Bildschirm zu sehen ist, wählen Sie unter *Fenster > Palette* aus.
   - . Wenn das Fenster *Text-Inspektor* nicht sichtbar ist, gehen Sie wieder unter *Fenster > Text-Inspektor* und wählen Sie das Fenster aus. Lassen Sie sich nicht verwirren: Wenn ein Bild auf der HTML-Seite angewählt ist, heißt der *Text-Inspektor Bild-Inspektor*. Den *Text-Inspektor* können Sie in dieser Situation nicht auswählen.

Mit den Inspektoren werden für alle Textdaten, Bilddaten, Seitendaten und weitere Daten die relevanten Einstellungen festgelegt. Beispiel Text Inspektor: Verlinkung (Hyperlinks), CSS (Cascading Style Sheets) und Actions.

Abbildung 10.3/2 zeigt das Palettenfenster. Sie können die Icons per Drag and Drop auf Ihr HTML-Dokument ziehen. Die Icon dienen als Platzhalter, um später die entsprechenden Informationen einzusetzen, wie z.B. Bilder oder Texte.

EXTRA MATERIALS extras.springer.com

10_GOLIVE > 10_DOKUM > index.html

Der Text-Inspektor ist nur sichtbar, wenn nichts oder Texte ausgewählt ist.

Bild-Inspektor ist nur bei ausgewähltem Bild sichtbar.

CSS → 10.14
Actions:
z.B. Bilderwechsel
→ 10.17

Workshop zur Mediengestaltung

Abb. 10.4/1
Öffnen des Seiten-Inspektors

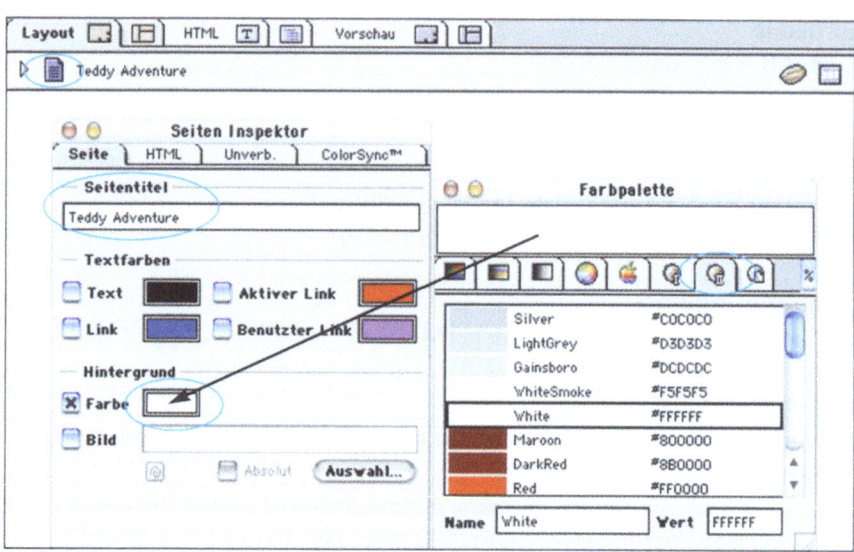

10.4 Seitentitel und Seitenhintergrund

Lernziele
- Den Titel der Seite, die später in der Kopfleiste in Netscape oder Explorer erscheint, bestimmen.
- Hintergrundfarbe der HTML-Seite festlegen.

Aufgaben
- Geben Sie Ihrer ersten Internetseite einen Namen.
- Legen Sie die Hintergrundfarbe Ihrer Seite fest.

Lösung Aufgabe 1

Zuerst klicken Sie auf das *Seitensymbol* unter dem Wort *Layout*. Es öffnet sich der Seiten–Inspektor.
- Im Seiten–Inspektor geben Sie unter *Seitentitel* (vgl. Abb.10.4/1) den Namen des Internet-Auftritts, in unserem Fall *"Teddy Adventure"*, ein.

Lösung Aufgabe 2

Nun klicken Sie neben dem Wort *Farbe* auf das rechteckige, meist *graue Feld*. Es öffnet sich eine Farbpalette.
- Auf der *Farbpalette* wählen Sie die *vorletzte Farbkarte*, die *Web-sicheren Farben* aus (es gibt 6 verschiedene Farbkarten: RGB, CMYK, Indizierte Farben, Apple/Win-Systemfarben, Web-sichere Farben und Web-Farbrahmen). Suchen Sie sich hier die Farbe White FFFFFF für den Hintergrund aus.
Bei den Web-sicheren Farben hat man eine Palette mit 216 Farben, die auf allen Plattformen ohne Dithering gleichmäßig dargestellt werden.
- Per Drag and Drop ziehen Sie die *gewählte Farbe* (siehe Pfeil in Abb. 10.4/1) auf die kleine, meist *graue Fläche* neben dem Wort *Farbe* im Seiten Inspektor. Die Farbe wird nun automatisch aktiv.

FFFFF Fso wird die Farbe in HTML geschrieben.

Web-sichere Farben

GoLive 411

**Abb. 10.5/1
Einfügen des Layoutrasters**

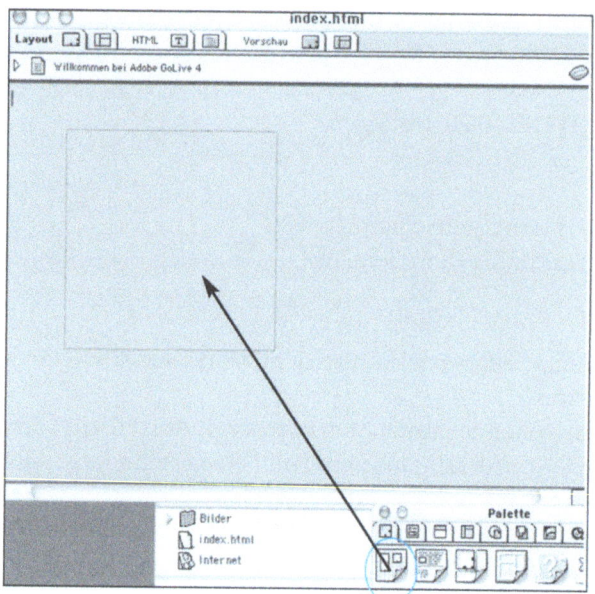

**Abb. 10.5/2
Eigenschaften des Rasters festlegen**

Zur Werteübernahme Pfeil anklicken

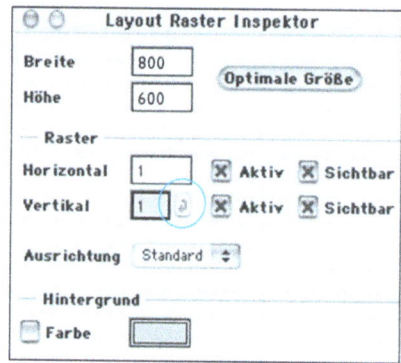

10.5 Layoutraster

Ein weiterer großer Vorteil von Adobe GoLive ist die Funktion des Layoutrasters. Hiermit können Sie Ihre Seite wie in einem Layoutprogramm gestalten. Normalerweise müssen Sie, um eine Gestaltung Ihrer Seite zu bekommen, diese aus Tabellen zusammen basteln!

Lernziel
- Anlegen eines Layoutrasters erarbeiten.

Aufgabe
- Legen Sie ein Layoutraster an und definieren Sie die Größe des Rasters.

Lösung

Wählen Sie aus der *Palette* das Symbol für *Layouraster* (vgl. Abb. 10.5/1) an, klicken mit der Maus drauf und ziehen es mit gedrückter Maustaste per Drag and Drop auf Ihre Seite.
- Im nun erscheinenden *Layout-Raster-Inspektor* legen Sie die Eigenschaften des Rasters fest. Geben Sie bei *Breite 800* Pixel und bei *Höhe 600* Pixel (vgl. Abb. 10.5/2) ein. Dies ist die Größe Ihrer Homepage und der Bereich, in welchem gestaltet wird.

  800 x 600 Pixel ist die Größe Ihrer Homepage.

- Damit die angegebenen Werte übernommen werden, klicken Sie in den *Pfeil rechts neben der Werteeingabe*. Dies gilt für alle Eingaben, bei denen ein solcher Pfeil zu sehen ist.
- Im *Layout-Raster-Inspektor* legen Sie auch noch den Rasterabstand fest. Je geringer der Abstand, umso pixelgenauer können Sie Ihre Bilder positionieren. Geben Sie *Horizontal* wie *Vertikal* 1 ein (vgl. Abb. 10.5/2).

Workshop zur Mediengestaltung

Abb. 10.6/1
Einfügen eines Bildes

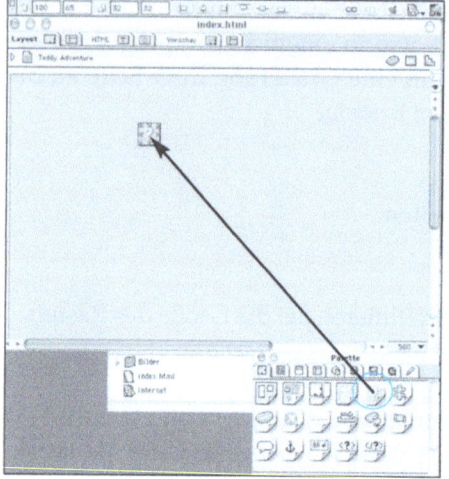
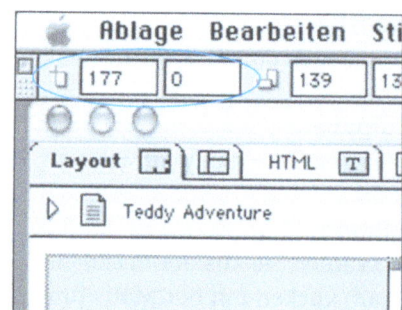

Abb. 10.6/2
Position des Bildes festlegen

Abb. 10.6/3
Öffnen des Bilderordners im Site-Fenster

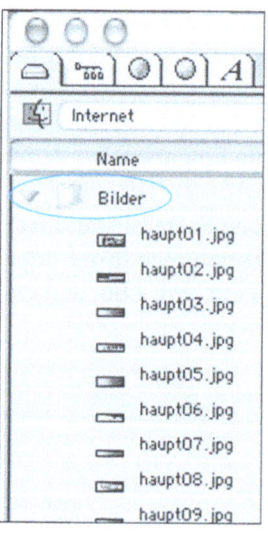
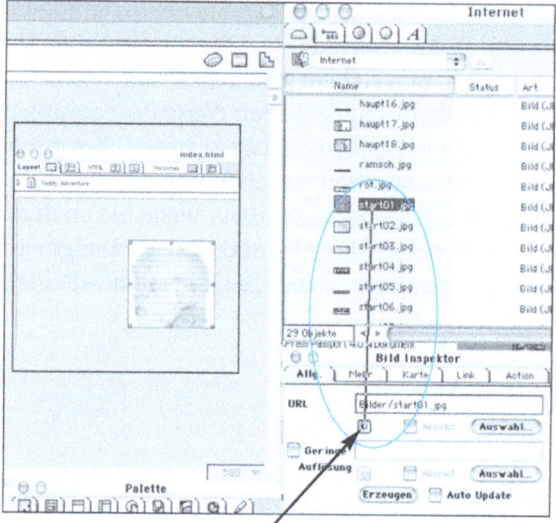

Abb. 10.6/4, 5
Bild einfügen über Point and Shoot

„Point and Shoot"-Schaltfläche

414   GoLive

10. Internetseiten

10.6 Einfügen von Bildern

Lernziele
- Einfügen von Bildern auf eine HTML-Seite durchführen.
- Mit Point and Shoot arbeiten.

Aufgaben
- Ziehen Sie das Platzhaltersymbol für ein Bild auf Ihre Seite.
- Legen Sie die Position des Bildes fest.
- Fügen Sie per Point and Shoot das gewünschte Bild ein.

Lösung Aufgabe 1 bis 3

1. Vom Palettenmenü wählen Sie sich das *Bild Symbol* aus (vgl. Abb. 10.6/1) und ziehen es mit gedrückter Maustaste per Drag and Drop auf Ihre HTML-Seite.

2. In der Werkzeugleiste geben Sie nun die genaue Position des Bildes an (vgl. Abb. 10.6/2). In unserem Fall ist die Position 177/0. Die erste Angabe ist die x-Achse, die zweite die y-Achse.

    Pixelgenaues Positionieren

3. Öffnen Sie im Site-Fenster Ihren Bilderordner (vgl. Abb. 10.6/3), um die benötigten Bilder sichtbar zu machen.

    10_GOLIVE > 10_DOKUM > Bilder > start01.jpg

    - Es ist nun wichtig, dass der Bildplatzhalter aktiv ist. Sie klicken ihn auf der HTML-Seite an, so dass an jedem Eck ein blauer Punkt erscheint.
    - Sie sehen nun den *Bild-Inspektor* (vgl. Abb. 10.6/4). Bewegen Sie den Mauspfeil unter *Allg.* bei *URL*, hier wird der Pfad zu Ihrem Bild angegeben, zur „Point and Shoot"-Schaltfläche (vgl. Abb. 10.6/5), klicken mit der Maustaste auf die Schaltfläche und ziehen mit gedrückter Maustaste den erscheinenden Faden auf Ihr Site-Fenster zum gewünschten Bild. Lassen Sie den Faden los und das Bild (start01.jpg) erscheint auf der HTML-Seite.

      Point and Shoot

      start01.jpg

    - Wiederholen Sie den gesamten Vorgang, bis alle Bilder dieser Seite eingefügt sind (start01.jpg – start07.jpg)! Fügen Sie die Bilder so zusammen, dass ein zusammenhängendes Bild entsteht. Sie können die einzelnen Bilder mit der Maus oder den Pfeiltasten pixelgenau verschieben!

      10_GOLIVE > 10_DOKUM > start01.jpg bis > start07.jpg

GoLive

Workshop zur Mediengestaltung

Abb. 10.7/1
Die fertige Seite

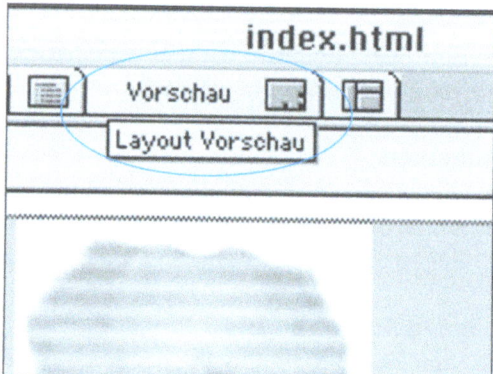

Abb. 10.7/2
Interne Layout-Vorschau

Abb. 10.7/3
Die interne Layout-Vorschau mit Layout-Einstellungen (nur Mac).

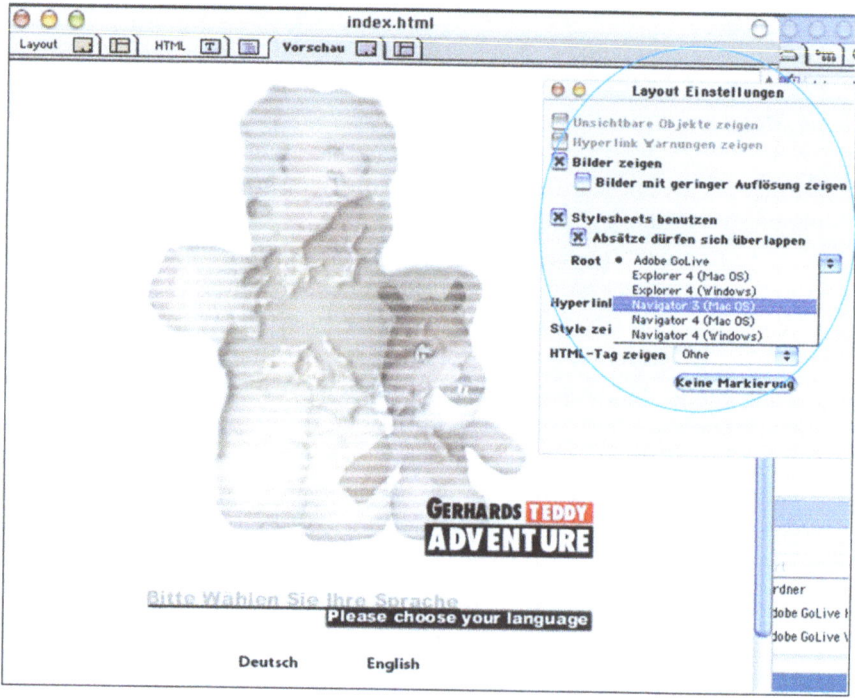

416 GoLive

10.7 Interne Layout-Vorschau

Lernziel
- Die HTML-Seite innerhalb GoLive als Browser-Vorschau für Mac und Windows sowie für verschiedene Browser (diese Funktion ist nur für Mac gegeben) ansehen.

Aufgabe
- Benützen Sie Ihre HTML-Seite als Vorschau innerhalb von GoLive.

Lösung
Sie sehen nun Ihre fertige Seite (vgl. Abb. 10.7/1) vor sich. Um nun zu prüfen, wie die Seite in einem Browser aussieht, klicken Sie auf Ihrer HTML-Seite auf den Punkt Vorschau (vgl. Abb. 10.7/2).
- Im nun erscheinenden *Layout-Einstellungen*-Menü (nur Mac) können Sie wählen, in welchem Browser, auf welcher Plattform, Sie Ihre Seite sehen möchten. Sie werden jetzt noch keine Unterschiede feststellen. Sobald aber Schrift hinzu kommt, werden Abweichungen auftreten!

Menü Layout-Einstellungen nur für Mac!

Workshop zur Mediengestaltung

Abb. 10.8/1
Externe Vorschau

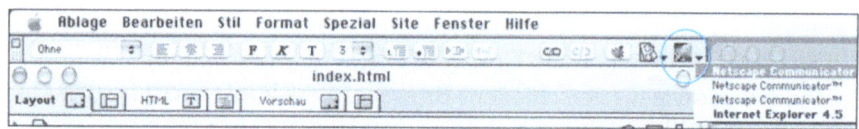

Abb. 10.8/2
Voreinstellungen aufrufen

Abb. 10.8/3
Browser importieren

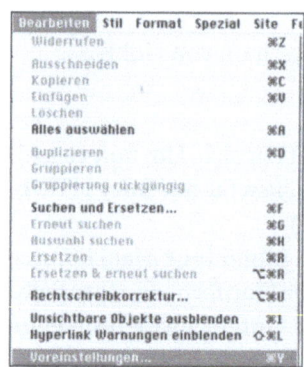 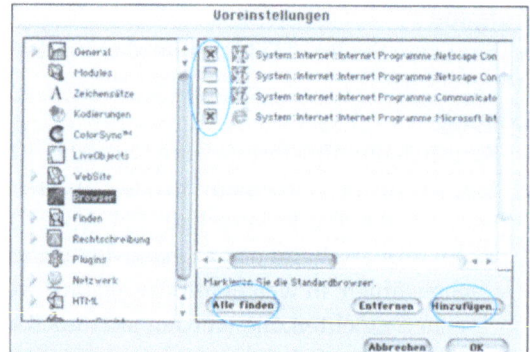

Abb. 10.8/4
Browser importieren

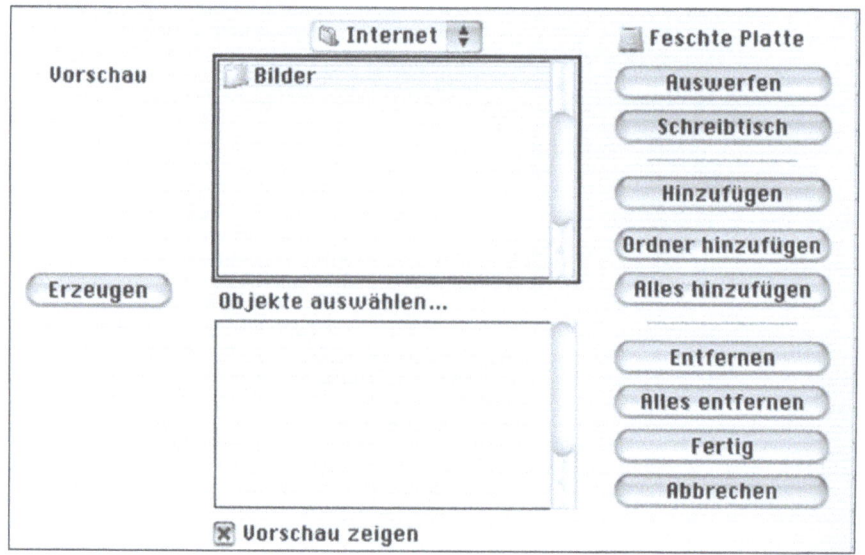

418   GoLive

10.8 Externe Vorschau im HTML-Browser

Lernziele
- Eine Vorschau Ihrer Seite mit einem Klick im HTML-Browser ansehen.
- Einen oder mehrere Browser für die Vorschau aus GoLive hinzufügen.

Aufgaben
- Rufen Sie Ihre HTML-Seite in einem Browser auf.
- Fügen Sie einen weiteren Browser für die Vorschau in GoLive hinzu.

Lösung Aufgabe 1

Drücken Sie in der Werkzeugleiste die Taste *im Browser anzeigen* (vgl. Abb. 10.8/1). Wenn Sie das *Dreieck* rechts neben dem *Symbol* drücken, können Sie sich einen Browser, Netscape Communicator oder Internet Explorer, aussuchen. Wenn Sie auf das *Symbol* klicken, öffnet er alle Browser, die in der Liste stehen.

Browser in GoLive öffnen

Lösung Aufgabe 2

. Um einen Browser hinzuzufügen, gehen Sie zu *Bearbeiten* und wählen *Voreinstellungen* aus (vgl. Abb. 10.8/2).
- Im sich nun öffnenden Fenster wählen Sie das Icon Browser an, klicken auf *Alle finden* (vgl. Abb. 10.8/3). GoLive durchsucht automatisch Ihren Computer nach installierten Browsern und fügt die gefundenen hinzu.
- Wenn GoLive keinen Browser findet, Sie aber sicher sind, dass ein Browser auf Ihrer Festplatte installiert ist, klicken Sie auf *Hinzufügen*. Im sich nun öffnenden Fenster durchsuchen Sie Ihren Computer nach eventuell installierten Browsern und fügen diese durch die Pfadangabe hinzu (vgl. Abb. 10.8/4).
- Um nun noch einen Browser zu aktivieren, klicken Sie bei den *Voreinstellungen* vor dem Browsername das *rechteckige Kästchen* an. Es sollte ein *Haken* erscheinen. Bestätigen Sie mit *OK* (vgl. Abb. 10.8/3).

Workshop zur Mediengestaltung

Abb. 10.9/1
Platzhalter für GIF einfügen

Abb. 10.9/2 rechts
Animierte GIF importieren

Abb. 10.9/3
Das Ergebnis

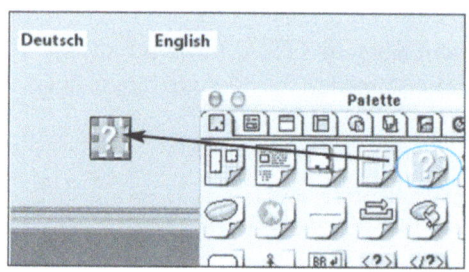

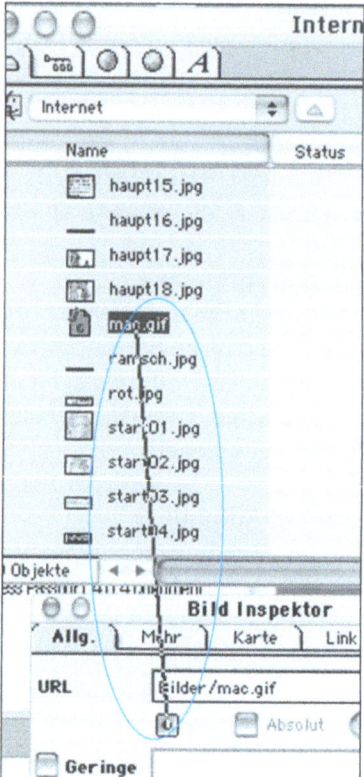

420 GoLive

10.9 Einfügen eines animierten Gifs

Lernziel
- Importieren von animierten GIFs kennen lernen und durchführen.

Aufgabe
- Importieren Sie das animierte GIF *mac.gif* auf die Internetseite.

Lösung
1. Um ein animiertes GIF zu importieren, gehen Sie genau so vor, wie beim Importieren eines Bildes. Sie ziehen von der Palette den Bildplatzhalter per Drag and Drop auf Ihre HTML-Seite (vgl. Abb. 10.9/1).

2. Das animierte GIF muss ebenfalls im angelegten Bilderordner gespeichert sein. Wenn es nicht im Site-Fenster angezeigt wird, aktualisieren Sie das Site-Fenster wieder.

3. Ziehen Sie im *Bild Inspektor* an der *Point and Shoot*-Schaltfläche den Faden in das *Site-Fenster* bis zum animierten GIF: *mac.gif* (vgl. Abb. 10.9/2) und lassen die Maustaste los.

4. Positionieren Sie das Bild bei 230/510 (x/y-Achse).

5. Das Ergebnis können Sie in Abbildung 10.9/3 sehen.

10_GOLIVE > 10_DOKUM > Bilder > mac.gif

Aktualisieren → 10.2

Workshop zur Mediengestaltung

Abb. 10.10/1
Neue HTML-Seite

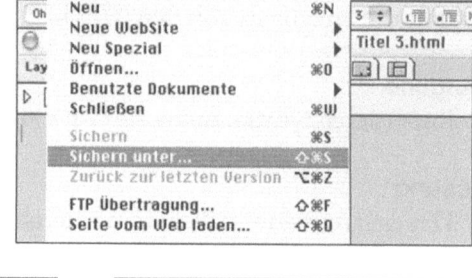

Abb. 10.10/2
Sichern unter

Abb. 10.10/3
Name vergeben

Abb. 10.10/4
Site-Fenster mit neuer HTML-Seite

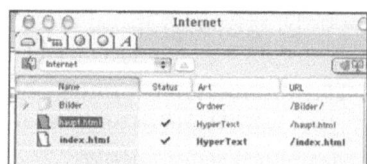

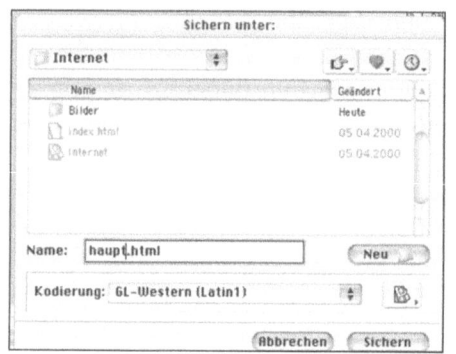

422   GoLive

10.10 Eine neue Seite erstellen

Um nun weiter arbeiten zu können, müssen Sie natürlich eine weitere bzw. je nach Umfang mehrere HTML-Seiten erstellen.

Lernziel
- Erstellen einer oder mehrerer HTML-Seiten üben.

Aufgabe
- Erstellen Sie eine weitere HTML-Seite.

Lösung
1. Klicken Sie unter *Ablage > Neu* an. Es öffnet sich eine neue HTML-Seite (vgl. Abb. 10.10/1).

2. Als nächsten Schritt gehen Sie wieder zu *Ablage* und klicken *Sichern unter* an (vgl. Abb. 10.10/2).

3. Geben Sie der zweiten Seite den Namen "haupt.html" (vgl. Abb. 10.10/3). Sichern Sie die neue Seite unbedingt in Ihrem angelegten Ordner "Internet". Nach dem Sichern erscheint die Seite im Site-Fenster (vgl. Abb. 10.10/4).

10_GOLIVE > 10_DOKUM > haupt.html

Abb. 10.11/1
Point and Shoot

Abb. 10.11/2
Bildplatzhalter

Abb. 10.11/3
Die fertige Seite haupt.html

Abb. 10.11/4
Die fertige Seite haupt02.html

10.11 Gestalten von zwei weiteren Seiten

Lernziel
- Vertiefung des Importierens von Grafiken und das Zusammenfügen üben.

Aufgabe
- Gestalten Sie zwei weitere Beispielseiten.

10_GOLIVE > 10_DOKUM > haupt01.html

Lösung
1. Gehen Sie, wie in den vorhergehenden Kapiteln beschrieben, vor.
   - Zuerst legen Sie wieder ein Gestaltungsraster auf Ihrer HTML-Seite „haupt.html" an und nennen dies „haupt01.html".
   - Nun ziehen Sie den Bildplatzhalter auf Ihre Seite und importieren über Point and Shoot das Bild "haupt01.jpg". Dieses Bild positionieren Sie pixelgenau in die linke obere Ecke 0/0, entsprechend den x/y-Achsen.

10_GOLIVE > 10_DOKUM > Bilder > haupt01.jpg bis > haupt18.jpg

2. Importieren Sie alle benötigten Bilder (bis haupt18.jpg) für diese Seite und passen Sie die Bilder zum Endergebnis zusammen (vgl. Abb. 10.11/3).

10_GOLIVE > 10_DOKUM > Bilder > haupt.html > haupt02.html

3. Zum Anlegen der dritten Seite, gehen Sie zu *Bearbeiten > Sichern unter* und geben Ihrer "haupt.html"-Seite den Namen „haupt02.html". Auch diese Seite erscheint im Site-Fenster. Die nun geöffnete Seite ist nicht mehr die "haupt.html", sondern die "haupt02.html". Sie können sofort mit der Gestaltung dieser Seite beginnen.
   Hinweis: Klicken Sie das Bild im *haupt02.html-Fenster* an, so steht der Bildname im Fenster des *Bild-Inspektors* neben *URL*.
   - Löschen Sie jetzt alle Bilder aus der Mitte (haupt14.jpg, haupt15.jpg, haupt17.jpg, haupt18.jpg), mittels Bild anklicken, Löschtaste drücken.
   - Die Überschrift (haupt13.jpg) ersetzen Sie durch eine neue Überschrift (ramsch.jpg). Einfach das Bild anwählen und per Point and Shoot das neue Bild aus dem Site-Fenster holen. Genauso ersetzen Sie das Vorwort-Bild (haupt04.jpg) mit dem Vorwort in Rot (rot.jpg). Mit dem Einarbeiten der neuen Daten erkennen Sie bei der Vorschau oder beim Betrachten in einem Browser, dass Sie sich auf der Seite "Vorwort" befinden (vgl. Abb. 10.11/4).

Bildname steht im Bild-Inspektor neben URL

10_GOLIVE > 10_DOKUM > Bilder > ramsch.jpg

Workshop zur Mediengestaltung

Abb. 10.12/1
Eingabe von HTML-Code

Abb. 10.12/2
Mit Rand

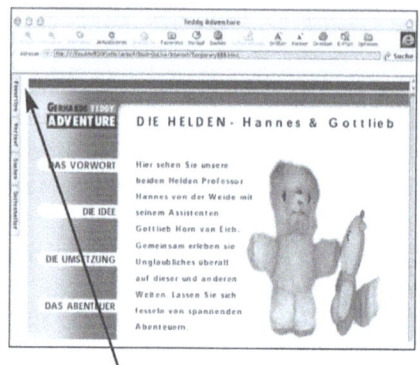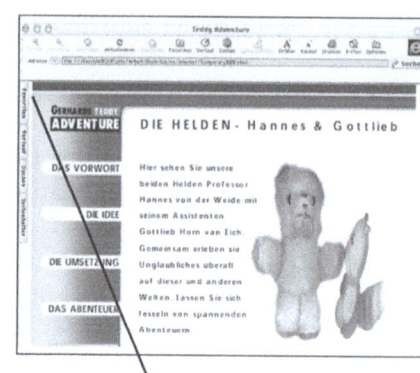

Abb. 10.12/3
Ohne Rand

Rand zu sehen   Rand nicht zu sehen

426 *GoLive*

10.12 Grafik direkt an den Browserrand stellen

Wenn Sie eine Menüleiste an den linken und oberen Rand stellen wollen, geht dies nicht, ohne in den HTML-Code direkt einzugreifen. Die Browser zeigen immer einen Rand zwischen Browserende und Bildanfang!

Lernziel
- HTML-Befehl in GoLive eingeben, um Grafiken direkt an den Rand des Browsers zu stellen.

Aufgabe
- Geben Sie im internen Texteditor von GoLive die HTML-Befehle ein, um den Randabstand auf Null zu bringen.

Lösung
1. Klicken Sie oben links auf Ihrer HTML-Seite die *HTML-Taste* an (vgl. Abb. 10.12/1) an.
2. Geben Sie bei > body die Befehle > topmargin="0" leftmargin="0" ein (vgl. Abb. 10.12/1).
    - Diese HTML-Befehlseingabe führen Sie für alle Seiten durch.

Zwischendurch können Sie sich eine Vorschau ansehen, wie sich die Randdarstellung im Browser, vor der HTML-Eingabe und nach der Eingabe, verhält. Wie Sie vorgehen, um sich eine Browservorschau anzusehen, haben Sie in Kapitel 10.7 gelernt (vgl. Abb. 10.12/2 und 10.12/3)! → 10.7

Workshop zur Mediengestaltung

Abb. 10.13/1
Layout-Textrahmen anlegen

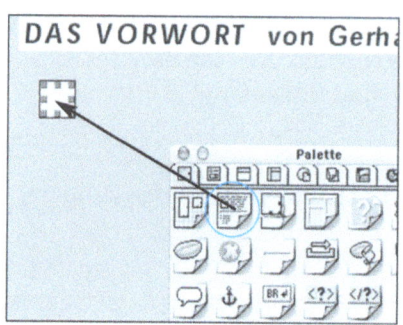

Abb. 10.13/2
Schriftart festlegen

Abb. 10.13/3
Schriftgröße festlegen

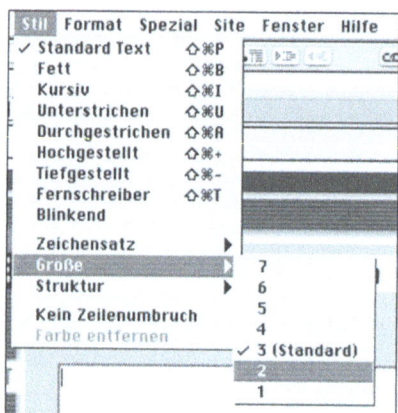

Abb. 10.13/4
Der fertige Text

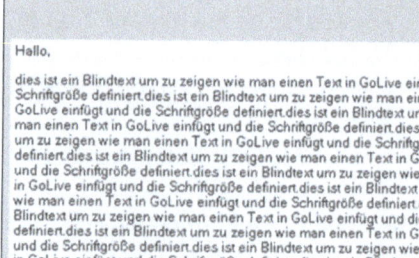

Abb. 10.13/5
Vorschau Mac

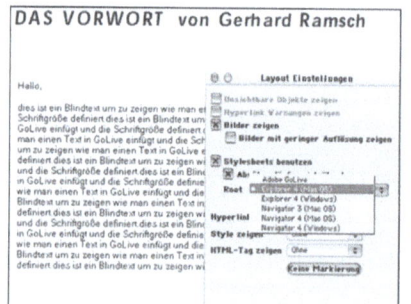

Abb. 10.13/6
Vorschau Windows

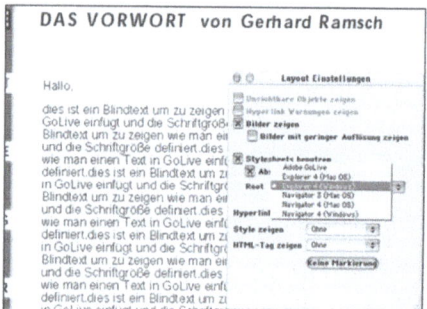

10.13 Einfügen eines Textes

Lernziele
- In GoLive einen Text anlegen.
- Unterschiede der Textdarstellung, z.B. die Textgröße, zwischen Windows- und Mac-Systemen erkennen.

Aufgaben
- Legen Sie ein Layout für Textrahmen an.
- Definieren Sie den Stil des Textes.
- Betrachten Sie über die interne Vorschau den Textgrößenunterschied zwischen Windows- und Mac-System.

Lösung Aufgabe 1

Aus der *Palette* ziehen Sie den *Layout-Textrahmen* per Drag and Drop auf die *HTML-Seite > haupt02.html* (vgl. Abb. 10.13/1). Größe und Lage des Textbereiches bestimmen Sie selbst. *Text auf Seite haupt02.html eingeben*
- Klicken Sie in den Layout-Textrahmen, so dass ein blinkender Cursor zu sehen ist.

Lösung Aufgabe 2 und 3

1. Öffnen Sie *Stil > Zeichensatz* und wählen Sie im geöffneten Fenster die *Arial* aus (vgl. Abb. 10.13/2).
   - Unter *Stil > Größe* stellen Sie die Textgröße „2" ein (vgl. Abb.10.13/3).
   - Geben Sie den Text ein.

2. Wenn Sie fertig sind, aktivieren Sie die interne Vorschau und begutachten den Unterschied der Textdarstellung zwischen Windows- und Mac-System. Eine 12-Punkt-Schrift auf dem Mac wird auf Windows in der Größe 15 Punkt wiedergegeben!
   - Bei den Layout-Einstellungen können Sie, zur Darstellung der Textwiedergabe, zwischen Mac- oder Windows-Vorschau auswählen (vgl. Abb. 10.13/5, 10.13/6). In der vorliegenden GoLive-Version steht diese Vorschau für die Layout-Einstellungen nur für den Apple Macintosh zur Verfügung, in Windows ist diese Einstellung nicht möglich.   *nur Mac*

Workshop zur Mediengestaltung

Abb. 10.14/1
Style-Sheet-Fenster aufrufen

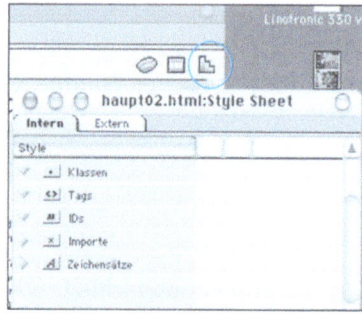

Abb. 10.14/2
Neue Klasse auswählen

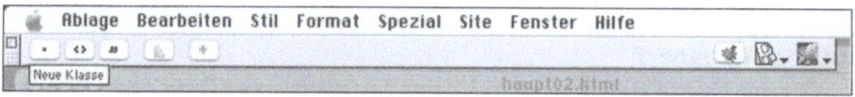

Abb. 10.14/3
Der Klasse einen Namen geben

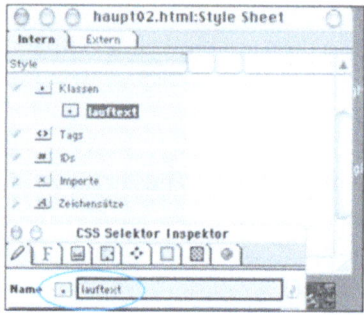

Abb. 10.14/4
Dem Text die Klasse zuweisen

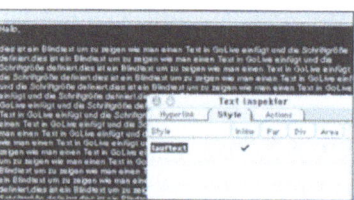

Abb. 10.14/5
Der Klasse ihre Stile zuweisen

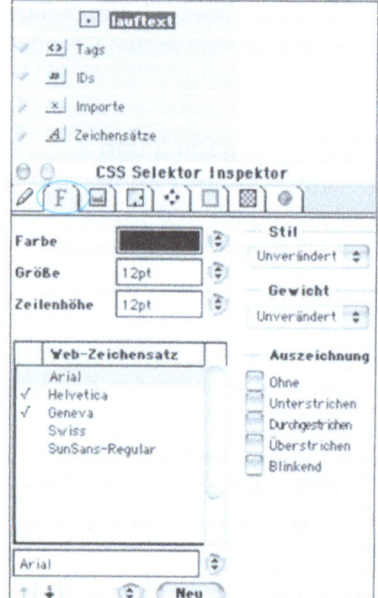

430   GoLive

10.14 CSS – Cascading Style Sheets

Dieses Kapitel reißt das Thema CSS nur kurz an. Sie werden einen Ausschnitt der CSS-Formatierung kennen lernen. Mit CSS können Sie Ihre eingegebenen Texte ähnlich wie in einem Layoutprogramm mit festen Stilen belegen. Im Browser wird die von Ihnen festgelegte Schriftdarstellung exakt angezeigt, gleichgültig welche Schriftdarstellung im Browser intern eingestellt wurde.

Lernziel
- Formatierung Ihres Textes durch eine "Klasse" durchführen.

Aufgaben
- Legen Sie einen Stil für Ihre Schrift fest.
- Weisen Sie den Stil der festgelegten Schrift zu.

Lösung Aufgabe 1
Klicken Sie auf den *Style Sheet Button > Menüleiste haupt02.html* (vgl. Abb. 10.14/1).
- Es ändert sich das Aussehen der Menüleiste. Klicken Sie auf den *Button Neue Klasse >* in der Menüleiste *GoLive* (vgl. Abb. 10.14/2).
- Im Style-Sheet-Fenster wird die neue Klasse sichtbar. Klicken Sie auf *newClass*, damit wird der *CSS Selector Inspektor* aktiv. Geben Sie der Klasse den Namen „lauftext" (vgl. Abb. 10.14/3, 10.14/4), Return.

Ohne Bestätigung durch Return nimmt GoLive die Anweisung nicht an.

Lösung Aufgabe 2
Klicken Sie auf den *zweiten Reiter* mit dem *F* und legen Sie hier die Schriftfarbe (schwarz), -größe (12 Punkt), Zeilenabstand (12 Punkt) und die Schriftart (Arial) fest (vgl. Abb. 10.14/4).
- Wählen Sie den gesamten Text aus und klicken Sie im aktiv werden den *Text Inspektor* den *zweiten Reiter* "Style" an.
- Sie sehen nun den Stil "„lauftext". Aktivieren Sie den Punkt *Inline* (vgl. Abb. 10.14/5).

Rufen Sie die Seite im Browser auf. Ändern Sie intern im Browser die Schriftgröße. Sie werden sehen, die Textdarstellung ändert sich nicht.

Abb. 10.15/1
Einfügen eines Aktionsobjektes

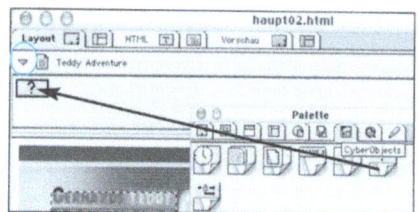

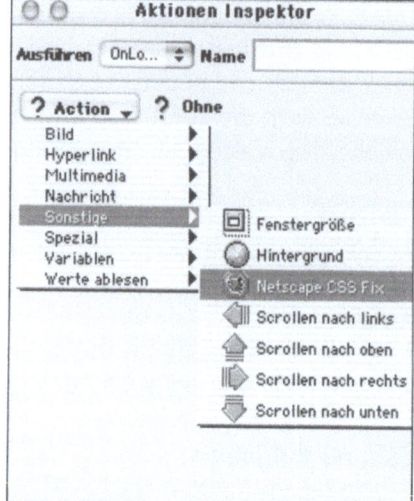

Abb. 10.15/2
Die Aktion CSS Fix auswählen

Abb. 10.15/3
CSS Fix eingefügt

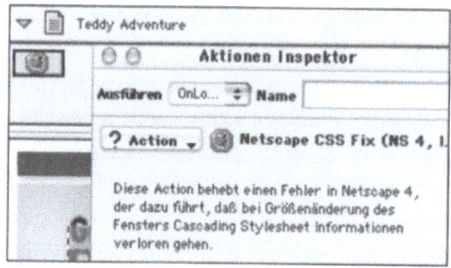

10.15 Netscape CSS Fix

Mit dem Einfügen der Aktion Netscape CSS Fix wird ein Programmfehler von Netscape umgangen. Ohne diese Aktion können bei Größenänderungen des Browserfensters CSS Informationen verloren gehen!

Verlust von CSS-Informationen in Netscape

Lernziel
- Einfügen einer CSS Fix-Aktion durchführen.

Aufgabe
- Fügen Sie einen CSS Fix in Ihre HTML-Seite ein.

Lösung

Öffnen Sie bei Ihrer HTML-Seite den Headbereich, indem Sie das kleine *Dreieck links oben* auf der Seite anklicken (vgl. Abb. 10.15/1).
- Gehen Sie zur *Palette*, wählen dort den *siebten Reiter > CyberObjects* aus und ziehen mit gedrückter Maustaste das *Aktionsobjekt Symbol* (vgl. Abb. 10.15/1) in den *geöffneten Headbereich*.
- Im sich aktivierenden *Aktionen-Inspektor* wählen Sie bei *?Aktion?* unter dem Punkt *Sonstige* den *Netscape CSS Fix* aus (vgl. Abb. 10.15/2).

Durch diese Eingabe sollte auch in Netscape die CSS-Funktion beim Aufruf der Internetseiten wirksam werden.

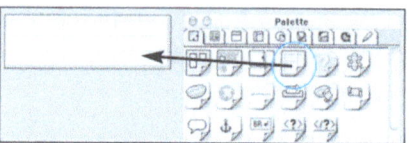

Abb. 10.16/1
Tabellen-Platzhalter auf die HTML-Seite ziehen

Abb. 10.16/2
Einstellungen für die Tabelle im Tabellen-Inspektor vornehmen

Abb. 10.16/3
Die fertige Tabelle

10.16 Einfügen einer Tabelle

Lernziel
- Einstellen und Einfügen einer Tabelle erarbeiten.

Aufgaben
- Ziehen Sie den Tabellen-Platzhalter auf Ihre Seite.
- Nehmen Sie die Einstellungen im *Tabellen-Inspektor* für eine Tabelle vor.
- Stellen Sie die Ergebnisse in einer Vorschau dar und beurteilen diese.

Lösung Aufgabe 1
Ziehen Sie aus der *Palette* den *Tabellen-Platzhalter* auf Ihre HTML-Seite *haupt02.html* (vgl. Abb. 10.16/1).   → 10.14

Lösung Aufgabe 2
Im nun aktiven Tabellen-Inspektor stellen Sie die Anzahl der Zeilen und Spalten auf 2. Die Ränder der Tabelle auf 1, den Zellinnenrand auf 0 und den Zellabstand auch auf 0 (vgl. Abb. 10.16/2). Die Eingaben unbedingt mit Return bestätigen.
- Sie können in jede Zelle ein Bild, eine weitere Tabelle, Text oder andere Daten eingeben. Hierzu klicken Sie eine Zelle an, geben einen Text ein und formatieren diesen mit dem Style Sheet, welches Sie in Kapitel 10.14 angelegt haben.

Lösung Aufgabe 3
Mit einer internen oder externen Vorschau können Sie die Ergebnisse beurteilen.

Workshop zur Mediengestaltung

Abb. 10.17/1
CyberObject Aktives Bild auf das Bild Vorwort (haupt04.jpg) ziehen

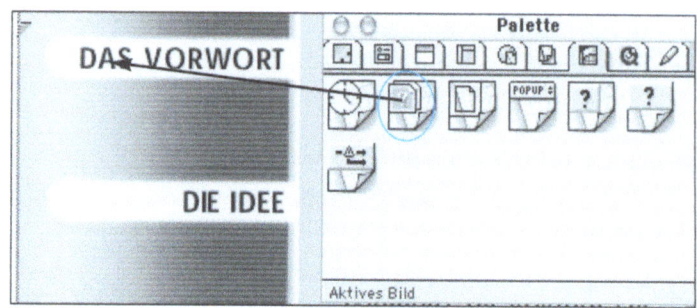

Abb. 10.17/2
Mit Point and Shoot das Rollover-Bild bestimmen.

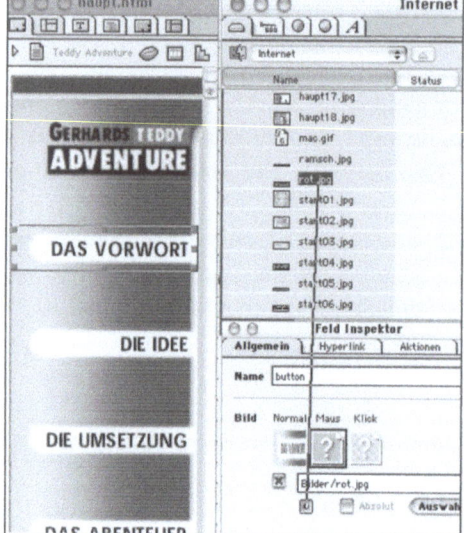

Abb. 10.17/3
Das Ergebnis

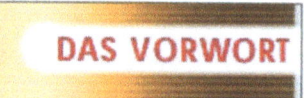

10.17 Rollover-Effekt (Bilderwechsel)

Lernziel
- Durch Einfügen des CyberObjects Aktives Bild einen Rollover-Effekt (Bilderwechsel) erzeugen.

Aufgaben
- Öffnen Sie die Seite *haupt.html* aus dem *Site-Fenster*, sofern die Seite noch nicht geöffnet ist!

10_GOLIVE > 10_DOKUM > haupt.html

- Ziehen Sie das CyberObject *Aktives Bild* auf das Bild *Vorwort* (haupt04.jpg), hier soll der Rollover stattfinden.
- Bestimmen Sie per Point and Shoot das Rollover-Bild.

Lösung Aufgabe 1
Durch einen Doppelklick im *Site-Fenster* auf Ihre HTML-Seite *haupt.html* wird diese geöffnet.

Lösung Aufgabe 2
Ziehen Sie mit gedrückter Maustaste aus der *Palette* das CyberObject *Aktives Bild* genau auf das Bild *Vorwort* ((haupt04.jpg, vgl. Abb. 10.17/1). Nun sollte in der linken oberen Ecke des Bildes ein grünes Dreieck erscheinen.

10_GOLIVE > 10_DOKUM > Bilder > haupt04.jpg

Lösung Aufgabe 3
Mit einem Mausklick wählen Sie das Bild *Vorwort* an (haupt04.jpg). Dadurch wird der Feld-Inspektor aktiv.
- Im *Feld-Inspektor* unter *Allgemein* klicken Sie bei *Bild* das leere Rechteck mit Fragezeichen unter Maus an. Im grauen Kästchen muss ein Haken gesetzt sein.
- Über die *Point and Shoot*-Schaltfläche holen Sie sich wie gewohnt aus dem *Site-Fenster* das Rollover-Bild *rot.jpg* (vgl. Abb. 10.17/2).

Um zu testen, ob der Effekt funktioniert, gehen Sie wieder zur internen Vorschau und fahren mit der Maus über das Wort Vorwort. Es müsste rot werden.

Workshop zur Mediengestaltung

Abb. 10.18/1
Rand auf 0 einstellen

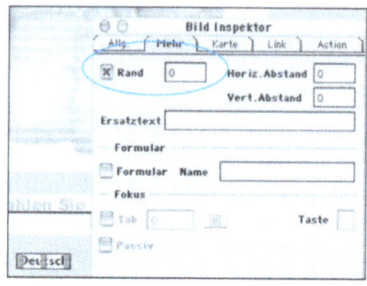
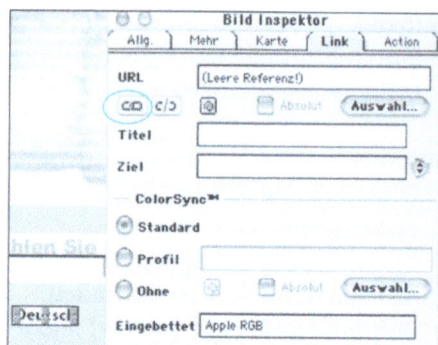

Abb. 10.18/2
Zu Reiter Link wechseln

Abb. 10.18/3
Über Point and Shoot Link bestimmen

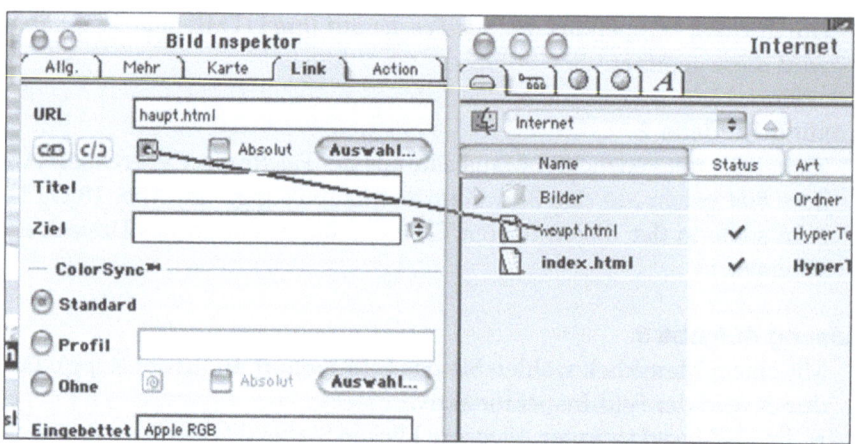

10.18 Hyperlinks

Hyperlinks sind nötig, um Ihre erstellten Seiten miteinander zu verknüpfen, d.h. zu verlinken. Hiermit können Sie auch E-Mails und andere Internet-Adressen aufrufen.

Lernziele
Sie lernen die verschiedenen Arten von Hyperlinks kennen:
- Link auf Text, auf ein Bild setzen,
- eine E-Mail aufrufen,
- Verlinkung Ihrer Seiten und
- einen Link zu einer Internet-Adresse erstellen.

Aufgaben
- Zuerst verlinken Sie die Seiten untereinander und geben gleichzeitig einer Grafik einen Link.
- Legen Sie eine Karte an und geben dieser einen Link.
- Geben Sie einem Text einen Link, um eine E-Mail-Eingabe aufzurufen.
- Fügen Sie einen Link ein, der zu einer Internet-Adresse führt.

Lösung Aufgabe 1
Öffnen Sie die *index.html*-Seite und klicken dort auf die Grafik *Deutsch* (start06.jpg).

10_GOLIVE > 10_DOKUM > index.html

- Da ein Link auf einer Grafik einen Rahmen um die Grafik legt, klicken Sie im *Bild-Inspektor* auf den Reiter *Mehr*, um den Punkt *Rand* zu aktivieren und eine „0" einzugeben. Mit dieser Eingabe wird der Rand unsichtbar (vgl. Abb. 10.18/1).
- Im *Bild-Inspektor* klicken Sie auf den Reiter *Link*, aktivieren den Punkt *URL*, indem Sie auf das Symbol *Neuer Hyperlink* klicken (vgl. Abb. 10.18/2). Nun sollte neben *URL (Leere Referenz!)* stehen.
- Mit Point and Shoot holen Sie, wie gewohnt, aus dem *Site-Fenster* den Link zur Seite *haupt.html* (vgl. Abb. 10.18/3).
- Öffnen Sie die Seite *haupt.html* und klicken Sie das Bild *Vorwort* (haupt04.jpg) an.

10_GOLIVE > 10_DOKUM > haupt.html

Workshop zur Mediengestaltung

Abb. 10.18/4
Über Point and Shoot Link bestimmen

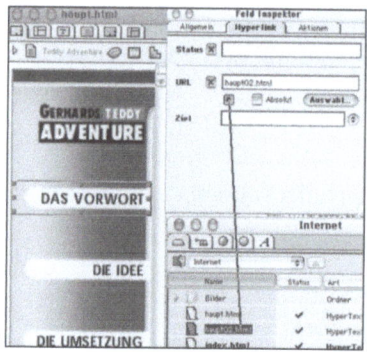

Abb. 10.18/5
Karte einrichten und einen Link vergeben

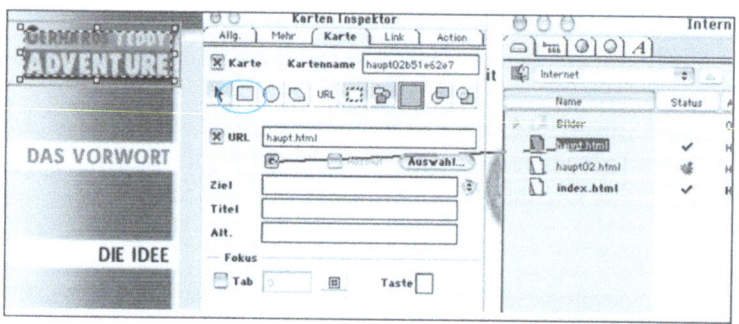

Abb. 10.18/6
Text auswählen und neuen Hyperlink anlegen

Abb. 10.18/7
mailto-Befehl eingeben

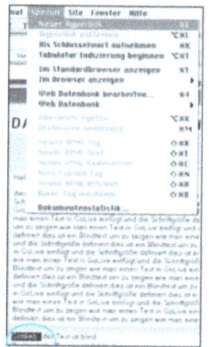 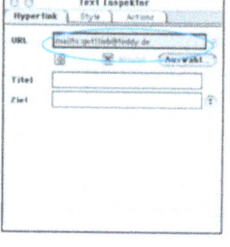 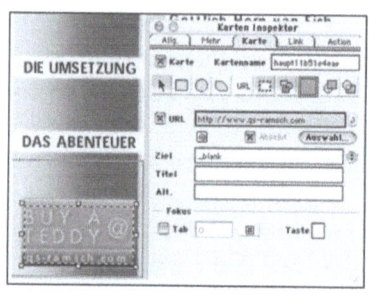

Abb. 10.18/8
Link zu einer anderen Internet-Adresse bestimmen

10. Internetseiten

- Im *Feld-Inspektor* bewegen Sie den Mauspfeil zum zweiten Reiter *Hyperlink* und aktivieren die *URL*.
- Mit Point and Shoot verlinken Sie die Seite *haupt.html* mit der Seite *haupt02.html* (vgl. Abb. 10.18/4).

Lösung Aufgabe 2

Um später wieder zurück zur *haupt.html*-Seite zu kommen, klicken Sie auf das *Logo (haupt02.jpg)*.
- Im aktiv werdenden *Bild-Inspektor* klicken Sie auf den Reiter *Karte*. Hier aktivieren Sie den Punkt *Karte* (vgl. Abb. 10.18/5).
- Klicken Sie auf das *rechteckige blau transparente Symbol* gleich neben dem *Pfeil > Bereichswerkzeug* wird im Erläuterungsfenster angezeigt.
- Ziehen Sie über das *Logo (haupt02.jpg)* ein etwa gleich großes, blau transparentes Rechteck.
- Bei *URL* geben Sie wieder per Point and Shoot den Link zur Seite *haupt.html* an (vgl. Abb. 10.18/5).

Lösung Aufgabe 3

Auf der Seite *haupt02.html* wählen Sie in der *Tabelle* den Namen *Gottlieb* aus.
- Unter *Spezial* wählen Sie *Neuer Hyperlink* aus (vgl. Abb. 10.18/6).
- Im *Text-Inspektor* geben Sie unter Hyperlink bei URL den neuen Befehl *mailto:gottlieb@teddy.de* ein. Bei einem Klick auf den Text können Sie an die eingegebene Adresse eine E-Mail schreiben.

Lösung Aufgabe 4

Auf das *"Buy A Teddy"*-Bild *(haupt11.jpg)* legen Sie eine Karte an und geben bei *URL* die Internet-Adresse *http://www.gs-ramsch.com* ein und wählen bei *Ziel > _blank* aus (vgl. Abb. 10.18/8). Bei einem Klick auf das Bild öffnet sich ein neues Browserfenster (_blank) und die von Ihnen eingegebene Adresse.

_blank = bei Klick neues Browserfenster öffnen

11 Kalkulation

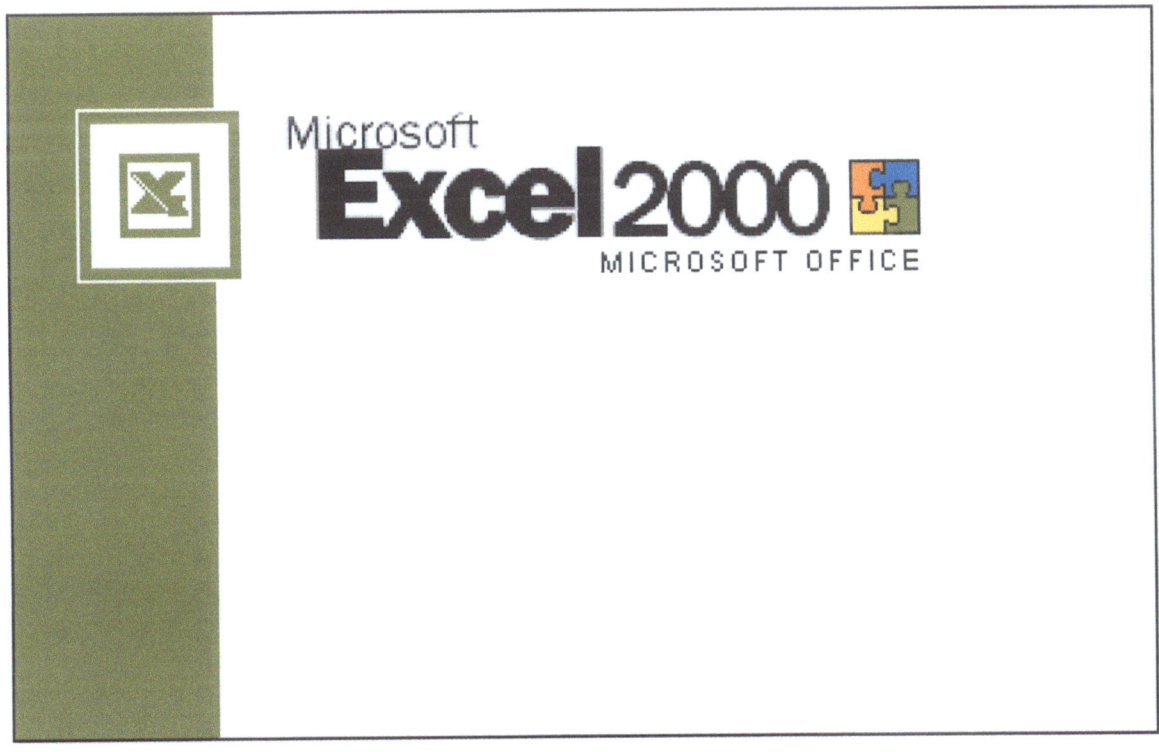

Workshop zur Mediengestaltung

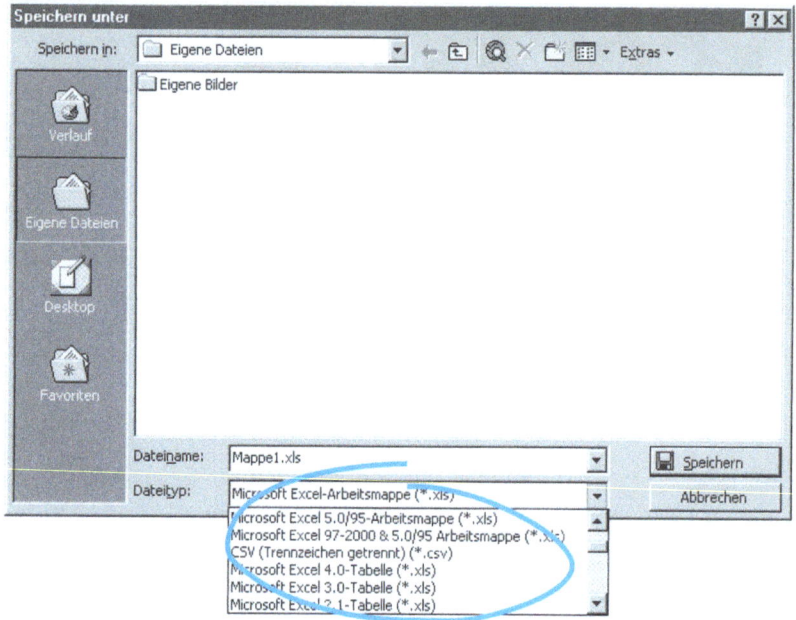

**Abb. 11.1/1
Excel-Dateitypen**

Excel 2000 bietet die Möglichkeit des Datei-Exports in ältere Excel-Versionen. Umgekehrt kann Excel 2000 alte Excel-Dateien öffnen. Dies gilt auch für Excel-Dateien von Macintosh-Computern.

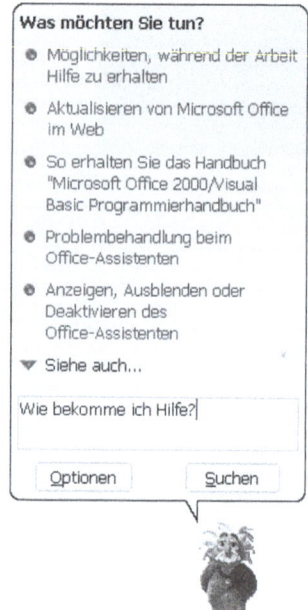

**Abb. 11.1/2
Office-Assistent**

Der Hilfe-Assistent kann im Menü *? > Office-Assistenten einblenden* aufgerufen werden. Nach Eingabe einer Frage bietet er Lösungsvorschläge an.
Die Erscheinung des Assistenten können Sie ändern, wenn Sie auf Optionen klicken.

11. Kalkulation

11.1 Grundlagen

11.1.1 Einführung

Obwohl das vorliegende Kapitel die Überschrift „Kalkulation" erhalten hat, ist Excel weit mehr als ein Kalkulationsprogramm. Neben kaufmännischen Anwendungen aller Art bietet Excel einen fast unbegrenzten Funktionsumfang im Bereich der Wissenschaft und Technik. Es ermöglicht das Erstellen von Diagrammen wie das Anlegen von Datenbanken. Und wer dies alles nicht braucht, kann Excel auch einfach als persönlichen Terminplaner verwenden.

Excel ein universell einsetzbares Hilfsmittel. Wer es kennen gelernt hat, möchte seine Dienste vermutlich nicht mehr missen. Als Teil des Office-Paketes harmoniert es mit dem ebenfalls weit verbreiteten Textverarbeitungssystem Word sowie den anderen Programmen des Microsoft-Paketes. Die in diesem Kapitel beschriebene Version ist *Excel 2000 für Windows*. Im Unterschied zu vielen anderen Programmen besteht bei Excel weitgehende Ab- und Aufwärtskompatibilität, so dass ältere Dateien aus Excel 4, 5, 95, 97 für Windows und Excel 98 für Macintosh auch in Excel 2000 geöffnet werden können. Andererseits bietet Excel 2000 die Möglichkeit, jede Tabelle in einer der genannten älteren Versionen abzuspeichern.

Tutorials und Bücher über Excel gibt es wie Sand am Meer. Im Unterschied zu diesen beschränkt sich dieses Kapitel auf eine kurze und kompakte Einführung in das Programm. Dabei wurde der Versuch unternommen, möglichst praxisrelevante Beispiele zu finden. Erfahrungsgemäß sind wenige einführende Seiten für die weitere Arbeit mit Excel für die meisten Anwenderinnen und Anwender ausreichend. Hinzu kommt, dass Excel für ein vertiefendes Selbststudium einen brauchbaren Office-Assistenten zur Verfügung stellt.

Obwohl mit Hilfe der Ctrl-Taste ein Simulieren der rechten Maustaste am Mac möglich ist, wurde auf deren Verwendung mit Rücksicht auf die Mac-User weitgehend verzichtet. Ansonsten bestehen in den Grundlagen kaum Unterschiede zur aktuellen Mac-Version von Excel.

Excel ist mehr als Tabellenkalkulation!

Microsoft Excel 2000 für Windows-PC

Zwischen den verschiedenen Excel-Versionen besteht Auf- und Abwärtskompatibilität.

Hilfe durch den Office-Assistenten

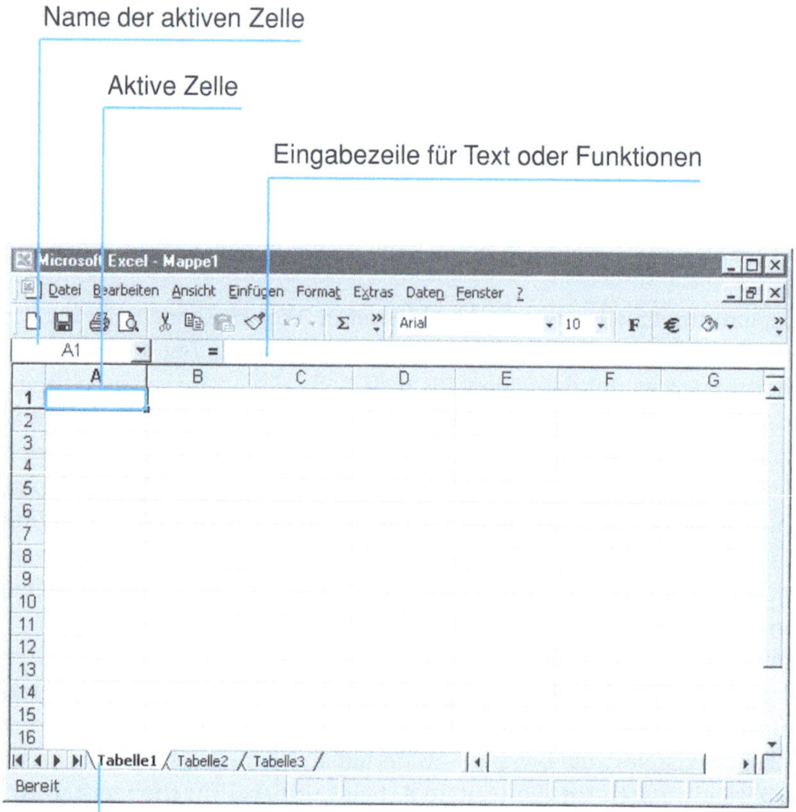

Abb. 11.1/3
Excel-Arbeitsmappe

Name der aktiven Zelle

Aktive Zelle

Eingabezeile für Text oder Funktionen

Excel-Tabellenblatt
Umbenennen: Doppelklick
Verschieben: Bearbeiten > Blatt verschieben/kopieren
Duplizieren: Bearbeiten > Blatt verschieben/kopieren
Löschen: Bearbeiten > Blatt löschen
Einfügen: Einfügen > Tabellenblatt

11.1.2 Aufbau einer Excel-Tabelle

Vor dem Start mit der ersten Excel-Übung im nächsten Kapitel empfiehlt es sich, einige grundlegende Begriffe und Funktionen von Excel zu klären:

Beim Starten von Excel öffnet sich automatisch eine leere Excel-Arbeitsmappe, die bereits eine vorgegebene Anzahl an leeren Tabellenblättern enthält. Jedes Tabellenblatt kann nach Belieben mit eigenem Namen versehen, gelöscht, verschoben oder kopiert werden (vgl. Abb. 11.1/3). Die Anzahl an leeren Tabellenblättern beim Öffnen einer Excel-Arbeitsmappe lässt sich im Menü *Extras > Optionen > Allgemein* voreinstellen.

<small>Eine **Arbeitsmappe** besteht aus mehreren **Tabellenblättern**.</small>

Grundeinheit eines Tabellenblattes bildet die Zelle. In eine Zelle kann wahlweise Text, eine Zahl oder eine Formel (Funktion) eingegeben werden. Hierin liegt ein großer Unterschied zu einem Textverarbeitungs- oder Layoutprogramm, da deren Grundeinheit immer ein Wort bzw. Absatz ist. Jede Zelle ist durch zwei Angaben eindeutig gekennzeichnet:

- Spaltenbuchstabe: A, B, C, ..., Z, AA, AB, ...
- Zeilennummer: 1, 2, 3, 4, ...

<small>Grundeinheit einer Excel-Tabelle ist die **Zelle**. Jede Zelle ist durch einen Spaltenbuchstaben und eine Zeilennummer eindeutig gekennzeichnet.</small>

Die gerade aktive Zelle lässt sich am schwarzen Rahmen um die Zelle erkennen. Außerdem ist der Name der gerade aktiven Zelle im Namensfeld links oben sichtbar. Mit gedrückter linker Maustaste kann bei Bedarf ein Zellbereich markiert und danach zum Beispiel kopiert, gelöscht oder formatiert werden.

Die Dateneingabe in eine Zelle erfolgt nach deren Auswahl. Die eingegebenen Daten erscheinen sowohl in der Zelle selbst als auch in der Eingabezeile über den Zellen. Letztere ist zum Mitlesen bei längerer Eingabe besser geeignet. Zum Abschluss der Eingabe wird die *Return*-Taste betätigt. Ein nachträgliches Ändern des Zelleninhaltes erfolgt durch erneute Auswahl der Zelle und Klicken in die Eingabezeile. Durch Betätigung der *Entf*-Taste wird der Zelleninhalt gelöscht. Alternativ lässt er sich wie in vielen anderen Programmen über das Menü *Bearbeiten* in die Zwischenablage *Ausschneiden* oder *Kopieren* und in andere Zellen *Einfügen*. Weitere Möglichkeiten des Duplizierens von Zelleninhalten werden in den folgenden Kapiteln noch zur Sprache gebracht.

<small>Dateneingabe in eine Zelle: Text, Zahl oder Funktion</small>

<small>Zelleninhalte lassen sich über die Zwischenablage ausschneiden, kopieren und einfügen.</small>

Workshop zur Mediengestaltung

Abb. 11.2/1
Dateneingabe in eine Excel-Tabelle

Im Unterschied zu einem Textverarbeitungs- oder Layoutprogramm wird mit der Return-Taste kein Absatz erzeugt, sondern die Texteingabe in die aktive Zelle abgeschlossen.

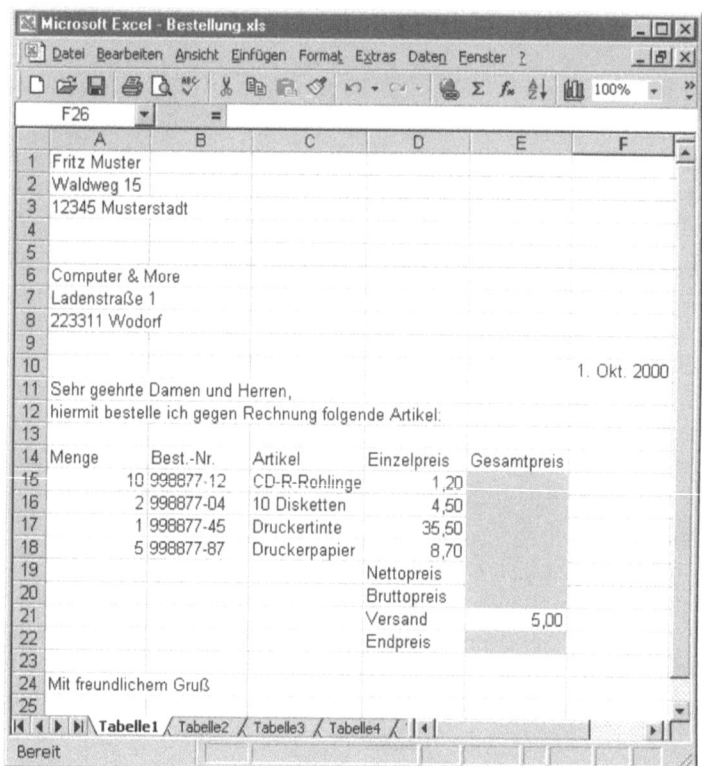

Microsoft Excel

11.2 Eingeben von Zahlen und Text

Lernziele
- Mit den Grundelementen der Excel-Oberfläche arbeiten.
- Zahlen und Texte eingeben.

Aufgabe
- Vertrauen ist gut – Kontrolle ist besser! Dieses Motto ist sicherlich nicht falsch, wenn es um zu bezahlende Rechnungen für erhaltene Waren geht. Mit Hilfe von Excel haben Sie diese Kontrollmöglichkeit. In einer ersten Übung geben Sie die Daten für Ihre fiktive Bestellung ein.

Lösung
1. Starten Sie Excel durch Doppelklick auf das Programmsymbol.

2. Geben Sie nacheinander die in Abbildung 11.2/1 gezeigten Daten ein. (Die grau markierten Felder werden später durch Funktionen ergänzt.)
   - Wählen Sie dazu per Mausklick oder mit Hilfe der Cursortasten die gewünschte Zelle aus und schreiben Sie danach den Text oder die Zahl in die Zelle hinein.
   - Bei Dezimalzahlen werden die Nachkommastellen durch ein Komma (und nicht durch einen Punkt) getrennt. Geben Sie im Menü *Format > Zellen > Zahl* bei *Dezimalstellen:* 2 ein.
   - Nehmen Sie die Formatierung des Datums im Menü *Format > Zellen > Datum* vor.

3. Speichern Sie Ihre Excel-Arbeitsmappe unter dem Namen „BESTEL-LG.xls" ab.

Abb. 11.3/1
Funktionseingabe in eine Excel-Tabelle

Jede Funktion muss mit einem Gleichheitszeichen begonnen werden.

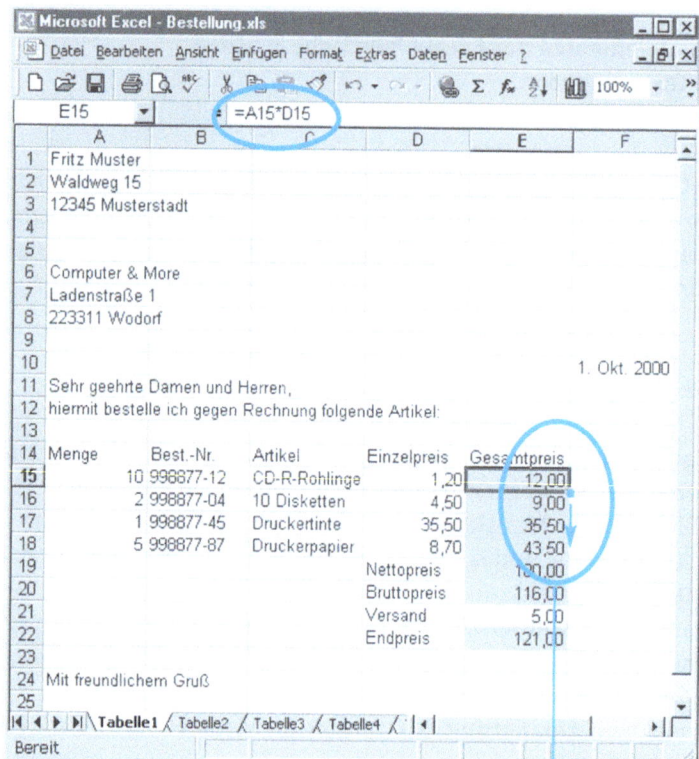

Das Übertragen einer Funktion auf weitere Zeilen erfolgt durch Ziehen der markierten Zelle im kleinen Quadrat rechts unten. Excel ändert die Zeilennummern dabei automatisch.

11.3 Einfache Funktionen

Lernziel
- Einfache mathematische Funktionen eingeben.

Aufgabe
- Erweitern Sie Ihre im vorherigen Kapitel begonnene Bestellung um Funktionen zur Berechnung der Preise. Zur Unterscheidung von „normalem" Text ist hierfür bei Excel das Gleichheitszeichen (=) reserviert. Während Excel also bei Eingabe von *A1 + B1* den Text *A1 + B1* in die gewählte Zelle einträgt, wird bei = *A1 + B1* die Summe von A1 und B1 gebildet und das Ergebnis in die Zelle geschrieben. Mit diesem Vorwissen können Sie die Funktionen für die Bestellung ergänzen.

Grundregel:
Eine Excel-Funktion beginnt immer mit einem Gleichheitszeichen (=).

Lösung
1. Öffnen Sie Ihre in Kapitel 11.2 begonnene Datei „BESTELLG.xls"

2. In Zelle *E15* soll die Multiplikation des Einzelpreises (eines CD-R-Rohlings) mit der bestellten Menge erfolgen:
   - Geben Sie in diese Zelle die Funktion = *A15 * D15* ein und bestätigen Sie mit der Return-Taste. Als Ergebnis müsste sich die Zahl 12 in der Zelle befinden.
   - Ändern Sie die Mengenangabe in Zelle *A15* auf 20. Wie zu sehen ist, berechnet Excel automatisch den neuen Gesamtpreis. Korrigieren Sie *A15* wieder auf die Zahl 10.

Wichtige mathematische Operatoren:
- *   Multiplikation
- /   Division
- +   Addition
- -   Subtraktion
- ^   Potenzierung
- %   Prozent (/100)
- ()   Klammern
- =   Vergleich: gleich
- >   Vergleich: größer
- <   Vergleich: kleiner

3. Die Funktionen für die Gesamtpreise der Zeilen 16, 17 und 18 sind bis auf die Zeilennummern identisch zur Funktion in Zeile 15. Excel bietet für derartige Fälle eine elegante Möglichkeit zur Vervielfältigung:
   - Fassen Sie Zelle *E15* mit gedrückter linker Maustaste am kleinen Quadrat in der rechten unteren Ecke der Zelle und ziehen Sie die Markierung nach unten bis in Zeile 18.
   - Wie Sie sehen, hat Excel die Funktionen in die anderen Zeilen übertragen und dabei automatisch die Zeilennummern angepasst.

Workshop zur Mediengestaltung

Abb. 11.3/2
Auswahl einer Funktion

Wenn eine Funktion mehrmals benötigt wird, lässt sie sich unter *Zuletzt verwendet* schneller auswählen.

Hinweis:
Die häufig benötigte Σ Summenfunktion lässt sich auch über die Symbolleiste aufrufen.

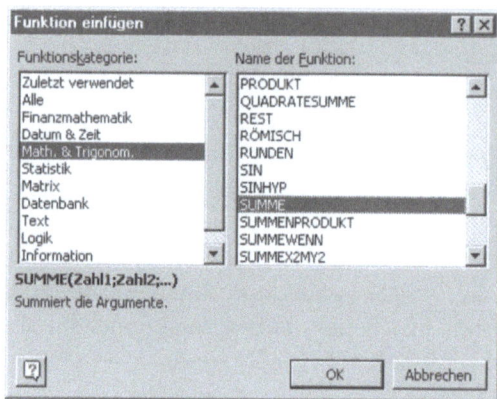

Abb. 11.3/3
Eingabe der Operanden

Die Eingabe kann manuell über die entsprechenden Felder Zahl1, Zahl2, ... erfolgen. Einfacher ist die Auswahl des zu addierenden Bereichs mit Hilfe der Maus auf dem Tabellenblatt.

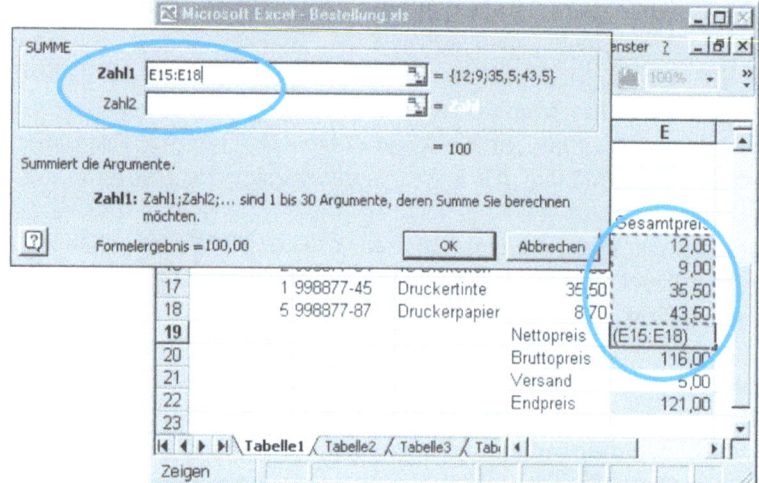

452 Microsoft Excel

4. In Zelle *E19* muss die Summe der Zahlen in den vier darüber liegenden Zellen gebildet werden. Eine Möglichkeit hierfür wäre, die Funktion = *E15 + E16 + E17 + E18* einzugeben. Bei einer Bestellung mit 50 Einzelpositionen ein nicht unbeträchtlicher Aufwand! Die Addition kann alternativ mit Hilfe der Summenfunktion durchgeführt werden:
   - Markieren Sie Zelle *E19*.
   - Wählen Sie im Menü *Einfügen > Funktion > Math. & Trigonom.* und suchen Sie in der Liste rechts die Funktion *Summe*.
   - Nach Bestätigung mit *OK* öffnet sich ein Fenster zur Eingabe der Operanden. Excel schlägt unter *Zahl1* bereits den korrekten Bereich *E15:E18* vor. Der Doppelpunkt steht dabei symbolisch für „bis". Da bereits ein Bereich angegeben ist, wird keine *Zahl2* als Eingabe benötigt.
   Hinweis: Wenn der vorgeschlagene Bereich *nicht* den gewünschten Zahlen entspricht, ändern Sie den Bereich entweder durch direkte Eingabe neuer Zahlen oder durch Markieren des Bereichs im Tabellenblatt mit gedrückter linker Maustaste.
   - Schließen Sie die Eingabe mit *OK* ab. Excel schreibt das Ergebnis 100 der Addition in Zelle *E19*. Die Funktion = *SUMME(E15:E18)* sehen Sie im Eingabefeld über dem Tabellenblatt. In dieser Zeile kann die Funktion auch nachträglich geändert werden.

5. Geben Sie zur Berechnung des Bruttopreises in Zelle *E20* folgende Funktion ein: = *E19 * 116%*.

6. Addieren Sie durch Eingabe der korrekten Funktion in Zelle *E22* zum Bruttopreis noch die in Zelle *E21* angegebenen Versandkosten. Der Gesamtpreis müsste 121 DM betragen.

7. Speichern Sie Ihre Arbeitsmappe ab.

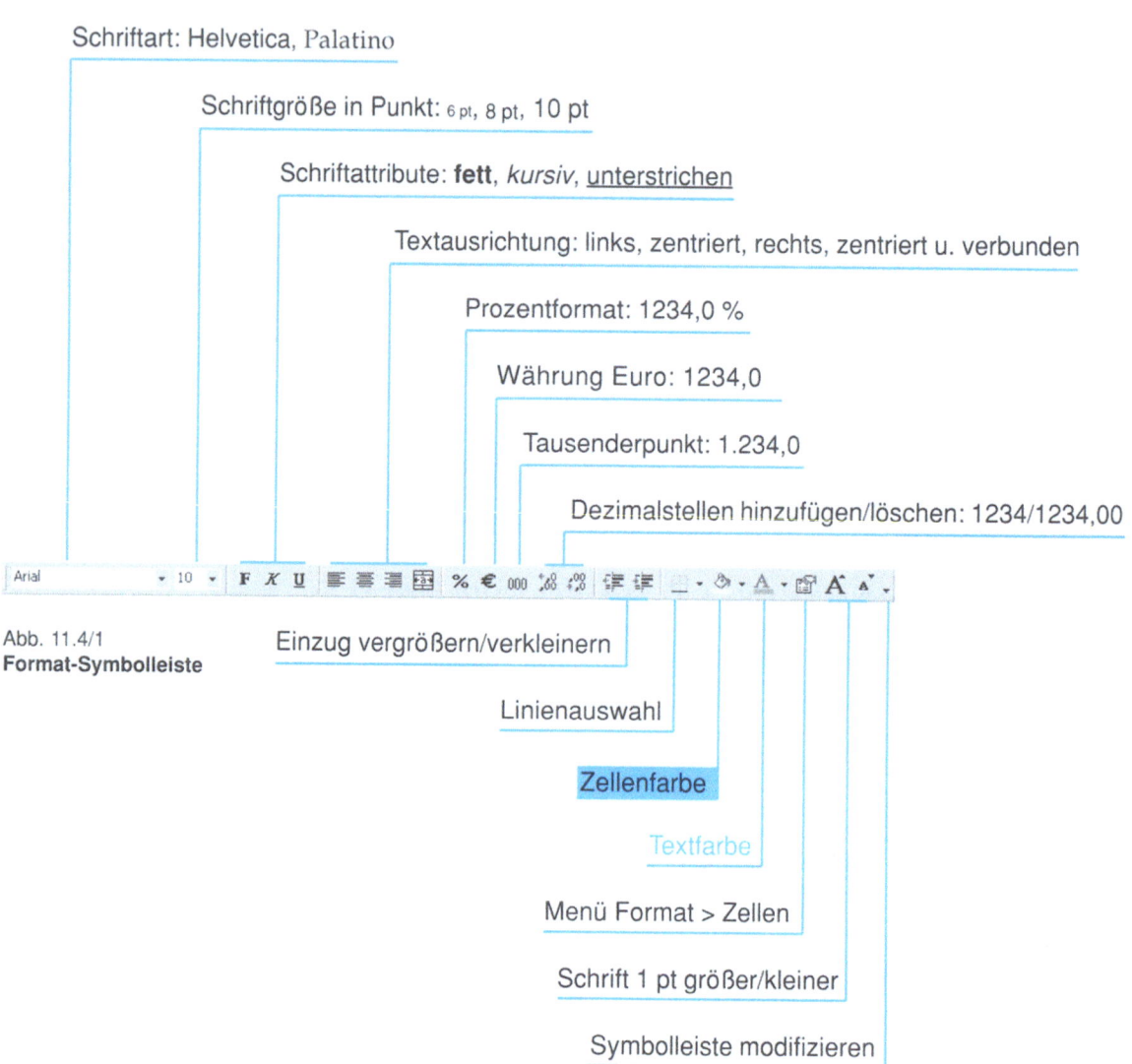

Abb. 11.4/1
Format-Symbolleiste

11.4 Formatieren einer Tabelle

11.4.1 Symbolleiste „Format"

Ein Blick auf die *Seitenansicht* der Tabelle im Menü *Datei* zeigt, dass die Tabelle zwar inhaltlich komplett, gestalterisch und optisch jedoch noch lange nicht perfekt ist. Im vorliegenden Kapitel soll dies geändert werden.

Zur Formatierung eines Tabellenblattes stellt Excel die Symbolleiste *Format* zur Verfügung. Falls diese nicht sichtbar ist, können Sie sie im Menü *Ansicht > Symbolleisten > Format* einblenden. Sie werden feststellen, dass „Ihre" Symbolleiste vermutlich ein anderes Aussehen hat als in Abbildung 11.4/1. Ursache hierfür ist, dass Excel eine individuelle Anpassung der Symbolleisten an die eigenen Bedürfnisse ermöglicht. Durch Anklicken des kleinen Pfeiles rechts können Sie weitere Symbole in die Leiste übernehmen oder aus dieser entfernen. Weiterhin können Sie die gesamte Symbolleiste am linken Rand mit der Maus an eine beliebige Stelle Ihres Bildschirmes verschieben. Im Laufe der Zeit werden Sie sich auf diese Weise eine individuelle Excel-Oberfläche mit allen benötigten Symbolleisten zusammenstellen.

Alle Excel-Symbolleisten können den individuellen Erfordernissen angepasst und an beliebige Stellen des Bildschirmes platziert werden.

Abschließend sei darauf hingewiesen, dass die Verwendung der Symbolleiste nicht zwingend notwendig ist: Sämtliche Formatierungen können auch direkt über die Excel-Menüleiste abgerufen werden.

11.4.2 Formatieren von Zellen

Lernziele
- Spaltenbreite und Zeilenhöhe anpassen.
- Zusätzliche Zeilen einfügen.

Aufgabe
- Formatieren Sie die Zellen Ihrer „Bestellung".

Lösung
1. Öffnen Sie erneut Ihre Datei „BESTELLG.xls".

Workshop zur Mediengestaltung

Abb. 11.4/2
Layout der formatierten Excel-Tabelle

Die Abbildung zeigt ein mögliches Ergebnis der in Kapitel 11.4 behandelten Formatierungen.

Spaltenbreite

Zeilenhöhe

Einfügen von Zeilen

Textformatierungen

Linien

Microsoft Excel - Bestellung2.xls

	A	B	C	D	E	F
1	Fritz Muster					
2	Waldweg 15					
3	12345 Musterstadt					
4						
5						
6	Computer & More					
7	Ladenstraße 1					
8	223311 Wodorf					
9						
10	**Bestellung**					
11						1. Okt. 2000
12	Sehr geehrte Damen und Herren,					
13	hiermit bestelle ich gegen Rechnung folgende Artikel:					
14						
15	Menge	Best.-Nr.	Artikel		Einzelpreis	Gesamtpreis
16	10	998877-12	CD-R-Rohlinge		1,20 DM	12,00 DM
17	2	998877-04	10 Disketten		4,50 DM	9,00 DM
18	1	998877-45	Druckertinte		35,50 DM	35,50 DM
19	5	998877-87	Druckerpapier		8,70 DM	43,50 DM
20					Nettopreis	100,00 DM
21					Bruttopreis	116,00 DM
22					Versand	5,00 DM
23					**Endpreis**	**121,00 DM**
24						
25	Für eine sofortige Lieferung wäre ich dankbar.					
26	Mit freundlichem Gruß					
27						

Microsoft Excel

2. Verändern Sie die Spaltenbreite gemäß Abbildung: Verschieben Sie per Maus die Begrenzungen der grau gefärbten Zellen mit den Spaltenbuchstaben oder geben Sie im Menü *Format > Spalte ... > Breite* die neue Breite als Zahlenwert ein.

Anpassen der Spaltenbreite

3. Der Änderung der Zeilenhöhe geschieht in analoger Weise: Entweder wird per Maus die Begrenzung der grau gefärbten Zelle mit der Zeilennummer verschoben oder im Menü *Format > Zeile > Höhe* der gewünschte Zahlenwert eingegeben. Verändern Sie die Zeilenhöhen in etwa wie links abgebildet.

Anpassen der Zeilenhöhe

4. In der Bestellung sollen eine Betreffzeile sowie der Satz „Für eine sofortige Lieferung wäre ich dankbar." über der Grußformel ergänzt werden:
   - Markieren Sie die graue Zeilennummer *unter* der einzufügenden Zeile. Im Beispiel ist dies Zeile 10.
   - Wählen Sie im Menü *Einfügen > Zeilen* und geben Sie als Betreff „Bestellung" ein.
   - Wiederholen Sie den Vorgang mit dem einzufügenden Satz über der Grußformel in Zeile 26.

Ergänzen weiterer Zeilen

5. Speichern Sie Ihre Änderungen ab.

11.4.3 Formatieren von Text

Lernziele
- Den Text einer Excel-Tabelle formatieren.
- Linien ergänzen.

Aufgabe
- Die Möglichkeiten der Textformatierung reichen nicht annähernd an eine Layoutsoftware heran. Dennoch können Sie einige grundlegende Formatierungen in Ihrer „Bestellung" vornehmen.

Excel ist kein Layoutprogramm!

Workshop zur Mediengestaltung

Abb. 11.4/3
Formatieren von Zahlen

Der Unterschied zwischen Währung und Buchhaltung besteht darin, dass bei Buchhaltung die Zahlen am Dezimalpunkt ausgerichtet werden.

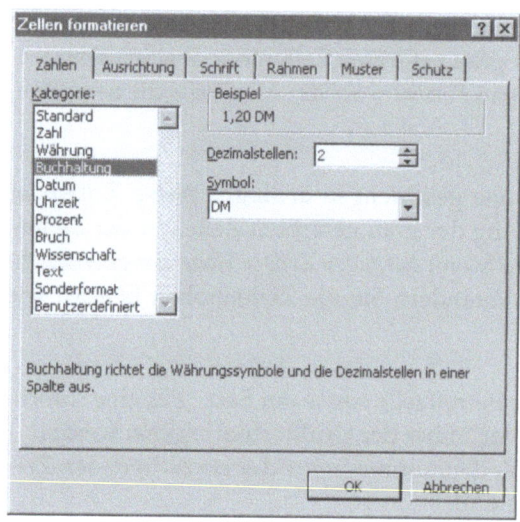

Abb. 11.4/4
Ergänzen von Linien

Das Fenster repräsentiert den markierten Zellenbereich. Die gewünschten Linien können per Mausklick ausgewählt werden.

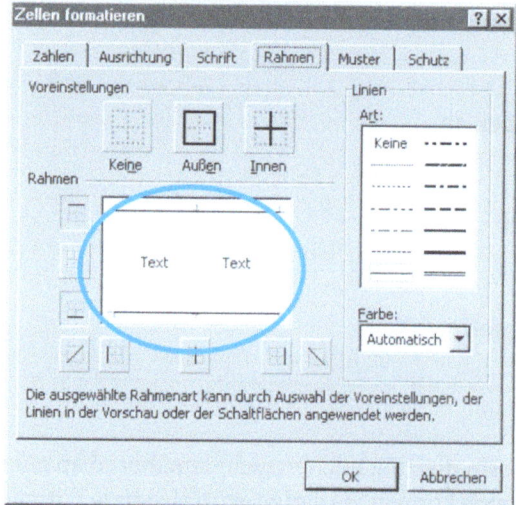

458   Microsoft Excel

Lösung
1. Klicken Sie die Zelle mit dem Betreff „Bestellung" an. Wählen Sie Menü *Format > Zellen > Schrift* und ändern Sie die Schrift auf *12 pt* und *fett*.

2. Ändern Sie die Schrift in den Zellen *D23* und *E23* ebenfalls auf *fett*.

3. Ändern Sie im selben Menü die Textfarbe in den Zellen *A15* bis *E15* in *blau*.

4. Setzen Sie den Text der Zellen *A16* bis *A19* zentriert. Öffnen Sie dazu Menü *Format > Zellen > Ausrichtung* und stellen Sie dort unter *Horizontal > Zentriert* ein.

5. Setzen Sie die Texte in den Zellen *D20* bis *D23* rechtsbündig.

6. Im Zeitalter des Euro wird die Angabe der gewünschten Währung immer wichtiger. Markieren Sie mit der Maus sämtliche Preisangaben in Ihrer Tabelle. Dies wird möglich, wenn Sie während des Markierens die Strg-Taste gedrückt halten. Öffnen Sie Menü *Format > Zellen > Buchhaltung*. Wählen Sie zwei Dezimalstellen und *DM* als Währungssymbol (vgl. Abb. 11.4/3).

7. Betrachten Sie die *Seitenansicht* Ihrer Tabelle im Menü *Datei*. Wie Sie feststellen, werden die hellgrauen (Hilfs-)Linien der Excel-Tabelle nicht anzeigt und damit auch nicht gedruckt. Linien, die auch im Ausdruck erscheinen sollten, müssen manuell ergänzt werden:
   - Markieren Sie die Zellen *A15* bis *E15* mit der Maus. Öffnen Sie Menü *Format > Zellen > Rahmen* und klicken Sie im kleinen weißen Fenster die obere und untere Linie an. Das Fenster symbolisiert den markierten Tabellenbereich, so dass nach Beenden mit *OK* auch im Tabellenblatt eine obere und untere Linie eingetragen wird.
   - Wiederholen Sie den Schritt zur Ergänzung aller in Abbildung 11.4/2 dargestellten Linien.

Workshop zur Mediengestaltung

Abb. 11.4/5
Seiten- bzw. Druckansicht der Excel-Tabelle

Die Hilfslinien symbolisieren die voreingestellten Seitenränder und können mit der Maus verschoben werden.

Die Empfängeradresse sollte nach zweimaligem parallelen Falzen in einem Briefumschlag (22 x 11 cm) mit Sichtfenster erscheinen.

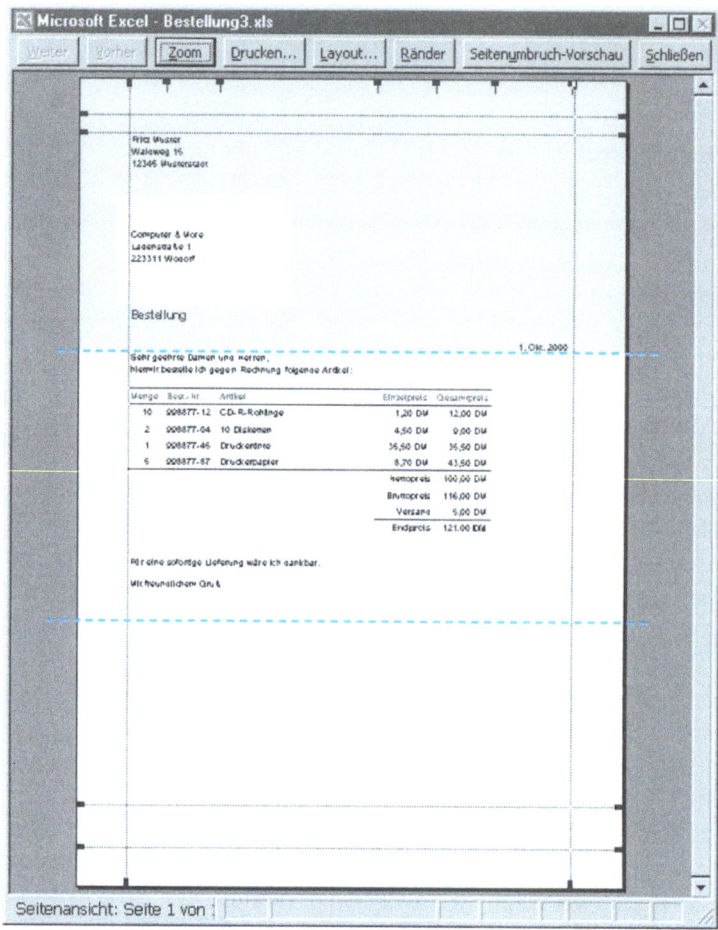

8. Nachdem die Tabelle nun Linien enthält, die auch auf dem Ausdruck erscheinen, darf sich der Text aus optischen Gründen nicht zu nahe an den Linien befinden. Um dies zu vermeiden, muss er vertikal zentriert werden:
   - Markieren Sie den Bereich A15 bis E23 mit der Maus
   - Öffnen Sie das Menü *Format > Zellen > Ausrichtung*. Geben Sie dort *Vertikal > Zentrieren* ein.

11.4.4 Formatieren der Seite

Lernziele
- Die Seitenränder einer Tabelle einstellen.
- Die formatierte Tabelle ausdrucken.

Aufgabe
- Nehmen Sie abschließende Formatierungen der Excel-Tabelle vor und drucken Sie die fertige Seite aus.

Lösung
1. Wechseln Sie in die *Seitenansicht*. Die dargestellte Ansicht sollte besser den Namen *Druckansicht* erhalten, weil sie die Tabelle wie beim Ausdruck darstellt.

2. Wählen Sie *Layout > Seitenränder* und geben Sie als linken, rechten und oberen Seitenrand 2 cm und als unteren Seitenrand 3 cm ein. Schließen Sie das Fenster mit *OK*.

3. Durch Anklicken von *Ränder* werden die eingegebenen Seitenränder als Hilfslinien dargestellt. Die Hilfslinien und damit die Seitenränder können auch direkt mit der Maus verschoben werden.

4. Drucken Sie die fertige Seite aus.

Abb. 11.5/1
Datenvorgabe für Kapitel 11.5

In den markierten Zellen sind statt der Zahlen die zugehörigen Funktionen zu ermitteln.

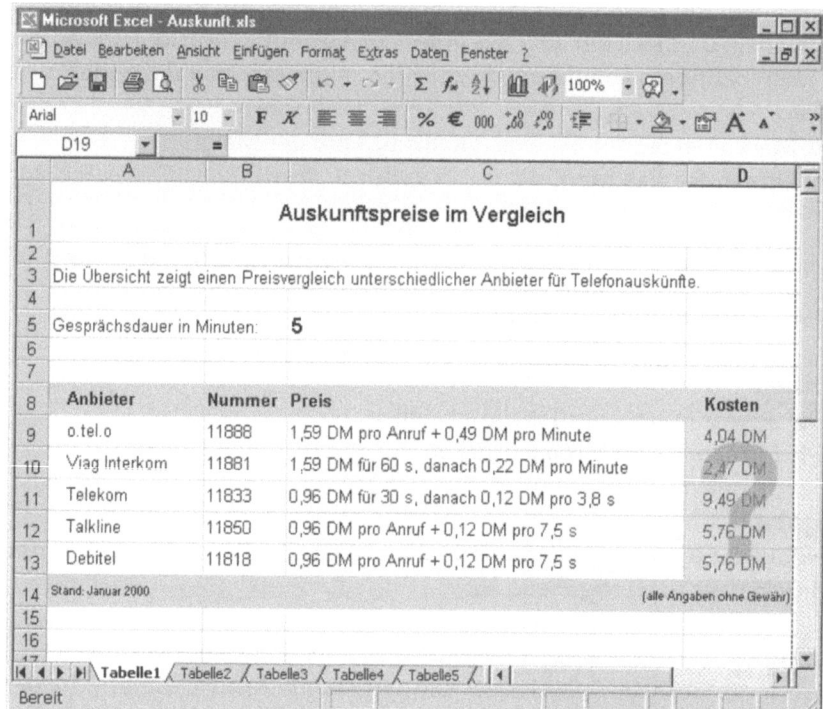

11.5 Komplexe Funktionen

Lernziel
- Eine Aufgabe mit Hilfe von mathematischen Funktionen lösen.

Aufgabe
- Seit der Öffnung des Telefonmarktes ist ein Preisvergleich der unterschiedlichen Anbieter anzuraten und finanziell lohnenswert. Dies gilt auch für Telefonauskünfte. In Abbildung 11.5/1 sind fünf Anbieter von Telefonauskünften aufgelistet. Ihre Aufgabe ist es, mit Hilfe einer Excel-Tabelle eine Auswertung der unterschiedlichen Angebote vorzunehmen. Dabei sollen nach Eingabe der Gesprächsdauer die Kosten für die Auskunft beim jeweiligen Anbieter berechnet werden.

Lösung
1. Öffnen Sie eine leere Excel-Arbeitsmappe.

2. Geben Sie die links gezeigten Daten ein. Lassen Sie jedoch die Spalte unter Kosten zunächst frei, da hier im nächsten Schritt die Funktionen ergänzt werden. Formatieren Sie Ihre Tabelle gemäß Vorlage. Lesen Sie gegebenenfalls noch einmal in Kapitel 11.4 nach.
Hinweis: Zur zentrierten Ausrichtung der Überschrift markieren Sie zunächst die Zellen *A1* bis *D1*. Wählen Sie danach *Format > Zellen > Ausrichtung > Horizontal > Über Auswahl zentrieren*.

3. Gesucht ist die Funktion zur Ermittlung der Kosten für die Auskunft bei „o.tel.o". Diese setzen sich aus Fixkosten in Höhe von 1,59 DM pro Anruf und variablen Kosten in Höhe von 0,49 DM pro Minute zusammen.
   - Wählen Sie Zelle *D9* und geben Sie als Funktion ein: *= 1,59 + C5 * 0,49*. Währungsangaben tauchen in einer Formel nicht auf, da Excel nur mit Zahlen rechnen kann. Durch die Angabe *C5* wird Excel veranlasst, den Zahlenwert in Zelle *C5* in die Formel zu übernehmen. Es handelt sich dabei um die Gesprächsdauer in Minuten.

Relativer Zellbezug
C5   Wird die Funktion in andere Zellen kopiert, führt Excel eine Anpassung durch z.B. C6 oder D5.

Absoluter Zellbezug
C5   Beim Kopieren bleibt die Angabe erhalten.

Gemischter Zellbezug
$C5   Zeile variabel, Spalte unveränderlich.
C$5   Spalte variabel, Zeile unveränderlich.

Hinweis
Die Dollarzeichen können mit Hilfe der F4-Taste ergänzt werden.

4. Ermittlung der Funktion für „Viag Interkom": Im Unterschied zu „o.tel.o" sind bei „Viag Interkom" in der Grundgebühr bereits 60 s enthalten. Bei einer Gesprächsdauer von 5 Minuten werden also nur noch 4 Minuten mit 0,22 DM/min berechnet.
   - Geben Sie in Zelle D10 ein: = *1,59 + (C5 – 1) * 0,22*
   Hinweis: Die Klammersetzung ist notwendig, weil bei Excel die in der Mathematik übliche Regelung „Punkt vor Strich" gilt. Ohne Klammer würde *C5 – 0,22* berechnet.

5. Ermitteln Sie die zu „Viag Interkom" analoge Funktion für die „Telekom". Beachten Sie dabei, dass die Minuten in Sekunden umgerechnet werden müssen, weil hier eine Abrechnung nach Sekunden erfolgt.

6. Sicher haben Sie bereits bemerkt, dass die Funktionen für „Talkline" und „Debitel" identisch sind:
   - Geben Sie die Funktion = *0,96 + (C5 * 60) / 7,5 * 0,12* in Zelle *D12* für Talkline ein. Zu einer Grundgebühr von 0,96 DM werden für je 7,5 s 0,12 DM berechnet. Die Zeitangabe in Minuten muss also wieder in Sekunden umgerechnet werden.
   Hinweis: Die Funktion berücksichtigt nicht, dass die Abrechnung je angefangene 7,5 Sekunden erfolgt. Der Ausdruck *(C5 * 60) / 7,5* müsste also durch Excel auf eine ganze Zahl aufgerundet werden.
   - Ziehen Sie – wie in Kapitel 11.3 beschrieben – die Zelle im kleinen Quadrat nach unten: Die Funktion wird in *D13* übertragen, dabei ändert sich die Angabe *C5* in *C6*. Dies ist falsch, weil auch in dieser Funktion die Gesprächsdauer aus Zelle *C5* übernommen werden muss. Löschen Sie die Funktion in Zelle *D13*.
   - Zur Vermeidung des beschriebenen Fehlers muss der Zellenbezug in der Funktion durch Hinzufügen des *$-Zeichens* absolut (unveränderlich) gemacht werden. Ändern Sie die Funktion in Zelle *D12* folgendermaßen ab: = *0,96 + (C5 * 60) / 7,5 * 0,12*. Die Angabe C5 gewährleistet, dass dieser Wert beim Duplizieren unverändert bleibt. Prüfen Sie dies durch erneutes Duplizieren der Funktion in Zelle *D13*.

7. Überprüfen Sie Ihre Funktionen durch Eingabe unterschiedlicher Werte für die Gesprächsdauer: 1, 2, 5, 10 Minuten. Ein Fehler entsteht, wenn eine Gesprächsdauer von 0,5 Minuten (30 Sekunden) eingegeben wird:
   - Die bei „Viag Interkom" berechneten 1,48 DM sind falsch, weil der Anbieter pauschal 1,59 DM für die erste Minute berechnet. Worin liegt der Fehler? Das Betrachten der Funktion liefert die Antwort: = *1,59 + (C5 − 1) * 0,22*. Ist *C5* kleiner als 1, dann wird der Wert in der Klammer negativ (z.B. 0,5 − 1 = − 0,5). Das Gesamtergebnis lautet dann: 1,59 − 0,5 * 0,22 = 1,48.

8. Die Lösung des unter Punkt 7 aufgedeckten Fehlers lautet: *Wenn* die Dauer kleiner als eine Minute ist, *dann* kostet das Gespräch (immer) *1,59* DM, *sonst* kostet es *1,59 + (C5 − 1) * 0,22*. Diese *Wenn-dann-sonst*-Struktur wird häufig benötigt und wurde deshalb in den Excel-Funktionsumfang integriert:
   - Löschen Sie die Funktion in Zelle *D10*.
   - Wählen Sie im Menü *Einfügen > Funktion > Logik > Wenn …* und geben Sie folgende Daten ein:
     Prüfung: C5 < 1
     Dann_Wert: 1,59
     Sonst_Wert: 1,59 + (C5 − 1) * 0,22
   - Beenden Sie danach mit *OK*. Bei allen Werten, die kleiner als eins sind, müsste nun 1,59 DM angezeigt werden.

Mit Hilfe der **Wenn** ...-Funktion lassen sich mit Excel Entscheidungen treffen.

9. Auch in der Funktion für die „Telekom-Auskunft" wird eine Wenn-dann-sonst-Struktur benötigt. Die Aussage lautet hier: *Wenn* die Dauer kleiner als eine halbe Minute ist, *dann* kostet das Gespräch *0,96* DM, *sonst* kostet es *0,96 + (C5 * 60 − 30) / 3,8 * 0,12* DM.

10. Speichern Sie Ihre Arbeit unter „AUSKUNFT.xls" ab.

Workshop zur Mediengestaltung

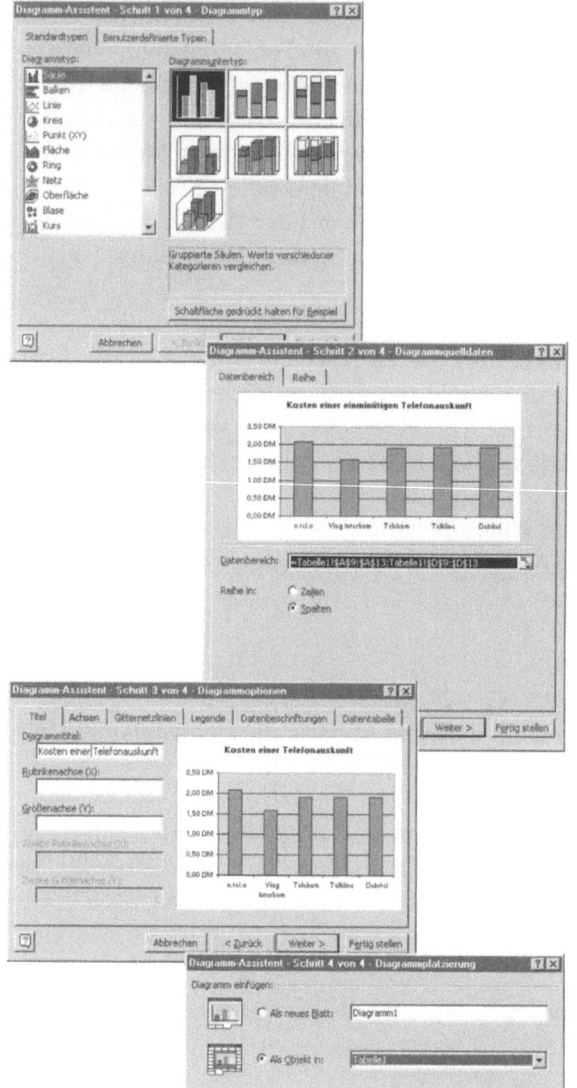

Abb. 11.6/1
Diagramm-Assistent Schritt 1

Abb. 11.6/2
Diagramm-Assistent Schritt 2

Abb. 11.6/3
Diagramm-Assistent Schritt 3

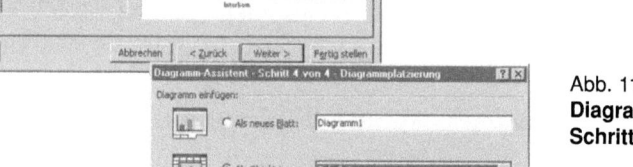

Abb. 11.6/4
Diagramm-Assistent Schritt 4

Microsoft Excel

11.6 Generieren von Diagrammen

Lernziele
- Ein Diagramm aus Daten generieren.
- Formatierungen des Diagramms vornehmen.

Aufgabe
- Nach dem eher anstrengenden Thema „Funktionen" kommt in diesem Kapitel die Visualisierung von Daten zur Sprache. Excel stellt Ihnen hierzu einen leistungsfähigen Diagramm-Assistenten zur Verfügung, der neben dem Generieren von Diagrammen auch vielfältige Möglichkeiten der Formatierung eines Diagramms bietet.

Lösung
1. Öffnen Sie Ihre Datei „AUSKUNFT.xls".

2. Ein Diagramm soll die Kosten für eine einminütige Auskunft der fünf Anbieter darstellen. Markieren Sie hierzu den Datenbereich *A9* bis *A13*. Halten Sie die Strg-Taste gedrückt und markieren Sie zusätzlich den Datenbereich *D9* bis *D13*. Der markierte Bereich liefert die Daten für den Diagramm-Assistenten.

    Zur Markierung von unzusammenhängenden Bereichen muss die Strg-Taste betätigt werden.

3. Starten Sie den Diagramm-Assistenten im Menü *Einfügen > Diagramm ...* Die Erstellung des Diagramms erfolgt in vier Schritten:

    Diagramm-Assistent

    - Wählen Sie im 1. Schritt als Diagrammtyp „Säulen". Durch Betätigen von *Schaltfläche gedrückt halten für Beispiel* sehen Sie eine Voransicht Ihres Diagramms.
    - Im 2. Schritt sehen Sie den Datenbereich des Diagramms. Da bereits vor Aufruf des Assistenten der Datenbereich markiert wurde, brauchen Sie hier keine Eingabe zu machen.
    - Der 3. Schritt dient der Beschriftung des Diagramms. Geben Sie als Titel „*Kosten einer einminütigen Telefonauskunft*" ein. Klicken Sie auf *Legende* und blenden Sie die (unnötige) Legende aus.
    - Im abschließenden 4. Schritt können Sie entscheiden, ob Sie das Diagramm als eigene Diagrammseite oder auf der Tabelle platzieren wol-

Workshop zur Mediengestaltung

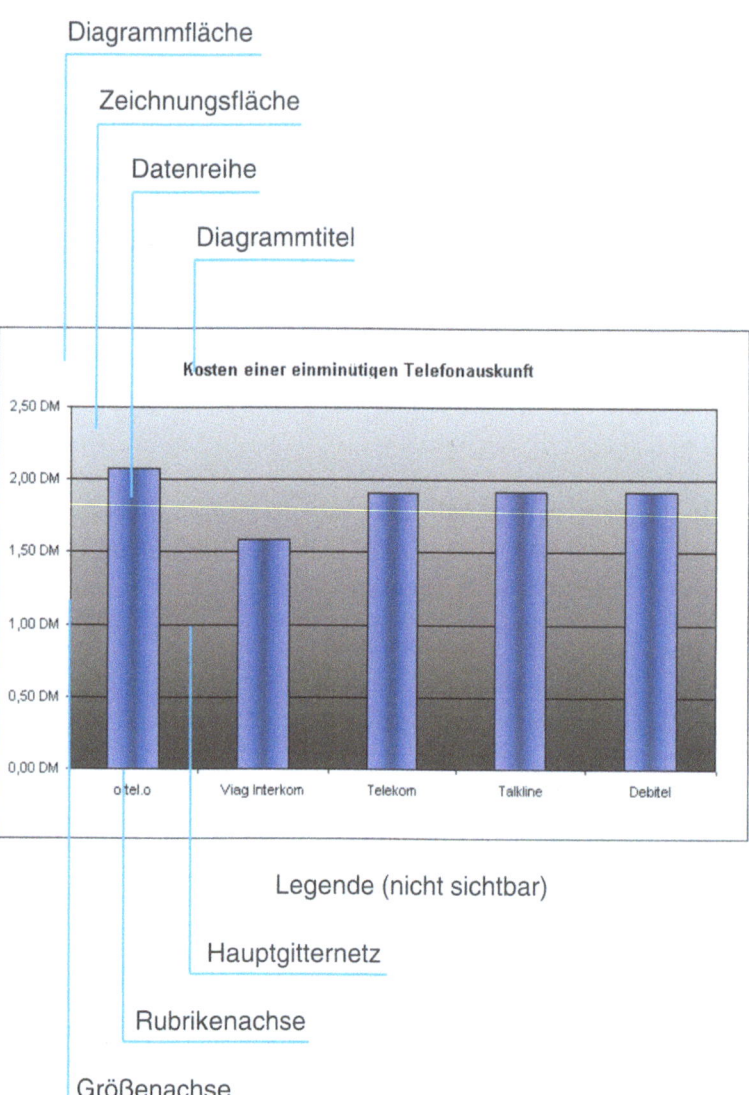

Abb. 11.6/5
Elemente eines Diagramms

len. Wählen Sie Letzteres und schließen Sie den Diagramm-Assistenten durch Anklicken von *Fertig stellen* ab.

4. Auch nach der Erstellung des Diagramms lassen sich alle seine Bestandteile einschließlich der Diagrammdaten nachträglich verändern. So lange das Diagramm angeklickt ist, befindet sich in der Menüleiste ein Menüpunkt *Diagramm*, der alle Optionen des Diagramm-Assistenten enthält. Wichtig ist auch, dass sich das Diagramm sofort an Datenänderungen anpasst: Geben Sie zum Testen eine andere Gesprächsdauer ein.

   Ein Diagramm kann auch nach seiner Fertigstellung nach Belieben verändert werden.

   Wichtig: Datenänderungen wirken sich sofort auf das Diagramm aus!

   Diagrammkomponenten

5. Zur Formatierung der einzelnen Bestandteile des Diagramms ist es notwendig, dass die Komponente zunächst per Mausklick markiert wird. Danach befindet sich ein entsprechender Unterpunkt im Menü *Format*. Alternativ ist auch ein Doppelklick auf die Komponente möglich. Wichtige Formatierungen der Diagrammbestandteile sind:
   - *Diagrammfläche*: Größe, Farbe, Schriftart und -größe, Rahmen
   - *Zeichnungsfläche*: Größe, Farbe, Fülleffekte, Rahmen
   - *Datenreihe*: Farbe, Fülleffekte, Beschriftung mit Daten
   - *Diagrammtitel*: Schriftart, Schriftgröße, Schriftattribute
   - *Legende*: Farbe, Schriftart, -größe, -attribute, Platzierung der Legende
   - *Gitternetzlinien*: Farbe, Stärke, Skalierung
   - *Größenachse (vertikale Achse)*: Farbe, Schriftart, -größe, -attribute, Skalierung, Textausrichtung
   - *Rubrikenachse (horizontale Achse)*: Farbe, Schriftart, -größe, -attribute, Skalierung, Textausrichtung

6. Formatieren Sie das Diagramm nach Ihren Vorstellungen. Beachten Sie dabei, dass bei einem Schwarzweißausdruck ähnliche Farben kaum unterscheidbar sind.

Workshop zur Mediengestaltung

Abb. 11.7/1
Hinzufügen oder Löschen von Datensätzen

Die Datenmaske steht im Menü *Daten > Maske* zur Verfügung.

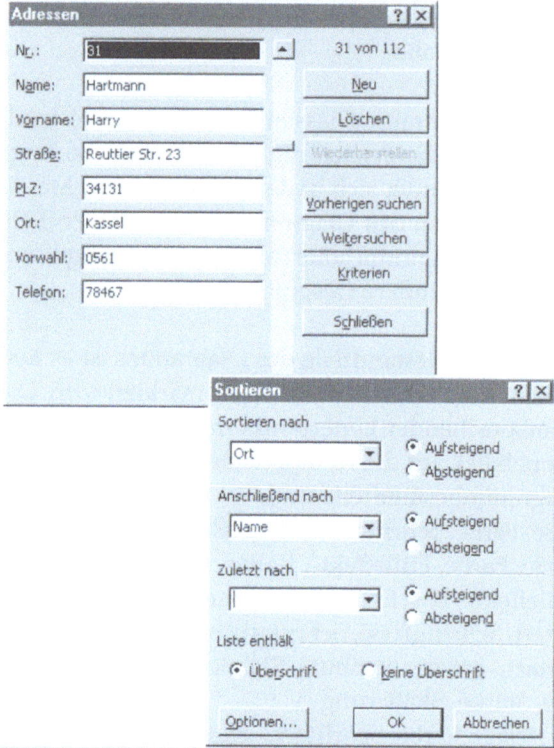

Abb. 11.7/2
Sortieren von Datensätzen

Im Menü *Daten > Sortieren* können bis zu drei Kriterien vorgegeben werden, nach denen die Datensätze sortiert werden.

Abb. 11.7/3
Vergabe eines Namens für die Datensätze

Für häufig benötigte Zellbereiche kann im Menü *Einfügen > Namen* ein Name festgelegt werden. Der kleine Pfeil im Namensfeld ermöglicht die Auswahl des Namens und damit die Markierung des benannten Zellbereiches.

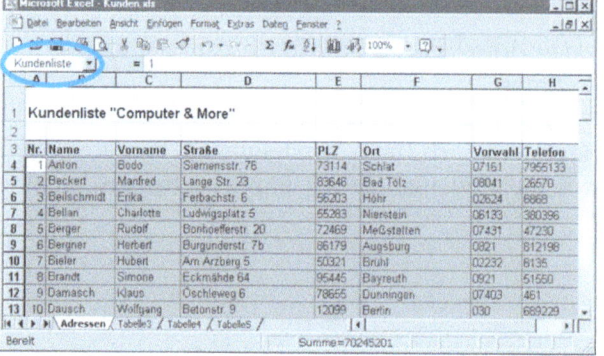

470 Microsoft Excel

11.7 Bearbeiten einer Datenbank

11.7.1 Hinzufügen und Löschen von Datensätzen

Lernziele
- Datensätze einer Datenbank hinzufügen.
- Datensätze aus einer Datenbank löschen.

Aufgabe
- Obwohl Excel kein spezielles Datenbankprogramm ist, bietet es zahlreiche Möglichkeiten zur Verwaltung von Datenbanken. Das Standardbeispiel einer Datenbankanwendung ist die Adressverwaltung. Da Adressen nicht nur in Firmen und Behörden sondern auch in Vereinen und im Privaten ständig benötigt werden, eignet sich eine Adress-Datenbank auch für eine Einführung in Datenbankfunktionen von Excel.

11_EXCEL
11_7A.xls

Lösung
1. Öffnen Sie die Datei „11_7A.xls" von der CD-ROM. Sie sehen die Kundendatei der Firma „Computer & More".

2. Ergänzen Sie die Kundendatei mit neuen Adressen:
    - Bewegen Sie den Cursor an das Ende der Liste.
    - Geben Sie vier weitere Adressen in die entsprechenden Zellen ein.
   Zur Formatierung der neuen Adressen gehen Sie folgendermaßen vor:
    - Markieren Sie die letzte *formatierte* Adresse komplett mit der Maus.
    - Klicken Sie auf das Pinselsymbol (*Format übertragen*) in der Standard-Menüleiste.
    - Markieren Sie abschließend den neu zu formatierenden Bereich.
   Auch die fortlaufende Nummerierung der „Neukunden" kann automatisiert werden:
    - Markieren Sie die letzten *beiden* Kundennummern mit der Maus.
    - Bewegen Sie das kleine schwarze Quadrat mit der Maus nach unten. Die Kundennummer erhöht sich bei jeder weiteren Zeile um eins.

3. Speichern Sie die erweiterte Liste unter „KUNDEN.xls" ab.

4. Alternativ zu Punkt 2 kann die Erweiterung der Adressenliste auch folgendermaßen durchgeführt werden:
   - Platzieren Sie den Cursor in die Kopfzeile der Datenbank.
   - Öffnen Sie Menü *Daten > Maske* (vgl. Abb. 11.7/1).
   - Durch Auswahl von *Neu* erscheint ein leerer Datensatz. Die Adressangaben können nun direkt eingegeben werden. Sie werden durch Excel automatisch an das Ende der Datenbank angehängt.

5. Auch das Löschen eines oder mehrerer Datensätze kann prinzipiell auf zwei Arten erfolgen:
   - Klicken Sie die grau hinterlegte Zeilennummer (nicht Kundennummer) der zu löschenden Zeile an.
   - Wählen Sie *Bearbeiten > Zellen löschen*.

   oder
   - Platzieren Sie den Cursor in der Kopfzeile der Datenbank.
   - Öffnen Sie Menü *Daten > Maske* (vgl. Abb. 11.7/1).
   - Suchen Sie den zu löschenden Datensatz und betätigen Sie danach die *Löschen*-Taste.

11.7.2 Sortieren und Filtern der Datensätze

Lernziele
- Die Datensätze einer Datenbank sortieren.
- Datensätze nach vorgegebenen Kriterien herausfiltern.

Aufgabe
- Zu den grundlegenden Funktionen einer Datenbank gehört es, Datensätze nach frei wählbaren Kriterien sortieren zu lassen. Weiterhin können benötigte Datensätze aus der Datenbank mit Hilfe von Filtern ermittelt werden.

Lösung
1. Das Sortieren der Datensätze kann nach bis zu drei Kriterien erfolgen. So können die Datensätze beispielsweise nach Wohnort, Nachname und Vorname sortiert werden. Damit ist gewährleistet, dass ein Hans Meier aus Berlin vor einer Helga Meier aus Berlin eingeordnet wird.
   - Klicken Sie in die Kopfzeile der Datenbank.
   - Wählen Sie Menü *Daten > Sortieren* (vgl. Abb. 11.7/2).

2. Die Anwendung der Filterfunktionen von Excel ermöglicht einen gezielten Zugriff auf Datensätze:
   - Klicken Sie in die Kopfzeile der Datenbank.
   - Wählen Sie Menü *Daten > Filter > Autofilter*. In den Zellen der Kopfzeile erscheinen rechts kleine Pfeile.
   - Durch Anklicken eines Pfeiles erscheint eine Liste mit allen vorkommenden Daten innerhalb der Spalte also zum Beispiel mit allen Orten.
   - Wählen Sie beispielsweise „Berlin" aus, dann zeigt Excel nur noch die Datensätze mit Wohnort „Berlin".
   - Im nächsten Schritt könnten zum Beispiel alle „Berliner" mit Nachnamen „Schneider" angezeigt werden. Durch Kombination der Schlüsselwörter lassen sich auch in großen Datenbanken schnell die gesuchten Datensätze finden. Finden Sie die Antwort auf folgende Fragen:
     – Wie viele Kunden mit Nachname „Schneider" gibt es?
     – Wie heißen die Kunden, die in Bremen wohnen?
     – Welche Postleitzahl besitzt Wiesbaden?
     – Wie lautet die Telefonnummer von „Frank Gast"?
   - Beenden Sie die Filterfunktionen im Menü *Daten > Filter > Autofilter*.

3. Für die weitere Arbeit mit der Datenbank in Kapitel 11.8 ist es sinnvoll, wenn diese mit einem Namen versehen wird.
   - Markieren Sie alle Datensätze *ohne* Kopfzeile.
   - Wählen Sie Menü *Einfügen > Namen > Definieren* und geben Sie als Namen „*Kundenliste*" ein. Nach dem Schließen des Fensters erscheint der Name links oben im Namensfeld (vgl. Abb. 11.7/3).

**Abb. 11.8/1
Layout der „Rechnung"**

Die Adresse des Empfängers soll mit Hilfe der Excel-Funktion SVERWEIS aus der Datenbank entnommen werden. Als Referenzangabe dient dabei die Kundennummer in Zelle E8.

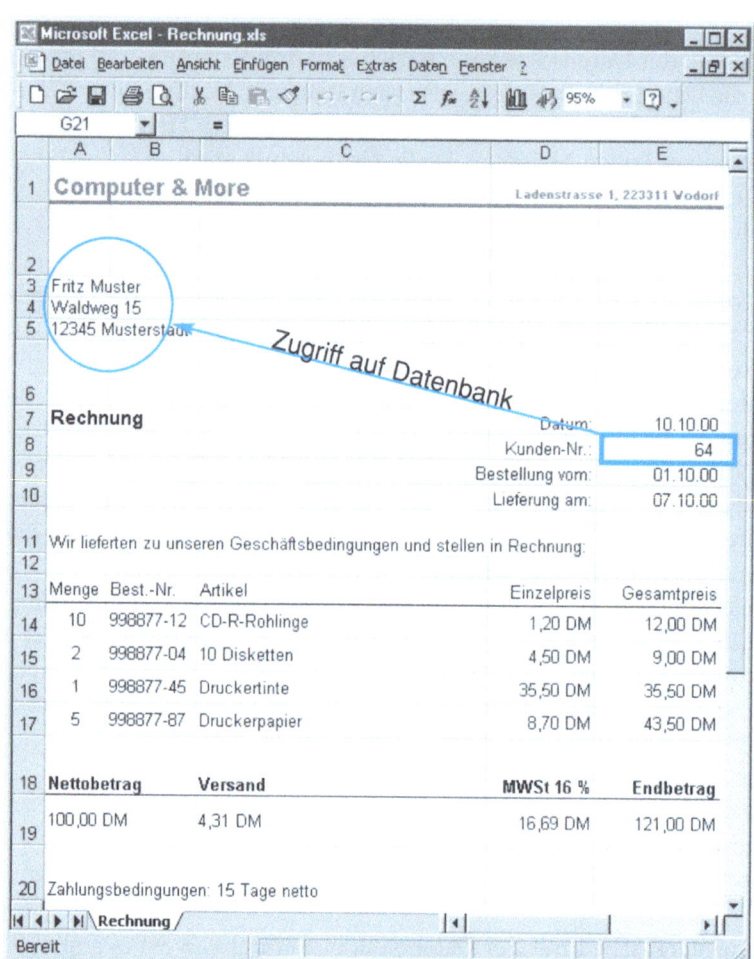

11.8 Zugreifen auf Datensätze

Lernziel
- Auf Datensätze mit Hilfe von Excel-Funktionen zugreifen.

Aufgabe
- Erst der Zugriff auf Datensätze rechtfertigt den hohen Aufwand des Erstellens einer Datenbank. In Fortsetzung des Beispiels in Kapitel 11.2 wird für die bestellten Artikel durch die Firma „Computer & More" eine Rechnung geschrieben. Dabei soll Excel nach Eingabe der Kundennummer die zugehörige Adresse ermitteln und in die Rechnung übertragen.

Lösung
1. Öffnen Sie eine leere Excel-Arbeitsmappe.

2. Geben Sie die Daten wie in Abbildung 11.8/1 gezeigt ein. Lassen Sie die Adressangabe zunächst weg, da diese per Funktion ergänzt wird.

3. Markieren Sie Zelle *A3*. In diese Zelle sollen mittels Funktion Vor- und Nachname des Empfängers aus der Kunden-Datenbank eingetragen werden. Als Referenz wird dabei auf die Kundennummer zugegriffen, die sich in Zelle *E8* befindet.

4. Wählen Sie im Menü *Einfügen > Funktion > Matrix > SVERWEIS*. Für diese komplexe Funktion benötigt Excel vier Angaben:
   - *Suchkriterium* ist der Wert, nach dem Excel in der ersten Spalte der Datenbank sucht: Geben Sie hier den absoluten Zellenbezug *E8* ein, da sich in dieser Zelle die Kundennummer befindet (vgl. Abb. 11.8/2).
   - Unter *Matrix* ist die Datenbank anzugeben. Geben Sie hier den Dateinamen und den Namen der Datenbank ein: *KUNDEN.xls!Kundenliste*. Das Ausrufungszeichen verbindet die beiden Angaben.
   - Geben Sie als *Spaltenindex* die gewünschte Spaltennummer der Datenbank ein: In Spalte 2 stehen die Nachnamen, in Spalte 3 die Vornamen, in Spalte 4 die Straßen usw. Als erste Angabe soll der Vorname erscheinen, geben Sie deshalb 3 ein.

**Abb. 11.8/2
Funktion SVERWEIS**

Der Umgang mit dieser komplexen Funktion erfordert einige Übung ...

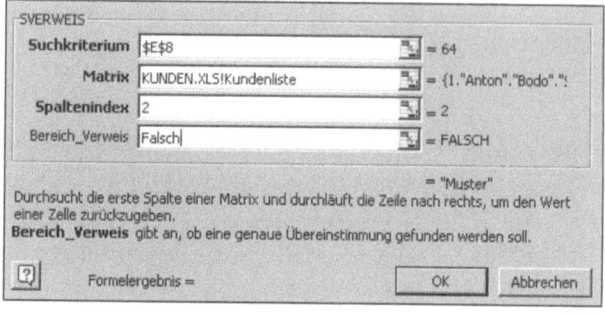

**Abb. 11.8/3
Seiten- und Druckansicht der „Rechnung"**

In der Fußzeile (*Layout > Kopf-/Fußzeile*) wurde abschließend die Bankverbindung der Firma eingetragen.

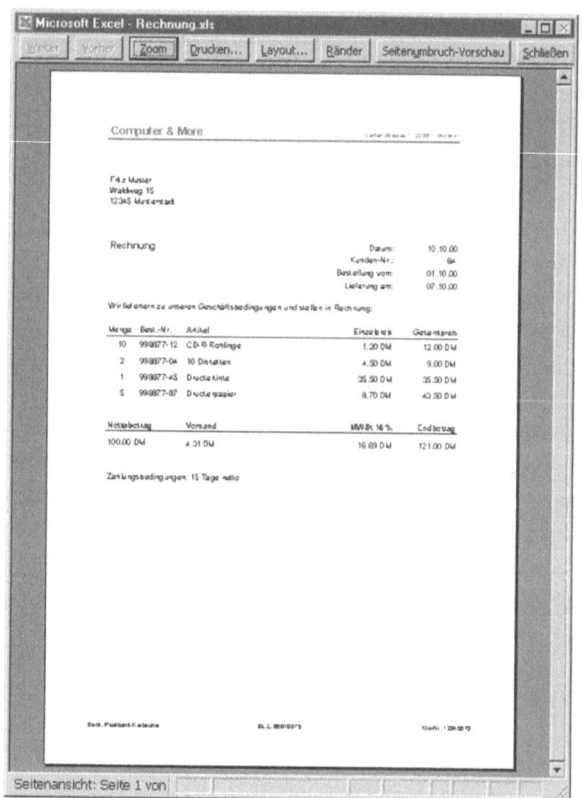

- Tragen Sie unter *Bereich_Verweis* als Wahrheitswert *FALSCH* ein. Dies bedeutet, dass die Kundennummer in der Datenbank auch tatsächlich vorhanden sein muss. Bei *WAHR* würde die nächst kleinere Nummer gesucht, falls keine exakte Übereinstimmung vorliegt.
- Schließen Sie die Eingaben mit *OK* ab. Wenn alles geklappt hat, dann müsste sich jetzt der Vornamen in Zelle *A3* befinden, der zum Datensatz mit der Kundennummer in *E8* gehört.

5. Zur Ergänzung des Nachnamens muss die Funktion erweitert werden. Hierbei bietet es sich an, mehrfach benötigte Funktionsteile zu markieren, in die Zwischenablage zu kopieren und einzufügen.

   Komplexe Funktionen lassen sich durch Kopieren und Einfügen mit Hilfe der Zwischenablage erstellen.

   - Erweitern Sie auf diese Weise Ihre Funktion in Zelle *A3*:
     = *SVERWEIS(E8;KUNDEN.XLS!Kundenliste;3;FALSCH)&" "&SVERWEIS(E8;KUNDEN.XLS!Kundenliste;2;FALSCH)*
   - Trotz des komplizierten Aussehens wurde in der Funktion lediglich ein zweiter SVERWEIS mit einer anderen Spaltennummer ergänzt. Zur Verbindung von Texten dient das &-Zeichen. Der Wortzwischenraum in Hochkommas sorgt dafür, dass zwischen Vor- und Nachnamen ein Leerzeichen eingefügt wird.

   Das &-Zeichen verbindet Texte innerhalb einer Funktion.

6. Vervollständigen Sie die Adresse durch entsprechende Funktionen für Straße, Postleitzahl und Ort.

7. Testen Sie Ihr Rechnungsformular mit verschiedenen Kundennummern und prüfen Sie dabei, ob die Datensätze korrekt aus der Datenbank entnommen werden.

8. Speichern Sie Ihre Arbeitsmappe unter „RECHUNG.xls" ab.

Workshop zur Mediengestaltung

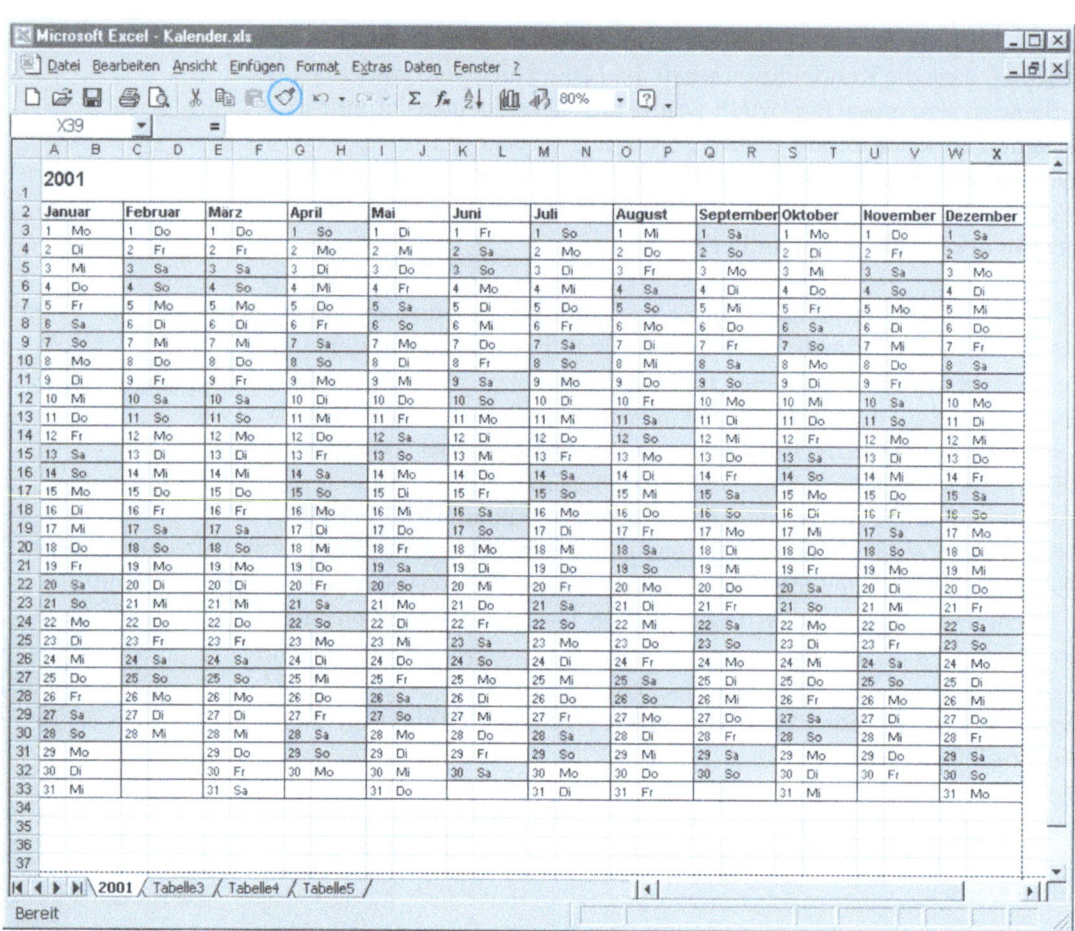

Abb. 11.9/1
Jahresübersicht 2001

Der „Pinsel" hilft beim Übertragen von Formatierungen auf andere Zellen.

11.9 Automatisieren mit Reihen

Lernziel
- Die Formatierung von Zellen auf andere Zellen übertragen.

Aufgabe
- Durch geschickte Vorgehensweise lässt sich in kurzer Zeit ein individueller Jahresplaner zusammenstellen. In diesen können Sie nach Belieben Termine, Urlaub usw. eintragen.

Lösung
1. Öffnen Sie eine leere Excel-Arbeitsmappe

2. Geben Sie *Januar, 1* und *Mo* in die Spalten *A* und *B* wie links dargestellt ein. Formatieren Sie die Zellen: Im Beispiel wurden als Schriftgrößen 8 bzw. 10 Punkt gewählt. Weiterhin wurden die Zellen *A2* und *B2* im Menü *Format > Zellen > Ausrichtung* miteinander verbunden.

3. Markieren Sie die kompletten Spalten A und B und kopieren Sie diese in die Zwischenablage (Menü *Bearbeiten*). Markieren Sie Spalte C und fügen Sie danach die Zwischenablage ein. Wiederholen Sie den Vorgang.

4. Wählen Sie Zelle *A2* (Januar) und ziehen Sie das kleine Quadrat in der Zelle nach rechts. Die Monatsnamen müssten sich automatisch ändern.

5. Wählen Sie die Zellen *A3* und *B3* und ziehen Sie das Quadrat nach unten. Datum und Wochentag müssten sich ebenfalls automatisch erhöhen. Wiederholen Sie den Vorgang für die übrigen Monate.

6. Färben Sie zum Schluss die Wochenenden grau. Durch Verwendung des Pinsel-Symbols lässt sich die Formatierung schnell auf den gesamten Kalender übertragen.

7. Ändern Sie in der *Seitenansicht* das Papierformat auf *quer* und passen Sie die Seitenränder an. Drucken Sie Ihren fertigen Terminplaner aus.

12 Anhang

Indexregister

Wir wollen Ihnen die Suche etwas erleichtern

1 Layout

A
Absatz 15
Absatzstilvorlage 15, 27
Ansicht 13
Außenrand 7

B
Bauen 23
Belichtung 19
Bild 21
Bildrahmen 9
Blocksatz 5
Buch 39
Bund 7
Bündigkeitszone 5

C
CMYK-Farben 29
CMYK-Farbraum 31
CMYK-Modus 31
Colormanagement 29
ColorSync 29
Composite-Farbdrucker 35

D
Drucken 17
Druckerbeschreibung 17
Druckermenü 19
Druckfarben 29

E
EPS-File 17, 19
Erzwungener Blocksatz 5

F
Farbe 29
Farbechtheit 33
Farbregler 31
Farbwiedergabe 33
Flattersatz 5
Formate 13
Formblatt 7
Fuß 7

G
Gestaltungsraster 9, 11
Grafik 21
Grundlinienraster 9
Grundtext 11
Grundtextspalte 11
Guide Manager 11

H
Hilfslinien 9
Hilfsmittel 11

I
Index 23, 25
Index bauen 25
Indexfenster 25
Indexregister 25, 29
Inhaltsverzeichnis 23

K
Kalibrierfähig 33
Kopf 7

L
Laserdrucker 17
Layoutsoftware 3
Linie 13
Listen 23
Listenfenster 23

M
Marginalie 13
Maßpalette 3, 9, 21
Modifizieren 11
Monitor 33
Musterdoppelseite 9
Musterseite 9, 11

N
Nullpunkt 9

P
Paginierung 39, 41
Passerdifferenz 35
PostScript 17
PPD-Manager 17
Prozessfarbe 19

Q
QuarkXPress 3

R
Rahmenorientierte Software 3
Randmaße 7
Rasterwinkelung 19
RGB-Bild 19, 29

S
Satzspiegelgröße 7
Satzspiegelhöhe 7
Schriftgröße 7
Seitenlayout 9
Silbentrennzone 5
Stilvorlage 13, 27
Stilvorlagenliste 23
Systemerweiterung 17

T
Tabulator 13
Textfeld 7, 11
Textrahmen 11
Textrahmenwerkzeug 11
Tiefschwarz 31
Tintenstrahldrucker 17
Trennung 5

U
Überfüllung 35
Überfüllungspalette 35
Überfüllungsvorgaben 35
Umfließen 11, 21

V
Verketten 25
Versalbuchstaben 5
Vierfarbauszüge 37

W
Werkzeugpalette 11

Z
Zeichenabstand 5
Zeichenstilvorlage 15, 27
Zeilenabstand 7, 9

2 Bildverarbeitung

A
Airbrush 53
Alpha-Kanal 57, 67
Ausrichtung 63
Auswahl 49, 67

B
Beschneidungspfad 66
Buntstift 53

C
CMYK 59
Composite 81

E
Ebenen 55

F
Farbkanäle 57
Farbton/Sättigung 69
Figürliche Freistellung 65
Freistellung 49

G
GIF 77
Glätten 51
Gradation 59
Graphic Interchange Format 77
Graustufenbild 57

H
Hand-Werkzeug 49
Hintergrundebene 55, 70

I
ICC-Profile 81

J
Joint Photografic Experts
　　Group Format 77
JPEG 77

K
Kanäle 57

L
LAB 59
Licht und Tiefe 59

M
Maske 57

N
Navigator-Palette 49

P
Pfad 51
Pinsel 53
Pipette 53
PNG 77
Portable Network Graphic Format 77
Profilkonvertierung 81

R
Rechtwinklige Freistellung 64
RGB 59

S
Schriftgröße 63
Schriftschnitt 63
Selektive Farbkorrektur 70
Selektiver Weichzeichner 74
Separation 81
Stempel 53

T
Text 63
Toleranz 51
Tonwertkorrektur 59

U
Unscharfmaskierung 74

V
Variationen 70

W
Werkzeugspitzen 53

Z
Zoom-Werkzeug 49

3   Grafik

A
Ankerpunkt 101
Anordnen 97
Attribute 115
Ausrichten 93
Auswahlwerkzeug 89

B
Bézierkurven 84

C
Composite 117

D
Datentabelle 115
Drehen 103
Drucken 117

E
Ebenen 99
Exportieren 111

F
Farben 89
Farben-Palette 89
Farbfelder 89
Farbfelder-Palette 89
Filter 107
Fläche 89
Flächentext 95
Form-Zeichner 88
Formen 88

H
Hilfslinie 84

I
Isometrie 102

K
Kontur 89

L
Lineal 84

M
Masken 107
Menüs 87
Muster 109

P
Pathfinder 93
Pfad 90
Pfadtext 95
Punkttext 95

S
Schrift 104
Schriftstil 95
Separation 117
Skalieren 103
Speichern 117
Stilisierungsfilter 107

T
Tabellenkalkulation 115
Text 94
Textgriff 105
Transformation 97

V
Verbiegen 103
Verborgene Zeichen 95
Verknüpfte Pfade 93
Verlauf 111

4 Sound

A
Abtastrate 129
Auflösung 129
Aufnahme 129
Aufnahmeparameter 129

C
CD-Player 125

F
Faden 135

G
GEMA 127

K
Kanalkonvertierung 137
Kanalzahl 129
Kopfhörer 125

L
Lautsprecher 123

M
Mikrofon 124
Musikaufnahme 127

N
Nachvertonung 153

P
Pegel 129, 131, 133

R
Resampling 137
Rückkopplung 123

S
Sound Forge 119
Sound, Datenreduktion 137
Sound, Faden 135
Sound, Filter 145
Sound, Kompression 139
Sound, Mischen 151
Sound, Schneiden 135
Soundbearbeitung 121
Soundedit 121
Soundhardware 123
Soundkarte 123
Soundloop 141
Sprachaufnahme 131

T
Tonstudio 121

V
Verstärker 123

5 Videoschnitt

A
Abspielkopf 161
Adobe Premiere 159
Animation 173
Arbeitsbereich 169
Arbeitsbereichsbalken 161
Arbeitsdatei 165
Arbeitsoberfläche Premiere 159
Audiospur 181
Audiospur geschützt 163
Audiospuren 161

B
Berechnen 181
Blendenschere 163

C
Clip 190, 191
Codec 166
Cutter 159

D
Deckkraft 179

E
Effekte 167
Einstellungen, Export 181
Exportieren 169

F
Film exportieren 166

G
Gesamtspielzeit 187
Grundeinstellung 169

H
Harter Schnitt 187

I
Importieren 165, 175
Informationsfenster 163

M
Monitoreinstellung 159
Monitorfenster 159, 175

N
Navigationsfenster 163

P
Plattformunabhänig 191
Premiere Hilfe 187
Projekt (Premiere) 159
Projekteinstellungen 175
Projektfenster 161, 165, 175, 187
Projektfenster-Option 163
Projektordner 183

Q
QuickTime-Film 171

R
Rasierklinge 163

S
Schneideergebnis 159
Schneidewerkzeug 163
Schnittanweisung 183, 184
Schnittfenster 161, 163, 175
Schnittfenster-Option 161, 163
Schnittfensterposition 167
Schützen einer Spur 179
Seitenverhältnis 173
Spuroption 161
Standbild 163
Stereoton 163
Stereotonanordnung 161
Stereotonkanal 161

T
Titelbild 165, 189
Titelbildgenerator 183
Tonspur 161
Trimmen 183, 187

U
Überblendmenü 167
Überblendung 165, 168, 167, 175
Überlagerung 161
Überlagerungsspur 173, 190

V
Verschiebewerkzeug 191
Videoberechnung 169
Videoclip 159, 161
Videogröße 159
Videoqualität 159

Videoschnitt 159
Videospur 161, 190
Vorschau 167, 175, 189
Vorschaudateien 171

W
Werkzeuganordnung 163
Werkzeuge 163

Z
Zeiteinheit 161
Zeitleiste 161

6   Virtuelle Räume

B
Behavior-Script   215

D
Digitalkamera   197

E
Edit Hot Spots   202, 203
Edit-Modus   211
Einstellungen   200

H
Hot Spot Editor   204
Hot-Spot   211
Hot-Spot-Color   205
Hot-Spot-Öffnung   205
Hot-Spot-Pfeil   203
Hot-Spot-Szene   203
Hot-Spot-Technik   197

K
Komplexe Szene   206
Konvertierung   213

L
Lageplan   208
Lingo   215

M
Map-Fenster   211
MapsaVR   208

N
Navigationshilfe   209
Navigationspfeil   209

O
Orientierungspfeile   211

P
Panorama Berechnung   194
Panorama Maker   195
Panorama Stitcher   194, 195, 197, 200, 201
Panorama-Movie   200
Panoramafilm   195, 200, 201, 203, 207, 211
Panoramafilm mit Karte   210
Panoramafilm mit Navigation   208
Plattformübergreifende Movies   213
Positionspunkt   211
Preview-Modus   211
Prinzip Panoramafilm   197

Q
QTVR-Swing   214, 215
QuickTime Streamliner   213

S
Scene Maker   202, 203
Set dual links   202
Set links   202
Sound-Spur   212
SoundsaVR   212
Spuren im QTVR-Movie   212

Standpunkt des Betrachters   210
Stitch   201
Stitching-Prozess   197, 201
Suffix   213
Swing-Funktion   215

V
Virtuelle Reise   207
Virtueller Speicher   197

W
Warping   197
Werkzeuge   195

7 3D-Animation

A
Alle Ansichten 221
Animationsformate 280
Ansichten-Manager 219
Ansichten-Menü 221
Arbeitsfluss 225
Aufnahme 243
Autokeying 241, 243

B
Bedienoberfläche 225
Beleuchtung 246, 247
Bewegungsabläufe 241
Bild-Manager 219
Bildformate 280
Blickwinkel 251
Boden 239
Bone 271, 273
Boole 259
Brennweite 251
Browser 225, 227, 231, 235
Buchstabe 267

D
Darstellung 221
Deformation 273
Dokument-Einstellungen 223
Drehen-Funktion 237

E
Editorkamera 251
Ellipse 271
Extrude-NURBS 265

F
Formate 3D 280

G
Gouraud-Shading 221
Grundobjekte 229

H
Himmel 239

I
Inverse Kinematik 276, 277

K
Kamera 221, 251, 253
Kamera-Icon 251
Kameraposition 239, 251
Kapsel 273
Key 246, 285
Keyframing 241, 243
Kinematik 276
Koordinaten-Manager 219, 225
Kugelsymbol 271

L
Lageänderung 237
Lampensymbol 249
Lathe-NURBS 259
Lautsprecher 283
Lautstärke 285
Layout 225
Lichtquelle 246, 247
Linie 257

M
Manager 219
Markierungsstrich 243
Material-Manager 219, 239
Mikrofon 283

N
Navigation 243
Neues Material 239
Neues Tag 277
NURBS 259

O
Oberflächen-Voreinstellung 223
Objekt-Manager 219, 225

P
Perspektive 221

Q
QuickTime-Film 245

R
Raytracer 257
Reißnagelsymbol 225
Render-Voreinstellungen 245
Rendern 239, 245

S
Schaltzentrale 227
Snap-Einstellung 225
Sound 283

Sound-Rendering 2D 285, 287
Spezialeffekte 283
Spline-Grundobjekte 257
Splines 257
Spot 249
Standardbeleuchtung 247
Struktur-Manager 219, 225
Stützpunkte 257
Szene-Objekte 253

T
Tag 277
Text 229, 267
Text-Symbol 267
Textur 233, 261
Tonspur 285
TrueType 267

V
Verschiebe-Funktion 237
Voreinstellungen 221, 223

W
Wav 283
Workflow 225, 235
Würfel 229

Z
Zeit-Manager 219
Zeitleiste 243
Zeitleisten-Manager 241
Ziel-Expression 249
Zylinder 279

8 Präsentation

A
Animationen 317
Animations-Assistent 319
Aufzählung 309

B
Bildschirm-Präsentation 295

D
Diagramm-Assistent 311

F
Folienlayout 303
Folienmaster 303
Folienübergänge 321

G
GEMA 307
Gliederung 299
Grafik 315

L
Lesbarkeit 303

O
Organisation 301

P
Pack&Go-Assistent 325
Powerpoint 293
Powerpoint, Animationen 317
Powerpoint, Diagramm 311
Powerpoint-Folie 299

Präsentation 295
Präsentation, Abspielen 323
Präsentation, Packen 323

S
Schriftgröße 305

T
Titelfolie 307
Titelmaster 307

Z
Zielgruppe 297

9 Autorensystem

A
Alert 354
Animation 381
Animierte Buttons 385
Animierte GIF-Dateien 341
Anti-Aliasing 343
Ausgewählte Bilder 337
Autorensystem 329
AVI-Digitalvideo 341

B
Begriffskategorien 355
Berechnung 377
Besetzung 329 ff
Besetzungseigenschaften 333
Bibliothek 333
Bitmap-Darsteller 341, 343
Browser 397
Bühne 329 ff

C
Chunk 353
Cursor 387

D
Darsteller 331
Darsteller importieren 341
Darsteller-Skript 352
Darstellersymbole 332
Datentypen 359
Dialogfelder 389
Digitalvideo-Darsteller 341
Drehbuch 329, 335

Drehbuchfenster 334
Drucken 395

E
Effektkanäle 335
Eingebettete Schrift 349
Einzelbild-Animation 381

F
Farbe 362, 391
Feld-Darsteller 347
Felddarsteller 345
Felder 377
Film-Skript 352
Filmeigenschaften 330
Filmschleife 381
Flash 397
Form-Darsteller 333
Frames 335

G
GIF-Datei 341

H
Hyperlink 345

I
If ... then ... else 356
Importieren 340
In Bitmap konvertieren 345
Interaktiv 371

K
Kanal 335
Klammern 354
Kommentare 354

L
Leerzeichen 354
Lingo 351, 384

M
Markierung 335
Maus 361
Menüs 389

N
Nachrichtenfenster 367
Namenskonventionen 355
Navigation 369

O
On mouse 357
Online 397
Operatoren 356

P
Parent-Skript 353
Position 360
PrintOMatic Lite Xtra 395
Projektor 399
Punktsyntax 353
PuppetTransition 359, 384

Q
QuickTime 341, 364

R
Repeat 357

S
Shockwave 397, 399
Skalierung 345
Sound 363, 393
Soundsteuerung 352
Sprite 331, 360
Sprite( ).constraint 361
Sprite-Kanäle 335
Steuerpult 337
Symbolleiste 337

T
Tastaturereignisse 358
Text-Darsteller 331, 345
The key 358
Tweening 382

U
Übergang 359

V
Variablen 355, 377
Vektorform-Darsteller 343
Verhalten 351
Video 393
Videosteuerung 364

W
Werkzeuge 342
Wertzuweisung 354
WindowType 388

10 Internetseiten

A
Animierte GIF 421

B
Bild-Inspektor 409, 415, 425
Bilder 415
Bildschirmarbeitsplatz 409
Browser 419

C
Cascading 431
CSS 431, 433
CSS-Fix 433

D
Drag and Drop 411

E
E-Mail 439

F
Farbkarte 411
Farbpalette 411

G
Gestaltung 413
GIF 421

H
HTML-Browser 419
HTML-Seite 405
Hyperlink 439

L
Layout-Raster 413
Layout-Raster-Inspektor 413
Layout-Textrahmen 429

N
Neue WebSite 407

P
Palette 409
Palettenfenster 409
Point and Shoot 415

R
Raster-Inspektor 413
Rollover 437
Rollover-Bild 437

S
Seiten-Inspektor 411
Site-Fenster 405

T
Tabelle 435
Tabellen Platzhalter 435
Tabellen-Inspektor 435
Text 429
Text-Inspektor 409
Textdarstellung 429
Textgröße 429
Textrahmen 429

V
Verlinkung 439
Vorschau 417

W
White 411

11 Tabellenkalkulation

A
Absoluter Zellbezug 464
Adressverwaltung 471

D
Datenbank 471
Datensatz 471
Diagramm 467
Diagramm-Assistent 466
Druckansicht 461

E
Excel 443
Excel-Arbeitsmappe 447
Excel-Tabelle 447

F
Filter 472
Formatierung, Diagramm 469
Formatierung, Tabelle 455
Funktionen 451, 463
Funktionen, Einfache 451
Funktionen, Filter 473
Funktionen, Komplexe 463
Funktionen, Vergleich 465
Funktionen, Verweis 475

K
Kalkulationsprogramm 445

O
Office-Assistent 444
Operatoren 451

R
Reihe 479

S
Seitenansicht 461
Spaltenbreite 457

T
Tabelle 447

Z
Zeilenhöhe 457
Zellbezug, relativ 464
Zelle 447

MIX
Papier aus verantwortungsvollen Quellen
Paper from responsible sources
FSC® C105338

If you have any concerns about our products,
you can contact us on
ProductSafety@springernature.com

In case Publisher is established outside the EU,
the EU authorized representative is:
**Springer Nature Customer Service Center GmbH
Europaplatz 3, 69115 Heidelberg, Germany**

Printed by Libri Plureos GmbH
in Hamburg, Germany